AF338184

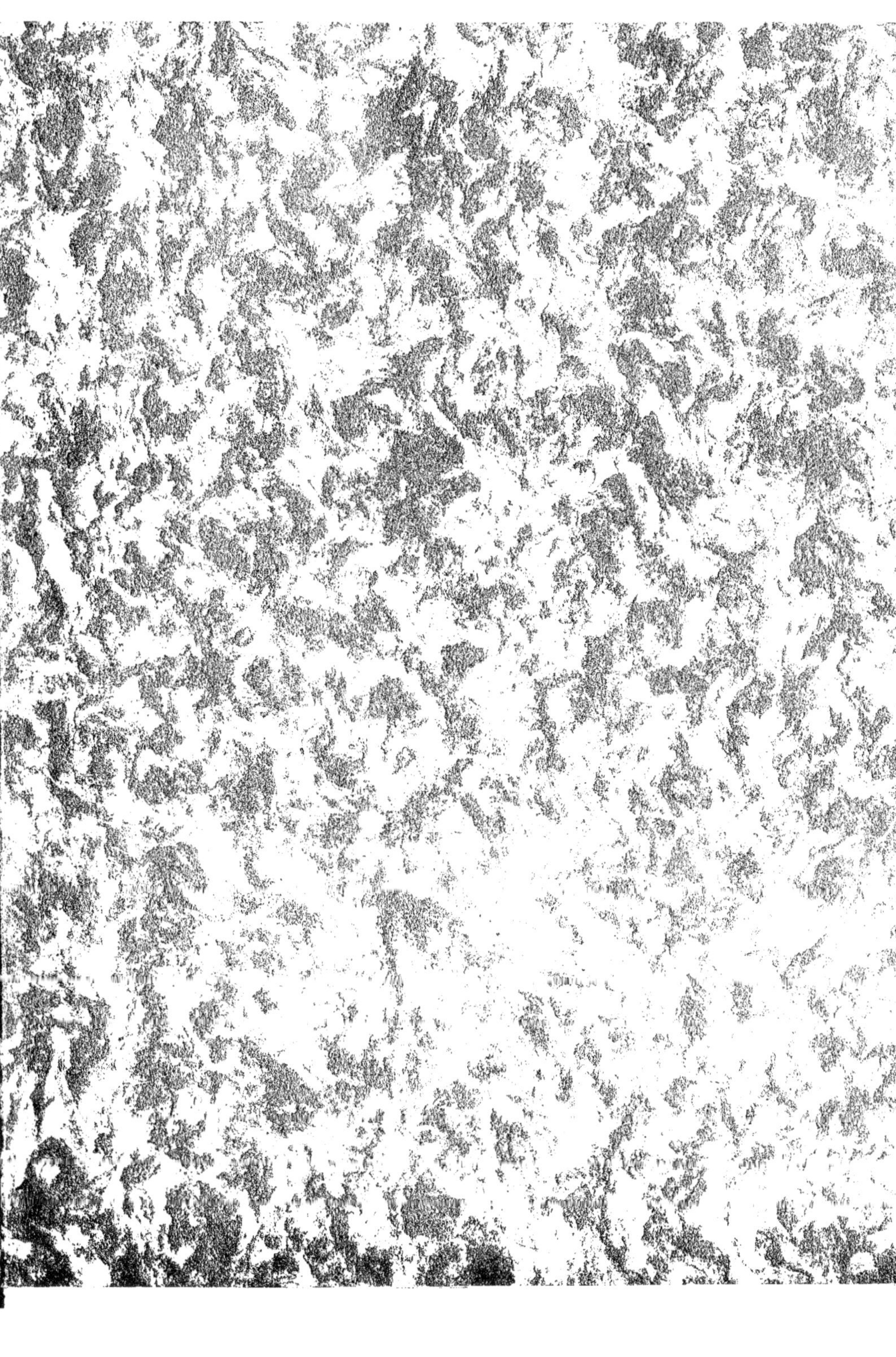

L'ŒUVRE
DE
COROT

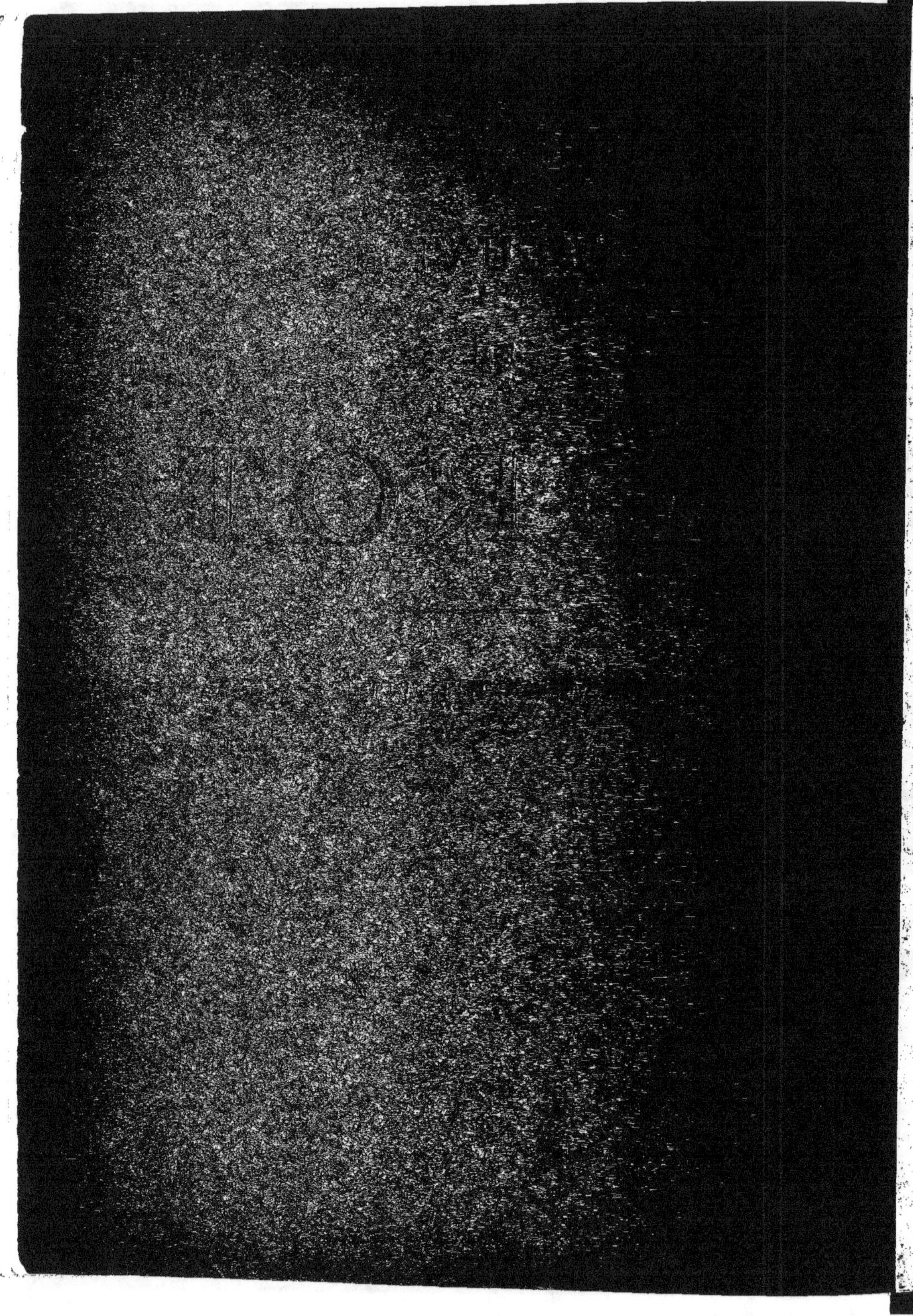

L'ŒUVRE DE COROT

JUSTIFICATION DU TIRAGE

QUATRE CENTS EXEMPLAIRES NUMÉROTÉS

5 exemplaires sur Japon ancien. (N°s 1 à 5).
25 » Japon Shizuoka. (N°s 6 à 30).
370 » vélin à la cuve. (N°s 31 à 400).

N^o

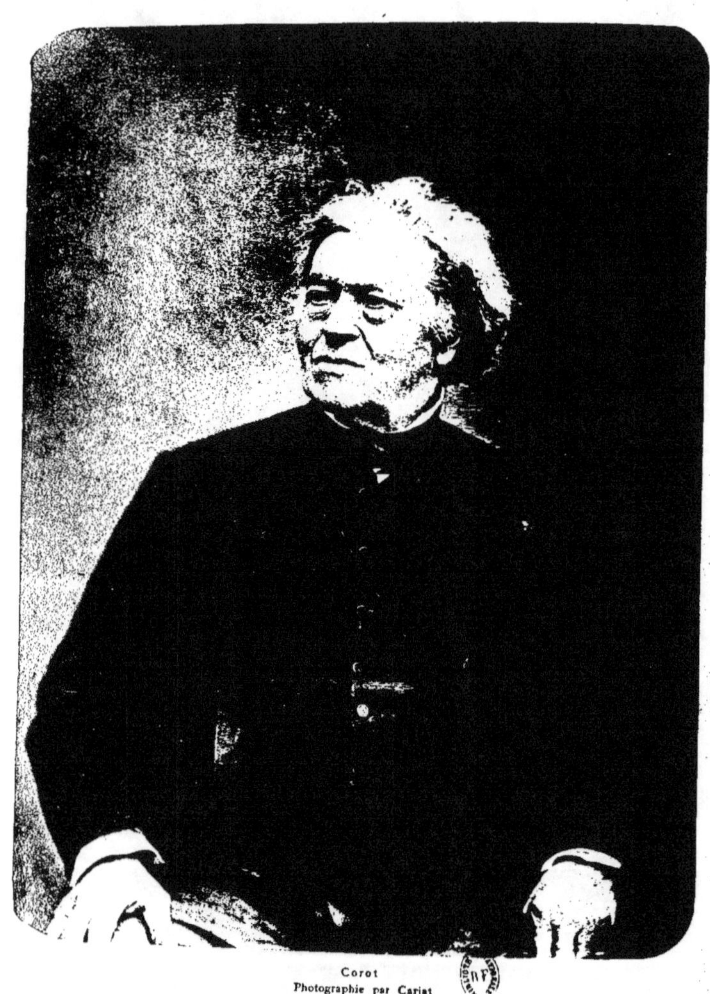

Corot
Photographie par Carjat
(6 novembre 1870).

L'ŒUVRE

DE

COROT

par

ALFRED ROBAUT

Catalogue raisonné et illustré

précédé de

L'HISTOIRE DE COROT ET DE SES ŒUVRES

par

ÉTIENNE MOREAU-NÉLATON

ornée de dessins et croquis originaux du maître

TOME PREMIER

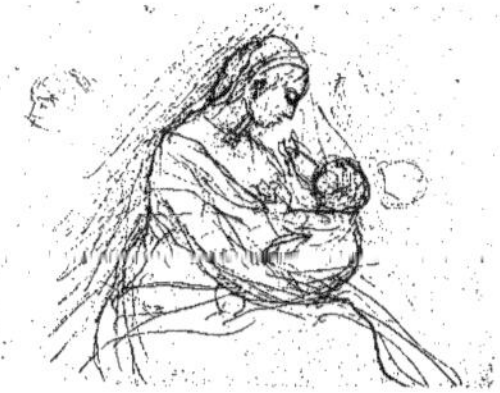

PARIS

H. FLOURY, ÉDITEUR

1, boulevard des Capucines

1905

AVANT-PROPOS

Au mois de mai 1847, Corot, que les amateurs n'avaient pas
encore gâté bien qu'il eût atteint la cinquantaine, rentrant dans la
demeure paternelle de Ville-d'Avray après un voyage d'étude, eut
l'agréable surprise de trouver une lettre d'un inconnu, qui avait distingué sa peinture et qui demandait à se rendre acquéreur d'un de
ses tableaux. Cet inconnu se nommait Constant Dutilleux. Modeste
peintre de province, confiné dans une retraite laborieuse à Arras,
où grandissait autour de lui une nombreuse famille, il n'en sortait
que pour réchauffer son zèle au foyer parisien, qui crée l'émulation
et fait jaillir la renommée. C'est là que germa dans son cœur le
culte des deux hommes qui finirent par l'accaparer : Delacroix et
Corot. Ces deux grands artistes acceptèrent et lui rendirent l'amitié
qu'il leur offrit. Le premier lui laissa un gage suprême de ses sentiments dans son testament, en le mettant au nombre des intimes qui
eurent la charge de veiller à l'exécution de ses volontés. Quant à
Corot, depuis le jour où sa peinture précéda sa personne dans l'atelier artésien, pendant près de vingt ans, sa vie se mêla à celle de
son admirateur. La belle saison le ramenait périodiquement à Arras.
Dutilleux, de son côté, attiré vers Paris à partir du jour où il eut
fait sa connaissance, était l'hôte assidu de la rue Paradis-Poissonnière. Le maître et le disciple allaient travailler de compagnie d'après

8

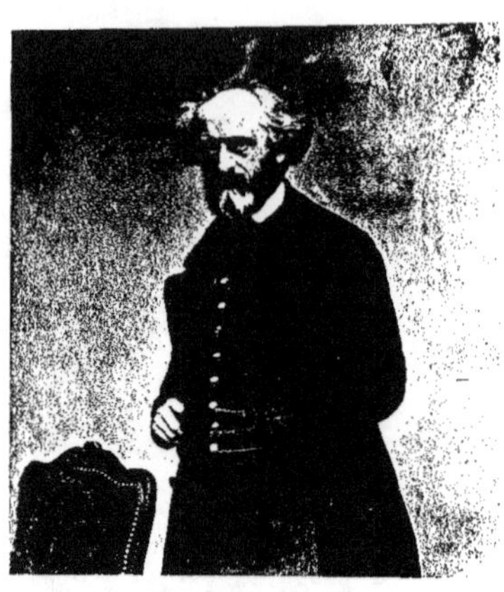

Constant Dutilleux
(vers 1860).

nature. Lorsque la mort frappa brusquement l'humble émule du grand poète, le 14 octobre 1865, il était en route pour Fontainebleau, et son compagnon l'attendait à Paris pour y partir avec lui.

Dutilleux mort, Corot continua d'être aimé et vénéré dans sa famille. Depuis 1853, Mlle Elisa Dutilleux était mariée à un de ses cousins de Douai, M. Alfred Robaut. Fils d'un homme qui était lui-même un dessinateur émérite, celui-ci était né au milieu des presses lithographiques et, de bonne heure, avait fait sous l'œil paternel ses preuves dans l'art de crayonner sur la pierre. Ce travailleur sans prétentions personnelles avait un cœur enthousiaste, grand ouvert pour l'admiration des belles choses, une âme d'apôtre. Les dieux de Dutilleux furent ses dieux. Du jour où ses lèvres eurent appris à prononcer ces deux noms sacrés de Delacroix et de Corot, sa vie s'illumina de leur rayonnement. Du fond de sa province, où son labeur demeurait attaché à l'industrie créée par son père, il suivit longtemps sans l'approcher l'éclat de leur génie lointain. Delacroix mourut sans qu'il l'eût aperçu plus de deux fois. Corot lui-même avait beau venir souvent à Arras, les affaires retenaient le lithographe à Douai. C'était en courant qu'il s'échappait pour voir s'épanouir, dans l'atelier de Papa Dutilleux, le bon sourire du grand ami. Le souvenir de cette vision hantait ses rêves. Il le prolongeait en s'entourant, autant que le permettaient ses ressources d'artisan laborieux, du charme joyeux des œuvres du peintre. Mais, quand avec son cher beau-père il eut perdu, du même coup, les visites annuelles de son hôte, il n'y tint plus. Paris, où rayonnait l'astre de sa vie, l'attira à son tour impérieusement. Il céda ses affaires, quitta Douai et vint s'établir à la porte de l'atelier du maître.

C'était au lendemain de la guerre de 1870. Les douloureux événements de mai 1871 avaient ramené une fois de plus Corot dans le Nord. Il avait accepté l'hospitalité à Douai même ; M. et Mme Alfred Robaut l'avaient gardé plus de deux mois sous leur toit. Dès lors, la vie du lithographe subit une orientation nouvelle. Adieu les pierres et les presses ! Elles avaient servi naguère d'auxiliaires au crayon du copiste pour traduire et vulgariser quelques-uns des croquis magnifiques sortis, comme autant de fleurs éblouissantes, des cartons de Delacroix au jour de sa vente. Mais, à présent, le gendre de Dutilleux, l'héritier de sa religion artistique rêvait pour les deux figures qui la personnifiaient une apothéose magnifique, dépassant la sphère de ses travaux professionnels. Cette apothéose aurait pour cadre un catalogue descriptif et détaillé de leurs innombrables productions. La destinée ayant clos déjà l'œuvre d'Eugène Delacroix, ce fut celui-ci qui sollicita d'abord le soin pieux du travailleur. Pendant vingt ans, il chercha partout, nota et, ce qui surtout importe, reproduisit avec une fidélité exemplaire toutes les peintures et tous les dessins de l'artiste bien-aimé qu'il put rencontrer sur son chemin. Le livre ainsi composé, avec ses multiples et suggestives vignettes, est le résumé synthétique et vivant de toute la carrière du peintre ; c'est le répertoire complet de son talent.

« L'Œuvre de Delacroix » parut en 1885 ; mais M. Alfred Robaut n'avait pas attendu jusque là pour préparer son pendant, le « Corot ». Dès son arrivée à Paris en 1872, il avait conçu et commencé cet ouvrage parallèlement avec l'autre. La bienveillance que Corot ne cessa de lui témoigner lui facilita la tâche. La porte de l'atelier s'ouvrit à ses investigations ; la mémoire du maître fut mise à contribution par un infatigable interrogateur. En même temps, le crayon marchait et, avec l'aide de la chambre claire, une main habile et experte fixait l'aspect des tableaux un instant apparus devant elle. Il y a plus. Des centaines d'études, datant de toutes les époques de sa vie, étaient conservées par Corot au long des murs ou dans les armoires de son atelier. Un beau matin, le fanatique paya d'audace ; il obtint du peintre l'autorisation de faire du tout un paquet et d'emporter ce paquet devant un objectif de photographe. Ce photographe

habitait Arras et s'appelait Charles Desavary. Il était, lui aussi, un des gendres de Dutilleux. Corot savait ses chères études en bonnes mains et, tandis que lui-même partait chercher l'inspiration dans quelque campagne radieuse des splendeurs de l'été, il laissa les enfants de son cœur suivre un autre chemin et signa allègrement leur exeat temporaire. Voici le précieux billet destiné à être présenté au père Clément, le Cerbère de la rue Paradis-Poissonnière :

" Voudrez-vous laisser prendre et emballer les études que Monsieur " Robaut jugera convenables.

" Ce 9 août 1872.   C. Corot ".

Les peintures qui partirent ainsi étaient au nombre d'environ six cents. Lorsque Corot revint de sa villégiature, il les retrouva toutes à leur place, raccrochées ou rangées par celui au soin respectueux duquel il les avait confiées. La plupart de ces toiles, qui illustraient l'existence de leur auteur et dont celui-ci ne voulait se séparer à aucun prix, demeurèrent dans l'atelier jusqu'à sa mort et figurèrent à sa vente posthume. Quelques-unes ont été, malgré tout, arrachées à l'obstination jalouse du maître. Des unes comme des autres l'image est conservée. Il en est que la fantaisie d'un moment a ramenées sur le chevalet et que des retouches ont modifiées. Pour celles-là la photographie est un document peut-être encore plus intéressant, en ce qu'elle témoigne des phases successives d'une même composition. Un certain nombre de clichés pris en outre par Desavary, pendant les séjours de Corot à Arras, d'après les tableaux qu'il y faisait, sont, à ce point de vue particulier, des plus instructifs.

M. Robaut n'aurait pu souhaiter un meilleur collaborateur que son beau-frère. C'était à la fois un photographe des plus adroits et un peintre de beaucoup de goût. Lui aussi, il adorait Corot et il s'assimila si bien son génie que ses copies d'après ce modèle idéal donnent l'illusion de l'original. Le photographe ne se borna pas aux tableaux ; il rechercha l'homme lui-même. Grâce à son souci avisé de reproduire les traits de l'artiste, ce dernier revit tout entier sous nos yeux. L'opérateur, étant un artiste lui-même, a réussi à conserver à la figure qui posait devant lui le naturel de la vie quotidienne. Ses clichés sont des notes intimes du plus grand charme. Desavary ne fut d'ailleurs que le digne continuateur de deux autres praticiens d'Arras, MM. Grandguillaume et Cuvelier, des amateurs passés maîtres, qui eurent l'honneur de tirer les premiers des portraits photographiques de Corot aux environs de 1850.

Tous ces renseignements iconographiques, M. Robaut les a recueillis et conservés. Dieu sait combien d'autres sa curiosité méthodique réussit à y ajouter. Il n'était pas moins avide de connaître les détails de la longue carrière dont il avait assumé d'être l'annaliste. Il questionnait Corot sur ses voyages, sur ses amitiés de jeunesse, voire sur sa famille et sur son enfance; provoquait des anecdotes et, quand le grand ami se montrait en velléité de confidences, son oreille était aux aguets et sa mémoire enregistrait. " Papa Corot, qu'est-ce que ce pays-là ? " répétait-il sans cesse, une toile ou un dessin entre les mains. Et le bonhomme de s'épanouir et d'évoquer, selon le hasard des rencontres, une radieuse matinée dans une douce vallée italienne ou bien une séance d'application minutieuse sous la sévère frondaison des chênes de Fontainebleau. Il nommait ses compagnons ou ses hôtes et, quand il était en humeur de causerie, ce retour vers le passé fouettait sa verve. Semblait-il en avoir assez au contraire de parler de lui, l'importun s'enfuyait. Mais il n'abandonnait pas son idée fixe ; et c'est Corot qu'il cherchait loin de Corot lui-même.

Il courait les boutiques des marchands, frappait à la porte des amateurs. Chez les uns comme chez les autres, son inlassable patience crayonnait sans trêve. Il n'était pas accueilli partout à bras ouverts. Les propriétaires de chefs-d'œuvre ne sont pas toujours enclins à en partager la jouissance. Un jour, il s'en confia au " bon papa ". Corot prit un bout de papier et rédigea une façon d'épître à la fois impersonnelle et catégorique, destinée à convaincre les récalcitrants ·

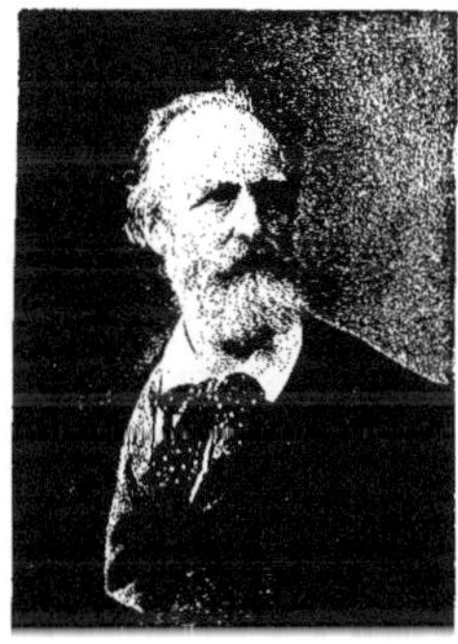

M. Alfred Robaut
(vers 1890).

12

" *Vous serez bien aimable de donner à mon ami Alfred Robaut*
" *toutes facilités pour dessiner le ou les tableaux de moi que vous possédez.*
" *Votre dévoué,*

" *Mai 1874.*   *C. Corot* ".

*Comment éconduire un homme porteur d'un pareil talisman ? —
Corot fit davantage. Il livra ses cartons de dessins à M. Robaut et lui laissa
prendre les plus beaux pour en faire exécuter des fac-simile. C'est encore à
Arras que la chose fut faite. Desavary, aidé de ses élèves, les reproduisit en
autographie. La photographie eût été plus rigoureusement exacte; mais les
moyens limités dont on disposait à cette époque ne permettaient pas de
l'appliquer à cette publication. Tel qu'il est, le document demeure d'un
grand prix.*

*La passion fureteuse de M. Robaut demanda ensuite leurs secrets à
ces humbles confidents que sont les albums et les carnets de poche. Sur leurs
feuillets il glana avidement les indications et calqua scrupuleusement les
silhouettes. Telle était la dévotion de l'apôtre pour le maître que le moindre
chiffon de papier échappé des augustes mains devenait une sainte relique
entre les siennes.*

*M. Robaut comptait parmi les privilégiés à qui l'atelier n'était
jamais fermé. Sa bonne humeur enjouée plaisait à Corot, qui l'appelait familièrement " son cher la joie ". Cette douce intimité dura
jusqu'à la mort du maître. Lorsque la maladie l'eut terrassé, chaque
jour ramena au chevet de son lit celui qu'un critique avisé a nommé son
Dangeau et qu'on appellerait encore plus justement son Loyal Serviteur.
Son attentive sollicitude nota jour par jour l'évanouissement progressif de
l'âme bien-aimée. Le 22 février 1875, il était à la porte de la chambre mortuaire, épiant la fatale nouvelle. Quand ce fut fini, quand la dépouille
inanimée reposa solitaire sous la garde du brave curé de Coubron, le fidèle
pénétra une dernière fois auprès de son idole. Ce fut encore le crayon
au bout des doigts, pour tracer d'un trait respectueux et ému la doulou-
reuse image des lieux où planait la mort parmi le souvenir.*

*Il suivit fiévreusement les enchères et lutta de toutes ses forces pour
retenir le plus grand nombre possible des précieuses dépouilles. Déjà,*

beaucoup de belles œuvres telles que le " Port de la Rochelle " et le " Beffroi de Douai " chantaient sur ses murs la gloire de Corot. Désormais, la place manqua pour accrocher les chefs-d'œuvre et ils s'accumulèrent les uns sur les autres. Des brassées de dessins admirables, adjugés à vil prix, bondèrent les cartons qui s'étaient déjà emplis à la vente d'Eugène Delacroix.

Les tableaux du maître, qui avaient attendu si longtemps la faveur du public, commencèrent, quand la source fut tarie, à exciter la convoitise des amateurs. La spéculation s'en mêla. Des galeries se formèrent, puis se dispersèrent sous le marteau du commissaire-priseur. M. Robaut fut là, suivant les expositions et les ventes. Sa compétence reconnue fit autorité. Marchands et acheteurs l'invoquèrent contre les faussaires, dont l'audacieuse industrie se développa avec la vogue du peintre. Tous les experts s'inclinèrent devant ses expertises.

Quelques mois après la mort de Corot, dans le courant de 1875, on organisa à l'Ecole des Beaux-Arts une exposition solennelle composée d'environ deux cents de ses toiles, empruntées, pour la circonstance, aux collections privées et aux musées. L'occasion était bonne pour saisir au passage bien des morceaux inconnus, momentanément révélés. Grâce aux nombreuses photographies faites par la maison Braun et aux croquis dont il couvrit lui-même ses tablettes, M. Robaut conserva de cette réunion un souvenir aussi complet que possible. Trois ans plus tard, en 1878, une manifestation également brillante eut lieu dans les galeries de M. Durand-Ruel. L'Exposition Universelle avait marchandé à Corot la place que réclamait son génie. Il triompha rue Laffitte, et le scrupuleux enquêteur dessina un par un les éléments de ce triomphe.

Entre temps, son travail sur Delacroix s'achevait. Il vit le jour au moment où s'ouvrirent simultanément l'exposition de son œuvre à l'Ecole des Beaux-Arts et la souscription pour son monument du Luxembourg. L'auteur de ce livre si instructif et si vivant préparait son " Corot " sur le même modèle, et l'ouvrage était annoncé : des bulletins de souscription circulaient. Le succès très limité de son premier volume, sans ralentir le zèle du travailleur, retarda du moins la publication du nouveau. Les années passèrent. On voyait tou-

jours son ardeur empressée suivre son idée. Que ce fussent les Cent Chefs-d'œuvre à la galerie Petit ou la Centennale au Champ-de-Mars, du moment qu'il s'agissait de Corot, M. Robaut était sur la brèche. Mais les matériaux s'accumulaient sans que l'édifice attendu finît par s'élever. Des chapitres détachés du livre projeté s'éparpillèrent à droite et à gauche : telle la substantielle étude biographique parue dans la "Galerie Contemporaine" qu'édita la librairie Baschet; telle aussi la série d'articles donnés au journal "l'Art," où l'auteur révéla l'œuvre décoratif de Corot. Mais l'âge et la fatigue finirent par se faire sentir et peu à peu le courageux ouvrier, que ses forces trahissaient, en vint à désespérer, malgré qu'il en eût, d'achever une entreprise désormais trop lourde pour lui.

Peu importe quel hasard me conduisit à lui offrir mes services et à substituer ma bonne volonté à son savoir. Mais un rapprochement s'impose. Dans l'hommage rendu à la mémoire d'Eugène Delacroix sous la forme d'un catalogue raisonné, M. Robaut avait eu pour émule mon père, Adolphe Moreau, dont le "Delacroix et son œuvre" avait précédé et, jusqu'à un certain point, préparé sa publication beaucoup plus ample et plus minutieusement documentée. Par un retour fortuit, c'est à son fils qu'échoit aujourd'hui la tâche d'assurer à Corot le monument ébauché et déjà plus qu'à moitié construit. Collaborateur de la dernière heure, il tient à s'effacer derrière l'auteur, trop heureux d'avoir été honoré de sa confiance et autorisé à parler en son nom.

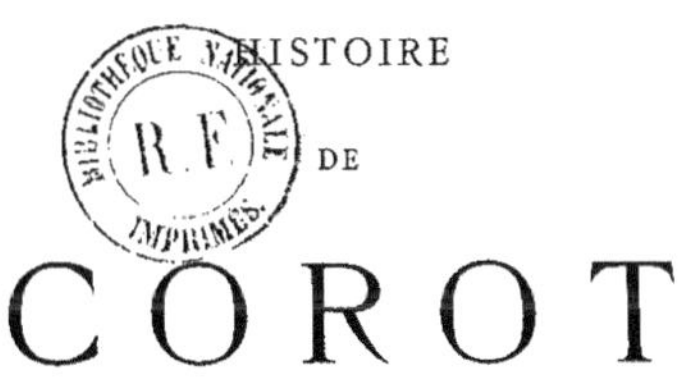

HISTOIRE
DE
COROT

ET

DE SES ŒUVRES

UN curieux, amateur d'autographes, ayant demandé à Corot, vieux et déjà illustre, quelques lignes de sa main racontant sa vie, voici le billet que M. de Beauchesne (1), ce collectionneur, reçut de lui :

Paris, 5 février 1871.

« Monsieur, d'après votre désir, je vous remets quelque note biographique (*sic*). J'ai été au collège de Rouen jusqu'à dix-huit ans. De là, j'ai passé huit ans dans le commerce. Ne pouvant plus y tenir, je me suis fait peintre de paysages ; élève de Michalon d'abord. L'ayant perdu, je suis entré dans l'atelier de Victor Bertin. Après, je me suis lancé tout seul, sur la nature, et voilà (2) ».

Le laconisme de cette petite lettre est bien éloquent. La plume de Corot a fait là d'après lui-même un admirable croquis, sommaire d'apparence seulement, analogue à ceux dont son crayon avait le secret. Cette note brève et alerte dit tout Corot. On songe, en la lisant, à certaine déclaration qui échappa à la franchise du maître un jour qu'il avait eu la complaisance de poser devant un confrère. « Voyez-vous, dit-il à Bénédict Masson en regardant sa toile, vous avez beau faire : je suis le seul qui me connaisse assez bien pour me peindre ressemblant. »

Ce verdict sévère donne à réfléchir quand on essaie de fixer sa silhouette après l'esquisse qu'il en a tracée lui-même. Mais l'entreprise devient moins téméraire avec Corot en personne pour collaborateur.

(1) Secrétaire de l'Administration du Conservatoire.
(2) Vente B. Fillon (juillet 1879) n° 1919. — Vente Bovet (1885) n° 1548.

D'autres, avant nous, lui ont déjà donné la parole dans leurs écrits. Théophile Silvestre le premier, dont *l'interview* de 1853 (1) a été consultée et citée toutes les fois que, depuis, on a écrit sur Corot. Les *Souvenirs Intimes* publiés par M. Henri Dumesnil en 1875, au lendemain de la mort de celui dont l'auteur s'honorait d'avoir été l'ami (2), valent de même par les conversations notées au jour le jour et où « sa voix » se fait entendre à chaque page. Les entretiens de Corot avec Dutilleux et, plus tard, avec M Alfred Robaut, héritier de l'affection qui unit pendant dix-huit années l'illustre artiste à son plus modeste confrère, sont, avec sa correspondance même pieusement conservée, le fond de la présente étude. De nombreux dessins, puisés dans ses cartons ou dans ses carnets, complètent et expliquent le texte au moins autant qu'ils lui servent d'ornement. Grâce à ces éléments, notre biographie de Corot, à la bien prendre, est une véritable autobiographie.

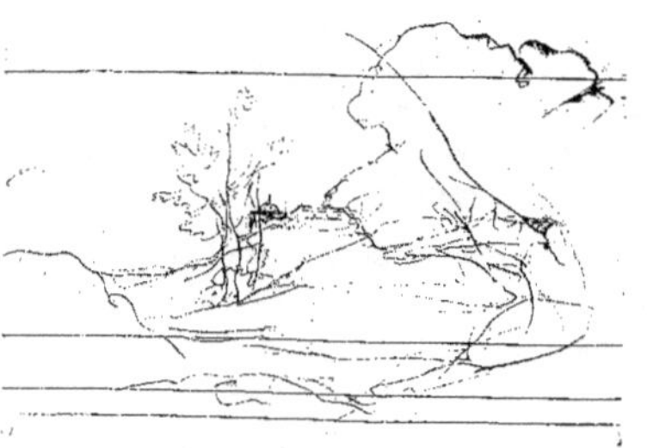

Croquis fait par Corot (vers 1860) sur un ancien livre de créances de son père.

(1) *Histoire des Artistes vivants*, etc. Etudes d'après nature par Th. Silvestre. Paris, E. Blanchard, 1853.

(2) *Corot. Souvenirs intimes*, par Henri Dumesnil, Paris, Rapilly 1875.

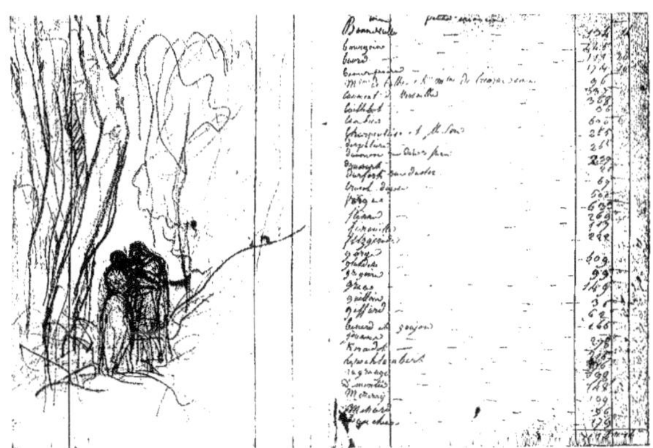

Croquis fait par Corot (vers 1860) sur un ancien livre de créances de son père.

I

PREMIÈRES ANNÉES

(1796-1825)

« Il a été bercé sur les genoux des nymphes. » Corot avait trouvé cette phrase dans un article, de Gautier je crois, où il avait jeté les yeux. « Mais c'est la pure vérité, dit-il, vous savez que la boutique de la belle dame était le rendez-vous des grâces. » La « belle dame » ! c'est ainsi qu'il appelait toujours la chère maman, qui occupait une si grande place dans son cœur. Elle tenait rue du Bac, en face du Pont-Royal, au 1er étage, un magasin de modes fréquenté par tout ce que Paris comptait d'élégantes. Mme Corot rivalisait de goût et de coquette ingéniosité avec la célèbre Mme Horbault, qui coiffa Joséphine et sa cour. Sa clientèle n'était pas moins choisie. M. Corot, qui tenait les livres de la maison, avait inscrit sur ses registres les noms les plus illustres de l'ancien régime et du nouveau. L'un de ces carnets de créances est tombé par la suite aux mains de son fils, qui a sabré de crayonnages le gros papier verdâtre et charbonné des figures d'églogue en travers des colonnes du *doit* et de l'*avoir*. On y rencontre, côte à côte, selon le hasard des fournitures, Mme de Colbert et Mme Kellermann, Mme de Fitz-James et

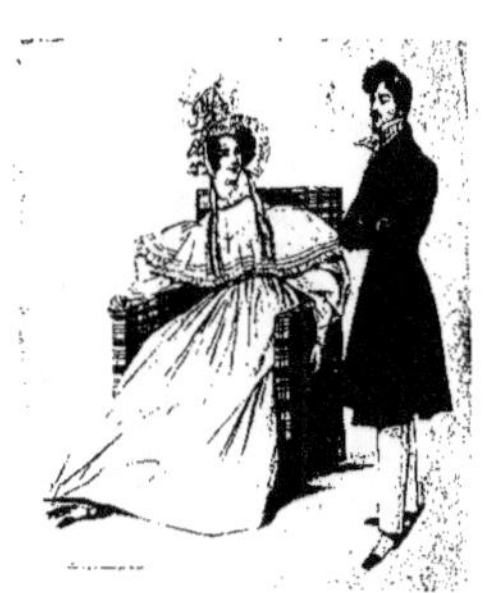

Modes de Mme Corot
Gravure par Gavarni, (vers 1830).

Mme Condorcet (1). Sous la Restauration, la maison Corot a la vogue. En 1822, on lit dans l'*Album du Journal des Arts, des Modes et du Théâtre*: «... Ce chapeau sort des mains de Mme Corot; il n'y a qu'elle pour chiffonner de la sorte (2) ». Dix ans plus tard, ses créations sont encore goûtées. Une gravure de modes, dessinée par Gavarni vers 1830, nous montre une dame coiffée d'une « capote de crêpe avec des marabouts, de Mme Corot, rue du Bac |».

C'est donc là, rue du Bac, que naquit notre grand Corot, le 17 juillet 1796 (29 Messidor an IV). On l'appela Jean-Baptiste-Camille. Il porta habituellement le dernier de ces prénoms ; toutefois on lui souhaita sa fête à la Saint Jean-Baptiste. Son père, Jacques-Louis Corot, (3) était Parisien ; il était le fils d'un perruquier de la rue des Grands-Degrés. Mais le pays d'origine de la famille était un petit village de Bourgogne, des environs de Semur, nommé Mussy-la-Fosse. Quant à Mme Corot, elle portait le nom de Marie-Françoise Oberson, et ses parents provenaient de Suisse. Camille eut deux sœurs. L'une était son aînée de quatre ans. Elle était née en pleine Révolution. Corot, moitié sérieux, moitié plaisant, attribuait à cette cause la santé souvent chancelante de la pauvre femme. « Ah !

(1) Carnet 57.
(2) T. IV p. 172, (N° du vendredi 10 mai 1822).
(3) Né le 8 octobre 1771.

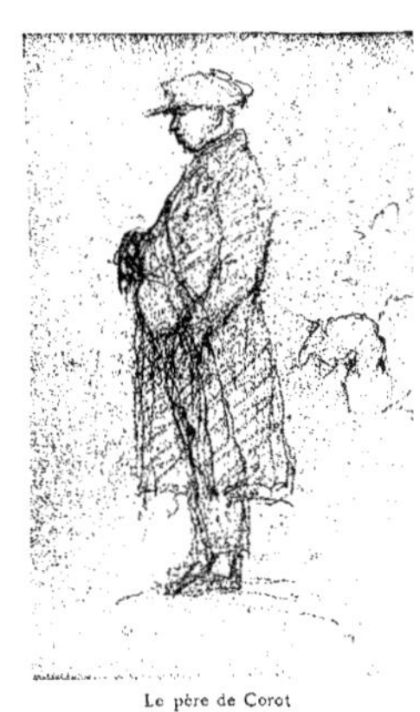

Le père de Corot
(vers 1830).

disait-il, j'ai mieux choisi mon temps pour faire mon entrée dans le monde. Il ne faut pas que les parents aient de tracas pour produire de beaux enfants. C'est mal prendre son heure que de naître sous la Terreur. »

La boutique de la rue du Bac ne laissait pas à Mme Corot le loisir d'élever elle-même son fils. Il fut mis en nourrice aux environs de l'Isle-Adam, dans le village de Presles. Il y demeura quatre ans. Sans doute fut-il bien soigné; car son cœur resta attaché à sa famille nourricière et, vieux, illustre et fêté, il faisait fête à son tour à « la sœur de lait » quand elle venait lui rendre visite à Paris, et il l'invitait sans façons à partager son dîner. Vers sept ou huit ans, on le met en pension rue de Vaugirard chez un maître nommé Letellier, où il reste jusqu'à onze ans. C'est là qu'il eut pour camarade M. Marcotte qui, en qualité de doyen de ses amis, présida le comité formé, en 1874, pour lui offrir une médaille d'honneur. Il a neuf ans, en 1807, lorsque son père, qui avait été employé dans les bureaux de la ville de Paris, obtient pour lui une bourse ou une fraction de bourse dans un collège, et on l'envoie à Rouen. M. et Mme Corot avaient là un ami, dont le fils devait plus tard devenir leur gendre. M. Sennegon fut le correspondant de Camille. C'était un homme d'humeur rêveuse, un peu mélancolique, qui fuyait le monde, mais goûtait la nature. Il prenait le jeune pensionnaire pour compagnon de ses promenades et l'emmenait de préférence dans des campagnes solitaires,

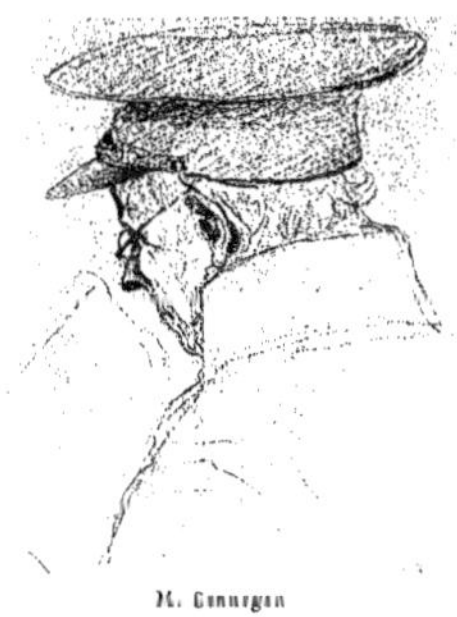

M. Sennegon
(vers 1830).

loin du bruit de la ville ; on s'asseyait au bord d'une rive tranquille et l'on assistait, dans le silence, au déclin de la lumière et à la fin du jour. Corot aimait à évoquer le souvenir des impressions ressenties alors par son âme d'enfant (1). Le charme des solitudes, le mystère des heures crépusculaires avaient dès ce temps-là fait éclore dans son jeune cœur la petite fleur de la poésie, qui s'y épanouit plus tard et rayonna d'un si bel éclat.

Cependant il était entré en septième. Jusqu'à la quatrième, l'élève se maintient dans une assez bonne moyenne. Mais son professeur de quatrième, un certain Quidit, le prend à rebours et le rebute. C'en est fini, il faut le retirer du collège. Son père s'y décide en 1812, quand il a terminé son année de seconde ; et il le met, pour achever ses études, dans une pension à Poissy, où il resta deux ans, recommença sa seconde et fit, selon son expression, « une espèce de rhétorique. » Rhétorique assez bizarre en effet. Car un de ses cahiers de rhétoricien, que le hasard a conservé, contient des pages d'écriture et même des jambages comme on en fait faire aux bambins de cinq ou six ans (2).

D'ailleurs, à 19 ans, Corot est un grand enfant timide et gauche. Il rougit quand on lui adresse la parole. Devant les belles dames qui hantent le salon maternel, il est emprunté et s'enfuit comme un sauvage. Quand on lui parle d'une carrière, il ne répond pas. Il a acheté un album et s'applique à crayonner. Il dit vaguement : « J'ai envie de faire de la peinture. » Mais le père lui rit au nez. On lui a trouvé une place chez un marchand de drap. Il entre comme vendeur, rue de Richelieu, chez Ratier ; mais quel mauvais vendeur ! Il cache les marchandises défraîchies, il vend à perte les articles de choix ; et sa naïveté s'étonne quand le drapier se fâche. M. Ratier, qui n'entend pas qu'on gaspille son fonds, le retire du magasin et l'envoie courir la ville, l'épaule chargée de gros ballots « toile et paille ». Les courses au grand air font mieux son affaire que le déplié et l'aunage derrière le comptoir ; tandis que ses jambes

(1) Conversation avec M. Alfred Robaut, en novembre 1873. — Conversation avec M. Henri Dumesnil, citée dans ses *Souvenirs Intimes*, p. 8.

(2) Cahier commencé le 12 juin 1814, fini le 9 avril 1815.

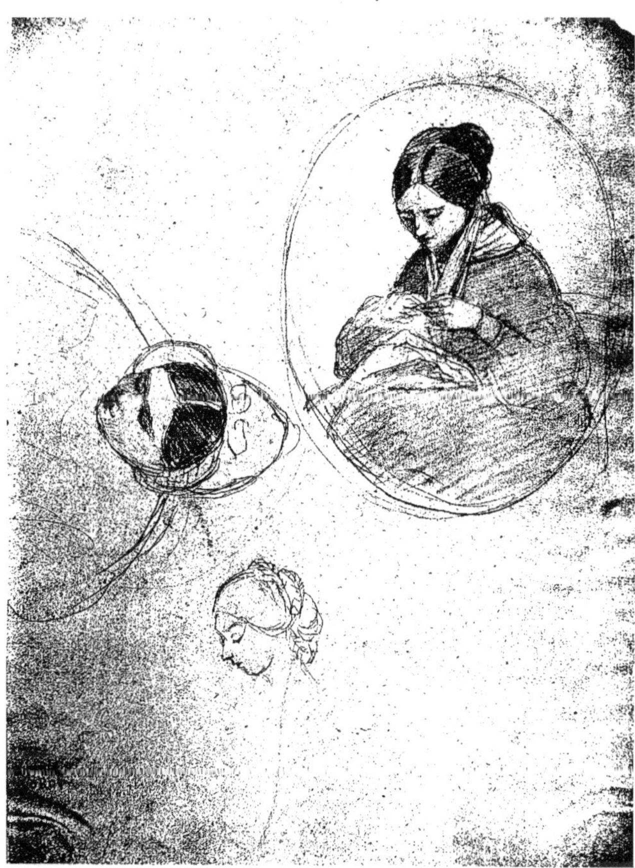

Modistes
(vers 1830)

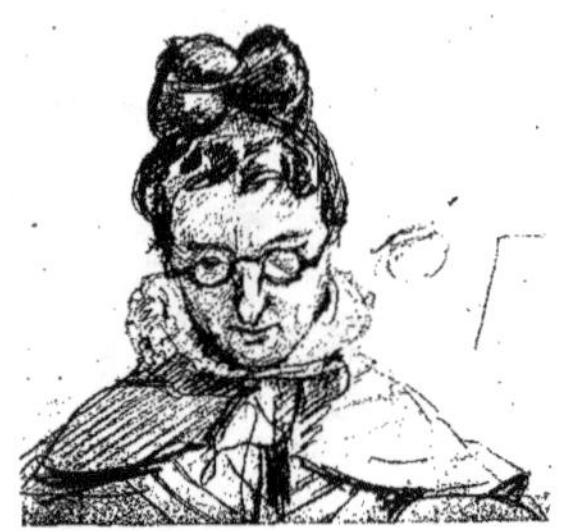

Mᵐᵉ Delalain (vers 1825).

filent le long des trottoirs, ses yeux suivent les nuages qui flottent dans le ciel, et il oublie le fardeau qui pèse sur ses bras. Il l'oublie parfois si bien que le client se plaint et que le patron se fâche. Il en cherche un autre plus accommodant et trouve M. Delalain, rue St-Honoré. Chez lui, le commis ne s'amende guère. Avec ses économies il s'est payé une boîte à couleurs ; ses doigts, trop familiers déjà avec la palette, maculent les étoffes de taches d'huile révélatrices. Mais M. Delalain a le cœur indulgent pour ce mauvais employé, dont la douce bonhomie charme tous ceux qui l'approchent. Déjà, dans la maison Ratier, Corot s'était fait un ami du neveu du patron, M. Alexandre Clérambault. La famille Delalain l'accueille dans son intimité.

Cinq années, de 1817 à 1822, se passèrent ainsi, sans que la vocation de l'artiste réussît à rompre ses lisières. Le temps marchait. Il avait 26 ans. « Camille, il faut penser à t'établir », disait le père. S'établir ? Non, décidément, le commerce n'était point son affaire. « Il faut pourtant qu'un garçon de ton âge prenne un état ? » — « Eh bien, je veux être peintre. » Le mot était lâché une fois pour toutes. Le père Corot, jusque-là, avait fait la sourde oreille lorsque, dans l'expansion d'un jour de fête, chaque année, à la St-Pierre, son fils, en lui présentant un bouquet, lui parlait de ses velléités artistiques. Cette fois, il répondit : « Soit, agis comme tu l'entends : puisque tu veux t'amuser, amuse-toi. J'étais prêt à t'acheter un fonds de commerce à beaux deniers comptants ; je garde mon argent ».

M. et Mme Corot venaient de perdre leur fille cadette (1). On résolut de donner à Camille les quinze cents livres qu'on servait annuellement à la défunte. C'était l'indépendance pour le travailleur ! Le grand enfant sauta au cou de son père ; puis il s'enfuit, le portefeuille sous le bras, fou de joie, répétant dans son ivresse naïve : « Je suis un peintre, je suis

(1) Victoire-Anne Corot, épouse Froment, décédée à 24 ans, le 8 septembre 1821. Elle avait eu une fille, morte, à l'âge de 16 mois, le 15 août 1821.

un peintre ! » Et, selon son expression, « il lui semblait que des flammes sortaient de son chapeau ». Il courut tout de suite chez Michallon. Il était déjà son camarade ; mais un camarade plein de déférence pour le talent d'un artiste déjà en route pour la gloire. Michallon revenait de Rome où, le premier, il avait été pensionnaire de l'Académie pour le paysage. Il y avait fait de sérieuses études et, tout en demeurant embarrassé dans les formules conventionnelles de l'école, il relevait autant que possible l'arbitraire du genre historique par une étude attentive de la nature. Il recommanda à Corot de regarder avec soin et d'exprimer naïvement sa vision (1). Le conseil était bon ; et l'on sait s'il a profité. Mais, faut-il attribuer au maître un rôle important dans le développement de l'élève ? Toujours est-il que les leçons de Michallon furent bien éphémères. La mort l'emporta au bout de quelques mois (2). Michallon sortait de l'atelier de Victor Bertin ; Corot y entra à son tour. Qu'est-ce qu'il doit à la froideur guindée du peintre, à la science étroite du professeur ? Peu de chose sans doute, et sa véritable école, c'est tout de suite la nature. Il descend de la maison paternelle sur la berge de la Seine et plante son chevalet devant l'admirable horizon de la vieille cité, tandis que le gracieux essaim des ouvrières de la

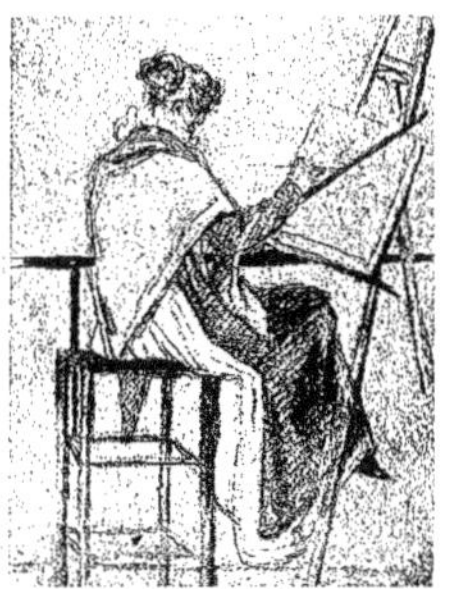

Une copiste du Louvre
(vers 1825)

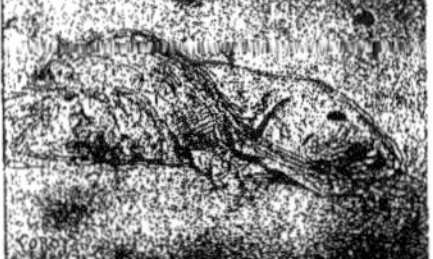

Un lion du Jardin des Plantes.
(vers 1825)

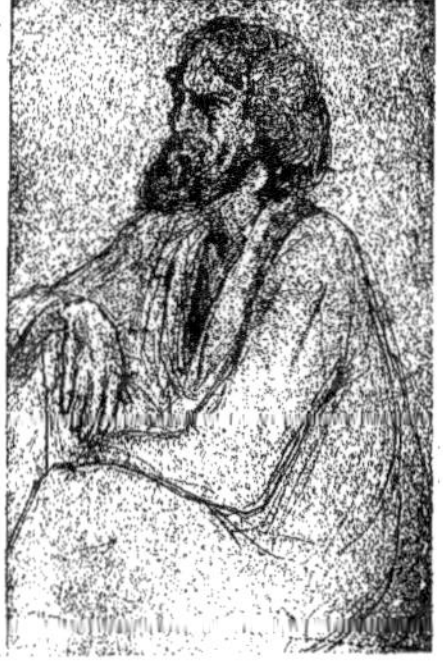

Un modèle d'atelier.
(vers 1825)

(1) Th. Silvestre, *Histoire des Artistes vivants*, p. 86.
(2) Achille-Etna Michallon, né le 22 octobre 1796, meurt le 21 septembre 1822.

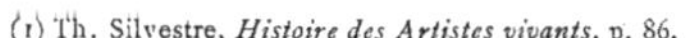

maman fait cortège au débutant et tournoie à ses côtés, comme les Muses autour du jeune Apollon.

Parfois, il traverse le pont et il entre au Musée. Il tire un album de sa poche; mais ce n'est pas pour copier les tableaux des maîtres, à l'exemple de ses confrères qui peinent pour s'approprier la vision de leurs devanciers (1). La vie seule l'attire et le séduit. Il tourne le dos aux chefs-d'œuvre et il dessine les copistes à leur chevalet, ou bien encore les visiteurs et les badauds. Il butine partout où il passe. Entre-t-il au Jardin des Plantes, vite des croquis d'animaux. Dans la rue, c'est une voiture, un bonhomme, un chien; ou bien encore il s'efforce de saisir au vol les nuages qui courent dans le ciel.

Dès que la saison devient clémente, en route pour les champs. Quel bonheur de se retrouver, le pinceau à la main, dans cette chère campagne de Rouen, où a erré son enfance. Au mois d'août 1822, il est à Bois-Guillaume, chez son vieil ami, son ancien correspondant, le père Sennegon, et il plante son chevalet n'importe où, devant un bout de prairie, avec quelques méchants pommiers à l'horizon, pour le plaisir de mêler des couleurs et d'apprendre à peindre (2). Il peint avec le même amour et la même conscience les piliers d'une porte ou le chaume d'une toiture (3). Au Havre et à Dieppe, c'est la mer, les grands horizons développés à l'infini sous le ciel (4). Après la mer, la forêt, à Fontainebleau, en octobre (5). Rentré à Paris, sous la discipline de Bertin, il est contraint de chercher des compositions dans le goût du maître. Il lit le *Voyage du Jeune Anacharsis*, note au passage des sujets de tableaux (6) et fait des dessins d'après l'antique. Mais, en même temps, il va le soir au théâtre, et, toujours, il emporte son carnet, qui se couvre de croquis: c'est Mme Pasta dans *Tancrède*, la Malibran en *Desdémone* (7). Sur la scène, l'histoire et la fable revêtent

(1) On cite cependant une copie de Corot d'après Michallon, et M. Chéramy possède une petite toile d'après Joseph Vernet, qui porte au verso ces mots: *Copie faite par moi en 1822. C. Corot.*
(2) N° *1*.
(3) N^{os} *2, 12, 19*.
(4) N^{os} *3, 11*.
(5) N^{os} *5, 7, etc.*
(6) Carnet 26.
(7) Carnets 26 et 5.

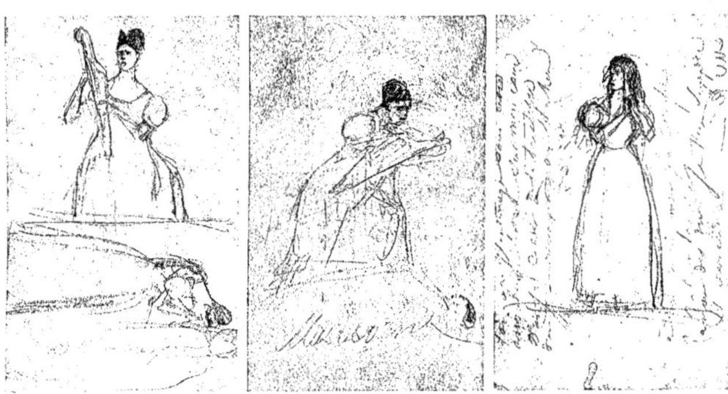

La Malibran dans le rôle de *Desdémone*.

une forme concrète où l'imagination trouve son compte. Dès lors, le
spectacle joue un rôle presque aussi important que la nature elle-même
dans la genèse de l'art de Corot.

Au physique, le jeune artiste est un gars vigoureux, grand, bien bâti
et solide au travail. Levé dès l'aurore, il grimpe tout de suite à l'atelier;
son portier lui monte une écuelle de soupe sur les onze heures, et il ne
quitte son chevalet que lorsque la nuit l'en arrache. Au moral, c'est un fils
tendre et docile, qui adore sa mère et tremble quand le père parle. On trouve
ses manières empruntées et sa toilette négligée. Qu'importe ? N'est-il pas
bon garçon ? S'il prend fantaisie à la maman de faire danser les jolies filles
de son magasin, c'est lui le boute-en-train de la bande. Sa gaîté éclate à
tout propos en grosses farces de collégien. C'est si bon de rire avec les
camarades, qu'il oublie parfois où il se trouve. Un beau matin, dans les
galeries du Louvre, un gardien l'a pris d'une main et son ami Clérambault
de l'autre, et leur a bel et bien enjoint d'aller continuer leurs espiègleries
dans la cour. Aussi n'est-il à son aise que dans l'intimité familiale.
Neveux et nièces sautent sur ses genoux, volent son calepin dans sa poche
et griffonnent sur les bonshommes de l'oncle (1). Il joue de tout son
cœur, et il est heureux.

(1) Carnet 5.

Depuis 1817, M. Corot père possède une maison de campagne. Il a acheté, à Ville-d'Avray, la *folie* d'un financier du siècle précédent, une demeure cachée dans la verdure, à l'ombre des grands bois, et d'où la vue plonge sur le miroir tranquille d'un petit étang. Lorsque Camille vendait encore du drap, la poésie de ce coquet ermitage charmait ses jours de congé. De la fenêtre de sa chambrette (1), il voyait le ciel, l'eau et les arbres, et ce spectacle, toujours varié par les caprices de la lumière, captivait son œil enchanté. Le jour où il fut peintre, quel admirable champ d'étude. La Providence a fait Ville-d'Avray pour Corot en même temps que Corot pour Ville-d'Avray. Ce n'est pas la sévérité grandiose de Fontainebleau. C'est quelque chose de plus tendre et plus délicat. Corot suit les camarades à Chailly, chez la mère Lemoine, d'où l'on part sac au dos pour la Gorge-au-Loup ou pour le Bas-Bréau. Mais il revient avec joie à son cher étang. De Ville-d'Avray à Chaville ou à Sèvres, il est chez lui. Ces bois sont les siens et non pas ceux des autres.

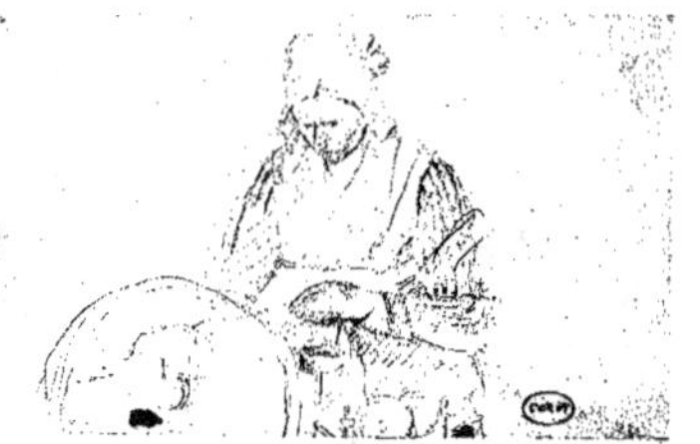

La mère Lemoine, l'hôtesse de Corot à Chailly.

(1) Cette chambre, qui fut celle de Corot jusqu'à la fin de sa vie, mesurait 2^m45 sur 2^m90.

II

PREMIER VOYAGE EN ITALIE

(1825-1828)

Toutefois, Corot regarde bientôt au-delà de ces modèles familiers. En ce temps-là, l'Italie était la terre promise des peintres. Pour lui, paysagiste, ce qui le séduit dans ce pays classique, c'est le climat plus doux et l'atmosphère moins changeante que les nôtres, qui favorisent les patientes et consciencieuses études en plein air. A la fin de l'été de 1825, son père prête l'oreille à son désir et lui paie le voyage. Il n'impose qu'une condition : c'est que le jeune artiste laissera aux siens son image de sa main. Corot s'exécute ; il peint de lui-même un portrait très physionomique, qui prend place sur le mur de la demeure paternelle (1), puis il fait son paquet. Il a pour compagnon un camarade de l'atelier Bertin, un Courlandais nommé Behr. Ce Behr joue un rôle capital dans la vie de Corot : il lui met la pipe à la bouche. Jusque-là, il ne savait pas ce que c'était que le tabac. C'est à Lyon, un jour d'oisiveté, qu'il y goûta. Pipette fut dès lors son inséparable compagne.

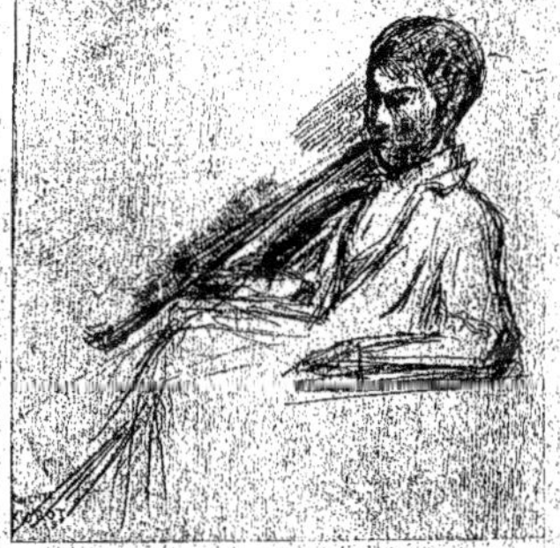

La pipe. (Italie, 1825-1828).

Les voyageurs passent par la Suisse et s'arrêtent à Lausanne dans le courant d'octobre. Un dessin et

(1) N° 41.

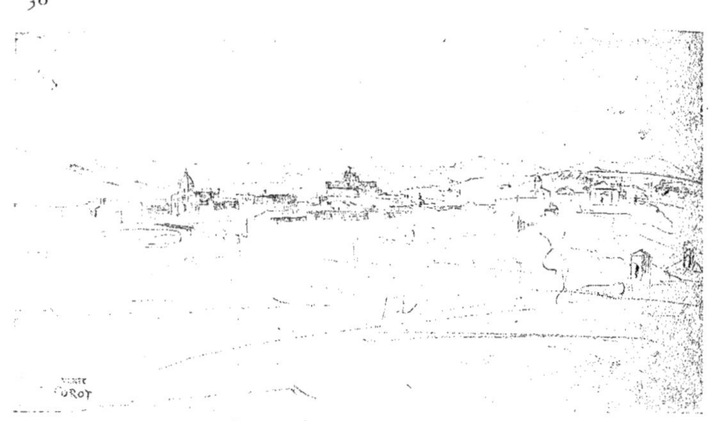

Panorama de Rome (1825-1826)

une peinture de Corot (1) représentent la ville avec, au'fond, le lac de
Genève et les Alpes. Au mois de décembre, il est à Rome. Il a loué une
petite chambre aux environs de la place d'Espagne. Malheureusement, au
début, la pluie l'y tient souvent enfermé : il est réduit à peindre ce qu'il a
devant sa fenêtre (2) ou bien à asseoir sur sa malle un Italien quelconque,
rencontré dans la rue, et à le faire poser (3) en attendant que le mauvais
temps cesse. Entre deux ondées, il visite les ruines et commence à en faire
des études (4). En même temps, sa pensée s'envole vers ceux qu'il a laissés
derrière lui. A défaut de sa correspondance avec sa famille, une heureuse
chance nous a conservé les lettres qu'il adressait à son plus intime ami,
Abel Osmond (5). Voici la première :

Rome, ce 2 décembre 1825.

Mon ami,

Un barbare qui t'a quitté va te dire qu'il est arrivé à Rome en bonne santé, qu'il
pense toujours à Abel, qu'il se promet de bien employer au travail cette pénible

(1) *N° 42.*
(2) *N° 43.*
(3) *N°s 86, 90.*
(4) *N°s 44, 46, 47, etc.*
(5) Nous devons la communication de ces précieux documents à l'obligeance de leur possesseur
actuel, M. F. Osmond, neveu du destinataire.

absence et qu'il reviendra le cœur plein de joie au milieu de bons parents et bons amis.

Je ne puis parler du climat de Rome ; depuis que j'y suis, toujours de la pluie. Mais cela ne m'affecte pas ; j'étais prévenu. Je crois jusqu'à présent que, sous le rapport de la peinture, je dois trouver tous les matériaux nécessaires pour composer des tableaux. Tu me vois sourire ; oui, je souris, car je serais doublement satisfait, de retour à Paris, de voir mes amis et de pouvoir leur montrer des études agréables...

Sa tendresse incline à la nostalgie. « Il faut, écrit-il quelques jours plus tard (1), que je sente bien sérieusement tout le besoin que j'ai d'être assidu au travail pour m'être ainsi séparé de mes bons amis ». Mais l'amour de la peinture soutient son courage et sa bonne humeur naturelle prend le dessus. Il rencontre des confrères dont il se fait bienvenir par son entrain et sa gaîté. On l'emmène au restaurant della Lepre, au café del Greco et il fait la connaissance de toute la bande des jeunes peintres déjà célèbres : Léopold Robert, Schnetz, Bodinier, Lapito, Aligny, et aussi Edouard Bertin, le futur directeur des *Débats*, qui, à cette époque, suit la voie tracée par son frère Victor. On est gai : on rit, on chante ; Corot sait plus d'une romance, qu'il détaille avec une mimique charmante. On l'applaudit et on lui fait fête. Mais quand, après la séance, il montre sa peinture, c'est une autre affaire. On s'amuse encore, mais, cette fois, à ses dépens. A-t-on jamais vu une naïveté comme celle de ce débutant, qui copie la nature tout bêtement, au lieu de la travestir d'après les formules des maîtres ? Ces habiles, superficiels et routiniers, prennent en pitié sa pro-

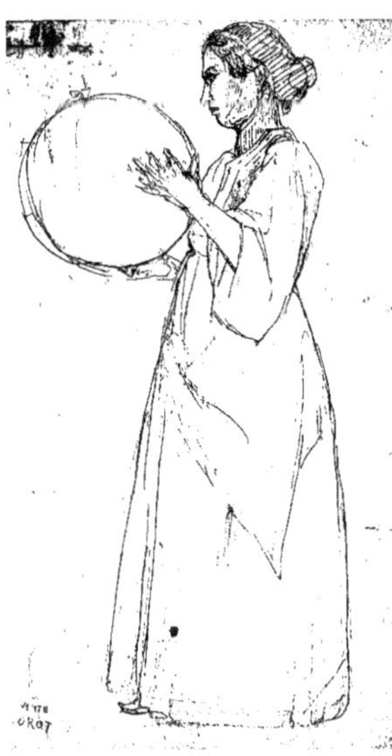

Une Italienne (1825-1828).

(1) Mars 1826.

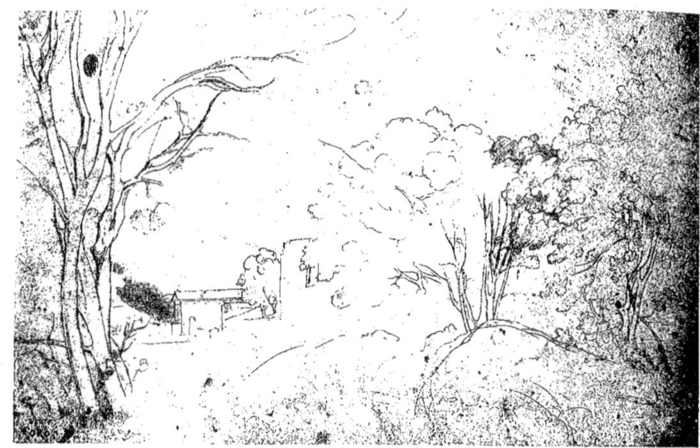

Vue prise des Jardins Farnèse (mars 1826).

bité laborieuse. Ces orgueilleux, sûrs d'eux-mêmes, accablent de sarcasmes décourageants un travailleur modeste et timide. Il faut un tempérament solide pour résister à pareille épreuve. Mais l'énergie de Corot est indomptable. Le soleil a fini par triompher de la pluie. Une série de beaux jours favorise son acharnement opiniâtre. Quinze fois de suite, il retourne s'asseoir à la même heure, au même endroit et, sur un petit carré de toile trois fois grand comme la main, il détaille patiemment les splendeurs du lieu qu'il s'est proposé comme modèle. En face de lui, le Colisée, émergeant du sein de l'antique cité, domine de sa masse rousse et chaude l'horizon bleu des montagnes (1). La lumière vient-elle à tourner, à cette étude il en substitue une autre et, sans quitter la terrasse des jardins Farnèse, changeant seulement de point de vue, il poursuit obstinément sa tâche. Elle lui semble écrasante et le découragement menace de l'atteindre. Il éprouve le besoin de s'épancher dans le cœur de son ami.

(1) N° 66.

«... Tu ne peux te faire une idée du temps que nous avons à Rome. Voilà un mois que je suis chaque matin réveillé par l'éclat du soleil qui frappe sur le mur de ma chambre. Enfin, il est toujours beau. Mais aussi, en revanche, ce soleil répand une lumière désespérante pour moi. Je sens toute l'impuissance de ma palette. Apporte des consolations à ton pauvre ami, qui est tant tourmenté de voir sa peinture si misérable, si triste auprès de cette éclatante nature qu'il a sous les yeux. Il y a des jours, véritablement, où on jetterait tout au diable. Mais je vois que je vais t'entretenir des ennuis et des tourments que donne la peinture : brisons-là..... »

La parole d'encouragement qu'il sollicite, c'est à ses côtés qu'elle se fait entendre. Un matin qu'il peine sur son Colisée, un passant, un carton sous le bras, s'est arrêté derrière lui et l'observe. Le peintre, absorbé, n'a pas reconnu Aligny. Mais Aligny, frappé de ce qu'il voit, laisse échapper un cri d'admiration. Corot, que les camarades n'ont pas gâté, hésite à croire ce qu'entend son oreille. Mais Aligny répète son éloge et quand,

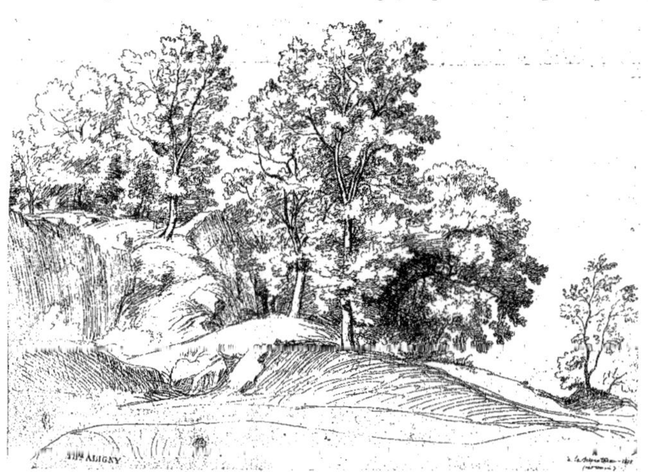

Un dessin d'Aligny (1825)

le soir, au café, les plaisanteries recommencent sur cette naïve application qu'on tourne en ridicule, il impose silence aux rieurs en disant : « Mes amis, Corot est notre maître. » L'autorité d'Aligny sur cette jeunesse était telle qu'on ne répliqua point. Corot ne marchanda pas sa reconnaissance à son enthousiaste confrère. Ils se lièrent d'amitié, travaillant de compagnie et échangeant leurs vues sur le métier. Aligny traçait d'après nature des dessins très patiemment étudiés. Corot fit, à son exemple, des études à la mine de plomb, souvent reprises et précisées à la plume. La plupart du temps, avant de peindre un motif, il

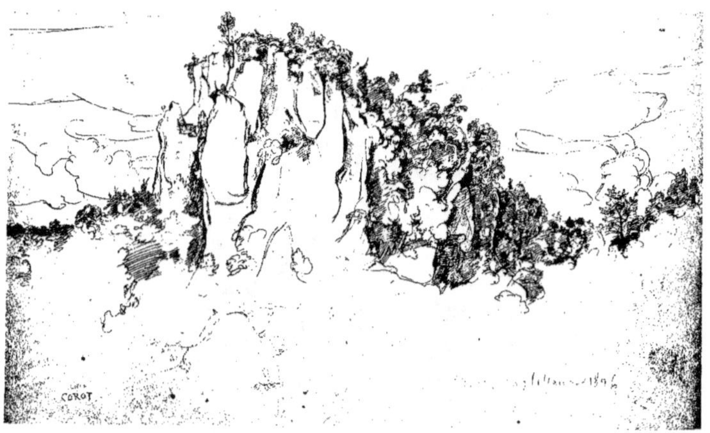

Etude de rochers à Civita Castellana (1826).

s'y préparait en exécutant auparavant un croquis scrupuleusement exact. La fine pointe noire faisait sur le papier un effort si volontaire qu'elle y creusait un profond sillon, au risque de traverser la feuille : à regarder l'envers, on dirait parfois d'une page d'impression. En revoyant plus tard ces empreintes énergiques, pareilles aux tailles d'un burin, Corot observait : « J'avais dans ce temps-là de fameux crayons! Ils ne cassaient jamais ; ils auraient plutôt emporté le morceau. » Sur la plupart de ces précieuses feuilles, il y a l'indication du lieu où elles ont été

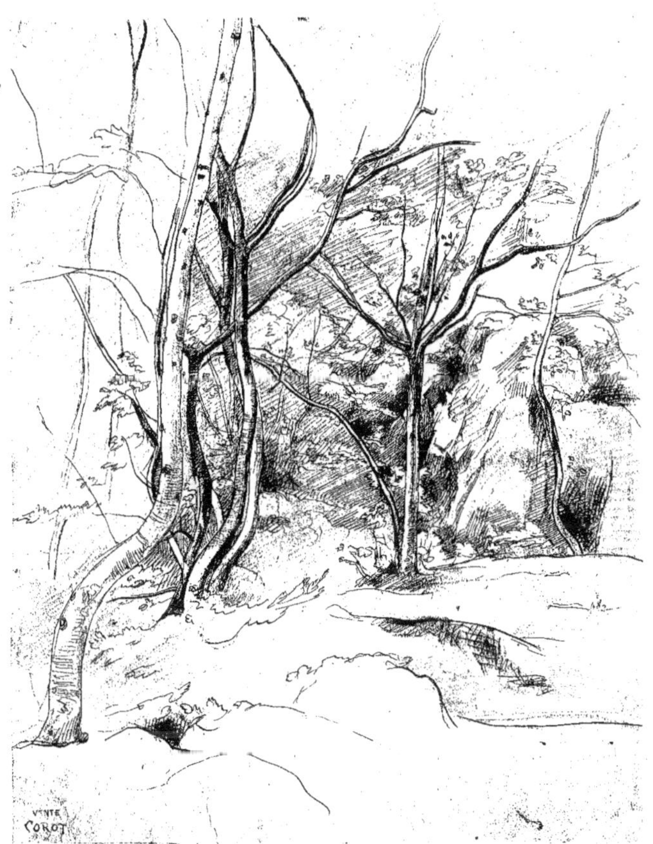

Civita Castellana
(1826-7)

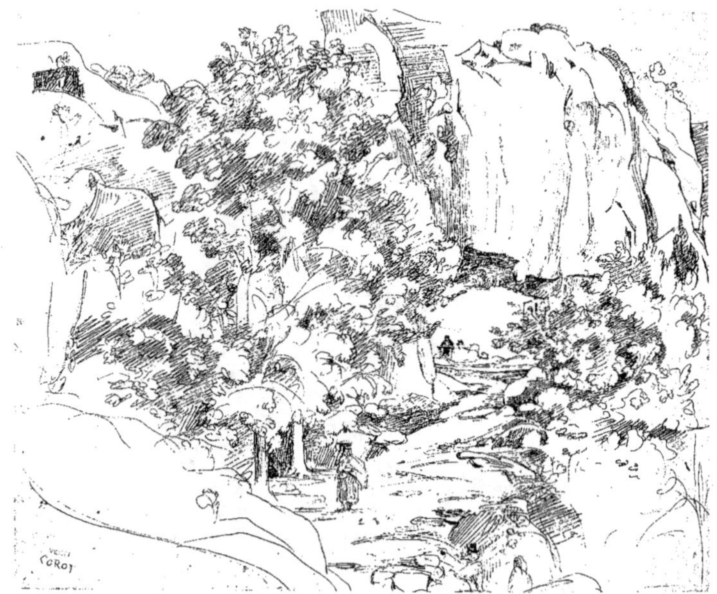

Environs de Papigno (1826)

crayonnées et une date. Nous suivons par elles les pérégrinations de
l'artiste dans la campagne italienne. Car, dès que vient le printemps,
il quitte Rome. Il part avec son compagnon Behr, ainsi qu'en témoigne
une lettre à Abel Osmond, datée de mai 1826.

« ... Behr, auprès duquel j'ai rempli ta commission, me prie de te remercier de
ton aimable souvenir. Nous sommes toujours ensemble. Nous sommes sur le point de
partir pour faire une campagne. Le second mercredi du mois, nous ne serons plus
à Rome ».

Ils remontent le cours du Tibre et gagnent la région sauvage de la
Sabine. Dans le courant de juin et de juillet, ils sont successivement à
Civita Castellana, à Viterbe, à Castel Saint-Elia. Ils passent août et

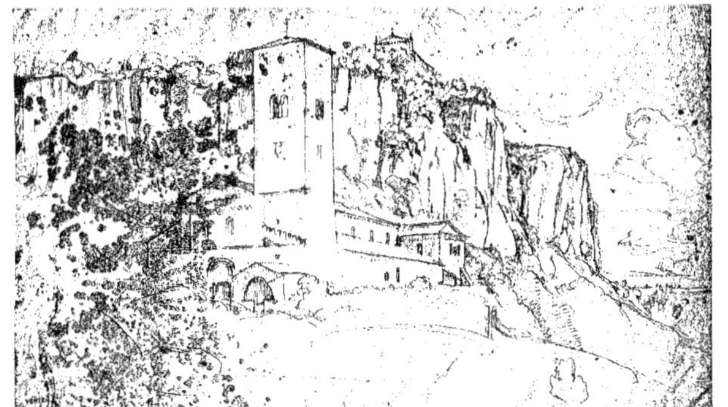

Castel Saint-Elia (1827)

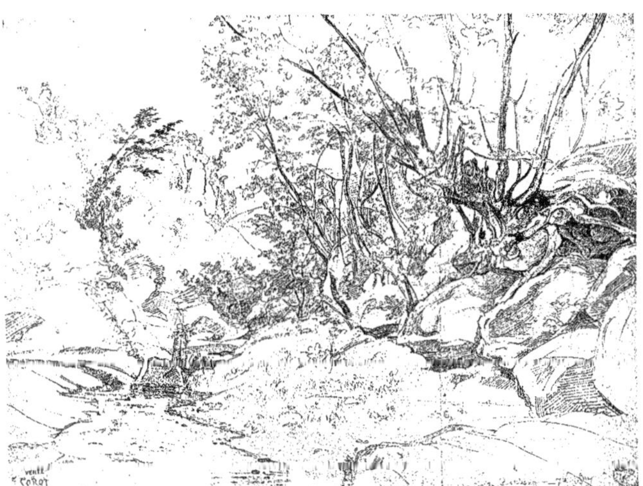

Civita Castellana (1827)

38

septembre à Papigno et à Narni. Corot ne cesse de songer à ses parents
et à ses amis. Son correspondant, Abel Osmond, a été malade. Il l'assure
de sa pensée fidèle et il plaisante amicalement avec lui :

Papigno, ce 8 août 1826.

« C'est du fond d'un bois épais et au bruit des cascades que je veux t'assurer,
mon bon Abel, que je ne t'ai nullement accusé de négligence. Ma mère et ma sœur
m'avaient bien informé de ta maladie. Loin de t'en vouloir, je te plaignais de tout mon
cœur. Ces maudites douleurs ne veulent donc pas t'abandonner? J'en parlerai au
Saint-Père : il faut que cela finisse... »

L'artiste travaille avec acharnement ; mais la saison est redevenue
pluvieuse. Et puis, il a beau se donner du mal, il doute de lui et se juge
sévèrement. Rentré à Rome, il écrit encore à son ami :

Rome, ce 29 octobre 1826.

« Mon bon Abel, j'ai bien tardé à répondre à ta lettre du 9 septembre. Mais, nous
autres paysagistes, nous sommes des diables lorsque nous sommes dans les montagnes.
Tout le jour à travailler et, le soir, harassés, il nous est impossible de nous remettre à
autre chose.

C'était le séjour de Rome que j'attendais pour pouvoir te répondre. J'y suis
revenu il y a quinze jours environ et, à peine arrivé, je suis reparti faire une petite
campagne dans le voisinage qui, malheureuse comme toutes les autres, m'a forcé
de rentrer encore une fois à Rome; et je ne veux pas plus longtemps remettre ma
réponse. Il peut y avoir beaucoup de poussière dans ton bureau à Paris; mais je te
garantirai qu'en Italie, je n'y ai vu que de la crotte... Tu me parles en bien de mon
petit tableau. Mon pauvre Abel, persuade-toi bien, malheureusement pour moi, que
c'est réellement mauvais; et pense quel travail et quelle peine pour tâcher de faire
bien ».

La suite de la lettre a trait à la difficulté que le peintre trouvait à se
procurer de bonnes couleurs :

« A propos de peinture, je voulais encore mettre ton obligeance à l'épreuve.
Veut-on se transporter chez Fleury, rue du faubourg Saint-Honoré n° 36 et le prier de
s'informer auprès de quelqu'un des jeunes gens qui doivent venir cette année à Rome,
les *prix* par exemple, s'informer, dis-je, s'il pourrait se charger d'un petit paquet de
couleurs. Cela fait, Fleury aurait la bonté de te rendre réponse, oui ou non. Si c'est
oui, tu voudras bien aller chez Colcomb-Bourgeois, quai de l'École, au spectre-

solaire, près le Pont-Neuf, et lui demander s'il a du jaune d'antimoine bien réussi. Si non, il n'en faut pas. Un nommé Brascassat, avant de venir à Rome, est allé chez lui pour en prendre et fut obligé de s'en passer, M. Colcomb n'en ayant que de mal réussi. Ainsi donc, s'il est bien bon, tu en prendrais une livre. (L'once coûte 2 francs). En plus, prends trois quarterons de jaune de mars. Alors, tu aurais la bonté de faire remettre le petit paquet à l'adresse que t'aurait indiquée Fleury. Je te serai bien obligé et j'écrirai à la maison pour qu'on te rembourse la note des dépenses... »

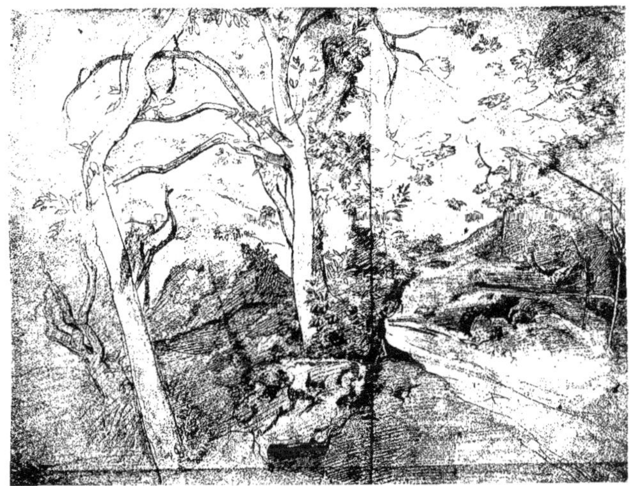

Environs du lac de Nemi (1826-27).

Au mois de novembre 1826, Corot visite la région d'Albano et de Nemi. Ses dessins marquent son passage à Rocca di Papa, à Ariccia, à Frascati. A Marino, il loge chez la Sorra Marta, et nous savons par une de ses lettres, d'époque postérieure, qu'il avait pour compagnons « deux peintres, dont un boîteux. » En décembre, il date un croquis de la villa d'Este, à Tivoli.

En mars 1827, nous le retrouvons à Rome. Sa correspondance nous le montre encore mécontent de lui-même :

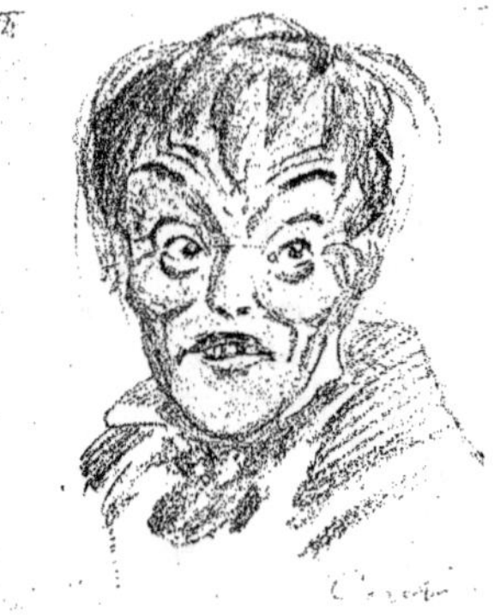

Caricature de Corot par J. Boilly (1827).

« Je ne sais si c'est un bonheur, mais ma peinture par moments me paraît bien mauvaise, malgré que quelques-uns me disent que j'ai fait des progrès. Je n'ai qu'un conseil à te donner : ne fais jamais de peinture si tu veux vivre tranquille..... »

(Lettre à Abel Osmond, du 10 mars 1827).

Au cours du printemps et de l'été, il voyage de nouveau dans la montagne. Nous suivons sa trace en avril à Olevano, en mai à Marino, en juillet au lac d'Albano, en août à Civitella et aussi aux environs de Subiaco. Au retour, son état d'esprit n'est guère meilleur qu'au départ. Il écrit de Rome, le 23 août 1827 :

« ... Pour la démoralisation, je vais l'expliquer. Notre chère peinture est terrible pour cela. Aujourd'hui, nous nous flattons, nous nous regardons comme des génies supérieurs ; demain nous rougissons de nos ouvrages, nous ne sommes capables de rien. Il

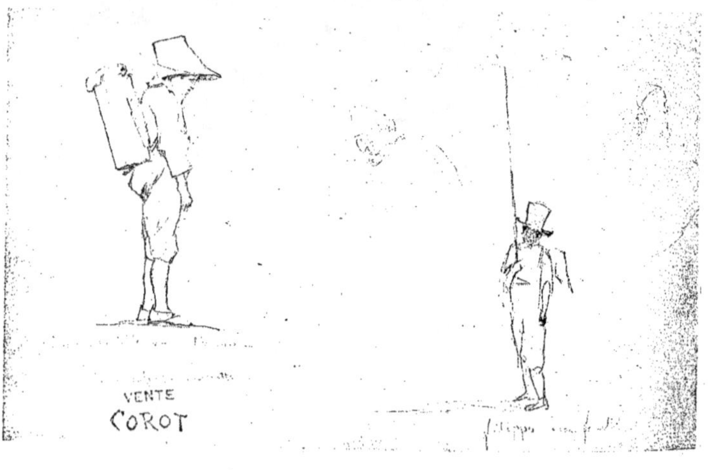

Les esclaves de Fleury et de Corot (Ariccia, 1827).

ne faut pas trop s'affecter de cela. Nous sommes des fous, on le sait. Je reviens en ce moment de la campagne : eh bien, je ne suis pas enchanté de moi. Espérons que j'aurai un plus agréable lendemain. Il faudra beaucoup de plaisir et de bonheur à mon retour pour balancer les peines et les fatigues d'une absence aussi longue. J'ai demandé une prolongation à la maison ; il faut que je la regarde comme bien nécessaire. Au surplus, je tâcherai de l'amincir le plus possible... »

Cependant, malgré l'ennui du dépaysement, la bonne humeur de Corot ne se dément pas. Avec les camarades, en campagne, il se délasse du travail par des plaisanteries. Longtemps, les murs de l'auberge de la Sibylle, à Tivoli, gardèrent la trace de la gaîté de ses hôtes de 1827. C'étaient, avec Corot, deux autres peintres : le Lyonnais Guindrand et le Parisien Jules Boilly ; puis trois architectes : Grisart, Hubert et Poirot. Boilly et Guindrand exécutèrent en collaboration une grande fresque caricaturale, dans laquelle les six pensionnaires de la Sibylle figuraient en académiciens, cavalcadant sur le pont des Arts et prenant d'assaut l'Institut. Corot, avec une chevelure hirsute et une face rubiconde, avait l'air du « diable des pupazzi. » Le temps et les badigeons n'ont pas respecté ce caprice humoristique. Mais Boilly avait esquissé son Corot sur un feuillet

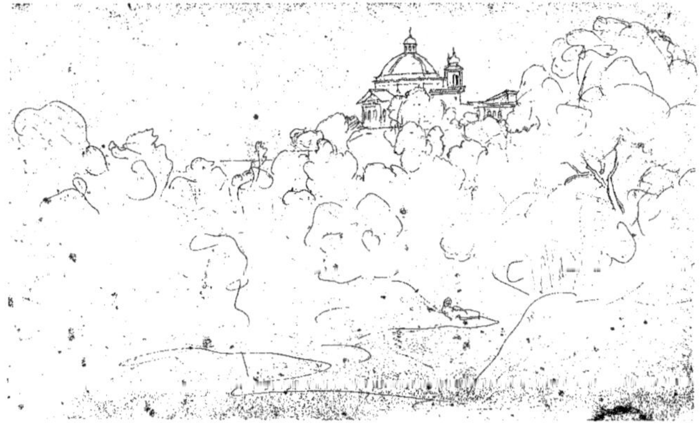

Ariccia (1827).

d'album et ce croquis, rehaussé de quelques touches d'aquarelle, rappelle
l'amusant souvenir de cette page perdue.

Ces charges de rapins bons enfants réjouissent le gamin de Paris
rieur qui demeure au fond de Corot. Sa sauvagerie studieuse fuit les dis-
tractions mondaines. Il laisse son camarade Behr, bien doué, mais flâneur,
courir les salons et les ambassades. Pour lui, la peinture emplit sa vie.
Depuis quelques mois, il a un nouveau compagnon : Léon Fleury, avec
qui il s'est lié à l'atelier Bertin et dont il est question dans une des lettres
précédemment citées, est venu le rejoindre. Ils rivalisent d'ardeur à la besogne, soit qu'ils s'en aillent chercher dans la campagne des sites agrestes,
soit qu'ils résument entre quatre murs, dans un tableau pour le Salon, quelques-unes de leurs fortes études de nature. A Civita Castellana (septembre
1827) et à Castel St-Elia (octobre), Corot traduit minutieusement par le
crayon, la plume ou le pinceau les complications pittoresques de la
végétation et de la montagne. Puis, il revient à ses amours, à ce dôme
de l'Ariccia qui, dans l'avenir, surgira malgré lui du bout de sa brosse
quand sa mémoire évoquera les chers souvenirs d'Italie. Fleury est là,
suivi d'un petit Italien qui porte son sac. Corot dessine sur son calepin
ce bambin, la tête perdue dans un chapeau trop grand ; il note son nom :
Salvatore Mariotti, et ajoute : « l'esclave de Fleury à l'Ariccia. » Sur la
même feuille d'album un autre enfant, coiffé du haut-de-forme que portaient à cette époque les paysagistes eux-mêmes, tient un parasol ouvert et
porte aussi le sac. Ce *Filippo* (son nom est aussi marqué), c'est sans doute
« l'esclave de Corot. » Qu'il nous soit permis de dévoiler, bien qu'une
dernière lettre à Abel Osmond nous l'apprenne sous le sceau du secret,
que Fleury ne devait d'accompagner son ami en campagne qu'à la générosité de cet ami lui-même. Il encourut même de ce chef une réprimande
de ses parents, qui tenaient les cordons de la bourse serrés et ne les dé-
liaient qu'à bon escient. Voici sa lettre tout entière :

Rome, ce 2 février 1828.

« Mon cher Abel, j'ai reçu ton agréable lettre et, il est trop vrai, j'ai été bien
coupable à ton égard. Tu n'as pas besoin de t'excuser de ton retard. Mais, écoute,

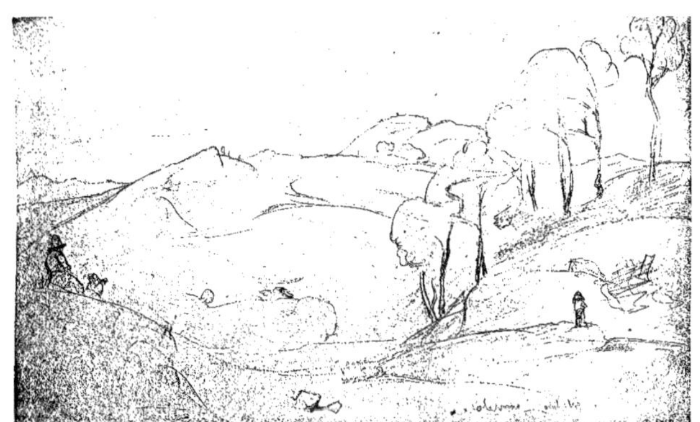

Olevano (avril 1827).

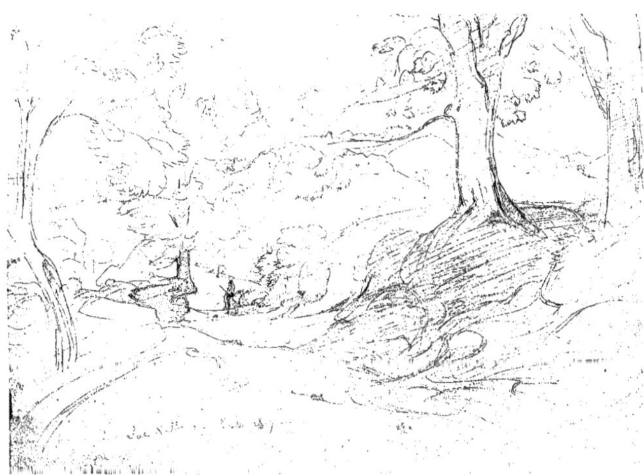

Lac d'Albano (juillet 1827).

franchement, ta position de Parisien est bien plus avantageuse pour donner des nouvelles ou causer de ces riens qui intéressent tant. Tu es là, au milieu de nos parents et amis; tu peux me parler d'eux, me raconter ce qui se passe; et moi, Romain, au contraire, je ne puis vraiment te parler que de peinture et je dois craindre de t'en fatiguer. Pour le monde et la société, je n'y vais point. Sinon, je pourrais au moins te parler des jolies personnes que j'y pourrais rencontrer. Mais Behr n'est pas tout à fait aussi ours que moi : il va partout; il est lancé chez tous les ambassadeurs; il ne manque ni soirée, ni bal. J'ai cependant trouvé le moment de lui communiquer ce que tu m'adressais pour lui. Il te remercie; il est très sensible à ton souvenir, ainsi que Fleury, qui vit à Rome juste comme moi. Il travaille depuis le matin jusqu'au soir; puis se couche pour recommencer la même chose le lendemain. Ce que c'est que la vie ! Avec une pareille conduite, on n'est pas encore à l'abri des reproches. D'après ce que tu me dis, il paraît que maman craint que ma conduite ne soit pas des meilleures. Voilà une chose que je ne puis digérer : c'est que, n'ayant jamais indiqué des dispositions au dérangement, l'on soit si prompt à mal interpréter une demande d'argent. Je te dirai donc, à toi seul, la cause de ce besoin. Nous devions faire une campagne avec Fleury. Fleury, n'ayant pas d'argent, aurait été privé de voir un pays superbe. Je savais avoir à Paris de quoi y satisfaire. Je me suis donc décidé de tirer sur mon père, en lui disant que le petit capital que j'ai le paierait. Quel est le jeune homme qui n'en aurait fait autant? Cependant, aux yeux de mon père et de ma mère, je suis devenu coupable et cette affaire donne lieu à des interprétations qui ne me sont nullement favorables. Quand donc pourront-ils me juger autrement? Auprès de toi, je ne crains pas de m'humilier en me justifiant; mais, auprès de mon père, je n'oserais pas le faire. Que cela reste entre nous; n'en dis rien à personne; ne laisse pas même cela à penser; car on croirait de suite que je vais demander tous les jours de l'argent pour soulager tous mes camarades à Rome. Mais, heureusement pour eux, ils n'en ont pas besoin. C'était un cas extraordinaire. Fleury est plus à son aise et nous n'aurons plus besoin, je l'espère, d'extra...

On trouve donc décidément que j'ai fait quelques progrès. Je te dirai que nous avons un hiver superbe et que je me croirais trop coupable de ne pas en profiter pour aller travailler dehors. Ainsi donc, d'après cela, j'ai ébauché deux tableaux que je n'exécuterai qu'à Paris. Il n'y a pas de mal, je crois, que je fasse une année de plus des études, afin que l'exécution n'en soit pas aussi faible que ce que tu as vu à l'exposition ».

Ces progrès dont parle notre *Romain*, ils ont été révélés aux Parisiens par les deux tableaux envoyés par lui au Salon de 1827. Il y a exposé

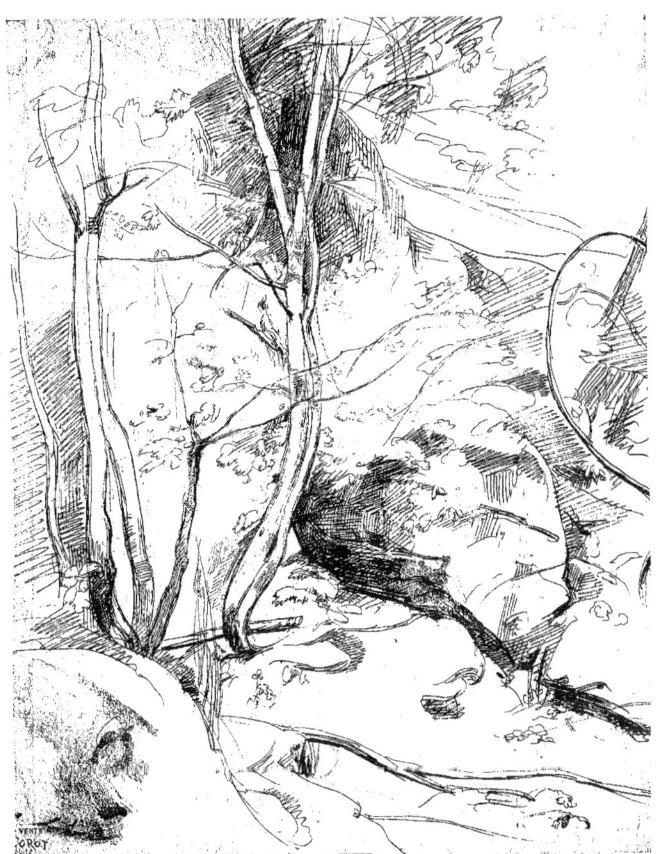

Civita Castellana
(1827).

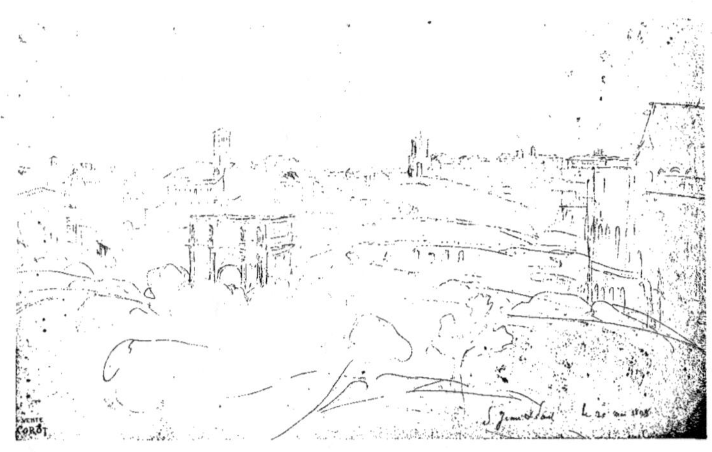

Panorama de Rome (mai 1828).

le *Pont de Narni* (1), et une autre toile, détruite depuis, intitulée au livret:
Campagne de Rome. On voit, par la dernière phrase de sa lettre, que lui-
même juge sévèrement ces œuvres. Et cependant, son début est généralement encouragé. Un de ses camarades a reçu un journal dans lequel il
a lu, à propos de ses envois : « Bonne couleur, effet piquant, transparence. » Un ami de sa famille, M. Duverney, lui a écrit pour le compli-
menter. Dans sa réponse à ce correspondant (27 mars 1828), Corot avoue
qu'en somme il n'a pas trop à se plaindre pour ce Salon-ci. Mais il ajoute:
« Maintenant, ce n'est pas tout ; il ne faut pas rester là ; je suis coupable
si je n'avance pas. » Et encore : « L'on a bien raison de dire que plus on
avance, plus on trouve de difficultés. Il y a certaines parties de la peinture, comme je voudrais les traiter, qui me paraissent inattaquables. C'est
au point que je n'ose pas aborder les tableaux que j'avais commencés au
début de l'hiver. »

Cet hiver, d'ailleurs, a été exceptionnellement beau et, selon son
expression, « il aurait été un coupable de ne pas en profiter pour aller
travailler dehors ». « Je ne pouvais tenir à l'atelier », dit-il encore. Il vit

(1) N° *199*.

dans une fièvre de travail intense. Il écrit (toujours dans sa lettre à M. Duverney) : « Si l'on savait bien à quel point je suis rempli de mon affaire, peut-être me pardonnerait-on mes négligences..... Dans ce moment-ci, je fais des études dehors, je fais des costumes peints et dessinés , et puis quelques compositions, pendant que je suis encore dans le pays ». Au printemps, il ira jusqu'à Naples, montera au Vésuve, visitera Capri et Ischia. Partout, il marquera son passage par un dessin ou par une peinture. Puis, il reviendra dire à Rome un suprême adieu, y chercher une dernière fois (d'après ses propres termes) « la force et la grâce de la nature »; ensuite, il se tournera vers les chers parents et les chers amis qui manquent à son cœur. Depuis deux ans, il est poursuivi par le regret des absents. Quoi de plus touchant que cette tendre obsession qui se révèle ici une fois de plus :

« J'ai le projet de quitter l'Italie au mois de septembre prochain .... Vous concevrez mon bonheur alors, au milieu de mes parents et amis, livré à l'étude de mes tableaux. N'étant plus distrait par le beau ciel et les beaux sites, j'y serai tout entier et, après mon travail, j'aurai en perspective une soirée agréable pour me délasser et me

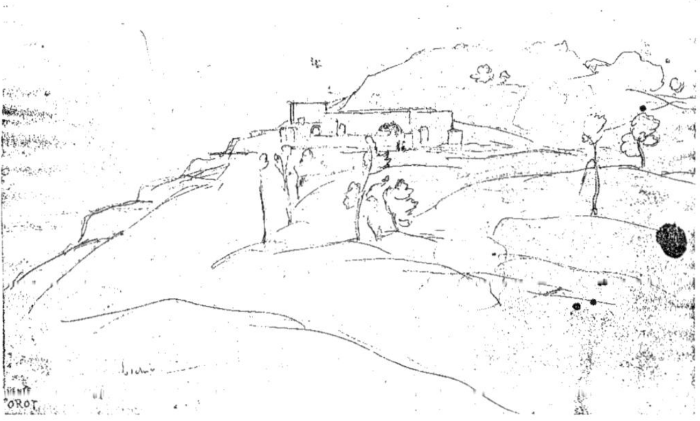

Ischia (1828).

rafraîchir pour le lendemain. Il y a douze ans, je rêvais ce bonheur. J'y touche. Que la fortune ne vienne pas me l'enlever ».

Ce bonheur rêvé, il l'a bien mérité. Il déclare avec un certain orgueil : « Lorsqu'à Paris vous verrez tout ce que j'ai fait, vous m'en direz de bonnes nouvelles ». Je doute, en effet, que jamais labeur ait été plus fécond. Il rapportait l'Italie tout entière dans son bagage d'artiste.

Corot rentra en France en passant par Venise. Il fit encore là quelques études ; mais la hâte de revenir au bercail l'aiguillonnait.

Enfin, le voilà dans les bras de sa famille. Une longue barbe le rend méconnaissable. Sur un mot de son père, il la sacrifie ; car il est toujours le fils obéissant et soumis. Quand le père commande, sa volonté s'incline. Cependant, elle se réveille à l'instant où il parle de fixer sa destinée par les liens du mariage. On lui prête une charmante réponse à la sollicitude paternelle, qui redoutait pour lui la solitude. « Je n'étais pas seul tout-à-l'heure dans cet atelier, fait-il. Dans la pièce voisine se cache une jolie fille, qui entre et sort à mon gré. C'est la folie, mon invisible compagne, dont la jeunesse est éternelle et dont la fidélité ne se lasse pas ».

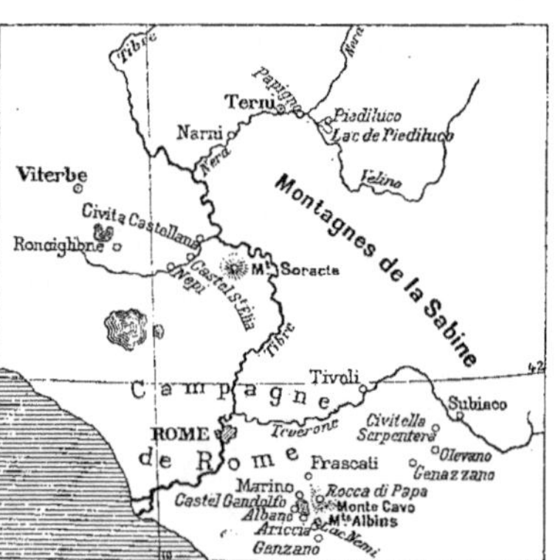

Carte des localités de l'Italie centrale
visitées par Corot (1825-1828).

III

ÉTUDE ET INTIMITÉ. — LA NORMANDIE & FONTAINEBLEAU

PREMIER TOUR DE FRANCE

(1828-1834)

Oui, Corot a pour amie une muse enivrante. Mais le sang-froid de la raison commande à son ivresse poétique. Dans son art, la réflexion ne perd jamais ses droits. Il va jusqu'à mettre en note les principes dont il a constaté l'importance et les règles qu'il croit nécessaire d'observer. Les lignes suivantes sont extraites d'un de ses carnets contemporain de son arrivée en Italie (1) :

« Je reconnais d'après l'épreuve qu'il est très utile de commencer par dessiner très purement son tableau sur une toile blanche, d'en avoir auparavant son effet écrit sur un papier gris ou blanc, ensuite de faire parties par parties son tableau, aussi rendu que possible du premier coup, afin de n'avoir que très peu de chose à faire lorsque tout est couvert. J'ai remarqué que tout ce qui était fait du premier coup était plus franc, plus joli de forme et que l'on savait profiter de beaucoup de hasards ; tandis que, lorsqu'on revient, on perd souvent cette teinte harmonieuse primitive. Je crois que ce moyen est

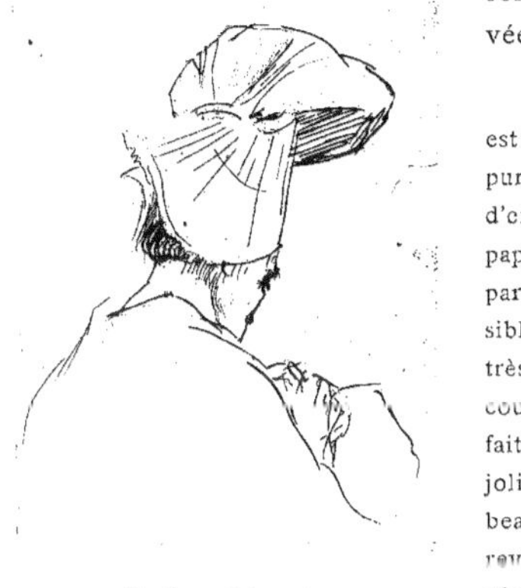

Une Normande (vers 1830).

(1) Carnet 66.

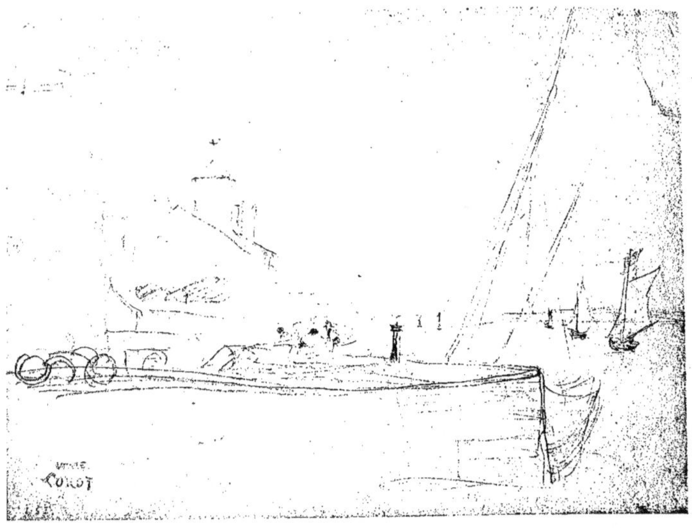

Honfleur (vers 1830).

très bon surtout dans la végétation, qui demande un peu plus de laisser-aller. Les fabriques et les corps en général bien réguliers demandent toujours beaucoup de rectitude. Je vois aussi combien il faut être sévère d'après nature et ne pas se contenter d'un croquis fait à la hâte. Combien de fois j'ai regretté, en regardant mes dessins, de n'avoir pas eu le courage d'y passer une demi-heure de plus ! Ils m'embarrassent et ne me donnent qu'une idée vague dans l'état où je les ai faits jusqu'à présent. Pour peu qu'ils se frottent en voyageant, je n'y reconnais plus rien ; il faudrait aussi avoir la patience de les passer au lait. Il ne faut laisser d'indécision dans aucune chose. »

Le mot final est à retenir comme caractéristique de la personnalité de l'artiste, qu'on est porté en général à juger un peu superficiellement et sans tenir compte du fond même de son tempérament, fait de rigueur scrupuleuse et de méthodique exactitude. A Paris, l'hiver, Corot interprète ses études et compose des tableaux. Il produit ses œuvres dans les expositions. Son nom figure dans le catalogue d'une réunion d'ouvrages exposés cette année-là (1829) à la galerie Lebrun, « au profit de la caisse ouverte pour l'extinction de la mendicité » (1).

Au printemps, la nature le réclame. C'est d'abord Ville-d'Avray ; puis, un camarade (2) se présente qui l'entraîne et, en route, sac au dos, pour la conquête d'horizons inconnus. On lit sur un de ses albums (3) la note que voici :

« Je pars le lundi 8 juin 1829 pour aller faire des études en Normandie et en Bretagne ; je reviendrai, je l'espère, vers la fin d'août, pour me précipiter dans les bras d'une famille que j'adore. — C. Corot ».

Ces lignes, contresignées par M. et Mme Sennegon, sa sœur et son beau-frère, manifestent une fois de plus la tendresse du jeune homme pour les siens. Il est obligé de faire entendre raison à son cœur pour obéir à l'instinct qui l'emporte. A l'ombre des pommiers normands ou sur les grèves fouettées des embruns salés, malgré tout, il pense au foyer de la rue du Bac, et le jour qui l'y ramène est un jour béni. Son atelier reçoit alors la visite de ses amis. Le peintre est fier de pouvoir leur offrir leur portrait. Il fait d'abord poser Abel Osmond, son confident des impressions d'Italie (4), et puis un camarade de celui-ci, le capitaine Faulte du Puyparlier, comme lui ancien élève de l'Ecole Polytechnique (5). C'est ensuite Alexandre Clérambault, le neveu du marchand de drap Ratier (6). Clérambault achève son droit avant d'aller prendre une étude d'avoué à Alençon. Corot et lui se sont perdus de vue pendant trois ans et se retrouvent avec joie. Dans sa correspondance avec sa sœur, l'étudiant raconte la rencontre (5 novembre 1829) :

« J'ai vu Corot. Il est tout à fait peintre. Son père lui donne 2.000 francs par an. Il est logé à un cinquième, à un atelier très vaste. Il a passé trois ans à Rome. Si tu es bien sage, je t'enverrai de ses œuvres... »

(1) Voici le passage du livret de cette exposition concernant Corot :
   N° 278. Vue du château St-Ange. — N° 278 bis. Vue de la place St-Marc à Venise.
(2) Remy, avec qui il a étudié à l'atelier Bertin.
(3) Carnet 64.
(4) *N° 205.*
(5) *N° 206.*
(6) *N° 204.*

52

Quelques jours plus tard, il écrit encore (23 novembre 1829) :

« Hier, j'ai vu Corot. Il est très occupé à faire deux grands tableaux pour l'Exposition. Néanmoins, il m'a promis quelques heures pour la semaine prochaine. »

C'est à son portrait qu'il fait allusion. Corot le commence dans les premiers jours de décembre. Le 14, le modèle dit :

« Corot veut faire quelque chose de perfectionné dans le portrait. Au commencement, il en faisait une plaisanterie ; mais, en travaillant, il s'est animé et y met une ardeur vraiment risible ; car il est toujours le même. »

Enfin, le 29 décembre, c'est fini. Le portrait part pour Alençon et le frère écrit à sa sœur, en l'envoyant :

« Ma chère amie, je t'envoie le portrait tant demandé depuis dix ans. Tout le monde s'accorde à le trouver ressemblant. Un amateur de peinture y a trouvé quelques défauts ; mais où n'en trouve-t-on pas ? Il faut le voir à une certaine distance. C'est ce que les artistes appellent un tableau à effet. Il faut le placer dans un appartement où il y a du feu, prendre garde à la poussière, ne le vernir que dans quelques mois. Tu m'y trouveras un peu de mauvaise humeur ; mais la pose m'ennuyait : et puis, c'était le matin à jeun et je souffre toujours un peu, quoique je me porte mieux.... Corot me charge de te dire qu'en l'année 1831, il viendra à Alençon pour étudier les paysages. »

Le peintre n'était pas habitué à des compliments de la part de ses modèles. Son parrain, M. Palançon, avait pris son image (1) pour une caricature. Fanchette, la vieille bonne de sa mère, qu'il avait peinte l'année d'avant (1828), avait refusé son portrait (2) qu'il lui offrait, s'y trouvant trop laide. Le coup de pied de l'âne ! Fut-il plus goûté par sa famille ? Toujours est-il qu'il s'y prodigua. Neveux et nièces furent pris à tour de rôle pour modèles. Remarquable série d'effigies intimes, par lesquelles le peintre s'apparente directement aux ancêtres de notre art national, les délicats portraitistes de la Renaissance (3).

A l'exemple de ces vieux maîtres, il manie aussi le crayon avec une

(1) N° 202.
(2) N° 203.
(3) N°ˢ 246 à 253.

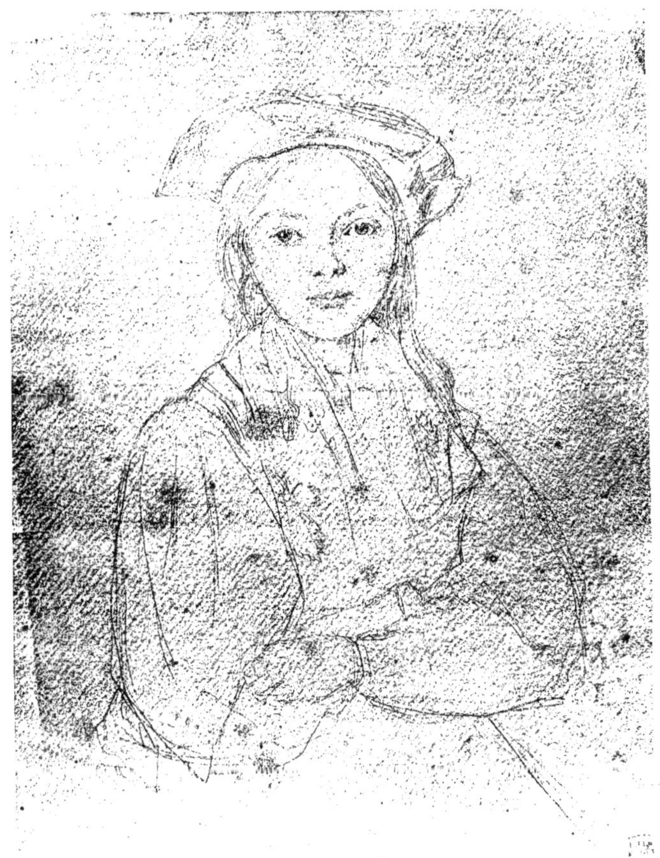

Jeune fille de la famille de Corot
(1831)

54

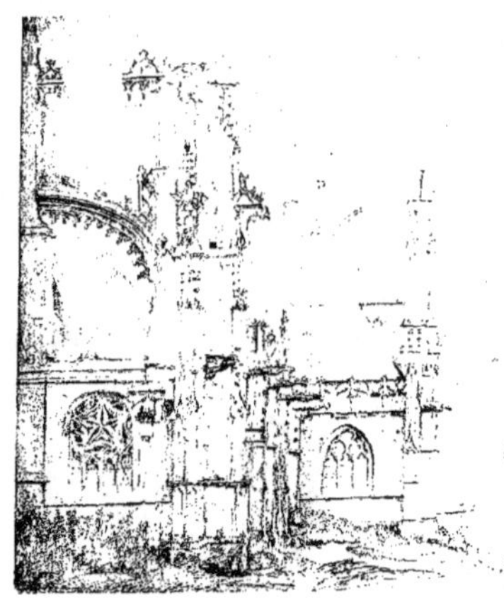
Une église de Caen (vers 1830).

singulière finesse. Sa pointe acérée va chercher l'âme sous les traits d'un visage. Tel certain profil de jeune fille engoncée dans un énorme col rigide et casquée d'un feutre gigantesque. Cinquante ans après l'avoir crayonné, Corot regardait avec complaisance cet aimable minois de Parisienne parée à la mode de sa jeunesse, et il disait avec un fin sourire : « C'est mon Agar ». Son Agar s'appelait Rose ou Zoé et chiffonnait avec la maman, rue du Bac. C'est à elle qu'il pensait un jour que, regardant une étude sur le mur de l'atelier, il s'écria au milieu d'un groupe de visiteurs : « J'avais alors à mes côtés une gentille brunette échappée du magasin de la belle femme. Hélas, mes amis, qu'est-ce que les années en ont fait ? Elle est venue me voir hier : je n'ai pu la reconnaître ! Regardez au contraire cette petite toile : c'est la jeunesse éternelle ! »

Corot était à Paris, par de belles journées printanières il plantait son chevalet au bord de la Seine, en face du Pont au Change et de la Cité, (1) lorsque la Révolution de 1830 éclata. Il ne fut pas tenté, comme Delacroix, de contempler la Liberté brandissant le drapeau tricolore dans l'émoi tumultueux des barricades. Le sifflement des balles dérangeait sa quiétude. Il fit son paquet et profita de l'occasion pour esquisser son tour de France. Bien qu'arrivant des terres classiques, il s'enthousiasmait avec les romantiques pour les chefs-d'œuvre de l'architecture gothique ; ce goût le conduisit à Chartres, en face des tours et du porche de la cathédrale (2). Auprès de lui s'installe l'architecte Poirot, rencontré en 1827 à Tivoli et devenu son intime. Poirot peint de jolies études, très aériennes, assez

(1) N° 220.
(2) N°⁵ 221 et 222.

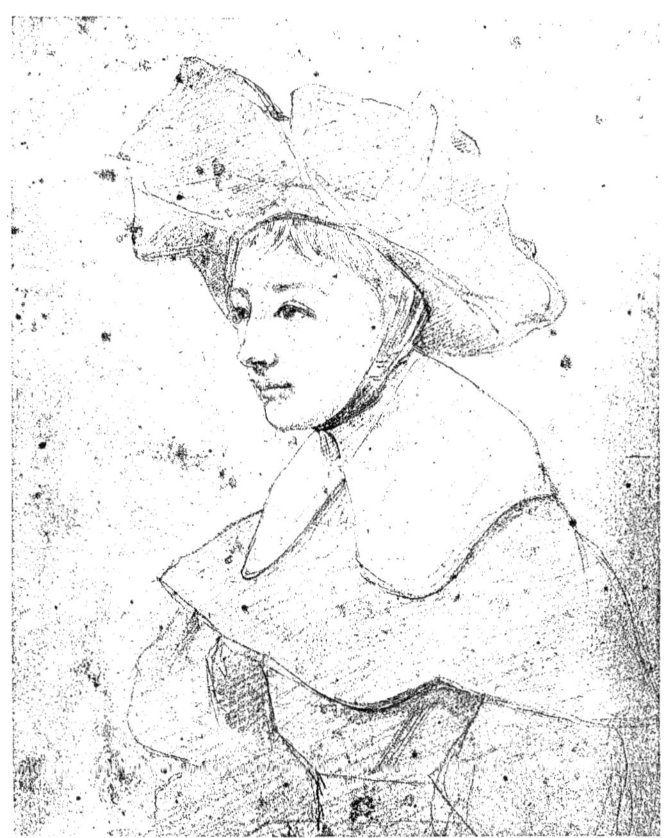

« Mon Agar »
(vers 1830).

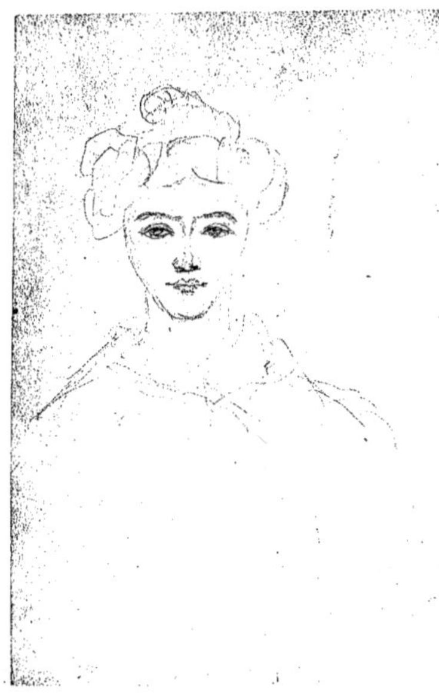

Jeune fille (vers 1830)

proches parentes de celles que signe son ami pour qu'on ait pu en attribuer quelques-unes à Corot lui-même. Mais il aurait fort à faire pour égaler l'art raffiné et savant d'un confrère qui est déjà un maître. Le voyage se poursuit jusqu'au littoral, puis s'oriente vers le Nord. Des dessins sont datés de Dunkerque, de Boulogne, de Bergues, de St-Omer, etc. Corot serait aussi allé cette année et la suivante en Bourgogne, en Nivernais, et peut-être jusqu'en Auvergne. Excursions fécondes sans doute, mais sur lesquelles nous manquons de détails.

En ce temps-là, avec Ville-d'Avray, c'est surtout Fontainebleau qui attire et retient le paysagiste. Fontainebleau est alors un séjour à la mode parmi les peintres. C'est comme une succursale de l'Italie. On y vit dans une atmosphère de bienfaisante émulation et la nature y parle le plus noble des langages. C'est là, sous la ramure des chênes centenaires, que naît et se développe l'école du plein air, qui est véritablement la fleur de l'art du XIXe siècle. Corot s'y distingue entre ses confrères. Cependant, libre et éloquent dans ses études, il s'embarrasse encore et se guinde dans ses compositions. Vient le Salon de 1831, le premier depuis son retour de Rome. Il y produit trois *souvenirs d'Italie* (1) et une *vue de Fontainebleau* (2). Ces œuvres sont remarquées par la critique; mais elle ne les différencie guère de leurs congénères, celles d'Aligny et d'Edouard Bertin.

(1) Deux de ces tableaux sont les N⁰ˢ *200 et 201.*
(2) C'est probablement le N⁰ *255.*

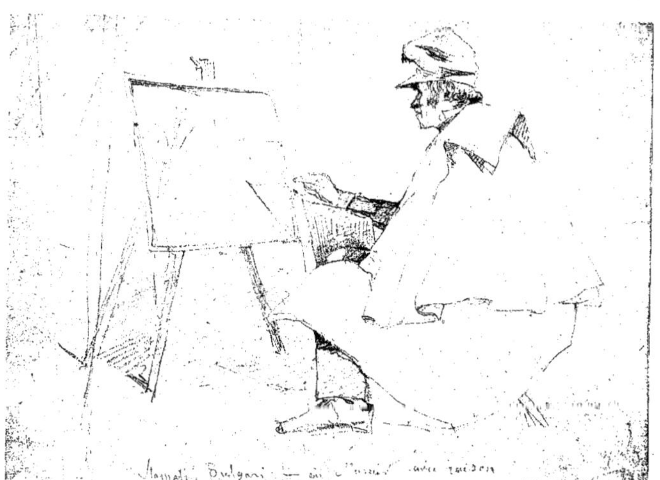

Le peintre Stamati à Fontainebleau.

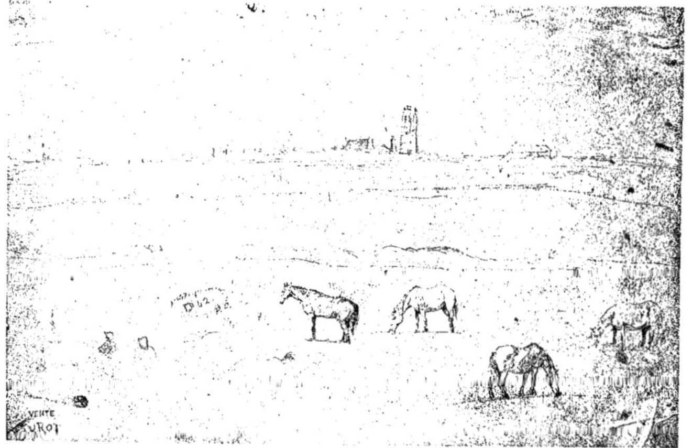

Dunkerque
(1830).

La personnalité de Corot ne se dégage pas encore nettement; ses tableaux sont tant soit peu artificiels et froids. L'année suivante, tandis que le choléra sévit et que les portes du Salon restent fermées, c'est encore à Fontainebleau que les trois paysagistes rivaux vont chercher d'un commun élan l'inspiration. Au Salon de 1833, Corot n'a qu'un seul tableau : une route montante dominée par la forêt avec, au premier plan, un chariot qui traverse un gué (1). Ce morceau suffit à emporter la victoire. Un écrivain clairvoyant, M. Ch. Lenormant écrit (2) : « Le tableau de M. Corot me semble le paysage le plus complet de l'exposition ». Le jury est apparemment du même avis. Car il décerne à l'artiste une médaille de 2ᵉ classe. L'État tenait entre ses mains la suprême récompense ; il pouvait combler les vœux du lauréat en lui achetant son œuvre. Le directeur des Beaux-Arts, M. de Cailleux, pour tout encouragement, lui dit : « Mon ami, il ne faut pas faire des toiles si grandes ». Adieu le secret espoir du jeune homme, qui rêvait aussi des murs de Versailles ; il dut se contenter d'accorder sa collaboration anonyme à un confrère nommé Rœhn, médiocre peintre d'histoire, chargé d'un panneau dans la « Galerie des Batailles » : un ingrat qui le paya en sarcasmes.

Sur ces entrefaites, un négociant, ami de sa famille, s'avisa de lui commander de la peinture. M. Henry, fabricant d'étoffes à Soissons, l'hébergea chez lui et lui fit peindre sa fabrique d'abord, puis la vue qu'on avait de ses fenêtres (3). Corot exécuta les images souhaitées avec une précision documentaire parfaite. La consciencieuse application d'un primitif n'eût pas donné une ressemblance plus exacte des lieux et des objets. Le client dut y trouver son compte ; mais la bourse du peintre l'a toujours ignoré. Corot passait pour un amateur ; est-ce qu'on offre de l'argent à ces gens-là ? La modestie de l'artiste trompait le public ; son désintéressement achevait le malentendu. Quand, par la suite, on lui reprochait cette généreuse insouciance de sa jeunesse, le bonhomme, qui n'était pas un érudit, mais savait choisir ses auteurs, répondait en citant Épictète. Il

(1) Nº *257*.
(2) *Le Temps*, 2 avril 1833.
(3) Nᵒˢ *244 et 245*.

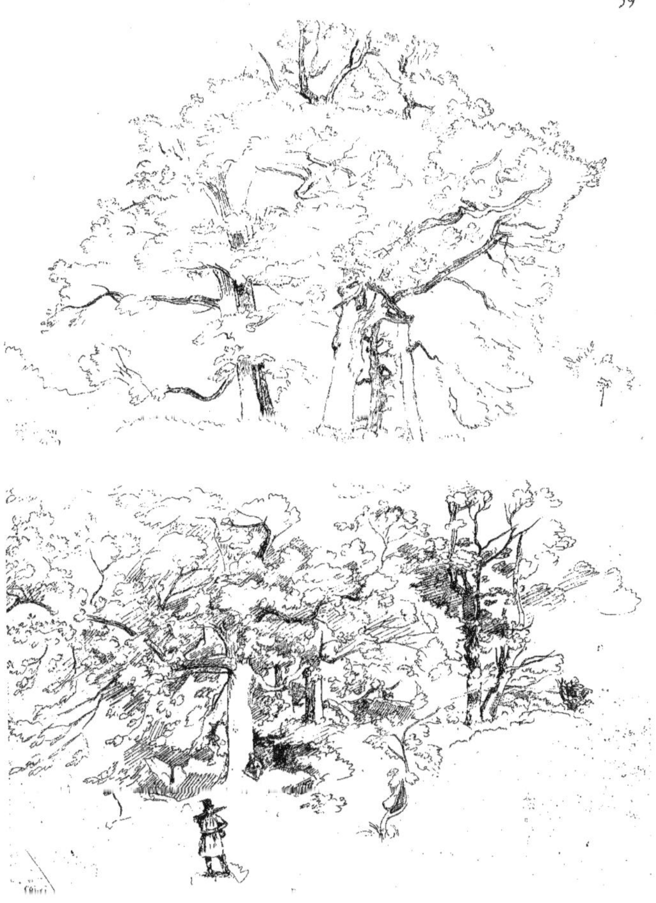

Fontainebleau
(vers 1830-1835)

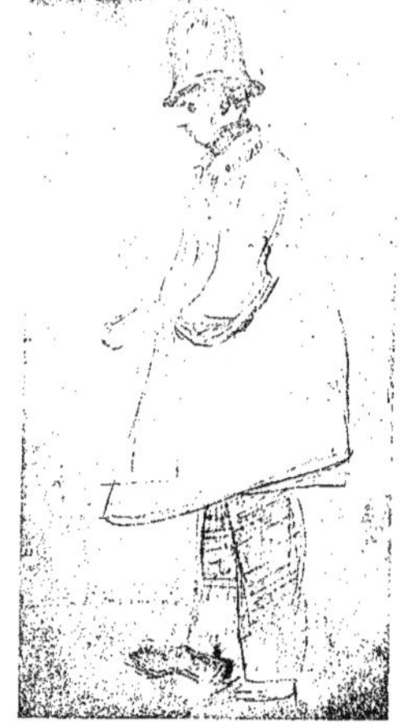

Un pêcheur à la ligne (vers 1830-35).

vantait l'exemple de ce personnage aux mains vides, mais au cœur pur, dont parle le philosophe, et il disait : « Moi aussi, j'ai préféré vivre de peu, mais porter la tête haute. »

« Il faut, chez nous, sonner la trompette, avoir des rentes ou mourir de faim », écrit Th. Silvestre à propos de Corot et il lui prête cette parole familière : « Par bonheur, j'avais de ma famille de la soupe et des souliers-bottes ». En réalité, il avait mieux encore. Sur l'exemplaire de son article que Silvestre lui avait offert et qui est entre nos mains, d'un trait de fusain Corot a biffé la boutade et l'a remplacée par ces mots : « On me donnait de quoi vivre ». Vivre en travaillant est un luxe quand votre travail ne se vend pas. Sans la caisse bien garnie du père, adieu les grandes toiles qui se couvrent de poussière sur les murs de

Le port de Rouen (1833).

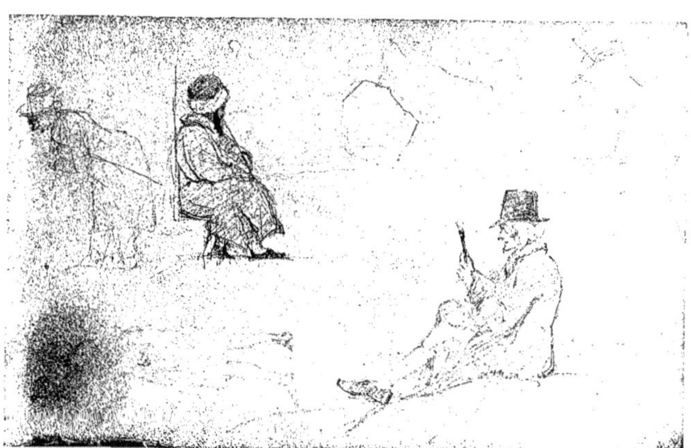

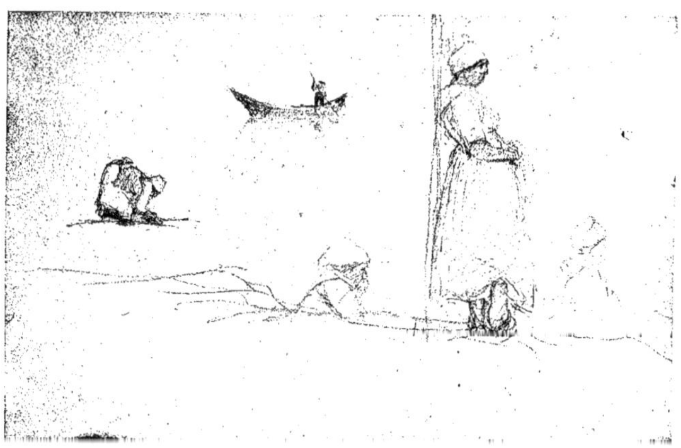

Pages d'Album
(vers 1833).

l'atelier, adieu l'apprentissage désintéressé sous les futaies de Fontainebleau ou sur les bords enchanteurs de la Seine. Aussi est-ce la sagesse
même qui fait écrire au jeune artiste, vers ce temps-là, sur un
de ses carnets, cette phrase lapidaire : « Je ne demande à Jupiter
que ce qu'il donne et ôte à volonté : la vie et les richesses; le
reste me regarde » (1). Au cours de 1833, Camille « s'amuse » à
Rouen. Sa fantaisie le conduit tour à tour à Bon-Secours (2), puis sur les
quais, parmi les mariniers et les déchargeurs (3). Ses albums se couvrent
de croquis rapides, de silhouettes lestement enlevées. Saisir la vie qui
passe n'est point chose facile. L'artiste ne s'assouplit pas à cette gymnas-
tique entre les quatre murs d'un atelier et les Bertin ne l'enseignent pas à
leurs élèves. Dans ses premiers tête-à-tête avec la nature, Corot en a fait
l'expérience. Sa confession est à noter : « Deux hommes s'arrêtaient
ensemble ; je les crayonnais en détail, par la tête par exemple ; ils se
séparaient, et je n'avais que des morceaux sur mon papier ; des enfants
étaient assis sur les marches d'une église : je commençais, la mère les
appelait ; mon livre se serait ainsi rempli de bouts de nez, de mèches de
cheveux. Je pris la résolution de ne plus rentrer chez moi sans un ensemble, et j'essayai du dessin par masses, dessin rapide, le seul possible..... Je
me mis à circonscrire en un clin d'œil le premier groupe venu ; s'il restait
peu de temps en place, j'en avais pris au moins le caractère général, la
désinvolture ; s'il stationnait, je pouvais arriver aux détails... (4) ». Grâce
à cette méthode on surprend la vérité du geste et l'on atteint l'expression
matérielle du sentiment.

L'apprentissage est long et Corot, de jour en jour plus habile à
rendre ce qu'il voit, est encore souvent embarrassé pour traduire sa pensée
comme il le souhaiterait. Il jette sur la toile une *Agar éplorée*. Mais le
naturel d'une attitude saisie au vol d'après nature se refroidit et s'oblitère
peu à peu à l'atelier ; si bien que, dégoûté, il abandonne momentanément
la partie. Il présente tout de même, au Salon de 1834, trois grands

(1) Carnet donné par Corot à M. Quantinet et appartenant à M. H. Rouart.
(2) *N°s 236 et 258*.
(3) *N° 256*.
(4) Th. Silvestre. *Histoire des Artistes vivants*, p. 88.

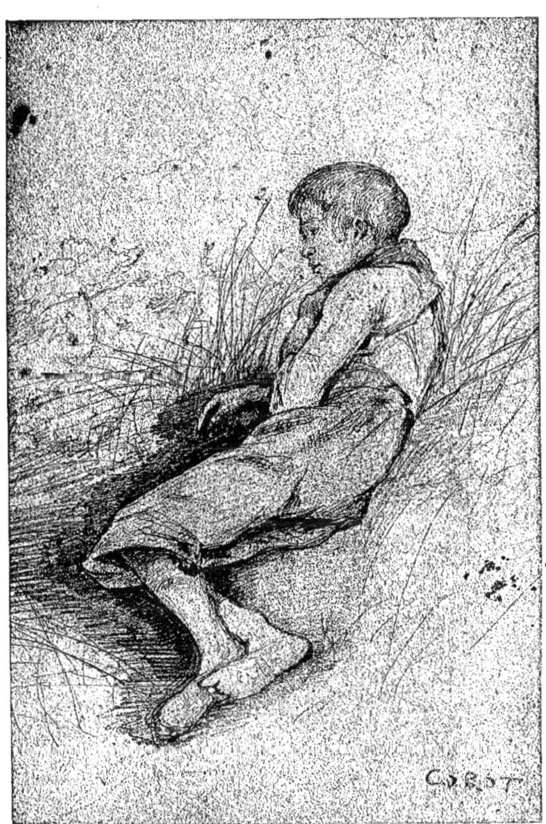

Jeune pâtre
(vers 1830-35).

64

paysages, dont l'un est une *vue du port de Rouen* (1), l'autre un *site de Fontainebleau* (2), et le troisième un *souvenir d'Italie* (3). Ce triple envoi est froidement accueilli. Mais Corot ne s'en affecte pas : son esprit est ailleurs. Il l'a devancé sur la terre de ses rêves. Ne va-t-il pas repartir pour l'Italie ?

(1) N° 256.
(2) Non identifié (à moins que ce soit le N° 255).
(3) Non identifié.

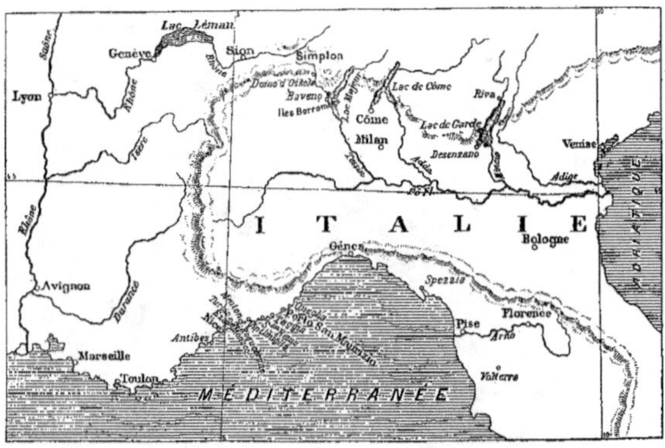

Carte des pays italiens visités par Corot en 1834.

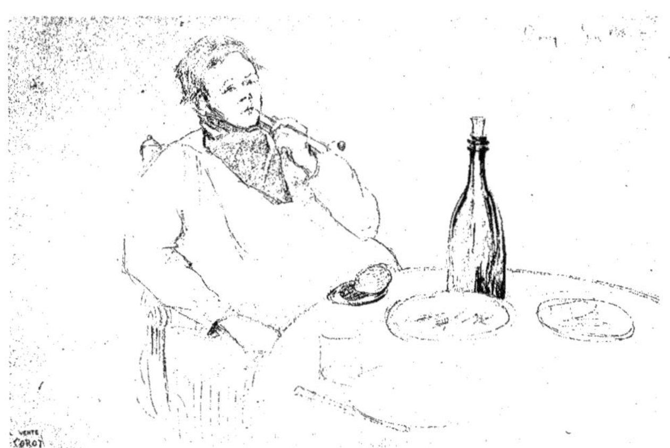

Le peintre Grandjean à Coucy (1833).

IV

DEUXIÈME VOYAGE EN ITALIE

(1834)

Pendant son séjour à Soissons, Corot s'était rencontré avec un peintre nommé Grandjean, en compagnie duquel il avait excursionné dans les environs, jusqu'à Coucy. Un drôle de corps que ce Grandjean qui, après avoir étudié la peinture sous la direction de Watelet, avait hardiment troqué ses pinceaux contre le marteau de tapissier pour conquérir l'indépendance et se livrer ensuite, à son aise, à ses fantaisies artistiques. C'était un bon vivant, qui disait avec complaisance : « J'ai cinq cents francs à manger par mois », et qui se chargeait de les consommer, car il aimait la bonne chère. Corot a fait de lui un petit portrait mali-

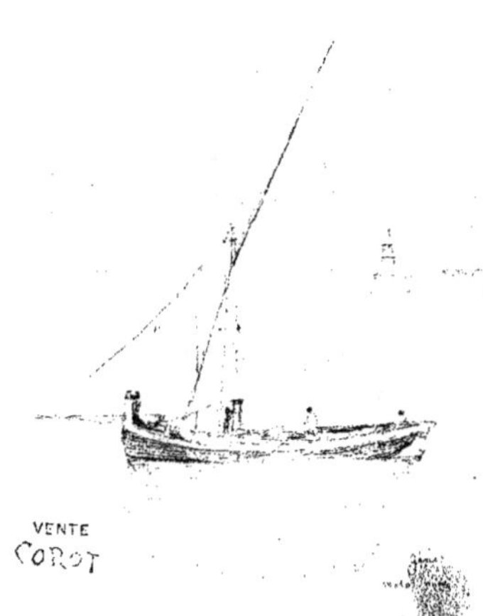

Une goélette (Gênes, 1834).

mais, à l'heure du travail, trève de plaisanteries. Le pacte conclu, il parla au père. Le père se montra favorable. Toutefois, il limita à six mois la durée de cette fugue. «Nous ne sommes plus jeunes, ta mère et moi, dit-il ; ne nous abandonne pas trop longtemps ». Camille n'avait pas besoin d'en entendre davantage pour se jurer à lui-même d'être exact. Les voyageurs quittèrent Paris dans le courant de mai 1834. Un des albums de Corot, spécialement consacré à ce voyage (1), en révèle presque jour par jour l'itinéraire. On

(1) Carnet 37.

cieusement significatif. On l'y voit attablé, la pipe à la bouche, l'air béat, avec, devant lui, une énorme bouteille champenoise. Grandjean, heureux de mettre à profit une liberté longtemps convoitée, caressait le désir de voir l'Italie. Corot en parlait avec enthousiasme. On résolut d'y partir après le Salon prochain. Par exemple, Corot fit ses conditions. Il entendait faire un voyage sérieux, un voyage d'étude. Pas de folies, pas de bombances. Certes, il ne craignait pas une bonne bouteille. Volontiers avec les camarades « il vidait quelques flacons » ;

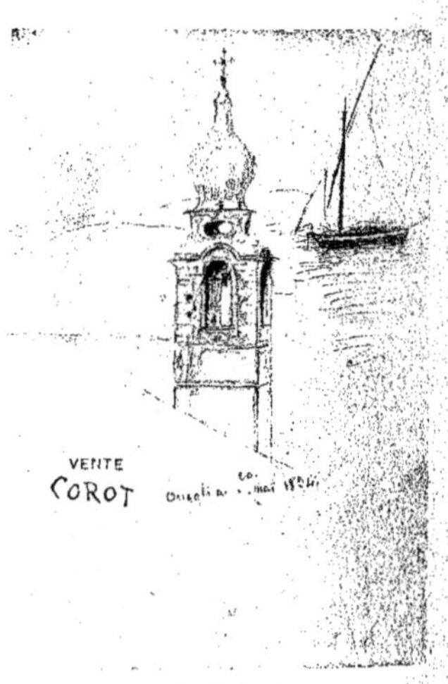

Oneglia (1834).

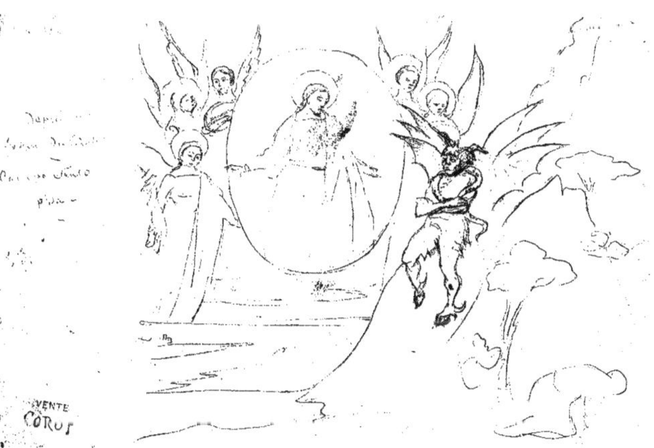

Croquis d'après Giotto (Pise, 1834).

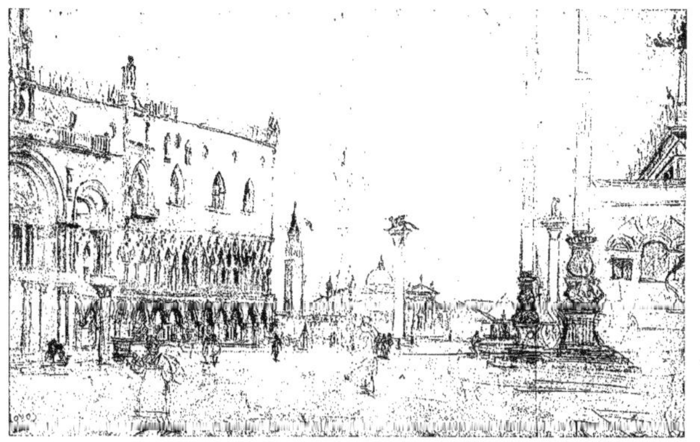

Venise (1834).

traversa la Bourgogne ; on passa à Clamecy, à Lormes ; on s'arrêta à Beaune
(*Hôtel du Chevreuil*), puis à Lyon (*Hôtel du Cheval Blanc*), à Avignon
(*Hôtel du Palais Royal*) et à Marseille (*Hôtel du Midi*). Corot écrit en
regard de Marseille : *« Ville très belle et très animée »*, en regard de Tou-
lon : *« Bel arsenal ; ville très propre »*. Il note tour à tour, sur la Corniche,
Antibes, Nice, Eza, la Turbie *(« dove c'e una torre antica »)*, Monaco,
(« assez joli seulement »), Rocca bruna, Menton où il a couché ; puis encore Vintimiglia, *(« fond d'église avec des fabriques »)*, San Remo, Taggia,

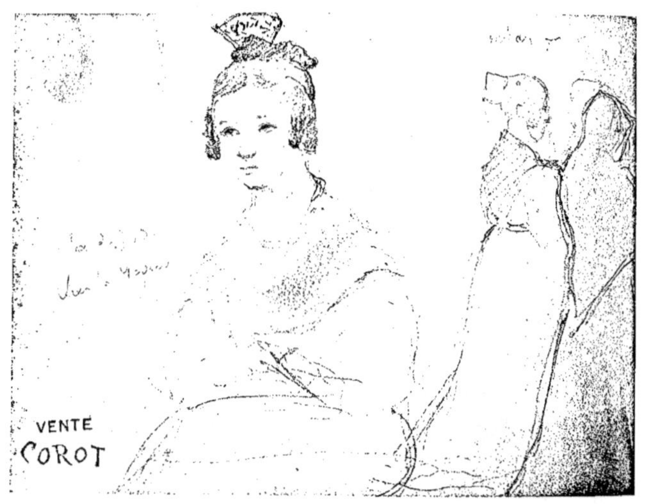

Jeune Italienne sur le vapeur du lac de Garde (1834).

Porto-San-Maurizio, dont le nom lui rappelle *« un bon ami, un hôtel ma-*
gnifique » et aussi un bel effet : *« la masse des fabriques blanches, un peu*
grisâtres, s'enlevant très en clair sur la mer et le ciel. » A Oneglia, il y a
« peu de chose » : un clocher à dessiner pendant le relai, avec la mer et les
tartanes à l'horizon (30 mai 1834). Enfin, les voyageurs atteignent Gênes le
1er juin, à quatre heures et demie du soir, et ils s'y fixent pour quelques jours.
Plusieurs jolies études marquent le passage de Corot dans cette ville (1).

(1) Par exemple les N°s 300, 301 et 302.

Ensuite, il traverse rapidement la Spezzia et, le 19 juin, il est à Pise. Là encore il ne demeure guère : juste assez pour faire un ou deux croquis, dans le Campo Santo, d'après Giotto et Orcagna. Et il se met en route pour Volterra, où il parvient le 22. Ah, là, il trouve son affaire. « *Pays magnifique* », inscrit-il sur ses tablettes. Son admiration se traduit par une série de toiles importantes, auxquelles il consacre les longues heures de belles et chaudes journées d'été (1). Il quitte Volterra à la fin de juillet et, le 21, le voici à Florence.

Florence ! L'art et la nature combinant leurs séductions pour le charme des yeux et de l'âme! Des bords de l'Arno à Fiesole et à San Miniato, c'est un enchantement. De la terrasse des jardins Boboli, le spectacle est féerique. Chaque jour y ramène Corot, qui ravit à ces lieux une parcelle de leur beauté (2). Les chefs-d'œuvre des maîtres ont droit aussi à un coup d'œil. Deux ou trois dessins crayonnés à Santa Maria Novella et dans le couvent de San Miniato attestent son respect ému de ses illustres devanciers.

Mais, il faut se hâter. On est au mois d'août. Aussi, l'on tourne bride et l'on remonte vers la haute Italie. A Bologne le 12, les voyageurs débarquent à Venise le 15. C'est encore une éloquente vieille cité, qui parle à l'artiste. Corot prend à cœur sa tâche d'interprète et, sur six

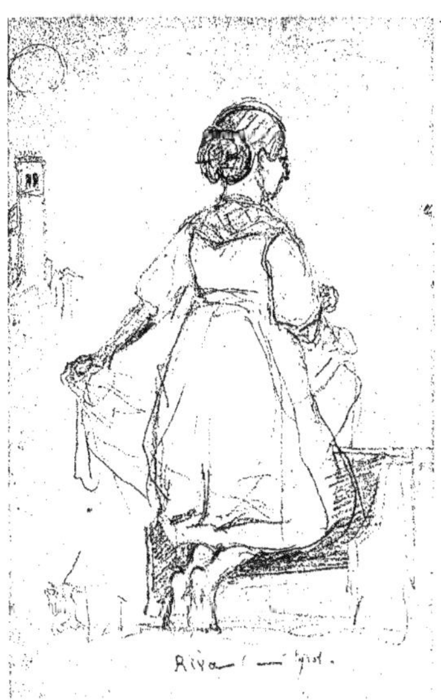

Une lavandière de Riva (1834).

(1) N^{os} *303, 304, 305, 306* et *307.*
(2) N^{os} *309, 310* et *311.*

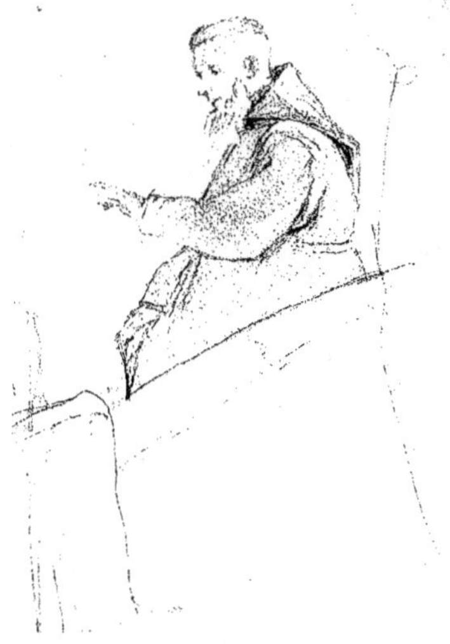

Un moine italien (1834).

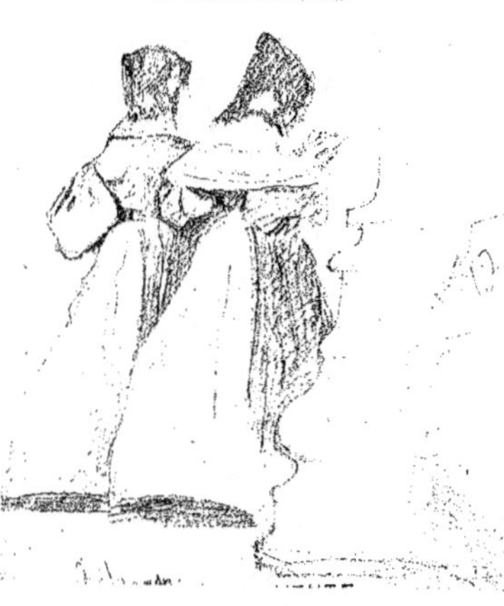

Milanaises à l'église (1834).

ou huit petites toiles, il emporte Venise (1). Il n'y reste cependant que trois semaines, attiré qu'il est par les lacs, ces émules magnifiques et grandioses de son cher Ville-d'Avray. Il quitte la place St-Marc le 8 septembre et, le 10, il est à Desenzano, au bord du lac de Garde.

A Desenzano et surtout à Riva, les motifs abondent. De l'eau, quelques arbres, un fond de montagnes brumeuses, puis le ciel : tels sont les éléments des poèmes naturels en germe dans l'imagination de Corot. Le sourire aimable de ce paysage contraste avec l'âpreté sévère de l'Etrurie. L'un et l'autre se disputent d'abord la faveur du peintre ; mais, à la fin, la grâce l'emportera. Cet automne en Lombardie, avec ses matins bleutés et ses soirs dorés reflétés dans les grandes nappes transparentes qu'encadre la verdure, c'est l'étape décisive du tendre rêveur. Ce pays est celui où la mémoire magique du géographe fantaisiste viendra chercher les Tempés idéales et les nymphées idylliques. Du lac de Garde au lac Majeur, de Riva à Baveno, la campagne aux horizons

(1) Nᵒˢ 313, 314, 315, 316, 317 et 318.

mystérieux lui appartient ; c'est, après Ville-d'Avray, sa seconde patrie adoptive. De là viennent ses douces chevrières, sœurs de l'antique Galatée. C'en est une qu'il a rencontrée sur le vapeur de Desenzano et dont la naïve candeur a séduit son crayon. Son image alterne sur le petit album, selon le hasard du feuillet que vous tournez, avec une accorte lavandière, un capucin bavard, un lazzarone déguenillé, ou bien encore un couple élégant de Milanaises aperçu furtivement derrière un pilier d'église.

Milan n'arrête pas Corot. Arrivé le 27 septembre, il repart le 28 pour Côme. Encore un lac bleu ; encore un décor de montagnes dans une lumineuse atmosphère. Nouvelle explosion d'enthousiasme, expressive dans sa concision : « *Beau pays, beaux arbres, beaux terrains* », écrit le voyageur ravi. Il ouvre une fois de plus sa boîte pour enlever lestement une vigoureuse pochade de la ville, blottie au pied des croupes alpestres et mirant le dôme de sa cathédrale dans la clarté limpide des eaux (1). Malheureusement, le temps passe : voici octobre. Le terme fixé approche. On n'a plus le loisir de s'attarder en route. Le 3, on touche à Baveno. L'Isola Bella resplendit sous les rayons délicats d'un soleil d'arrière-saison. Corot trace amoureusement le contour de ce site magnifique. Puis, il se remet en route par Domo d'Ossola, où il couche le 6, et le Simplon, dont il se

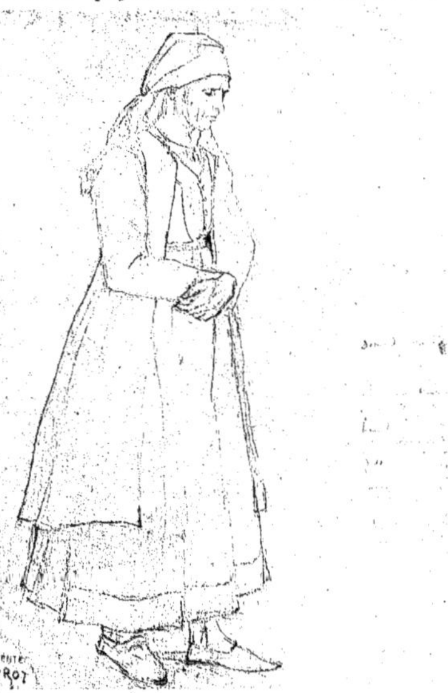

Une femme de Domo d'Ossola (1834).

(1) N° 708.

contente de prendre un souvenir en quelques coups de crayon pendant une halte. Le précieux carnet contient la mention : « *Genève, (Hôtel de la Balance), 8 octobre* ». Adieu donc l'Italie ! La diligence côtoie les cimes du Jura. La vue s'étend au loin vers le Mont-Blanc, et Corot prend congé de lui en le dessinant. A Dôle, il esquisse un dernier croquis ; et puis, c'est fini. On brûle les étapes. Paris est là ; voici le cher foyer, que le voyageur a quitté le cœur gros ; vive la famille !

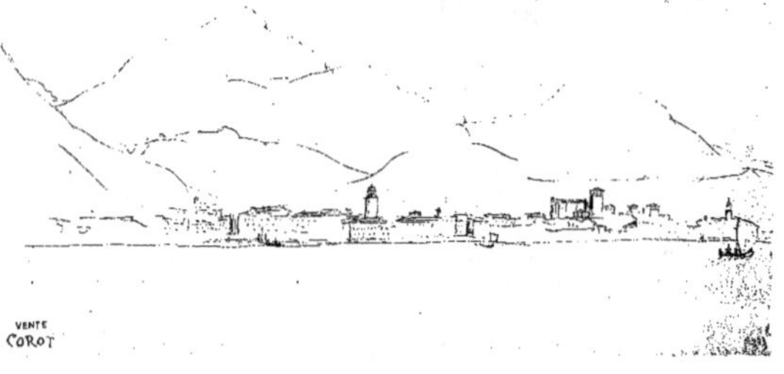

Une ville de la haute Italie
(1834).

V

ANNEES DE LUTTE. — PREMIERES GRANDES ŒUVRES :

L'AGAR, LE ST-JÉROME, LE SILÈNE, LE SOIR.

(1835-1839)

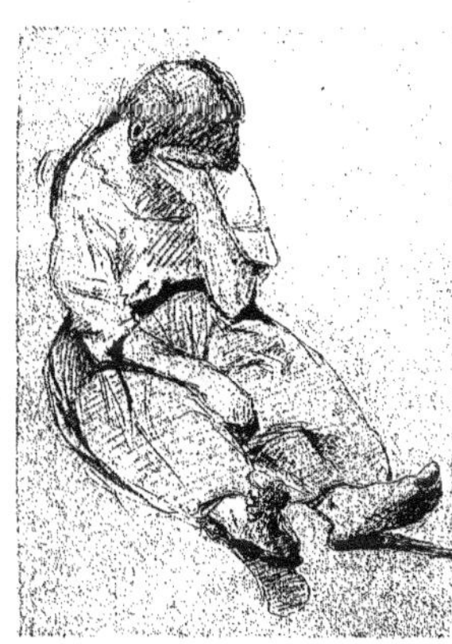

Étude (vers 1835).

Rentré dans son atelier, Corot pense au Salon prochain. L'*Agar* a repris sa place sur le chevalet. La sauvagerie pittoresque des paysages étrusques et toscans peuple la mémoire de l'artiste. Cette vision nouvelle transforme l'œuvre et la met au point. En même temps, un site peint, au cours du récent voyage, sur les bords du lac de Garde, est grandi et interprété pour devenir une autre pièce d'exposition. Au pied des montagnes abruptes qui dominent les eaux, un coin de fraîche verdure émerge de la rive, avec un grand arbre qui dresse sa masse sombre sur la clarté crépusculaire d'un ciel sans nuages ; une barque aborde entre deux rochers, et c'est tout. Thème souvent repris par l'artiste et toujours favorable à l'expression de son lyrisme. Avec l'*Agar* (1) et la *vue prise à Riva* (2), Corot force l'attention au Salon de 1835. L'*Agar* est lithographiée par

(1) *N° 362.*
(2) *N° 355.*

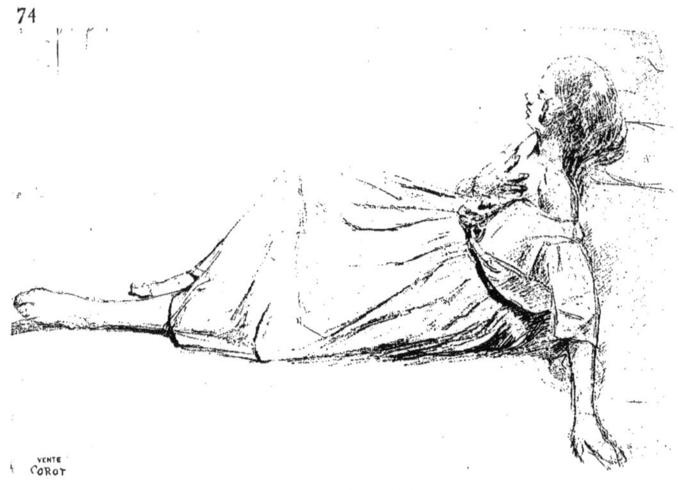

Etude (vers 1835).

Célestin Nanteuil, et cette lithographie paraît dans le *Charivari*, accompa-
gnée d'un élogieux article. Le critique de l'*Artiste*, parlant de ce tableau, déclare que « c'est une très belle œuvre » et dit : « Pensée, nouveauté, couleur,
dessin, âme, esprit, mouvement : tout est là » (1). Celui de la *Revue de Paris*
prédit hardiment que Corot deviendra un des grands noms de l'école française, s'il persiste dans la route qu'il s'est frayée (2). Toutefois, la victoire
est loin d'être gagnée. L'un de ses défenseurs de la première heure,
M. Charles Lenormant, fait à Corot un compliment un peu déconcertant.
Il le loue d'être revenu à l'Italie et d'avoir abandonné « les chemins creux
et les lisières de nos bois pour lesquels il n'est pas fait (3) ». Corot a-t-il
prêté l'oreille à ce conseil ? Toujours est-il qu'il se prépare à repartir pour
sa chère Italie. Mais le choléra l'en empêche. Force est de retourner tout
bonnement à Fontainebleau. Une lettre adressée au peintre Bachelier
nous apprend ces détails et contient en même temps quelques lignes
significatives sur la méthode que Corot préconise. Voici cette lettre (4) :

(1) *L'Artiste*, 1re série, IX, 63.
(2) T. Schœlcher. *Revue de Paris*, tome XVII, p. 166.
(3) *De l'École Française en 1835*, p. 167.
(4) Collection Émile Cottenet (vendue en 1882), n° 41.

Paris, ce 22 août 1835.

Mon cher Bachelier,

J'ai reçu votre aimable lettre qui m'engage à aller vous voir ainsi que Lambinet : cela m'a été impossible. Mon départ a été ajourné à cause du choléra qui se répand en Italie. Ce n'est pas la peine d'aller par là chercher la maladie. J'attends que ça se calme. En attendant, je pars pour Chailly, où je vais essayer de faire quelque chef-d'œuvre. Je reviendrai au commencement d'octobre et, si le choléra est parti de Rome, je m'embarquerai à Marseille. Ainsi, malgré tout, nous pourrons nous voir au mois d'octobre à Paris si vous ne venez pas à Fontainebleau où il existe un mont Saint-Père. Travaillez bien là-bas, dessinez ferme et vrai. L'aspect de la couleur vraie, vraie sortant de votre œil, sans penser à aucune autre peinture. On y revient assez tôt à l'atelier. Mes amitiés à ce bon Lambinet : qu'il ne quitte pas sa route nature.

Tout à vous,
C. Corot.

C'est à Chailly, chez Mme Coutelle.

La fin de ce billet est intéressante en ce qu'elle montre Corot se détachant résolument de tous ses devanciers et cherchant la vérité suivant son tempérament, sans subir aucune influence. La conscience : voilà le fondement exclusif de son art. Voilà le secret de son originalité qui,

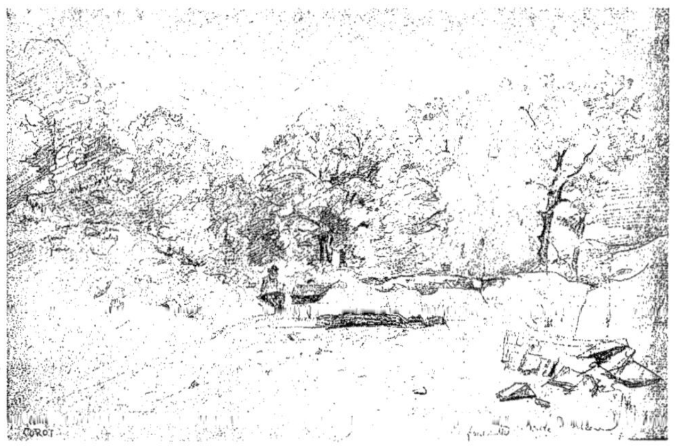

Fontainebleau, route d'Orléans (vers 1835).

à chaque Salon, s'impose davantage. A propos de son exposition de 1836, on lit en effet dans l'*Artiste* :

M. Corot n'appartient ni à l'école classique du paysage, ni à l'école anglo-française ; encore moins à celle qui s'inspire des maîtres Flamands. Il paraît avoir sur la peinture du paysage des convictions à lui, que nous ne chercherons pas à lui faire perdre, l'originalité n'étant pas chose si commune (1).

Le fait est que, pendant la bataille qui met aux prises les partisans de la tradition et les novateurs, Corot garde un pied dans les deux camps, ou plutôt demeure en dehors de l'un et de l'autre. Les Rousseau et les Dupré, plus jeunes que lui (2) et complètement étrangers par leur éducation au paysage historique, rompent en visière avec le passé. Lui ne pactise avec la révolution qu'à son corps défendant ou, pour mieux dire, sans le savoir.

Il a exposé une *Diane au bain* (3). On en critique la couleur, mais on lui accorde de la poésie et de la grâce. Il montre aussi un autre tableau intitulé *Campagne de Rome* (4). Musset dit, dans la *Revue des Deux Mondes*, « qu'il a de grands admirateurs » (5). Comment Corot n'en aurait-il pas, surtout parmi ses confrères, témoins de sa probité acharnée et de sa tendre soumission à la nature ? Vers ce temps-là, le peintre lyonnais Auguste Ravier, qui l'a rencontré en Auvergne, écrit, dans une lettre à sa famille citée par son biographe (6), quelques lignes qui trouvent leur place ici :

« J'établis, dit-il, mon principal domicile à Royat, chez la mère Gagnevin, qui depuis 23 ans a la pratique des artistes... La mère Gagnevin fait payer la chambre et la nourriture 3 fr. 50 c. par jour ; c'est au moins 50 centimes de plus que je ne pensais ; mais ce qui me décide irrévocablement à rester chez elle, c'est une bonne fortune à laquelle je ne m'attendais pas. Elle a dans ce moment un artiste de mérite, un des trois plus grands talents à mon avis et qui, avec cela, est le meilleur enfant de tous,

(1) *L'Artiste*, 1re série, XI, 136.
(2) Théodore Rousseau et Jules Dupré, nés tous les deux en 1812, avaient seize ans de moins que Corot.
(3) N° 363.
(4) Tableau non identifié.
(5) *Revue des Deux Mondes*, p. 168.
(6) F. Thiollier, *Auguste Ravier, peintre, 1814-1895*. St-Étienne, 1899.

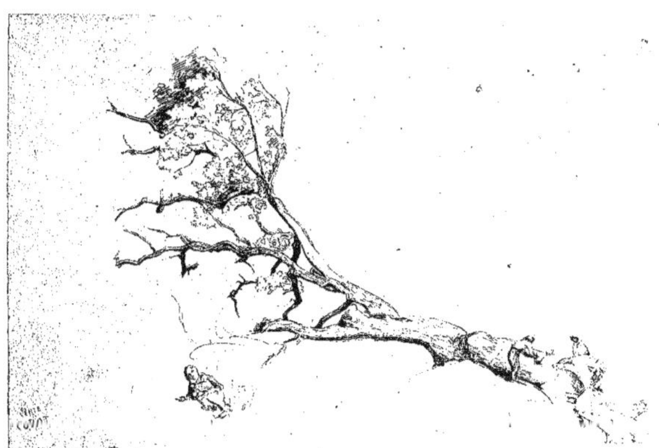

Fontainebleau.
(vers 1835).

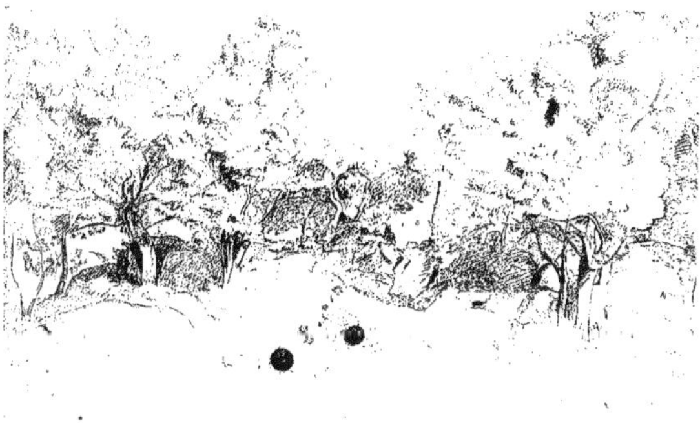

Royat (1839).

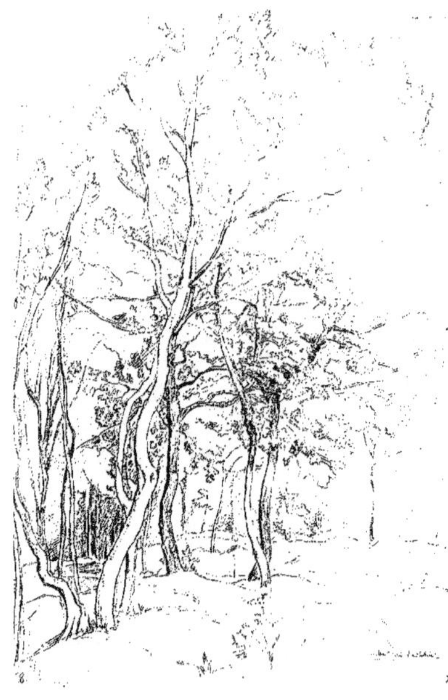
Lavalette, près Montpellier (1836).

qui pourra me donner de bons conseils et que je verrai travailler ; c'est un nommé Corot. Voici un mois qu'il est ici. Il y est encore pour plus d'un mois. Je suis enchanté de l'aventure. C'est l'homme que j'aurais le plus désiré rencontrer. Un autre m'ennuierait ».

Pendant l'été de 1836, son studieux vagabondage conduit Corot en Provence. Nous le trouvons, dans le courant de juillet, à Avignon, en compagnie de Marilhat, qui se repose de ses succès d'Orient en étudiant la France. Il y a aussi avec eux Gaspard Lacroix et un certain Francey, qui a travaillé avec Marilhat et peut-être aussi avec Corot en Auvergne. La correspondance de Marilhat nous apprend que les camarades se sont installés à Villeneuve-lès-Avignon « où sont les plus belles choses à faire (1) ». « Nous nous levions à 4 heures du matin, écrit-il ; nous travaillions jusqu'à 11 heures ; puis nous rentrions pour dîner comme des diables. Notez qu'à 4 heures nous étions réveillés au moyen d'une tasse de café. Après le dîner, nous dormions jusqu'à 2 heures, et alors nous repartions jusqu'à la nuit. Au retour, nouvelle baffre et nous dormions. A la vérité, nous sentions l'ail à deux lieues à la ronde ; mais aussi, quelles salades ! » Ces mémorables salades, la brave jeunesse les assaisonnait de bonne humeur et de joyeux couplets. La voix de Corot réveillait les échos endormis de la vieille cité et des fenêtres s'ouvraient au refrain d'un romance. Même, il arriva qu'un bourgeois, charmé de leur gaîté, souhaita les entendre de plus près

(1) Voir Nos 328, 329, 330, 331. etc.

et les fit entrer chez lui. Mais la gaminerie l'emporta sur l'orgueil; les chanteurs s'entendirent pour berner leur amphitryon et lui lancèrent une salve de fausses notes, pour lui apprendre qu'on ne met pas des rossignols en cage. Marilhat, dont la santé était un peu chancelante, quitta les camarades pour se rendre aux eaux; mais on se donna rendez-vous aux environs de Montpellier, sur les bords du Lez. Le Lez est une petite rivière pittoresque, et aussi très poissonneuse. Quelqu'un mit une ligne dans les mains de Corot et il prit tant de goût à la pêche que (le croirait-on?) il en oublia ses pinceaux pendant près de quinze jours. L'événement vaut d'être noté pour sa rareté; et puis, il n'est pas indifférent d'apprendre que Corot avait l'âme d'un pêcheur. Voilà donc pourquoi, tandis qu'un Decamps, chasseur passionné, promène toujours dans ses forêts crépusculaires ou matinales l'ombre d'un chasseur et de son fusil, lui réserve au silencieux guetteur de poissons la poésie de ses solitudes. Toutefois, les truites du Lez n'ont qu'un temps. La peinture reprend bientôt son empire exclusif.

L'austère campagne du Languedoc suggère à l'artiste un pendant à son *Agar*. C'est un *Saint-Jérôme* qui, cette fois-ci, sert de prétexte à un paysage d'ordre sévère. Le solitaire a pour retraite une vallée rocheuse et

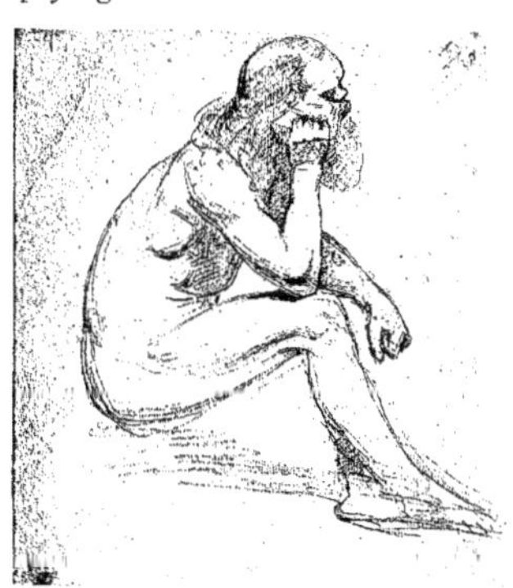

Un modèle d'atelier (vers 1835-1840).

boisée, pour compagnon le lion traditionnel; l'abnégation mystique est caractérisée par la nudité du personnage. Le modèle est un vieil Italien ramassé par l'artiste sur la place Maubert. Hélas, le pauvre diable fut la victime du paysage historique! Cet hiver-là, le froid fut rigoureux. Le poêle de Corot tirait mal. On gelait sous le vitrage de l'atelier. Le torse violacé du vieillard, que le peintre copia exactement, tremblait d'angoisse véritable. Il paya d'une pneumonie son

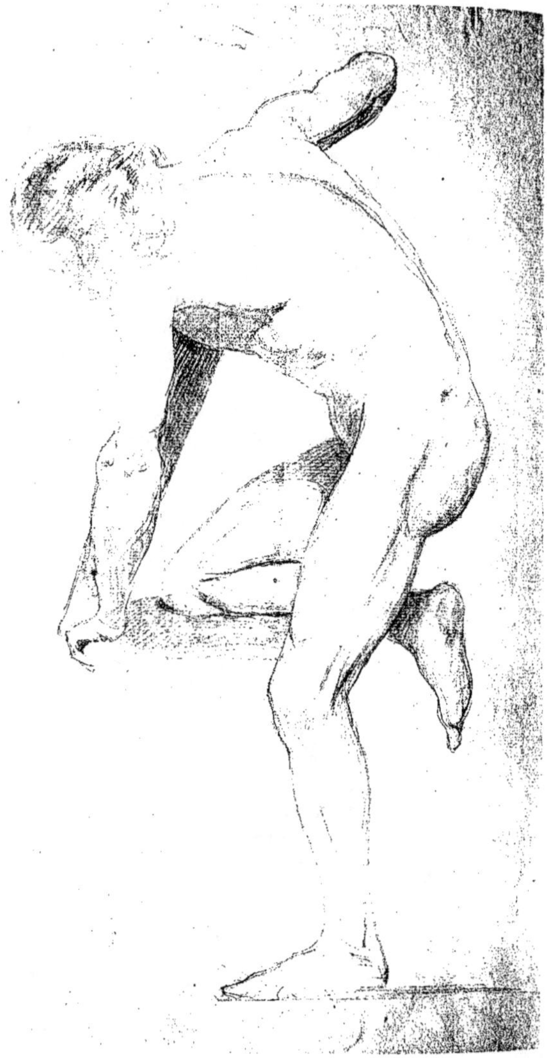

Étude d'atelier
vers (1835-1840).

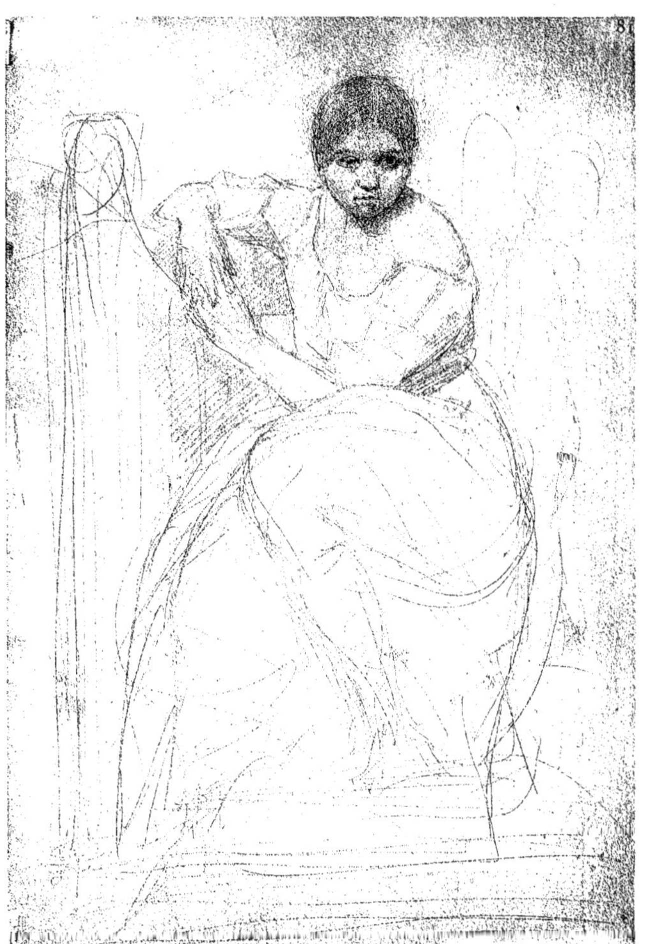

Étude d'atelier
(vers 1835-40).

dévouement professionnel. « J'ai la mort de cet homme sur la conscience »,
disait Corot. Avec le *Saint-Jérôme* (1) il envoya au salon de 1837 deux
autres toiles : une *Vue d'Ischia* et un petit *Soleil couchant* (2). Haut placé,
comme toujours, on le voyait mal. La plupart des journalistes ne le décou-
vrirent que pour le critiquer. Ainsi Gustave Planche, qui disait : « Le
Saint-Jérôme de M. Corot présente un mélange malheureux de vérité, de
mollesse et d'indécision. Nulle grandeur dans les lignes, mais de la naïveté dans la couleur, de la gaucherie dans le dessin, et un effet manqué (3) ». Quelques juges un peu moins sévères mêlaient aux reproches
une parole d'encouragement. Tel celui qui, dans l'*Artiste* (4), écrivait ces
lignes : « Nous serions fâchés que M. Corot eût dit son dernier mot dans
son Agar ou son St-Jérôme, qui sont des ouvrages incomplets. Il y a dans
cet artiste l'étoffe d'un homme d'avenir, s'il cherche autre chose que ce
qu'il a offert jusqu'à présent au public, s'il donne un peu plus d'essor à sa
verve et s'il veut voir dans la nature d'autres aspects que ceux dont il s'est
inspiré ». Voilà, malgré tout, une sympathie qui manque d'enthousiasme.

C'est encore la même chanson l'année suivante. On accorde à ses
œuvres un beau sentiment de composition; mais on les trouve « plus que
jamais, d'une exécution froide et terne, absolument dépourvues d'éclat et de
ressort (5) ». Le *Silène* (6), sa pièce capitale à ce salon de 1838, ne trouve pas
encore grâce devant l'impitoyable Gustave Planche (7), qui reproche à son
auteur de « s'obstiner à placer des figures dans ses paysages sans unir
étroitement les lieux et les acteurs ». Pour lui, cette composition est « indécise et incomplète » et justifie par ses défauts « l'indifférence de la foule ».

Oui, la foule passe devant Corot sans le regarder et Jules Janin
pourra dire de lui, dans son *Salon de 1839* : « Talent sévère, plein de
conscience, qui ne sera jamais populaire » (8). Plus d'un, à sa place, se

(1) *N° 366.*
(2) Tableaux non identifiés.
(3) Salon de 1837, page 98.
(4) *L'Artiste*, 1re série XIII, 146.
(5) *L'Artiste*, 1re série XV, 135.
(6) *N° 368.*
(7) Salon de 1838, p. 141.
(8) *L'Artiste*, 2e série, II, 269.

serait rebuté. Lui ne perd pas confiance. Certes, l'émotion l'étreint quand ces enfants de sa pensée, amoureusement caressés pendant des mois, il les aperçoit au Louvre, dédaigneusement relégués en quelque coin obscur. Mais, rentré chez lui, en face de cette muraille où cent petits bouts de toile retiennent une parcelle du sourire dérobé à la nature, le bon ouvrier se ressaisit, s'arrête devant une de ces chères études et, lançant

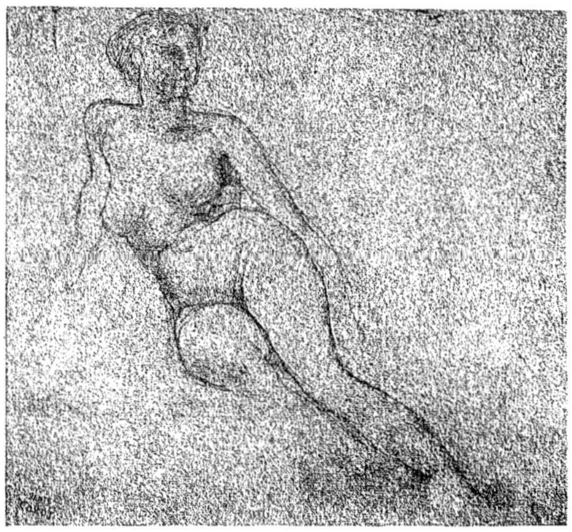

Étude d'atelier
(vers 1835-40)

son défi à l'injustice des hommes, s'écrie : « Ils ont beau faire : ça, c'est fameux ! » Telle est la fière assurance qu'on lit dans le portrait qu'il a peint de lui-même en ce temps-là (1). Tel le langage de ces yeux droits, de cette bouche ferme et volontaire. Il n'est plus le timide étudiant de 1825. Il est le travailleur qui sait ce qu'il vaut ; bravement il regarde l'avenir en face, sans forfanterie, mais sans crainte. Aussi bien, si la critique ne désarme pas encore tout à fait — (et désarmera-t-elle jamais contre le génie ?), un poète s'est levé pour chanter le peintre. Gautier salue fraternellement

(1) *N° 370.*

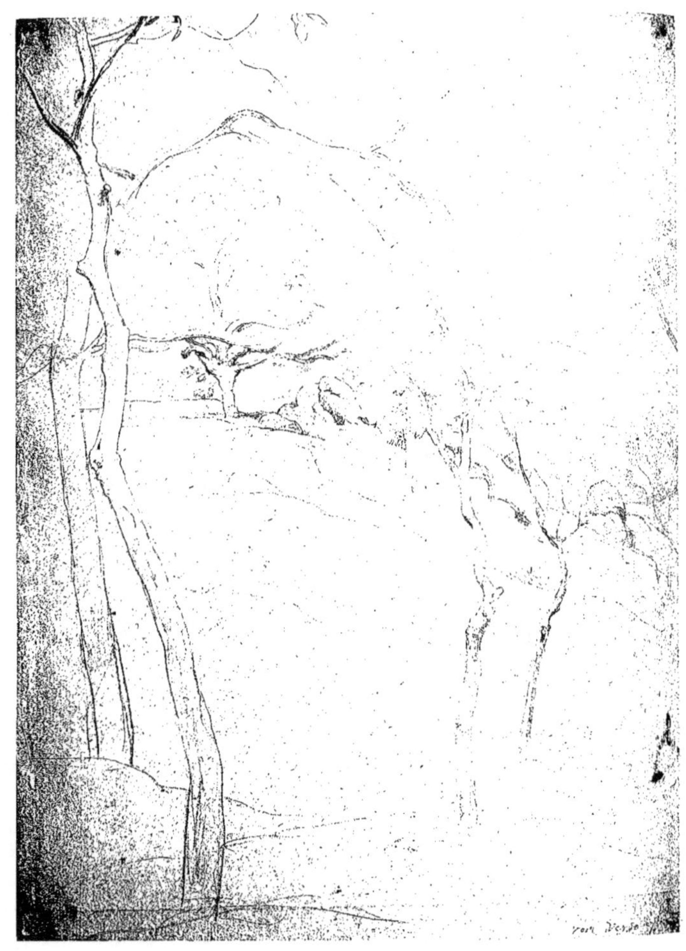

Étude de paysage
(vers 1835-40).

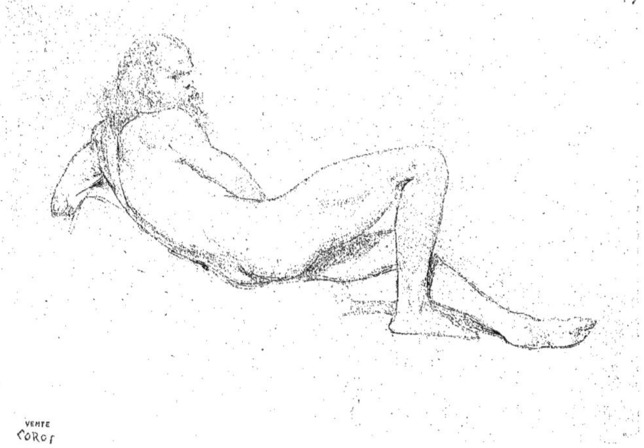

Étude d'atelier (vers 1835-40).

l'artiste qui a collaboré naguère à l'embellissement de son palais romantique de la rue du Doyenné, sur les murs duquel ses paysages alternent avec les compositions de Nanteuil, de Marilhat, de Lorentz, d'Adolphe Leleux, de Chassériau, de Camille Rogier, voire du maître de céans lui-même, entre les mains duquel le pinceau fait encore concurrence à la plume. Le couplet est tendre et rêveur, à l'imitation de l'œuvre elle-même (1) :

> Mais voici que le *soir* du haut des monts descend ;
> L'ombre devient plus grise et va s'élargissant ;
> Le ciel vert a des tons de citron et d'orange ;
> Le couchant s'amincit et va plier sa frange ;
> La cigale se tait et l'on n'entend de bruit
> Que le soupir de l'eau qui se divise et fuit.
> Sur le monde assoupi les heures taciturnes
> Tordent leurs cheveux bruns mouillés des pleurs nocturnes.
> A peine reste-t-il assez de jour pour voir,
> Corot, ton nom modeste écrit dans un coin noir.

(1) *La Presse*, 17 avril 1839.

Le tableau dont ces vers sont l'écho (1) fut exposé au salon de 1839 en même temps qu'une poétique réminiscence des sites italiens (2). Hélas, l'un et l'autre, comme leurs devanciers, réintégrèrent l'atelier sans avoir tenté aucune convoitise. Vainement le duc d'Orléans, en quête d'œuvres originales et personnelles, avait donné l'exemple par l'achat de deux toiles pour sa galerie. Cet exemple ne fut pas suivi. Corot avait de rares admirateurs ; il ne connaissait pas les acheteurs.

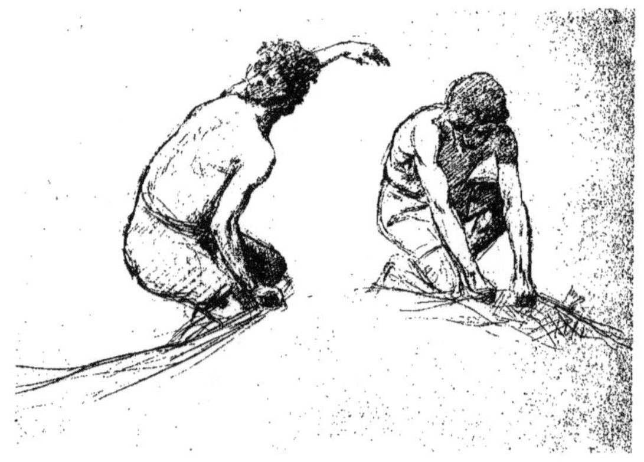

Pêcheurs
(vers 1835-40).

(1) N° 371.
(2) N° 372.

VI

SUCCÈS ARTISTIQUE ; INDIFFÉRENCE PUBLIQUE.
LE PETIT BERGER ; L'INCENDIE DE SODOME ; L'HOMÈRE.
AMITIÉS ET VOYAGES. — LA LÉGION D'HONNEUR.

(1840-1846)

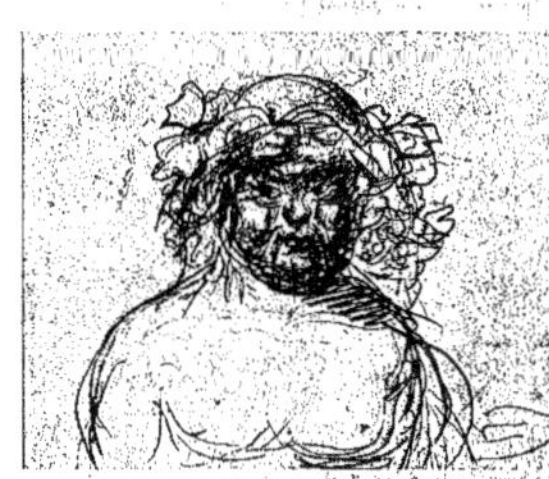

Bacchus : caricature
(vers 1840-45).

En ce temps-là, son vieil ami Abel Osmond allait villégiaturer, dans sa famille, à Rosny, auprès de Mantes. Il l'emmena avec lui. Corot trouva le pays joli, l'hôtesse pleine d'affectueuse bonté. La maison de Mme Osmond fut la sienne ; d'un petit bâtiment isolé on lui fit un atelier. Travailler ainsi sous l'aile de l'amitié, c'était un rêve. Tous les ans, au mois de juillet, il se gardait de manquer au rendez-vous. Abel était là avec son frère Ferdinand. Le capitaine Faulte du Puyparlier, leur intime, venait aussi ; il avait loué une maisonnette tout à côté, qui s'ouvrait comme un complaisant asile aux camarades les jours où l'exubérance de la jeunesse pouvait être importune à côté. Il paraît que l'ami Faulte avait un fameux cordon-bleu dont les talents étaient fort goûtés. C'étaient de joyeuses agapes, où Corot tenait bravement sa partie au retour de ses laborieuses excursions dans la vallée. De Rosny à Rolleboise et à Bonnières, le paysagiste, sac au dos, battait la contrée dès l'aurore. Parfois, il trouvait son affaire à la porte même du logis. Ainsi quand, du verger de la maison, il prenait la vue de l'église (1). Ou bien encore, c'était le vieux château avec son toit d'ardoise et sa façade de brique dont l'harmonie rouge et bleue, mêlée à la verdure des arbres, tentait son œil de coloriste (2).

Un dimanche, à la sortie de la grand'messe, (c'était en 1839), Mme Osmond dit à Corot : « Camille, si vous étiez gentil, vous peindriez un tableau pour notre église ? » Il ne se le fit pas répéter deux fois. Cette toile-là, au moins, n'encombrerait pas l'atelier ! Le sujet choisi fut *La Fuite en Egypte* (3). Un tournant de la Seine dans les parages de Bonnières inspira le paysage. La Sainte-Vierge fut rencontrée chez un voisin, le père Varin, un tailleur de pierre, dont la fille, une gentille brunette, consentit à prêter au peintre sa gracieuse silhouette. Cette « vierge de Corot » était encore là il y a un an pour évoquer devant nous ces très lointains souvenirs (4); elle se rappelait l'âne du père sorti de son étable, la séance de pose devant M. Camille attentif et sérieux, puis, la besogne terminée, les gamineries du Parisien bon enfant, toujours épanoui dans un éclat de rire.

La Fuite en Egypte fut achevée pour le salon de 1840. Corot exposait en même temps *Un Moine* dans une campagne italienne (5) et, sous le titre de *Paysage au soleil couchant*, un jeune berger antique jouant de la flûte à l'orée d'un bois (6). Cette exposition marque une étape décisive dans sa carrière. La critique se radoucit, le jury le tire des « catacombes » où jusqu'alors on le reléguait, et l'État daigne enfin l'admettre à partager ses faveurs. Gautier dans la *Presse* (7), Janin dans l'*Artiste* (8), Gustave Planche lui-même dans la *Revue des Deux-Mondes* (9) chantent sa louange. En vain quelque irréconciliable écrit qu' « en acceptant cette incroyable peinture le jury des Beaux-Arts s'est montré bien

(1) *N° 400.*
(2) *N° 398.*
(3) *N° 369.*
(4) Mme Saunier (Victoire Varin) est morte à l'âge de 81 ans, en 1904, à Bonnières, près Rosny (Seine-et-Oise).
(5) *N° 375.*
(6) *N° 374.*
(7) *La Presse,* 27 mars 1840.
(8) *L'Artiste,* 2ᵉ série, VI, 254.
(9) *Revue des Deux Mondes,* 1ᵉʳ avril 1840.

sévère pour son auteur » (1). Corot a gagné cette fois la partie. On lui donne une place d'honneur. « Voilà le salon réouvert, écrit-il à un ami. J'ai ma fuite en Égypte dans le salon carré; c'est fameux (2) ». En même temps, le *Petit Berger*, « ce chant des Géorgiques retrouvé après dix-huit siècles », comme disait le *Charivari*, est acheté par la direction des Beaux-Arts. Le directeur, M. Cavé, accorde à Corot 1.500 francs pour son œuvre et lui laisse choisir le musée où elle figurera. A défaut du Luxembourg, Corot désigne le musée de Rouen, en souvenir de ses jeunes années passées dans cette ville. Le tableau y serait si un personnage influent ne l'avait réclamé pour Metz. Hélas, comme la ville elle-même, il ne fait plus partie aujourd'hui de notre patrimoine national.

Ce *Petit Berger* fut lithographié pour l'*Artiste* par Louis Français. Depuis trois ou quatre ans, Français, présenté à Corot par des camarades communs, était devenu son élève et en même temps son ami. Un jour, ce maître sans morgue l'ayant emmené familièrement dîner chez lui à Ville-d'Avray, M. Corot père l'accueillit avec déférence, lui parlant de sa lithographie comme d'un chef-d'œuvre. Français, confus, s'excusait, attribuant tout le mérite de son dessin au modèle dont il n'était que l'humble traducteur. « Vraiment, fit le vieillard surpris, vous trouvez que Camille a du talent ? » Français eut beau lui dire : « Votre fils n'a pas son égal »: le scepticisme du bonhomme ne se laissa pas convaincre. Si Camille avait vendu sa peinture, peut-être cet homme positif eût-il entendu raison. Mais en vain l'artiste s'y efforçait. Ses toiles restaient des mois en vitrine sans qu'on les marchandât. Parfois, il était tenté, pour sauver les apparences, de les faire acheter pour son compte par un ami.

Aussi, quelle joie quand un véritable client se présente ! Après le Salon, il avait envoyé son *Moine* à l'exposition du Havre. Un amateur ne s'avisa-t-il pas de lui en demander le prix ? Le prix ? il n'y avait même pas songé. Appelé à se prononcer à l'improviste, il se rappela certaine dette qu'il avait sur la conscience : vingt-cinq louis empruntés à son beau-frère, un jour de gêne, et il dit : « C'est 500 francs ». Le tableau fut vendu, et

(1) Alphonse Royer, *Le Siècle*, 28 mars 1840.
(2) Lettre à M. Robert, du 9 avril 1840.

Corot de l'annoncer triomphalement à ses amis. L'un d'eux, son camarade de Rome, Poirot, était sourd. Pour causer avec lui, Corot usait souvent de son crayon et de ses albums. Un de ces petits carnets contient d'amusantes bribes de cette causerie à bâtons rompus. On y lit cette phrase relatant l'événement mémorable : « J'ai vendu mon moine au Havre, 500 francs » (1).

Dans la vie de Corot, l'argent ne jouait qu'un rôle secondaire. La petite pension que lui servait son père suffisait à la modicité de ses besoins. Si son amour-propre souhaitait davantage, c'était surtout pour persuader de son mérite une famille qui s'obstinait à en douter et qui opposait à l'apparente stérilité de ses efforts l'exemple des camarades à qui souriait la fortune. Ceux-là savaient plaire par la banalité. Corot ne parlait pas la même langue. Aussi, « de tous les paysagistes, il n'en est peut-être pas qui ait lutté plus longtemps que lui contre l'inattention publique et mieux réussi à se faire oublier à force de chefs-d'œuvre ». Ainsi s'exprimait Eugène Pelletan en rendant compte, dans *La Presse*, du Salon de 1841 (2). Cet écrivain, qui était l'ami de Paul Huet et dont les opinions artistiques sont apparemment un écho du fameux paysagiste, ajoutait encore : « M. Corot a eu le tort, au lieu de suivre le petit système courant, la petite école en vogue, de consulter directement la nature, de l'aimer d'une tendresse immense, de lui accorder une obéissance sans bornes. Il allait obscurément s'impressionner devant elle et, l'impression reçue, il ne s'occupait plus qu'à la rendre et l'approfondir ; mais, sans vouloir la réformer, il cherchait uniquement la vérité. Félicitons-le de n'être pas allé au-devant du succès, de l'avoir attendu..... »

Les tableaux à propos desquels ces lignes furent écrites étaient un *Démocrite* rêveur dans une vaste solitude boisée (3) et une *Danse de bergers Italiens* en vue d'une baie napolitaine (4). Corot recueillit une fois de plus le suffrage des délicats. Ce qui ne l'empêcha pas, l'année d'après, d'être encore une fois victime du placement le plus défectueux. Ses deux

(1) Carnet 68.
(2) *La Presse*, 5 mai 1841.
(3) *N° 376.*
(4) *N° 377.*

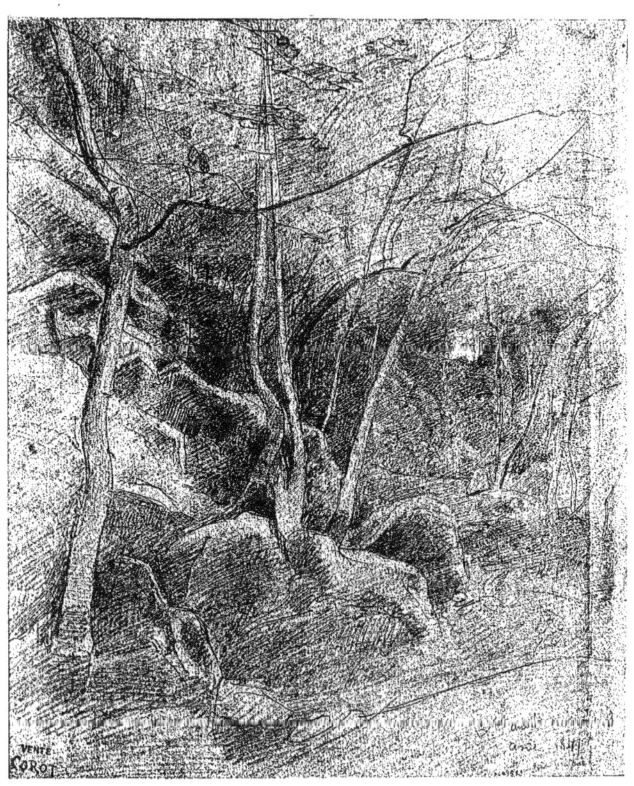

Saint-André du Morvan
(1841).

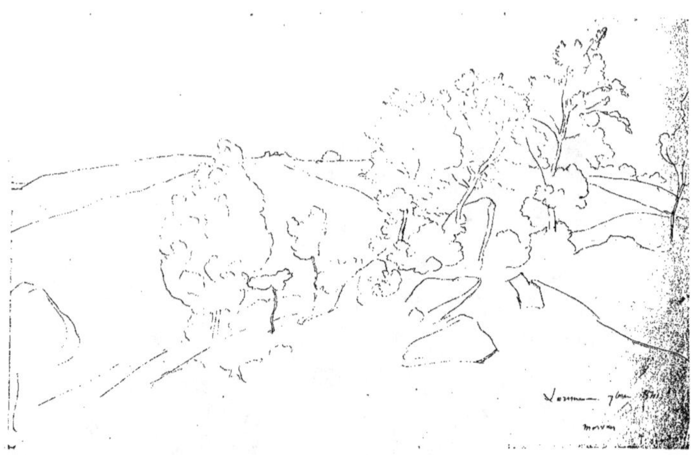

Lormes (1842).

paysages, *Le Verger* (1) et le *Site d'Italie* (2) furent « obscurément cachés (ce sont les propres termes qu'employait Louis Peisse dans la *Revue des Deux-Mondes*), l'un dans la galerie de bois, l'autre dans cette portion redoutée de la galerie que les artistes appelaient les catacombes (3)». D'impitoyables détracteurs surent les y découvrir quand même. D'aucuns opposèrent à Corot Corot lui-même et regrettèrent « son talent d'autrefois (4) ». La plupart subirent son charme, mais épiloguèrent sur les procédés du peintre (5). L'État, du moins, eut une pensée pour lui et lui acheta son *Paysage Italien*, qui fut donné au musée d'Avignon. Français, associant une fois de plus son nom à celui de son maître, fit une lithographie du *Verger* (6).

Où Corot, avait-il été chercher l'inspiration de cette gracieuse idylle champêtre ? Dans quelque campagne du Morvan peut-être ? C'est à cette

(1) *N° 441.*
(2) *N° 442.*
(3) *Revue des Deux-Mondes*, 15 avril 1842.
(4) Daniel Stern. *La Presse*, 6 avril 1842.
(5) H. Robert, *Le National*, Salon de 1842. — *L'Artiste*, Salon de 1842, 3ᵉ série, I, 274. — etc.
(6) Parue dans l'*Album du Salon de 1842*, Challamel, éditeur.

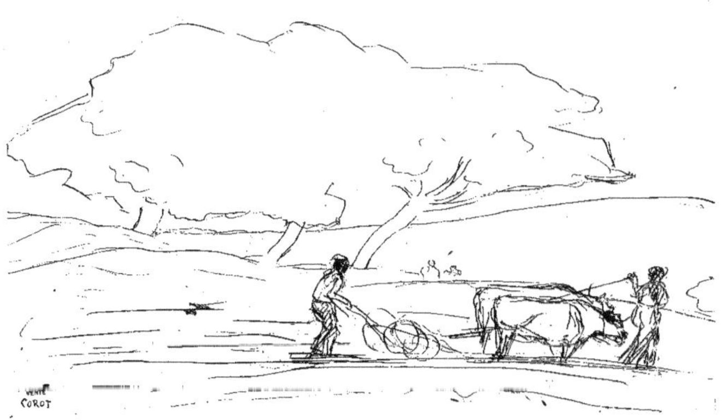

Lormes (1842).

pittoresque région qu'en ces années-là il emprunte plus d'un sujet d'étude. Il peint les petits villages aux clochers pointus, fièrement perchés au sommet d'un coteau, les rivières torrentueuses dévalant à travers les vertes futaies et les petites paysannes à bonnet rouge, la quenouille sous le bras, entourées de leurs chèvres ou de leurs brebis (1). De Vézelay à St-André du Morvan, de St-André à Lormes, la pointe acérée et scrupuleuse de son crayon détaille la pureté des horizons, ou bien s'enfonce dans la forêt et fouille le mystère compliqué des taillis (2). Tout l'été de 1841 se passe à cette patiente besogne, et le carton s'emplit de dessins, où la conscience des notations d'Italie s'allie à un style plus ample et à une concision plus autoritaire.

Deux vues de Lormes portent la date de 1842. C'est aussi l'époque d'une autre série de dessins qui nous conduisent, à la suite de Corot, en Suisse, de Genève à Fribourg en passant par Montreux. Nous montons avec lui au grand Saconnex et nous embrassons de l'œil la chaîne du

(1) Nᵒˢ 421, 423, 424, 426, 428, etc.
(2) Dessins datés de Vézelay juillet 1841, de St-André août 1841, de Lormes septembre 1841.

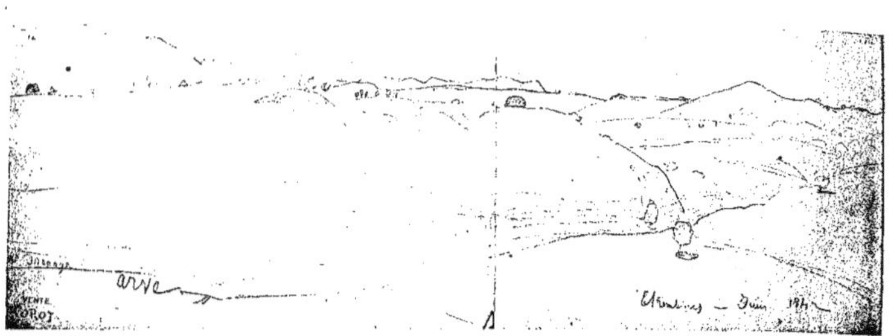

La vallée de l'Arve : vue prise d'Etrembières (1842).

Jura (1) ; puis nous redescendons dans la vallée riante de Mornex (2) et, sous les arbres aux ramures capricieuses, nous apercevons au loin, dans la brume, la masse imposante du Môle. De Montreux (3) ou de Vevey, il domine la nappe lumineuse du lac ou bien il suit les riantes allées peu-

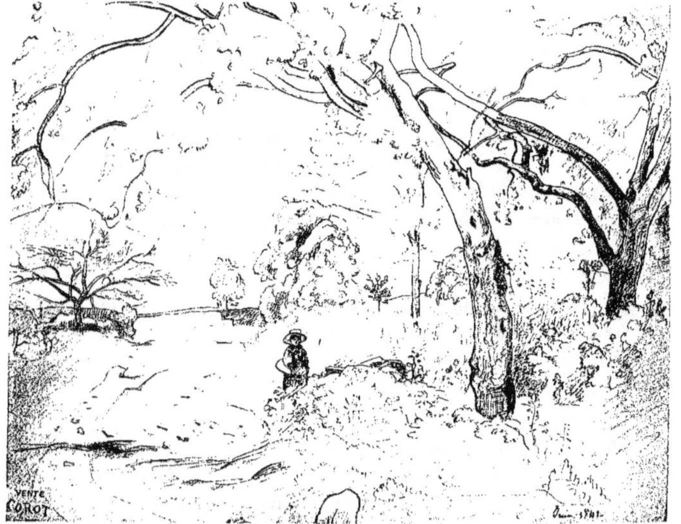

Mornex (1842).

(1) Dessin daté juin 1842.
(2) Dessin daté juin 1842.
(3) Dessin daté juillet 1842.

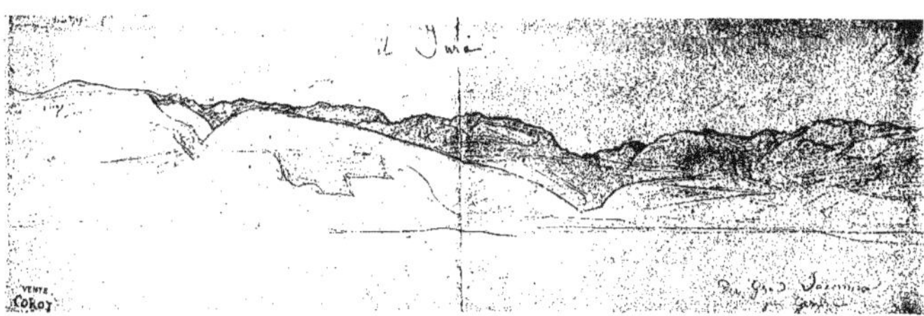

Le Jura vu du grand Saconnex (1842).

plées de châlets, s'arrêtant pour admirer sur une paysanne la jolie harmonie d'un tablier bleu et d'un corsage noir. Qui donc a attiré Corot vers ces rives ? Quelque bon camarade sans doute. Le peintre Armand Leleux doit être pour quelque chose dans ce voyage, dont il s'est improvisé rétrospectivement l'historiographe anecdotique (1). Nous savons par lui que

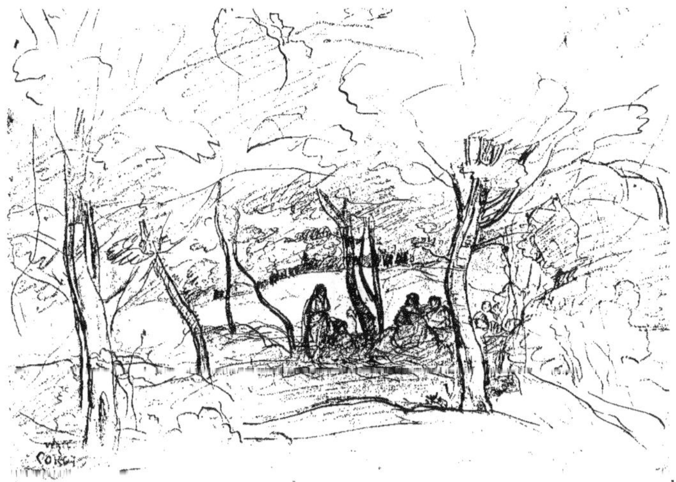

Les Alinges, Hte-Savoie (1842).

(1) *Corot à Montreux*, Bibliothèque Universelle et Revue Suisse, septembre 1880.

Corot, à peine débarqué à Genève en compagnie d'un jeune amateur nommé Harduin, fut enlevé par une bande de confrères helvétiques, les Lavoine, les Hubert, les Almeiras et les Bovy, entraîné à leur suite à Montreux et joyeusement installé par eux à l'Hôtel du Pont-à-Pied, chez Pillet. Doyen de la bande, il en fut à la fois l'entraînant coryphée, toujours prêt, le soir à l'auberge, à lever joyeusement son verre et à entonner le premier un couplet. Leleux raconte une extravagante équipée des gais compagnons : l'insouciance des chanteurs troublée, un beau soir, par le cri : Au feu ; tous les peintres se levant aussitôt comme un seul homme, s'attelant à la pompe de Montreux et courant à toutes jambes, en pleine nuit, jusqu'à Vevey ; la troupe surprise en route par l'orage et mouillée jusqu'aux os ; Corot perdant haleine et restant en route ; l'arrivée au but quand le feu est éteint ; la nuit passée devant un âtre hospitalier à sécher les habits trempés ; de copieuses libations cordialement offertes ; puis, le retour au petit jour, la rentrée triomphale, mais crottée, à Montreux et, comme cou-

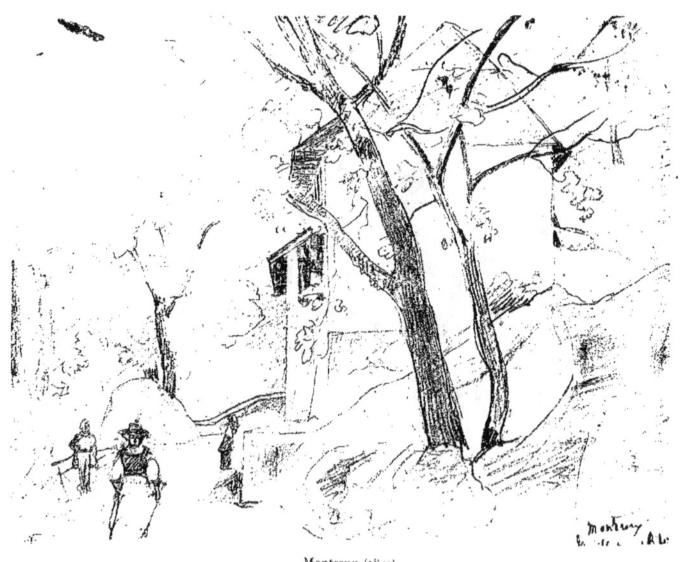

Montreux (1842).

ronnement, un désopilant bain de siège, où Corot se laisse choir pour la joie des amis, inondant l'hôtel et provoquant autour de lui la fantaisie d'une burlesque farandole.

Après plusieurs semaines aussi fécondes en sérieuses études qu'en innocentes folies, la bande improvisée se disloqua. Nous retrouvons Corot, un mois plus tard, crayonnant, aux environs de Paris, dans les bois d'Orsay. A peu de temps de là, c'est à Mantes que l'amitié l'appelle. Un neveu de Mme Osmond,

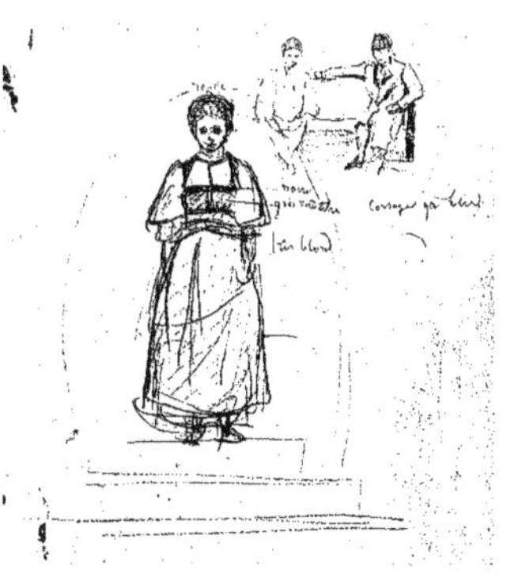

Une Suissesse
(1842).

son hôtesse de Rosny, M. Robert, est magistrat dans cette ville. Sa demeure lui est ouverte. M. Robert arrive d'un voyage en Italie. Corot l'y a suivi par la pensée. Il lui a écrit, quand il était là-bas, disant (1) :

« Quel ciel ravissant, que ce golfe de Naples est magnifique ! Quel spectacle de Capo di Monte ! Et la promenade du quai Sainte-Lucie, d'où l'on voit les îles de Capri et d'Ischia.... Nous causerons joliment au retour ; cela me fera plaisir et me rafraîchira mes souvenirs qui s'effacent.... »

L'artiste a partagé les émotions du touriste visitant la ville éternelle. Il s'est complu au rôle de lointain cicerone et sa lettre est vibrante d'émotion :

« Vous voilà maintenant à Rome, ville incomparable par la sévérité et la grandeur des lignes. Promenez-vous bien sur le Pincio et sur le jardin Farnèse, au Campo Vaccino. Étudiez-en bien la physionomie pour me dire en rentrant si j'ai bien rendu cette nature grande et sévère. N'oubliez pas de faire quelques promenades en caratella dans la campagne de Rome, sur les bords du Tibre jusques au Ponte Mole. Vous avez assez de temps pour bien vous faire une idée de cette belle ville et de la campagne qui l'entoure. Il faudrait faire aussi une visite à Tivoli et visiter le Monte Cavo qui

(1) Lettre à M. Robert, de Paris 5 avril 1840.

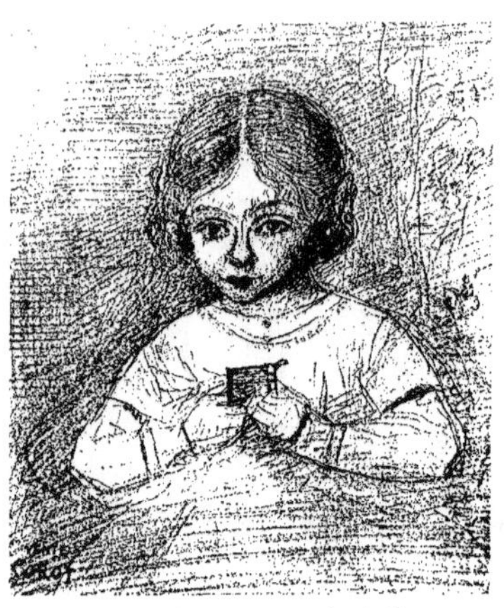

Mlle Blanche Charmois, petite nièce de Corot
(vers 1840).

porte Albano, Frascati, Grotta Ferrata, Marino et Nemi. A Marino, demandez la Sorra Marta, qui tient une auberge, et dites lui bien des choses de la part d'un Français qui logea chez elle en 1827 et qui s'était trouvé l'année d'auparavant avec deux peintres, dont un boiteux. Je vous ai donné les noms de Bodinier et de Buttura, pensionnaires de l'Académie. Les avez-vous vus ? Faites-moi le plaisir de leur dire bien des choses ainsi qu'à un jeune homme nommé Jardin (?) dont vous aurez l'adresse au café Greco, via de'condotti et qui a eu la gentillesse de m'écrire une lettre à laquelle je compte sous peu répondre. Amusez-vous bien... »

M. Robert avait profité de ces bons conseils. Il revenait plein d'enthousiasme, et le rêve trop tôt fini le hantait. Il fit appel aux pinceaux du peintre pour le prolonger. Corot s'y employa avec zèle, évoquant tour à tour Rome (1), Venise (2), puis Naples (3), à l'aide des anciennes études qui prolongeaient sur les murs de l'atelier les chers souvenirs d'antan. Le voyageur put évoquer du coin de son feu la vision éphémère du ciel bleu d'outre-monts. Ce ne fut pas tout. Le hasard conduisit Corot à Mantes au moment où M. Robert aménageait dans sa demeure une salle de bains. Avisant le peintre qui s'apprêtait à badigeonner : « Halte-là, dit-il, je m'empare de ces murs-là. A nous l'Italie ! » Ce fut l'affaire de huit jours. Avec des outils de rencontre et sur une paroi grossièrement préparée, il improvisa une magique apparition du pays doux à son cœur. Ici, le lac Nemi et les montagnes qui le dominent, aperçus à travers le caprice enchevêtré des arbres et des rochers. Ailleurs, une villa génoise, lointaine inspiration d'un dessinateur arrêté sur le

(1) N° 69.
(2) N° 321.
(3) N° 377.

bord d'une futaie méditerranéenne et,
comme pendant, le dévalement boisé
d'un torrent tyrolien. Enfin, couron-
nant la fenêtre, Venise, ses campaniles,
ses gondoles et, pour l'accompagner de
part et d'autre, un furtif aperçu du
Tibre, de St-Pierre et du château St-
Ange d'un côté : de l'autre, un abrégé
synthétique de la campagne napolitaine. La mémoire et l'imagination de
Corot se sont donné carrière dans cette
petite pièce, dont elles ont fait un rare
joyau (1).

Parallèlement, il s'amusait à
peindre pour son ami le portrait des

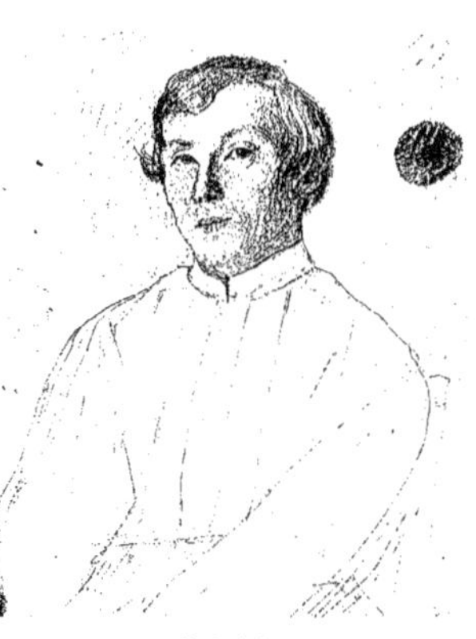

Un jardinier
(vers 1840).

êtres qui lui étaient chers (2), comme il avait fait naguère pour sa sœur,
Mme Sennegon, celui de tous ses neveux et nièces. Qu'on s'en souvienne :
l'invention de Daguerre était encore une primeur. Le photographe n'avait
pas encore introduit la rivalité de son objectif dans le domaine réservé
des peintres ; seul détenteur du pouvoir de conférer l'immortalité aux
traits d'une physionomie, l'artiste se devait à ses proches. Corot s'est gardé
de l'oublier. Après son beau-frère Sennegon, peint en 1841 (3), et sa sœur
en 1842 (4), c'est, un peu plus tard, sa chère maman (5) qui pose devant
lui. Puis, tour à tour, tous les membres de la famille de son ancien patron
M. Delalain (6), l'enfant d'un camarade (7), la sœur d'un autre (8), voire
de braves serviteurs comme le jardinier de Ville-d'Avray et sa femme (9).

(1) N°s 433 à 440.
(2) N°s 589 et 590.
(3) N° 586.
(4) N° 585.
(5) N° 588.
(6) N°s 594 à 598.
(7) N° 591.
(8) N° 666.
(9) N°s 592 et 593.

Fribourg (1842).

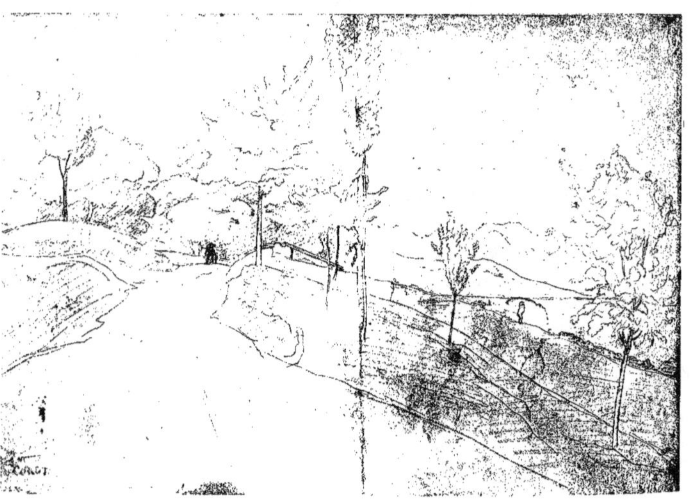

Une route près du lac de Genève
(1842).

Autant dépenser son talent dans l'intimité, puisque ailleurs on s'obstine à lui faire grise mine.

L'année 1843 apporte avec elle une suprême épreuve. Corot qui, en dépit des affronts des uns et de l'indifférence des autres, poursuit hardiment son chemin, dont le mérite s'affirme de jour en jour et en qui la jeunesse salue déjà un maître, Corot est encore une fois refusé par le jury. On jette à la porte du Salon l'*Incendie de Sodome* (1), vaste toile sur laquelle s'est concentré son laborieux effort. Ostracisme qui, si l'on en croit la presse du temps, parvient à émouvoir le roi lui-même et soulève de toutes parts des protestations indignées. Il faut citer, pour sa noble éloquence, celle d'Eugène Pelletan dans la *Sylphide* : « Savez-vous qui ces hommes-là ont repoussé ? Corot, notre plus grand paysagiste, le meilleur, le plus inoffensif des artistes, admirable talent qui, pendant vingt ans, a lutté, souffert ; un talent classique, nourri des maîtres, depuis le Titien jusqu'au Poussin.... Que voulez-vous dire à des gens qui mettent des lunettes, qui vont regarder la touche du pinceau et disent ensuite en secouant la tête : Cet homme-là n'est pas peintre. Mais regardez donc, malheureux, ces ciels baignés de lumière, ces terrains couverts de rosée. Mais, ne sentez-vous pas la fraîcheur de l'atmosphère ? C'est mieux que la touche, c'est la vie, c'est l'impression du paysage qui est là-dedans.... » Deux petits tableautins avaient, malgré tout, trouvé grâce devant l'impitoyable tribunal : des *Jeunes filles au bain* (2) et un *Effet du soir* avec des bergers antiques se disputant le prix de la course (3). Ces toiles justifiaient certes la chaleur de cette apologie. Et l'on regrettait *Sodome*.

Comment s'expliquer cette inexplicable proscription ? Que dire de cette persistante défaveur acharnée contre Corot ? Le fin mot de l'affaire a été dit par un de ses amis, délicat appréciateur de son talent et pénétrant analyste de son caractère, Desbarolles, peintre lui-même avant de s'adonner à la chiromancie, qui traça, vers ce temps-là, en termes humoristiques et affectueusement enthousiastes, un charmant portrait de son bien-aimé

(1) N° 460.
(2) N° 462.
(3) Voir N° 633.

camarade (1). « Corot, écrivait-il, n'aime pas la toilette et sa cravate est très mal mise ; il se rase toujours sans se regarder, ce qui fait qu'il est toujours mal rasé ; son col de chemise du côté droit est toujours en désaccord avec celui du côté gauche... Eh bien, on lui reproche d'en agir avec la

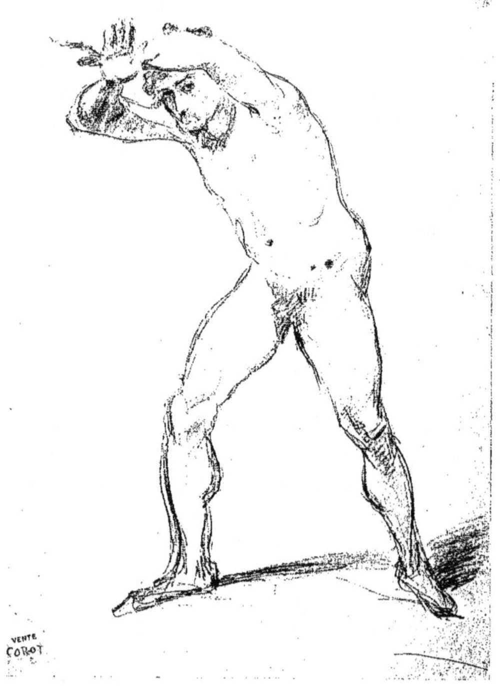

Étude pour l'incendie de Sodôme
(vers 1843).

nature comme avec ses habits ; on le trouve négligé, maladroit. Et l'aspect de ses tableaux effarouche l'amateur, qui ne recherche que l'adresse. Il n'attire que les artistes, seuls capables, à travers cette négligence de touche, de distinguer le génie et le talent. »

(1) *Notes sur la vie d'artiste.* (*L'Ami des Arts*, 1843, p. 202 et suiv.)

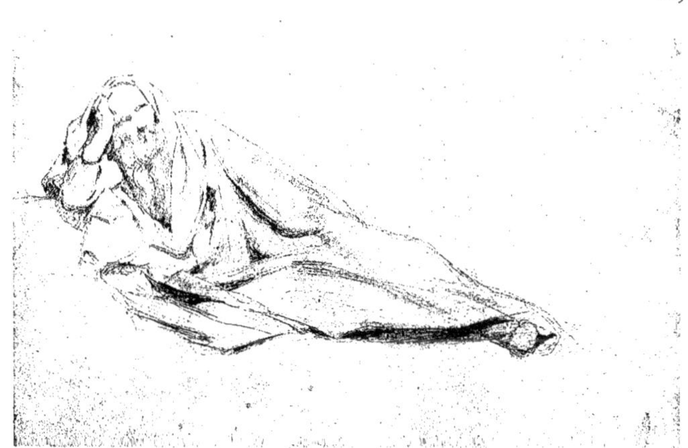

Étude pour un tableau
(vers 1840-45).

Il faut l'Italie pour consoler Corot de ses déboires. Rome, depuis quinze ans, occupe toujours sa pensée. Une occasion se présentant, il part avec son confrère Brizard. Après un court arrêt à Marseille (1), les voyageurs vont droit au but (2). Rome et ses environs les accaparent pendant tout leur séjour au delà des monts. Ce séjour occupe les mois de mai, de juin, de juillet et d'août de l'année 1843 et se termine en septembre ou octobre. Nous n'avons pas, pour nous en faire connaître les étapes et les impressions, un paquet de lettres, comme pour le premier voyage, ou un petit calepin comme celui de 1834. Les œuvres sont les seuls témoins à interroger. Elles nous conduisent à Tivoli (3), à Genzano (4), à Ariccia (5) et à Rome même (6). Peu nombreuses, elles sont châtiées et topiques, partant

(1) N° 443.

(2) Quelques croquis ont été faits par Corot sur la Corniche, pendant les relais. L'un est daté de Pont du Var 1ᵉʳ mai 1843.

(3) Dessins datés juin 1843.

(4) Dessins datés juillet 1843.

(5) Dessin daté juillet 1843.

(6) Dessin daté villa Albani 7 août 1843.

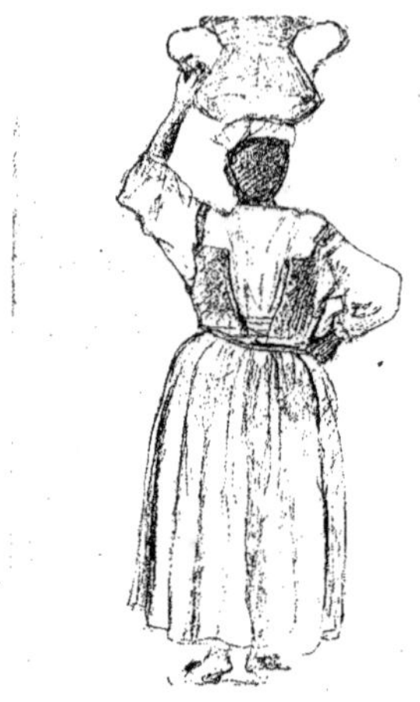

Une paysanne de Tivoli
(1843).

éloquentes (1). A Rome, Corot est accueilli à bras ouverts par son confrère Benouville. Veut-il étudier une figure à l'atelier, celui de ce camarade est à sa disposition. Il en profite pour étendre sur un linge blanc la nudité d'une jeune transtévérine et peindre, à son tour, une odalisque en ces lieux où plane le souvenir vivant d'Ingres (2). Pensa-t-il ce jour-là à son illustre devancier ? Le déclarer serait téméraire. La nature absorbe sa pensée. Il n'a d'yeux que pour elle. Il a passé deux ans jadis à Rome sans mettre les pieds à la Chapelle Sixtine. On le lui a tant reproché que Michel-Ange reçoit, cette fois-ci, une visite de politesse (3).

Les Sibylles et les Prophètes lui arrachent un cri d'admiration émue. Mais il les quitte sans regret, pour regarder en face le soleil du bon Dieu.

La lumière, la lumière bénie : c'est pour elle seule que Corot respire. C'est pour traduire sa magie divine que son pinceau court sur la toile. « La nature est une éternelle beauté (4) ! » Voilà sa profession de foi. Humble ouvrière au service de cette beauté, sa main peine et s'acharne dans un amoureux labeur. Tant pis si l'ignorance du public prend pour de la maladresse la candeur de sa touche naïve. Le doux entêté tient tête à l'Institut et lui impose, l'année suivante, le tableau qu'il a rejeté au dernier Salon. L'*Incendie de Sodome*, refusé en 1843, est reçu en 1844, sans que le peintre ait modifié son œuvre. On évince encore un de ses tableaux; mais on en place un autre dans le salon carré : certain *Concert* idyllique (5)

(1) Voir surtout les N^os *457* et *457 bis*.
(2) N° *458*.
(3) Raconté par Corot chez Mme Desavary, à Arras, le 5 juillet 1874.
(4) Carnet 65.
(5) N° *461*.

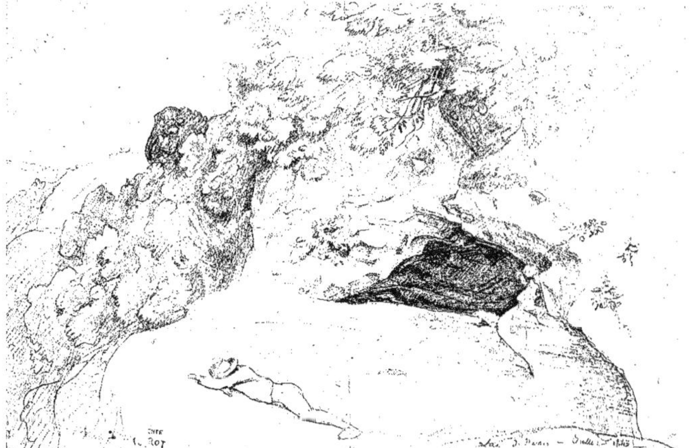

Nemi (1843).

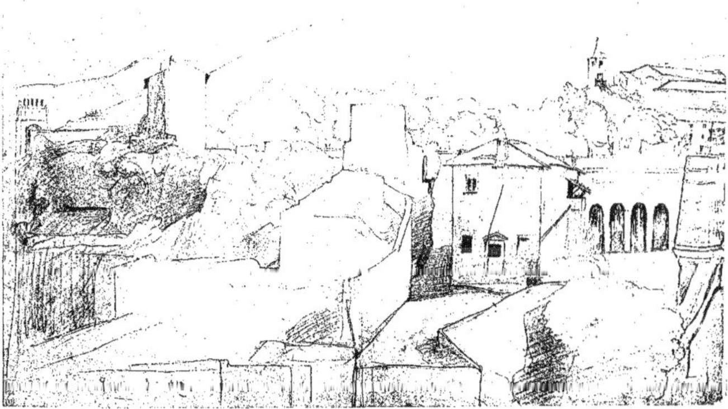

Tivoli (1843).

qui suggère aux littérateurs de complaisants rapprochements avec Virgile et Théocrite (1) et qui, charmant les artistes, déroute, bien entendu, la foule par l'ingénuité d'une technique sans artifices.

Cette composition idéale est née d'un croquis pris dans le parc d'un ami, sur les confins de la Suisse. Une compagnie à l'ombre dans un frais bocage, quelques voix sans doute fredonnant sous la feuillée : c'est assez pour donner carrière à l'imagination du poète. Il invite galamment dame nature à le suivre à Paris et la folie commence. L'atelier est un bosquet où chantent les oiseaux, où les feuilles frissonnent sous la caresse du zéphyr ; un ruisseau y passe, reflétant la course capricieuse des nuages. Le soleil s'y lève et s'y couche. Quelle est cette campagne idéale où Homère s'assied avec sa lyre, où Daphnis et Chloé, tendrement enlacés, s'arrêtent au bord d'un clair filet d'eau ? Ce n'est ni l'Italie, ni l'Auvergne, ni non plus Fontainebleau. Cette terre innommée que visitent les héros d'une humanité légendaire et fabuleuse, c'est la création du magicien qui, à travers les spirales bleutées échappées de sa pipette, aperçoit tour à tour la masse trapue d'un chêne du Bas-Bréau ou l'élancement svelte d'un peuplier lombard. Et cependant, ces contrées idéales ne sont point de banales fictions. Arbres, rivières, rochers ont leurs sosies quelque part dans une de ces innombrables contrées que la fantaisie vagabonde de l'artiste a visitées. Volterra a inspiré le lugubre décor de l'*Incendie de Sodome*; le paysage de l'*Homère* est emprunté, dans ses grandes lignes, à un dessin fait à Royat en 1839.

Ce dernier tableau parut au Salon de 1845 avec *Daphnis et Chloé* et un autre paysage. On lisait au livret : « *Homère et les Bergers (André Chénier, l'Aveugle)* ». Chénier collaborateur de Corot : l'union est assortie. Mais comment Corot, dont la bibliothèque était mal garnie et dont les rares bouquins sommeillaient sur les rayons poudreux, a-t-il trouvé Chénier sur son chemin ? Un petit billet intime éclaire ce mystère. C'est son neveu, écolier de 17 ans, qui a, par hasard, laissé traîner un Chénier à Ville-d'Avray. L'oncle, qui y a trouvé son bien, lui réclame le petit livre.

(1) Th. Gautier, la *Presse*, 30 mars 1844. — Thoré, *Salon de 1844*, p. 30. — etc.

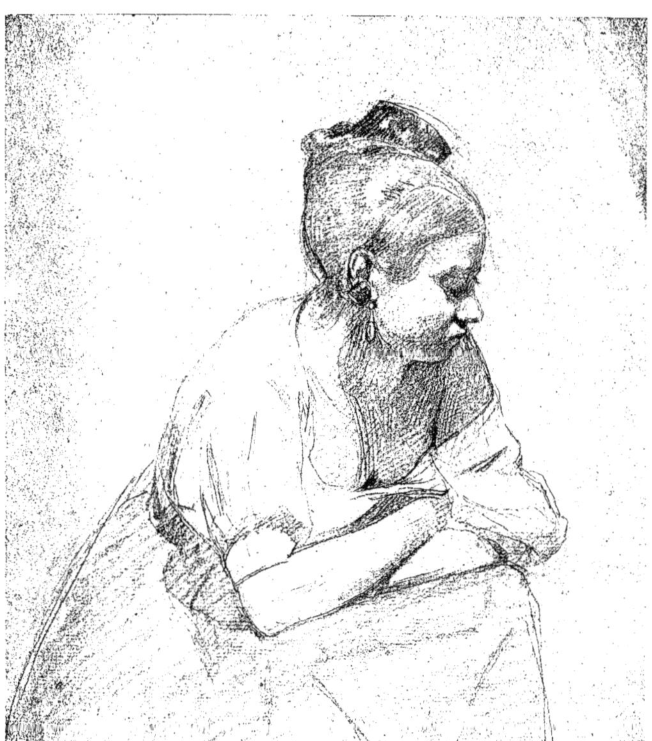

Étude d'atelier
(vers 1840-45).

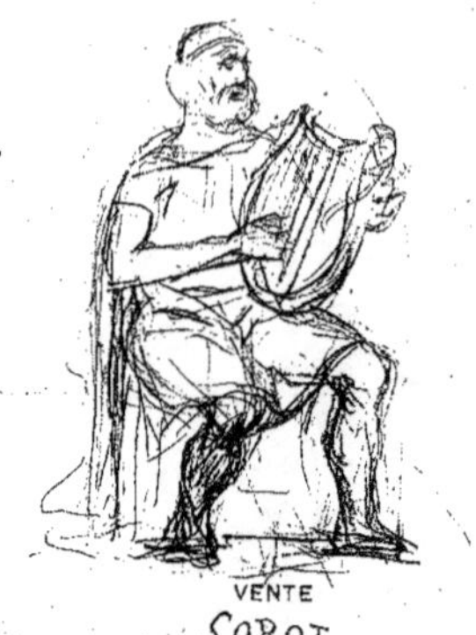

Homère (vers 1845).

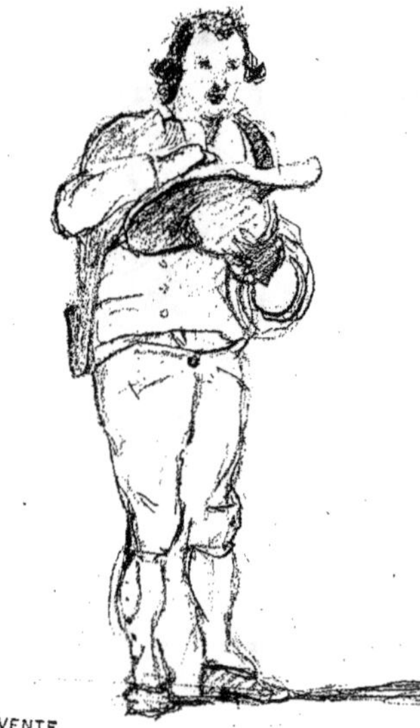

Un breton (vers 1845).

L'épître est empreinte de la douce gaîté qui lui est coutumière (1).

> Ville-d'Avray, ce 16 juin 1845.
> Mon cher ami,
> J'ai fait hier un oubli ; j'avais l'intention de te demander ton petit volume d'André Chénier. Tu serais bien aimable, à ta première sortie, de le donner à ta maman ; je le prendrais chez elle. Seras-tu de notre partie dimanche prochain ? Il paraît que le mât de cocagne est resté inattaqué, c'est une joie économisée pour le second jour de la fête ; nous pourrons aussi nous régaler de quelques jolies promenades dans les bois que nous aimons tant.
> Si tu sortais dimanche, tu pourrais m'apporter le Chénier. Je t'embrasse comme un oncle qui t'aime. Tout à toi.
> C. Corot.

Corot folâtre avec la jeunesse dans la verdure printanière et les vers du poète chantent dans sa mémoire. Tout à coup, dans la clairière surgit, chaste vision, la grâce des nudités antiques, et il trouve à Ville-d'Avray les bergers et les nymphes de l'Hellade.

Ces compagnons invisibles le suivent dans ses pérégrinations et font avec lui le tour de France, du Jura au Puy de Dôme, du Languedoc

(1) Lettre à M. H. Sennegon, publiée par M. Maurice Tourneux dans l'*Intermédiaire des chercheurs et curieux*, 10 août 1889.

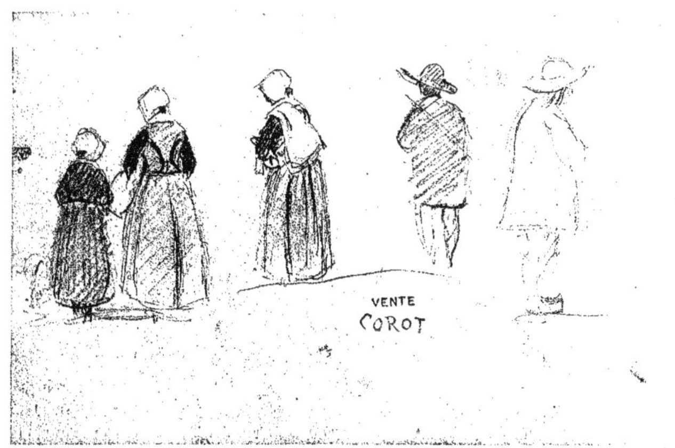

Bretons (vers 1845).

ensoleillé à la brumeuse Armorique. Pendant toute la belle saison, il voyage. De tous côtés, on se dispute son aimable société. Les artistes, avides de ses conseils, l'entraînent à l'envi. Les vieux amis aussi revendiquent leur part et l'obtiennent. La peinture n'a pas fait un ingrat et l'ancien commis n'oublie pas la « marchandise ». Il se plaît à Alençon chez Clérambault, à Mortain dans la familiale hospitalité des Delalain. Près de St-Lô, ses chers Osmond lui offrent une intimité vieille de trente ans. Quelque foyer amical l'attire sans doute aussi à Mûr de Bretagne, où il fait de fructueuses campagnes, marquées par de puissantes études (1).

Après chacune de ses escapades, le voyageur, qui demeure avant tout le plus tendre des fils, est fidèle au rendez-vous de Ville-d'Avray. Fontainebleau s'impose aussi, centre bienfaisant d'émulation confraternelle. C'est Fontainebleau qui, en 1846, fournit à Corot le sujet de l'unique tableau qui le représente au Salon (2). Cette toile, interprétation d'une étude des gorges d'Apremont, plus heureuse que le reste de son envoi,

(1) N^{os} *476, 478, etc.*
(2) N° *302.*

a triomphé des rigueurs du jury. Elle n'apprivoise pas le public et la critique ne lui est pas tendre. Les éloges s'embrouillent dans un fatras de restrictions. Seuls Baudelaire (1) et Champfleury (2) sont catégoriques dans leur sympathie. Cependant, une distinction, qui n'est qu'une réparation tardive, compense, dans une certaine mesure, cette persistante impopularité. Le 5 juillet 1846, Corot est décoré. A la lecture de cette nouvelle, le père n'en croit pas ses yeux. Camille chevalier de la Légion d'honneur ! A son étonnement s'ajoute même un certain dépit. Il était si loin de penser qu'on pût décorer son fils que, tout d'abord, il s'est figuré que la croix était pour lui-même. Lorsqu'enfin il fut bien convaincu que le gouvernement daignait regarder d'un œil bienveillant la carrière d'un peintre qui, à 50 ans, ne gagnait pas de quoi payer ses couleurs, « Mon fils, dit-il, un homme décoré a des devoirs envers la société : j'espère que tu les comprendras. Ta mise négligée ne sied pas à quelqu'un qui porte un ruban rouge à sa boutonnière. » Camille prêta une oreille déférente à la prud'homie paternelle ; mais, faut-il le dire, il s'empressa d'oublier la leçon.

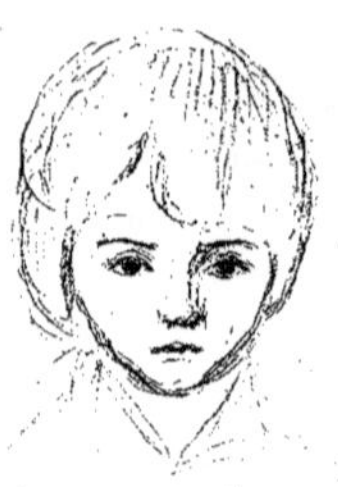

Croquis fait en Bretagne
(vers 1845).

(1) Salon de 1846, p. 106.
(2) Salon de 1846. *Œuvres posthumes*, Lemerre éditeur, page 71.

VII

FAVEURS OFFICIELLES ET DISTINCTIONS PROFESSIONNELLES.

DEUILS INTIMES.

LE BAPTÊME DU CHRIST, LE CHRIST AU JARDIN DES OLIVIERS,

LA DANSE DES NYMPHES.

(1847-1851)

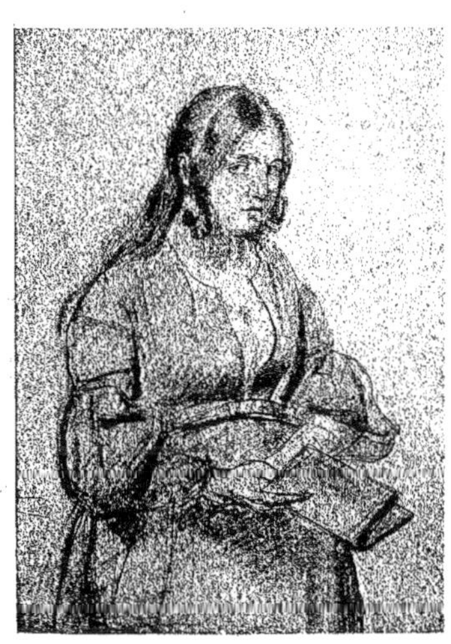
Liseuse
(vers 1845).

Bien que Corot se contentât modestement du titre de paysagiste, son art embrassait tous les genres. Aucun spécialiste n'était plus habile à interpréter la figure. Sa peinture était proprement ce qu'on appelle de la grande peinture. Nul n'était mieux qualifié pour décorer un édifice public. On ne pensait cependant pas à lui dans les commandes officielles. Il fallut l'intervention dévouée d'un ami pour procurer à son talent l'occasion de se révéler dans un cadre merveilleusement en rapport avec la noblesse de son style et l'ampleur de sa technique

Cet ami, M. Théodore Scribe, avait l'oreille du président de la commission des Beaux-Arts de la ville de Paris. Grâce à lui, Corot fut chargé de peindre un panneau pour la chapelle des fonts baptismaux de l'église Saint-Nicolas du Chardonnet (1). Il eut à batailler avec le curé pour le choix du sujet. Par un singulier renversement des rôles, l'ecclésiastique plaidait pour une scène qui parlât aux yeux plutôt qu'au cœur des spectateurs. Il avait imaginé de faire représenter le baptême par Saint-Philippe de l'eunuque de la reine d'Ethiopie. Je ne sais quel romantisme de mauvais aloi lui suggérait cet épisode sans intérêt de l'histoire

(1) Nous avons eu connaissance, grâce à l'obligeance de son possesseur, M. Gadala, d'une lettre officielle de Corot au Préfet de la Seine, relative à cette commande. En voici le texte avec celui des apostilles marginales qui l'accompagnent :

COROT

Paysage Historique

M. David Michau appelle toute l'attention de M. le Préfet sur la demande ci-jointe et la recommande à tout son intérêt.

David Michau.

M. le comte de Rambuteau veut-il me permettre de recommander avec les plus vives instances à tout son intérêt la demande de M. Corot. Nul ne mérite plus que lui les encouragements de la ville de Paris ; car nul plus que lui n'aime et ne pratique son art avec plus de désintéressement et de véritable talent. Je serais particulièrement très reconnaissant à M. le comte de Rambuteau de tout ce qu'il pourrait faire en faveur d'un artiste aussi honorable sous tous les rapports.

Je prie M. le comte de Rambuteau d'agréer l'assurance de mon respectueux dévouement.

Armand Bertin.

Paris, ce 17 janvier 1844.

A M. le comte de Rambuteau, Pair de France, Préfet du Département de la Seine.

Monsieur le Comte,

Je viens solliciter de votre bienveillance la faveur d'être admis à participer aux travaux d'art dont votre administration dispose.

Les études longues et sérieuses auxquelles je me suis livré me font espérer que vous voudrez bien m'accorder cette marque de distinction.

J'ai l'honneur d'être, Monsieur le Comte, votre très humble et très obéissant serviteur.

COROT

Paysagiste, quai Voltaire, n° 15.

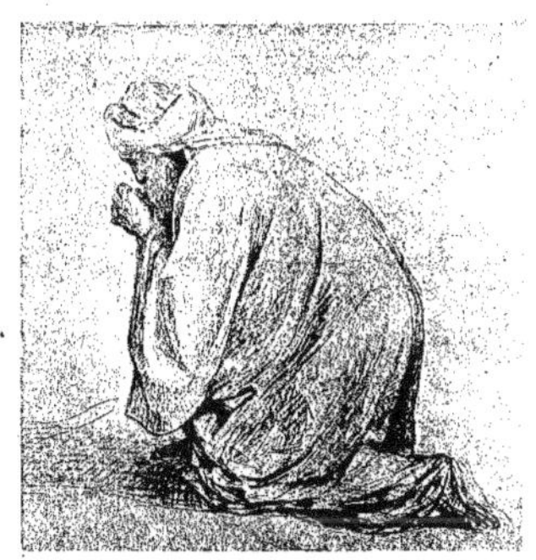

Étude pour le *Baptême du Christ*
(vers 1844)

religieuse comme prétexte à un décor pompeux et à de bruyantes harmonies de couleurs. Corot se récusa, préférant l'éloquente simplicité du baptême de Jésus (1), et il obtint gain de cause. Son œuvre, grandiose et naïve à la fois, fut une digne traduction de la page évangélique. Le panneau d'en face réclamant aussi une peinture, il semblait désigné pour en être chargé. Il en conçut un instant l'espoir au reçu d'une lettre de l'architecte Baltard, l'invitant à faire valoir ses droits. Mais la visite qu'il s'empressa de faire en réponse à cet avis dissipa son illusion. Trompé par les termes administratifs, dont il n'entendait pas les subtilités, il apportait à M. Baltard des remerciements. Celui-ci, avec un flegme officiel, les déclara prématurés et l'invita à solliciter la faveur qu'il croyait acquise. Sa fierté s'y refusa. Il alla plus loin dans le désintéressement. Il plaida la cause d'un camarade et demanda Aligny pour voisin. Mais en vain : la commande fut donnée à Alexandre Desgoffe. Le procès de cette décision a été fait de façon assez plaisante par la méprise d'un critique qui, attribuant les deux pendants à Corot lui-même, déclara que le *Baptême du Christ* était « beaucoup plus personnel » que l'autre panneau. Ce jugement de Paul Mantz (2) mit Corot en joie et, à la lecture de cette amusante erreur, il s'écria : « Je suis vengé ».

En même temps qu'il terminait cette décoration, il préparait son Salon de 1847 : quatre compositions dont deux encore restèrent sur le carreau. Les deux qui furent acceptées, un *Berger jouant avec sa chèvre* (3) et un *Pêcheur tirant ses filets au crépuscule* (4), continuèrent à « effaroucher

(1) Nº 466
(2) *Gazette des Beaux-Arts*, 1ᵉʳ novembre 1861.
(3) Nº 503.
(4) Nº 504.

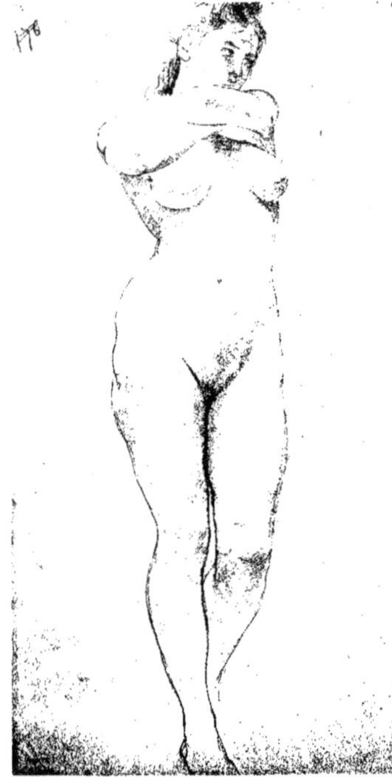

Étude d'atelier
(vers 1845).

le public » (1), selon l'expression d'un de ses partisans, et à charmer les artistes par leur touchante poésie. L'un d'eux, dont l'opinion n'est pas à dédaigner, Eugène Delacroix, introduit cette année-là dans son atelier par un ami commun, a consigné dans son journal l'impression de sa visite (2).

« Corot, écrit-il, est un véritable artiste. Il faut voir un peintre chez lui pour avoir une idée de son mérite. J'ai revu là et apprécié tout autrement des tableaux que j'avais vus au Musée et qui m'avaient frappé médiocrement. Son grand baptême du Christ est plein de beautés naïves; ses arbres sont superbes. Je lui ai parlé de celui que j'ai à faire dans l'*Orphée*. Il me dit d'aller un peu devant moi et en me livrant à ce qui viendrait; c'est ainsi qu'il fait la plupart du temps..... Il n'admet pas qu'on puisse faire beau en se donnant des peines infinies. Titien, Raphaël, Rubens, etc. ont fait facilement.... Nonobstant cette facilité, il y a toutefois un travail indispensable. Corot creuse beaucoup sur un objet. Les idées lui viennent et il ajoute en travaillant; c'est la bonne manière. »

Les carnets de Corot contiennent la confirmation et le complément de ces confidences professionnelles :

« Je ne suis jamais pressé (c'est lui qui parle) d'arriver au détail; les masses et le caractère d'un tableau m'intéressent avant tout.... Quand c'est bien établi, alors je cherche les finesses et de forme et de couleur. Je reviens sans cesse, sans être arrêté par rien et sans système (3) »

(1) Prosper Haussard, *Le National*, 16 mars 1847.
(2) Journal d'Eugène Delacroix, 14 mars 1847, tome, I, p. 289.
(3) Carnet 68.

Voilà pour la technique proprement dite. Ce qui suit (1) touche au fond même de l'esthétique et révèle les principes essentiels de l'art de Corot :

« Un homme ne doit embrasser la profession d'artiste qu'après avoir reconnu en lui une vive passion pour la nature et une disposition à la poursuivre avec une persévérance que rien ne saurait abattre. Ne pas avoir soif d'approbation ni de bénéfice d'argent. Ne pas se décourager du blâme que l'on pourrait faire tomber sur ses ouvrages ; il lui faut être cuirassé d'une conviction forte, qui le fasse marcher droit devant lui en ne redoutant aucun obstacle. Un travail incesssant, — soit exécutant, soit observant. Une conscience invulnérable. Rempli de cette conscience, il ferait des ouvrages où un défaut saillant se ferait apercevoir, il faut poursuivre ; on n'est pas artiste en un jour. Qu'il persévère, la conscience le sauvera. Il voit noir ? Consciencieux, il mettra tout en rapport et, avec le temps, il avoisinera la nature de jour

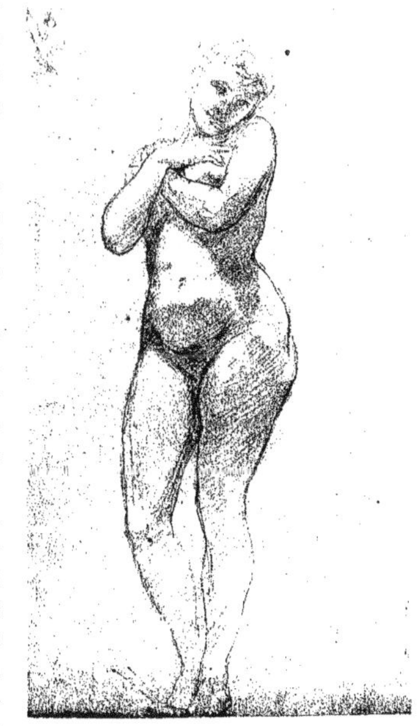

Étude d'atelier
(vers 1845).

en jour. L'important, c'est de ne rien faire que ce qu'il voit et comme il voit. Le seul bâton qu'il puisse prendre de temps en temps pour raffermir sa marche, c'est de jeter des coups d'œil sur les œuvres des maîtres, et les meilleurs : Michel-Ange, Raphaël, Léonard de Vinci, Holbein, Corrège, Titien, Le Poussin, Lesueur, Claude Lorrain, Hobbema, Terburg, Metzu, Canaletto. Ces inspirations ne sont que pour faciliter le développement de ses moyens. »

Tels étaient les principes que Corot, consulté déjà par une pléiade de jeunes peintres, répandait autour de lui. Le nombre de ses adeptes croissait de jour en jour. Il s'en rencontra un assez fervent pour parler

(1) Carnet 65.

d'un achat à beaux deniers comptants. C'était le peintre artésien Constant Dutilleux. On a déjà lu son nom dans notre introduction; il méritait d'être inscrit en tête de ce livre, dont l'inspiration lui appartient. Dutilleux rentrait chez lui, à Arras, au mois de mai 1847, après avoir visité le Salon parisien. La vision de Corot le poursuivait. « Quelle félicité, pensait-il, de pouvoir contempler toujours une de ces œuvres vibrantes de lumière et de poésie! » Il prit la plume et confessa à son génial confrère son enthousiasme et le désir qui en était issu. Corot consentirait-il à lui céder un de ses paysages ? La lettre n'atteignit pas directement son destinataire. Il était en voyage, selon son habitude printanière. Son père la reçut, l'ouvrit et répondit (10 mai 1847) dans les termes suivants :

> Monsieur,
>
> Je suis aussi charmé que surpris de la lettre aimable que vous adressez à mon fils. Il est actuellement en voyage; mais, à son retour, je m'empresserai de lui communiquer votre missive et vous pouvez compter sur une prochaine réponse.
>
> J'ai l'honneur, etc.
>
> Corot père.

L'étonnement du vieillard est caractéristique. Il ne peut se résoudre à croire au mérite de son fils. La démarche de cet inconnu lui semble une gageure. Le fait est qu'on n'est pas habitué jusqu'à cette heure à recevoir à Ville-d'Avray des lettres comme celle-là. Corot, retour d'excursion, s'empresse d'écrire sa réponse. Elle est simple et bon enfant, comme l'homme lui-même :

> Ville-d'Avray, ce 20 mai 1847.
>
> Monsieur,
>
> J'ai reçu votre très gracieuse lettre par laquelle vous me communiquez l'intention d'avoir quelque chose de moi. Je suis très flatté de cette distinction de votre part, et je m'empresserai de vous remettre, selon vos indications, une petite toile. Je désirerais savoir s'il vous conviendrait d'avoir une étude d'après nature ou une composition. Les objets que je vous destinerais seraient du prix de 200 francs. Les études sont de 12 à 15 pouces.
>
> En attendant votre réponse, Monsieur, j'ai l'honneur d'être votre tout dévoué,
>
> C. Corot fils.

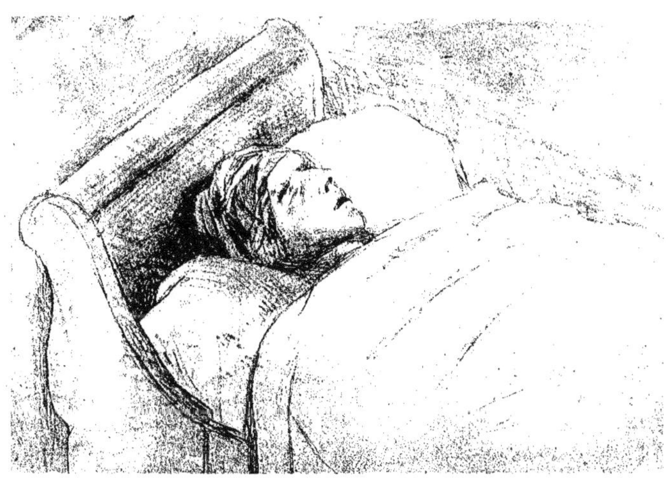

M. Corot père sur son lit de mort
(1847).

Quelques jours après cette réponse, un jeune élève de Dutilleux se présente à l'atelier de Corot de la part de son maître pour emporter l'objet convoité. Ce messager s'appelle Gustave Colin. Corot lui met deux toiles entre les mains en disant : « Votre patron choisira ». Dans l'une, l'imagination s'est donné carrière; l'autre est la reproduction fidèle de la nature. Dutilleux achète la première (1) et, autorisé par Corot, garde la seconde (2) pour l'étudier à loisir et en faire une copie. L'amabilité de son correspondant l'ayant mis à l'aise, il l'invite à accepter l'hospitalité chez lui et à venir chercher des inspirations dans les campagnes du Nord. Malheureusement, l'invitation tombe mal. La santé de son père donne à Corot de sérieuses inquiétudes. Son sentiment filial le retient au logis. « Si mon père n'était point malade, écrit-il (3), je serais allé vous saluer

(1) *N° 612.*
(2) *N° 399.*
(3) Lettre du 17 juin 1847.

et faire connaissance avec vous. Enfin, j'espère que je trouverai un temps qui me permettra ce plaisir. »

Cet été-là, il ne quitte pas Ville-d'Avray et son cher malade. Il reste auprès de lui, tout près de lui. Dans le bosquet attenant à la villa, dominé par la svelte rigidité des peupliers, se cache un petit kiosque rustique. La famille y passe les chauds après-midi de juillet, le père avec son journal, la mère avec son crochet ou sa tapisserie. La « belle femme » a un faible pour ce petit pavillon. Son Camille s'y enferme en cachette et couvre les murs d'une demi-douzaine de paysages empruntés aux sites favoris de la bien-aimée vieille (1). Puis, le jour de sa fête, il lui ouvre la porte mystérieusement close et jouit de sa surprise.

Cependant, l'état du père s'aggrave. A la fin de l'automne, tout espoir est perdu et il s'éteint à Paris le 28 novembre. Corot plonge son chagrin dans le travail. La Révolution ne saurait l'en distraire, car la politique n'est pas son affaire. On lui prête un mot typique. C'était en février 1848 : quelqu'un lui parlait de l'agitation populaire contre le roi et son ministre Guizot. « Alors, fit-il, décidément on n'est pas tout à fait content d'eux ? » Le Salon a lieu, comme d'habitude, au mois de mars. La Liberté en ouvre les portes à tout le monde : plus de jury pour en défendre l'entrée. Corot en profite ; il expose neuf tableaux. D'ailleurs, il fait partie de la commission nommée par le suffrage des artistes, sur l'invitation de Ledru-Rollin, ministre de l'Intérieur, pour « placer et classer les ouvrages envoyés à l'Exposition. » Son nom est sorti de l'urne le neuvième, avec 353 voix. Parmi ses envois figure une peinture commandée l'année précédente par la liste civile du Roi, pour être traduite en tapisserie à Beauvais et qui, du reste, n'a jamais été mise sur le métier (2). Un autre de ses tableaux est acheté par l'Etat à l'issue du Salon : un *Site d'Italie* (3) qu'on donne au musée de Douai. A en croire Prosper Haussard, son constant et clairvoyant défenseur (4), le reste de son exposition, composé de douces impressions matinales ou crépusculaires, mouillées de rosée ou enveloppées

(1) *N°s 600 à 605.*
(2) *N° 608.*
(3) *N° 609.*
(4) *Le National*, 2 avril 1848.

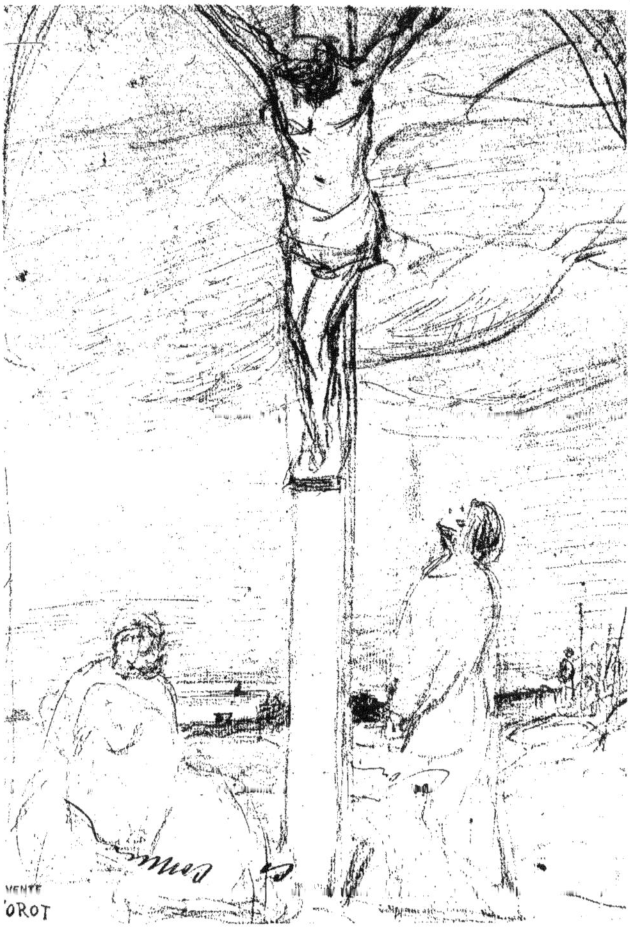

Calvaire (vers 1845-50)

d'ombre, l'emportait sur cette toile d'un style un peu sévère et ingrat. Somme toute, il triompha : car le suffrage de ses pairs lui décerna une première médaille.

Plus que jamais, à la suite du deuil qui a jeté sa mère dans une cruelle solitude, Corot est l'esclave de ses devoirs familiaux. Il entoure cette chère maman d'affection et de prévenances, dîne gentiment en tête à tête avec elle et, pour rien au monde, ne manquerait sa partie de cartes. Il parle en termes touchants de cette douce chaîne quand Dutilleux insiste pour qu'il vienne chez lui à Arras. Les deux peintres se connaissent à présent. Le provincial a rendu visite à son confrère. Celui-ci lui a fait les honneurs de son atelier et de certain grand *Christ au jardin des Oliviers* (1), sur lequel se concentrent présentement ses efforts. Corot a causé à cœur ouvert avec cet ami d'hier. Il lui écrit de même. Le soin qu'a pris son correspondant de conserver ses lettres nous vaut le plaisir de les lire à notre tour. Voici la réponse aux instances cordiales de Dutilleux pour l'attirer vers lui :

Paris, ce 24 janvier 1849.

Monsieur,

Votre lettre m'a fait grand plaisir. Je vous remercie beaucoup du renouvellement de votre invitation d'aller vous visiter. Soyez certain, Monsieur, que, ne serait-ce que pour peu de jours, je me fais une fête d'exécuter ce petit voyage quand les beaux jours vont venir. J'ai communiqué votre lettre à ma mère qui, d'après ce qui y est exprimé, ne peut manquer de me donner la liberté pour m'envoler vers vous. Et nous pourrons ensemble alors admirer quelques instants cette nature si bonne puisqu'elle se présente belle et ravissante pour tout homme qui la cherche. Vive la conscience et la simplicité ! C'est la seule voie qui conduise au vrai et au sublime. Je me donne bien du mal sur le tableau du Christ. J'espère qu'il arrivera ; il a fait bien du chemin depuis que vous l'avez vu. Je vois toujours des choses à enlever pour rendre l'aspect le plus simple possible. Les personnes qui viennent à mon atelier paraissent généralement contentes. J'aurai probablement le plaisir de vous voir à l'époque de l'Exposition, si nous devons en avoir une.

En attendant le plaisir de vous voir à Paris ou à Arras, recevez, Monsieur, l'assurance de ma considération distinguée.

C. Corot.

(1) N° 610.

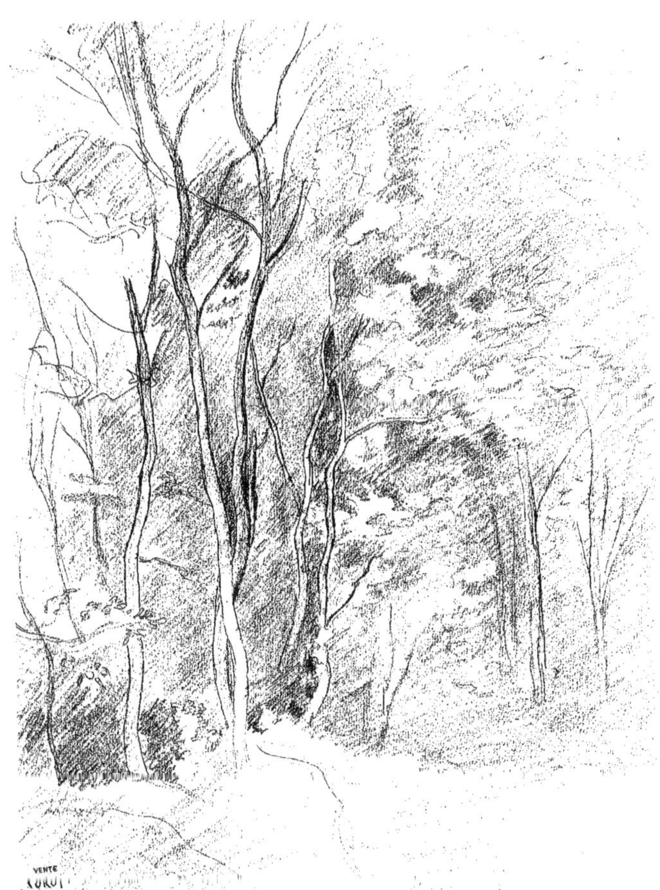

Sous bois
(vers 1845-50)

Je vous prierais d'adresser mes compliments à Mme Dutilleux en attendant que je la remercie moi-même quand j'irai à Arras.

P. S. A mon avis, le cadmium et l'antimoine sont des couleurs réputées bonnes et solides. J'en ai toujours, j'en suis content. Pour la laque jaune, je suis passionné pour cette couleur. Seulement, je pense qu'elle est plus favorable aux glacis. La laque Robert passe pour plus solide.

Deux mois plus tard, nouvel échange de lettres. Voici celle de Corot :

Paris, ce 22 mars 1849.

Monsieur,

J'ai reçu votre aimable lettre qui me parle de mon tableau placé à Douai. Je vous remercie de votre sollicitude pour le faire placer plus heureusement. Je travaille beaucoup et mon tableau du Christ arrive à son terme. L'on paraît généralement content. Espérons. J'avance aussi deux petits. — J'espère, à votre premier voyage à Paris, que vous viendrez voir ma bonne mère et nous pourrons ensemble lui reparler de la petite visite que je dois vous faire.

Recevez, Monsieur, l'assurance de ma considération distinguée.

C. Corot.

Le *Christ* est terminé pour l'ouverture du Salon qui, en 1849, est fixée au 15 juin. Corot expose en même temps quatre autres toiles dont une, la *Vue du Colisée* (1) est une simple étude, mais une étude magistrale ! Le temps des exclusions n'est plus. Le jury est rétabli, c'est vrai ; mais ses membres sont élus par les exposants et Corot en fait partie. Il est nommé le dixième par 217 voix. Ses paysages, placés à côté de ceux de Rousseau, rivalisent avec eux de vérité et de naturel ; d'aucuns (2), hasardant un parallèle, opinent que le plus réaliste des deux n'est peut-être pas celui que le réalisme revendique pour chef. Quant au *Christ*, c'est un coup d'aile à la façon de Rembrandt, qui tire vers le ciel sans perdre jamais de vue la terre. L'Etat fait l'acquisition de cette page. Le député de Langres, M. Chauchard, la demande pour sa ville et l'obtient. A son arrivée là-bas, il paraît que l'accueil laissa à désirer. Le tableau fut victime des querelles locales ; on s'attaqua à lui pour atteindre le personnage auquel on le devait. A quoi bon encombrer et attrister le musée en étalant sur le mur

(1) N° 66.
(2) De Legenevais. *Revue des Deux-Mondes*, 15 août 1849.

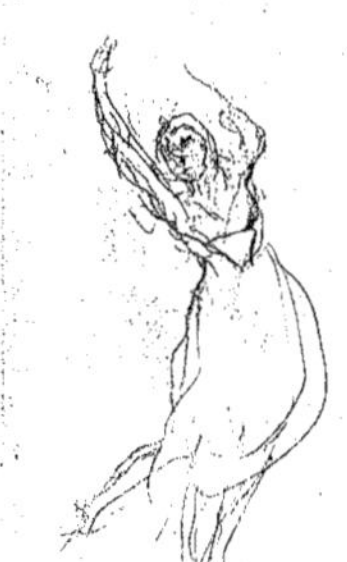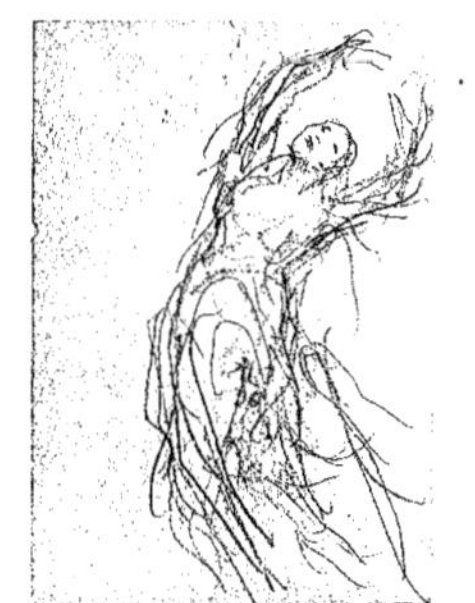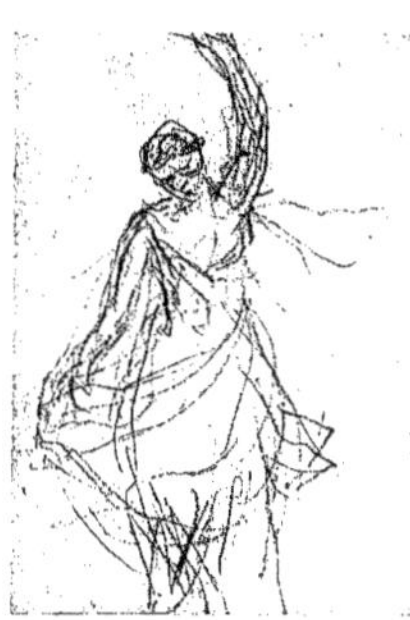

Croquis pris au théâtre pour une « *Danse de Nymphes* »
(vers 1850).

cette « énorme tache d'encre ? » Ainsi parlait l'opinion publique par la presse du chef-lieu, son organe. Voilà comment on comprenait là-bas la douceur recueillie et le clair-obscur tragique de ce nocturne religieux.

A Paris, cependant, on commençait à ouvrir les yeux. Champfleury disait avec malice : (1) « Le nom de Corot est populaire aujourd'hui, chose d'autant plus bizarre que Corot est le seul grand paysagiste français. » Le public s'humanisait donc enfin et se décidait à approuver l'amant de la nature dans ses véridiques interprétations. On lui concédait le monopole des heures indécises où les vapeurs enveloppent encore la lumière, où les feux du soleil luttent contre le mystère des ténèbres. Et lui de multiplier ses aubes bleutées, que réveillait la ronde capricieuse des nymphes, ou ses rougeoyantes soirées, sereines et paisibles, à peine traversées par le sillage silencieux d'une barque solitaire.

Tels sa *Matinée* (2) et son *Soleil couchant* (3) exposés en 1850-1851. Le Salon, à cheval sur les deux années, est inauguré le 30 décembre 1850. Corot est encore du jury (nommé le sixième par 330 voix). Le nombre grossit tous les jours des jeunes hommes qui l'admirent et marchent dans son sillage. Français, Chintreuil, Lavieille entre autres, s'avouent ses

(1) Salon de 1849. *Œuvres posthumes*, Lemerre éditeur, p. 159.
(2) N° *1061*.
(3) Ce doit être le N° *359*.

disciples. Français, retour d'Italie où il vient de passer trois ans, s'empresse en rentrant de se remettre à son école. Chargé de reproduire la *Danse des Nymphes* pour la « Galerie des Artistes anciens et modernes », il utilise une fois de plus son crayon de lithographe au service du talent dont le sien est issu. L'œuvre ainsi popularisée vaut à son auteur un nouveau succès. La presse en fait l'éloge et la direction des Beaux-Arts, décidément favorable à Corot, l'achète. A une demande de 2.000 francs elle a répondu par une offre de 1.500 et l'affaire s'est conclue.

Quelle heureuse influence a guidé les conseils de l'Administration, dont la bienveillance se répète depuis trois Salons envers un artiste jusque-là peu gâté? La sympathie de M. Frédéric Mercey, chef de bureau au Ministère de l'Intérieur dans le service des Beaux-Arts, n'y est peut-être pas étrangère. Ce bureaucrate d'occasion cachait un artiste et un fin lettré, avec qui Corot entretenait de cordiales relations. Nous savons d'ailleurs par une de ses lettres que, si le peintre y faisait personnellement appel, c'était au profit d'autrui plutôt que pour lui-même. Se décidait-il à se transformer en solliciteur, son bon cœur en était seul responsable. Témoin ce billet.

Ville-d'Avray, ce 29 juillet 1850.

Mon cher Monsieur Mercey,

Craignant de ne pas pouvoir vous trouver en allant à Paris, je me résigne à vous importuner encore par écrit pour vous prier de faire tout ce que vous pourrez pour la commande à Coignard, en élevant le chiffre le plus qu'il sera possible. Je reçois une lettre de lui par laquelle il me représente sa position comme difficile. J'espère donc que vous pourrez arriver à un résultat heureux. Je vous suis bien reconnaissant d'avance de tous les soins et peines que vous prendrez dans cette affaire. — Mon ami Poirot aussi, veuillez ne pas l'oublier.

En attendant le plaisir de vous voir, j'ai l'honneur d'être avec considération votre dévoué.

C. Corot.

Quand l'amitié était en jeu, l'artiste abdiquait tout amour-propre et se résignait, au besoin, à perdre un temps précieux sur les banquettes d'une antichambre. Cela ressort d'une autre lettre dont le destinataire

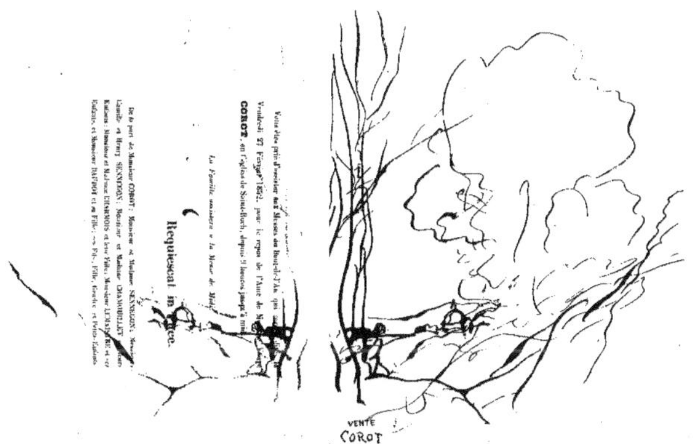

Croquis fait par Corot sur le verso d'une invitation au bout de l'an de sa mère (1852).

nous est inconnu, mais qui s'adressait sans aucun doute à un fonctionnaire des Beaux-Arts (1). La voici :

Ville-d'Avray, ce 26 (2).

Monsieur,

Je suis venu jeudi dernier, comme vous me l'aviez indiqué. Je suis arrivé à midi un quart pour prendre mon rang ; je suis resté jusqu'à 3 heures 1/4. Ne voyant pas arriver mon tour et devant retourner à la campagne, j'ai été forcé de ne pouvoir l'attendre.

J'étais venu pour vous parler de Monsieur Poirot, mon ami, peintre d'architecture, d'intérieur, qui a déjà eu une commande, il y a deux ans, du Ministère. Si vous pouviez lui en faire avoir une autre, dans le genre de celle qu'il a eue précédemment, vous m'obligeriez infiniment.

Je profite de cette occasion pour vous remercier de ce que vous avez bien voulu faire pour moi cette année.

J'ai l'honneur d'être, Monsieur, avec considération, votre tout dévoué.

C. Corot.

(1) Catalogue Eug. Chavaray, janvier-février 1896, n° 54.

(2) Bien que cette requête ne porte pas de date, il est à peu près certain qu'elle fut écrite dans le courant de 1850 ; car deux tableaux de Poirot, commandés par le Ministère de l'Intérieur, ont figuré l'un au Salon de 1849, l'autre à celui de 1850. Le remerciement de Corot, en ce qui le concerne personnellement, vise sans doute l'acquisition de son *Christ au Jardin des Oliviers*.

Telles étaient les incursions de Corot dans le monde officiel. Telle était 'sa manière d'user du crédit que les puissants du jour daignaient enfin accorder à sa personne et à son talent. L'égoïsme n'était pas son fait.

Pour un cœur comme celui-là, c'est un coup terrible que la perte d'une mère. Ce douloureux malheur le frappe au moment où la destinée semble se décider à lui sourire pour tout de bon. Mme Corot meurt le 27 février 1851.

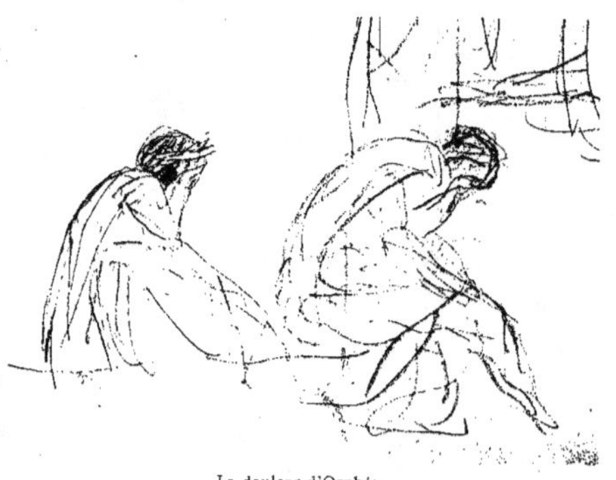

La douleur d'Orphée
(croquis).

VIII

PREMIERS ACHETEURS. — VAGABONDAGE D'ÉTUDE : ARRAS, LA ROCHELLE, LE LIMOUSIN, LA SUISSE, LA HOLLANDE. LE SAINT-SÉBASTIEN. — LA 1ʳᵉ EXPOSITION UNIVERSELLE.

(1851-1855)

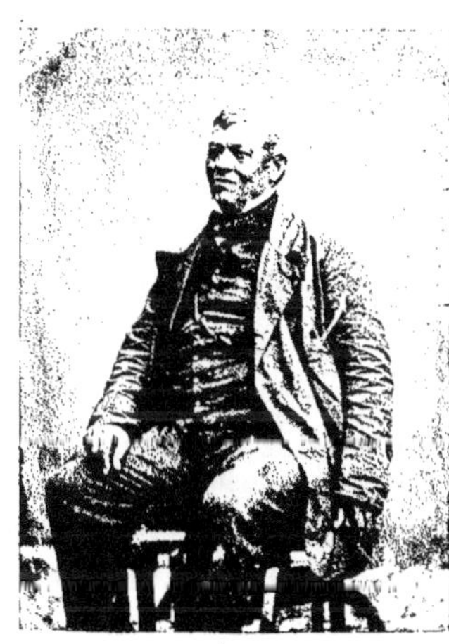

Corot. Photographie par Grandguillaume
(Arras, vers 1850).

Le tempérament de Corot n'est pas de ceux que la douleur abat. Son énergie prend le dessus tout de suite. Sous le fouet qui l'a frappé, il donne un vigoureux coup de collier. La sève gonfle les bourgeons, les nids gazouillent : vite à la campagne ! Puisque, hélas, le lien béni est brisé, rien n'arrête plus son errante humeur. Dutilleux renouvelle son amical appel : il est prêt. « Je vous annonce avec joie, écrit-il le 2 juin, que je dois partir jeudi matin à 8 heures pour aller vous visiter. Je me fais un vrai plaisir de vous voir chez vous et de pouvoir faire quelque chose de vos environs. » Et il débarque à Arras avec armes et bagages. Ah! les honnêtes mains largement ouvertes! Le franc sourire épanouissant la figure! Quel hôte facile à vivre, d'une bonhomie toujours enjouée, d'une gaîté communicative! Dès le petit jour, tels les rossignols, ses compagnons habituels, il chante! La tête haute, le nez au vent, l'œil aux aguets, il va par la ville et ses faubourgs, criant son admiration devant le beffroi, devant la place du marché, devant les pittoresques chariots artésiens. Et ses pinceaux de s'abattre sur la toile, couvés du regard par le plus fervent des adorateurs. Chaque jour, la blouse bleue du rustique tâcheron se blottit soir et matin au pied des remparts, dans quelque verdoyante saulaie. Puis, après la besogne quotidienne, une ovation triomphale salue la soupière fumante : Corot brandit gaillardement la fourchette et, le verre à la main, prodigue la verve de ses chansons. Il n'a pas son égal dans « *Je suis la mère Jeanne* » ou dans « *Je sais attacher les rubans* ». Et, lorsqu'il attaque, sur le ton de la plaisanterie, un air de bravoure italien, le fou rire saisit l'auditoire. Amis et élèves de Dutilleux se disputent l'honneur de l'approcher; qui pour glaner un conseil, qui pour briguer un morceau de sa main. Il ne se fait pas prier, distribue les encouragements aux jeunes peintres et promet aux amateurs de satisfaire à leurs désirs. La « société des Amis des Arts » reçoit, comme carte de visite, une jolie étude pour sa loterie. Enfin, quand il part, il laisse un peu de lui-même derrière lui : quelques toiles confiées à l'accueillante demeure prolongent le bienfait de son enseignement. Arras a mieux encore : Corot lui a donné de son cœur.

S'il quitte Dutilleux, c'est que d'autres amis comptent sur lui. Il faut faire à chacun sa part. Avec les chemins de fer, les voyages sont devenus un jeu. D'Artois il se rend en Normandie et en Bretagne; et cela occupe le mois de juillet. Ensuite, il poursuit vers La Rochelle, d'où, le 29, il donne de ses nouvelles à Dutilleux. « Depuis que je vous ai quitté, dit-il, j'ai beaucoup couru, et ce n'est qu'à Loudéac, en Bretagne, que j'ai trouvé une lettre de M. Charriot qui me faisait part du tirage de la petite loterie... J'ai travaillé en Normandie et en Bretagne... J'ai fait deux études pas mauvaises. » Quelles sont ces privilégiées qui ont trouvé grâce devant la sévérité coutumière de Corot pour lui-même? Il est difficile de le préciser.

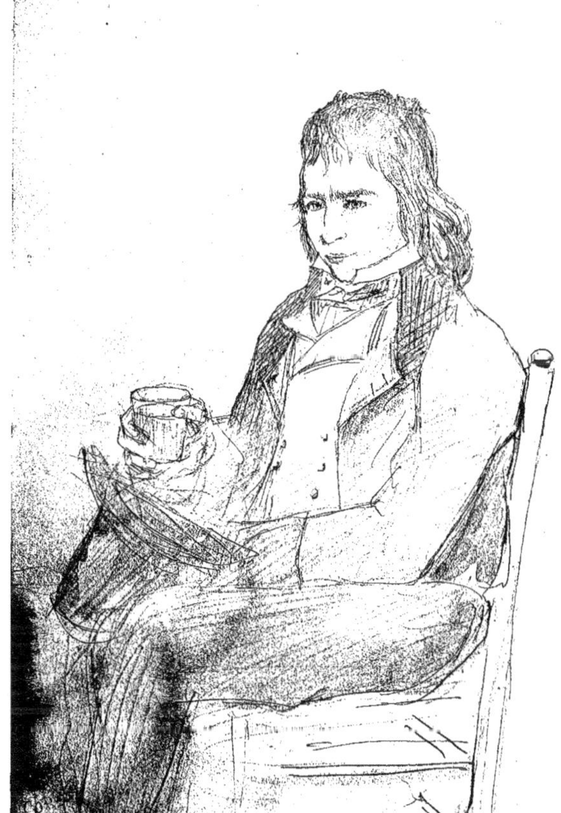

Un breton (vers 1850).

130

Mais nous connaissons par contre celles qu'il a peintes pendant son séjour à La Rochelle (1). Elles comptent parmi ses meilleures. Le port avec ses voiles et ses mâtures, les vieilles tours qui en dominent l'abord, l'animation des quais : tout cela dans un ciel bleu d'été, traversé des légers nuages qui montent de la mer voisine : tels furent les motifs de Corot. Il en tira une demi-douzaine de petits chefs-d'œuvre, sous l'œil amical, mais quelquefois narquois, de ses confrères Comairas et Brizard, étonnés de sa consciencieuse application, qui retardait les progrès de son travail et leur suggérait l'ironique question quotidiennement répétée : « Vas-tu encore recommencer aujourd'hui ton éternelle ébauche ? » L'une de ces vues ne coûta pas moins de dix ou douze séances de trois ou quatre heures chacune (2). L'artiste, tranquillement installé au premier étage d'une maison au bord du quai, échappait à l'importunité des curieux. Grâces soient rendues à la sollicitude avisée de celui qui lui procura ce merveilleux belvédère. C'est le négociant ami des arts, M. Monlun, qui l'hébergea, pendant son séjour à La Rochelle, dans sa demeure de la rue Porte-Neuve et garda de son passage chez lui d'éloquents témoignages sur ses murs (3).

Dans la lettre déjà citée, Corot disait à Dutilleux : « Je vais travailler ici (à La Rochelle) une vingtaine de jours, et de là je retourne en Limousin. » Vers la fin d'août donc, il exécute ce dernier déplacement. La maison qui s'ouvre à lui est celle de M. Jules Lacroix, industriel à Limoges, qui possède dans les environs de cette ville une campagne fertile en sites pittoresques : hospitalière résidence où le peintre, présenté naguère par un ami, s'est fait tant aimer à son tour qu'à chaque saison on le réclame. M. Lacroix, interrogé il y a quelques années par M. Robaut, a consacré quelques lignes touchantes au souvenir de ces relations. Il faut lui donner la parole : (4).

« J'ai bien souvent remercié mon excellent parent et ami, M. Faulte du Puyparlier, de m'avoir fait connaître celui qu'il appelait son grand enfant. Ce cher cousin, ancien officier supérieur d'état-major, venait tous les 2 ou 3 ans passer quelques mois

(1) N^{os} *669, 670, 671, 674, 676*, etc.
(2) N° *669*.
(3) N^{os} *676 et 677*.
(4) Lettre de M. Jules Lacroix à M. Alfred Robaut, 25 février 1888.

en Limousin, à ma propriété du Mas-Bilier, près Limoges, pour se reposer, dans la vie de famille, de la vie de Paris. J'accueillis avec confiance l'offre qu'il me fit de venir à sa première visite avec un grand peintre, son ami, qui voulait connaître le Limousin. C'était le grand, le bon Corot, le plus noble cœur que j'aie connu pendant ma longue vie.

Cette première visite eut lieu en 1849 ou 1850 : les dates ne sont plus précises ; mais les souvenirs ne s'effacent jamais. La dernière fut en 1864. Il est venu cinq fois en Limousin nous faire ces bonnes visites qui duraient au moins deux mois et que, comme

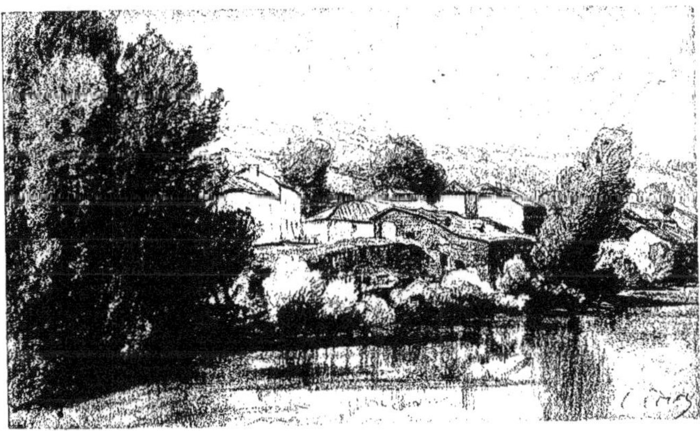

Une rivière du Limousin
(vers 1850-55).

nous, il trouvait trop courtes. Les premières fois, il se bornait à choisir des sujets d'études dans ma propriété et les environs ; plus tard, les excursions s'étendirent vers la Vienne et la Glane. Je l'accompagnais bien souvent ; nous partions vers 5 heures du matin ; nous revenions chaque jour avec un riche butin. Le pinceau n'avait pas eu un seul instant de repos ; on avait causé, chanté et fumé *pipette;* puis on hâtait le pas pour trouver la bonne soupe aux choux qu'on avait bien gagnée. Il m'écrivait un jour : « Vive le Limousin ! Vive la soupe aux choux ! Vive la Glane ! Vive la Vienne ! et mille remerciements aux bons amis qui me les ont fait connaître. » Une année, il nous quitta après un séjour d'une quinzaine et, sur nos conseils, il se rendit à Saint-Junien, à environ 30 kilomètres de Limoges ; il retrouva la Glane : il revint ravi et avec une collection de merveilles. — A son dernier voyage en Limousin, il avait bien le désir d'y revenir. Il m'avait laissé 18 études qu'il voulait revoir sur place. Après quelques années, n'espérant plus le revoir en Limousin, j'insistai à plusieurs reprises pour lui expédier ses toiles. Il refusa, me disant de les garder s'il ne revenait pas les chercher. Je fus obligé de les porter lors d'un de mes voyages à Paris ; je fus grondé, mais j'avais rempli un devoir. »

M. Lacroix posséda longtemps deux peintures de Corot, dont l'une était sa première étude en Limousin. Offerte par Corot à M. Faulte du Puyparlier, elle lui avait été léguée par son parent. C'est une châtaigneraie avec une paysanne gardant une vache dans une clairière (1). L'autre, postérieure sans doute de plusieurs années, est une page assez rare dans l'œuvre de l'artiste : un intérieur de paysan limousin, « la cuisine du colon de M. Lacroix », selon sa propre expression, peinte un jour que la pluie empêchait toute sortie et laissée en souvenir au propriétaire du Mas-Bilier (2).

L'hiver ramène toujours Corot à Paris. Les bois dépouillés de leurs feuilles, la campagne couverte d'un manteau de neige ne sont pas faits pour tenter son pinceau et ne l'ont jamais inspiré. Au mois de novembre 1851, nous apprenons de lui-même qu'il est réinstallé dans son atelier et qu'il attaque un gros morceau. Il écrit à Dutilleux (23 novembre) : « Me voici tout à fait remis au travail. Je suis en train de travailler un paysage historique embelli par un Saint-Sébastien assisté par les saintes femmes. Avec du soin et du travail, j'espère que, le Ciel aidant, nous ferons un joli tableau. » En même temps, il accuse réception à son correspondant d'une toile laissée à Arras et que celui-ci vient de lui faire parvenir : « Je vous remercie bien, dit-il, de la bonté que vous avez eue de me renvoyer mon petit tablotin que je me propose de retravailler un peu, et surtout de le faire plus blond ; car il m'a paru bien noir à son arrivée. C'est le soleil d'été qui l'a bruni. » La même lettre contient la promesse d'une nouvelle visite à Arras dès que la mauvaise saison sera passée. L'heure venue, il tient promesse. Le dimanche 18 avril 1852, il met à la poste ces lignes :

(1) *N° 843.*
(2) *N° 824.*

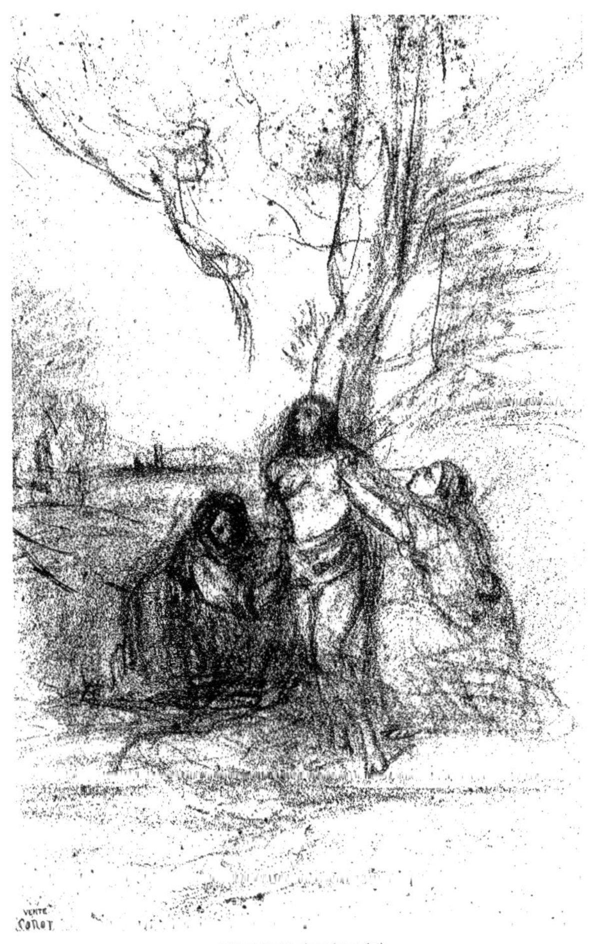

Saint Sébastien (premier projet)
(vers 1853).

Mon cher Monsieur Dutilleux,

Je vous garantis, autant qu'il est permis à l'homme, que je partirai mardi par le convoi de midi.

Voudrez-vous embrasser pour moi toute votre aimable famille. Tout à vous.

C. Corot.

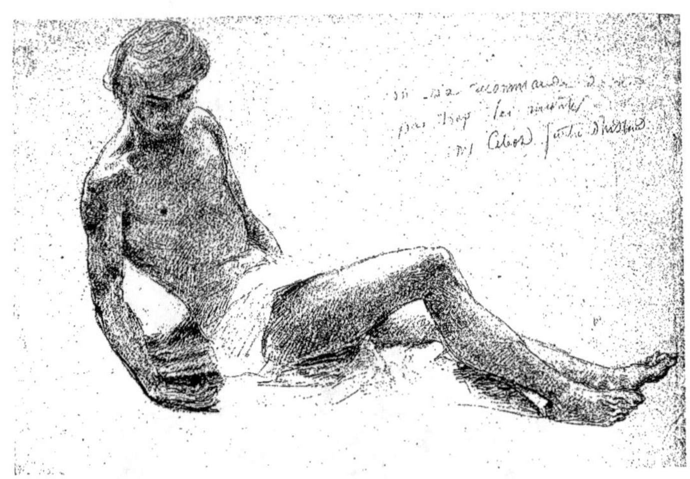

Étude pour le *Saint Sébastien*
(vers 1853).

Nouvelles effusions amicales. Nouvelle débauche de travail joyeux. Les amis de Dutilleux rivalisent avec sa famille pour fêter le revenant impatiemment souhaité. C'est le commandant Pigeon, le notaire Becthum, le statuaire Bion, le magistrat Legentil et aussi un négociant dilettante, qui s'est adonné à la photographie, M. Adalbert Cuvelier, dont l'objectif a pour rival celui d'un ancien professeur de dessin à l'école du Génie, M. Grandguillaume. Ces deux émules se disputent la rare bonne fortune de fixer l'image de Corot, qui s'y prête de bonne grâce, résistant stoïquement aux longues poses en plein soleil. Après l'homme, les opérateurs saisissent ses œuvres. Elles sont encore sur le chevalet que leur convoitise les guette. Et lui les laisse faire tandis que sa fantaisie

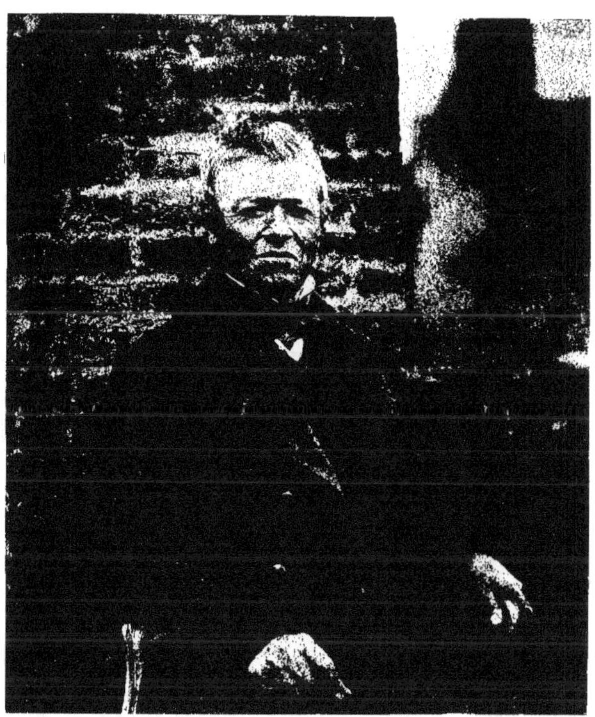

Corot.
Photographie faite à Arras, vers 1852.

errante le conduit sur les bords de la Scarpe ou devant quelque mystérieuse poterne des remparts. Un jour, Dutilleux l'a accompagné sur les
glacis de la citadelle et, face à la ville, en vue du beffroi et de la cathédrale, les deux amis se sont mis à l'ouvrage (1). Tout à coup le ciel s'obs-
curcit, le vent s'élève ; une bourrasque retourne le parasol de Corot et

(1) N° 970.

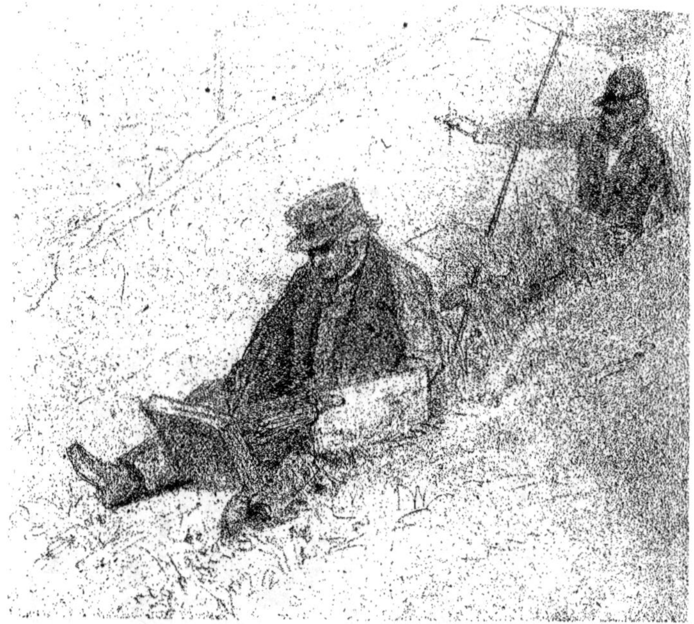

Corot et Dutilleux sur les remparts d'Arras
(Croquis par Alfred Robaut, 26 avril 1852).

l'emporte ; la pluie tombe à torrents : il faut s'enfuir. Cet après-midi-là justement, les peintres ont un compagnon, venu de Douai un album sous le bras. C'est M. Alfred Robaut, dont la charmante cousine, Mlle Elisa Dutilleux, est sans doute pour quelque chose dans cette furtive visite. Le jeune homme est là, son crayon à la main, et, tandis que les deux artistes luttent désespérément contre la tempête, il esquisse sous la rafale la grande figure entrevue pour la première fois et qui, désormais, peuplera ses rêves.

A Paris ou parmi ses courses à travers champs, le souvenir des chers Arrageois ne quitte plus désormais Corot. Sa pensée s'envole vers ce foyer familial où on lui a si cordialement fait une place et où l'on songe à lui toujours. On lui écrit ; il écrit à son tour et le ton de cette correspondance est d'une douce familiarité :

Paris, ce 23 mai (1852).

Mon cher ami,

J'ai reçu l'aimable lettre de Mlle Marie ; remerciez-la bien de la blague qui est bien de mon goût, ainsi que tout ce qu'elle renfermait. J'ai lu la vôtre, aussi charmante.... Je pars à l'instant passer une semaine avec ma sœur à Ville-d'Avray. Je vais y continuer une étude commencée il y a deux ans, du vivant de ma mère. Depuis que je vous ai vu, j'ai fait aux environs de Paris deux études gentillettes, pas de première qualité. Espérons qu'il en viendra plus tard. Vous avez probablement bien avancé l'étude du pont, qui était si bien commencée. Courage, conscience, voilà le mot... Après avoir présenté mes hommages à la maîtresse de la maison, ainsi qu'à ses charmantes filles, voudrez-vous les embrasser pour moi, et les jeunes frères.

A vous, je serre la main.

C. Corot.

Dans ces lignes sans apprêt, Corot se livre tout entier, tel qu'il est : affectueux, modeste, bienveillant et par dessus tout, consciencieux. C'est par la conscience qu'il a fini par s'imposer. C'est par elle qu'il a conquis sa place en tête de ses contemporains. A présent, dans presque tous les ateliers, on rend justice à cette ténacité passionnée d'un talent qui ne se passe aucune défaillance ; ses études sont des modèles enviés, qu'une légion de copistes se dispute. Nadar, en faisant passer sa figure dans la lanterne magique de ses caricatures, met sous son dessin cette légende : *« Corot, un des noms les plus justement révérés de l'école moderne. Quand même l'admiration que nous professons pour ce talent si élevé ne nous interdirait pas ici toute tentative de plaisanterie, nous serions encore rappelé au respect par la dignité de ce caractère et l'estime fervente de toute la jeune génération (1). »*

Au Salon de 1852, Corot a deux poétiques visions crépusculaires dans sa manière dorénavant accoutumée. Mais la pièce capitale de son exposition, c'est la *vue du Port de la Rochelle*, le chef-d'œuvre de sa dernière campagne d'après nature. Ce petit tableau c'est, de l'aveu de son

(1) *Lanterne magique des auteurs, journalistes, peintres, musiciens, etc.*, par Nadar *(Journal pour rire*, 8 mai 1852).

auteur et selon son expression, « un des meilleurs du magasin ». Pendant dix-huit ans, quand on lui demande une toile pour une exposition de province, c'est celle-là qu'il choisit toujours et qu'il fait voyager d'un bout à l'autre de la France, jusqu'au jour où enfin surgit l'amateur avisé qui retient «cette jolie personne en bleu»(2), comme il s'amuse à dénommer lui-même ce paysage au ciel d'azur colorant à son image la limpide clarté des eaux.

L'été de 1852 conduit Corot en Dauphiné. Les noms de Crémieu, d'Optevoz et de Morestel sont inscrits sur ses dessins. Daubigny travaille cette même année dans ces parages. Est-ce le hasard qui les y a réunis et leur amitié date-t-elle de cette rencontre ? Se connaissaient-ils au contraire auparavant et se sont-ils donné rendez-vous dans ces vallées déjà exploitées par Daubigny depuis plusieurs années? En tout cas, c'est la première fois que leurs chevalets se posent côte à côte en face du paysage. Le fait mérite d'être noté ; car, si l'étude en compagnie de Corot influença Daubigny, l'art de Corot aussi se ressentit de cette fréquentation. Pour celui-ci, une manière nouvelle, je ne sais quelle ampleur et quelle

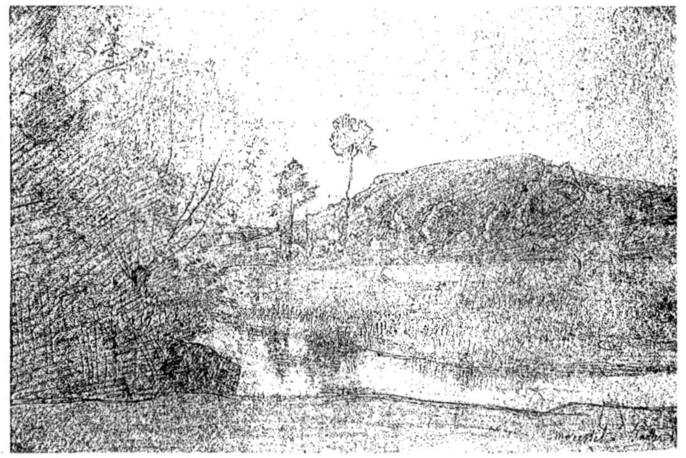

Morestel (1852).

(2) Lettre à M. Alfred Robaut, 9 décembre 1868.

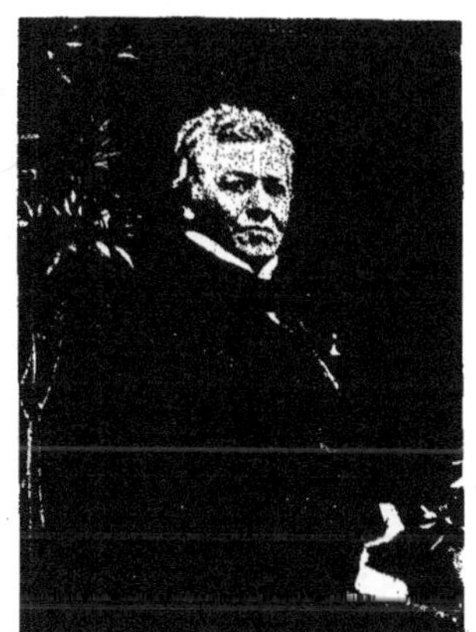

Corot. Photographie par Grandguillaume
(Arras, 1852).

liberté nouvelles datent du contact avec ce confrère jeune et plein de verve, en train de s'imposer par une fougue puissante et une technique savoureuse. L'un et l'autre furent attirés dans l'Isère par Ravier, Lyonnais d'origine, mais Dauphinois d'élection, dont Crémieu était alors la résidence. Les trois confrères s'y trouvèrent réunis à l'auberge Servetoz(1). Français aussi s'y rencontra avec eux. Il y fut témoin d'une plaisante aventure entre Corot et un confrère inconnu, que le hasard mit sur son chemin (2). L'artiste, un débutant, s'efforçait de surprendre les nuances subtiles du jour à son déclin et, dans sa hâte, barbouillait prématurément un motif trop sommairement établi. Passe Corot, qui toise du regard cet emportement sans méthode. « Mon ami, fait-il à brûle-pourpoint, vous allez trop vite. Votre étude n'est pas dessinée ; vous n'en sortirez pas. » Le personnage apostrophé se retourne ; et, ses yeux rencontrant une blouse de paysan, il répond en haussant dédaigneusement les épaules. Corot s'en va et le malheureux poursuit sa méchante besogne. Mais, une heure plus tard, tandis que le soleil couché, le maladroit contemple mélancoliquement son étude manquée, il reparaît et, abordant de nouveau son homme : « Eh bien, vous voyez, Corot n'avait pas tort : vous n'en êtes pas sorti ! » Une leçon comme celle-là ne s'oublie pas.

Après le Dauphiné, Corot finit la saison en Suisse. Une famille amie le reçoit dans son sein. C'est celle d'Armand Leleux, dont le beau-père, M. Giraud, habite près de Genève, (3) à Dardagny. Véritable maison

(1) Lettre de Ravier à M. Alfred Robaut, 11 mai 1884.
(2) Raconté par Français à M. Alfred Robaut, le 10 novembre 1890.
(3) Voir N° 726, daté de Genève 1852.

de peintres où, autour des charmants artistes que sont l'un et l'autre Leleux et sa femme, Corot rencontre nombre de palettes locales, sans compter les camarades de Paris. Baron, dont l'art aimable et mignard a fait un favori du public, est ici chez lui. Daubigny y fréquente également ainsi que Français. A Dardagny comme à Crémieu, la blouse de Corot est cause d'une originale méprise. Un brave curé, qui l'a aperçu installé dans la campagne aux côtés de Leleux, interpelle ce dernier : « Eh bien, dites donc, M. Armand, il paraît que ça va en ce moment, la peinture ? » Et, le peintre le regardant comme un homme qui n'a pas compris : « Mais oui, insiste-t-il, faut que votre métier marche fameusement pour que, cette année, vous ayez amené un ouvrier avec vous. » A ces mots, Leleux, saisissant l'erreur du pauvre homme, s'efforce de lui faire entendre quel grand artiste cache sa modestie sous l'humble vêtement du travailleur. Il parle des vertus de l'homme en même temps que du talent du peintre, de son cœur ouvert à toutes les infortunes et de sa main toujours prête à les soulager. Le curé écoute bouche bée ; puis, tout à coup : « Alors, c'est le Saint Vincent-de-Paul de la peinture ! » Le mot était heureux et fit fortune. Corot lui-même souriait complaisamment de ce surnom, qui chatouillait agréablement sa bonhomie.

Le 29 octobre 1852, de Paris, lè voyageur écrit à Dutilleux : « J'ai travaillé beaucoup cet été. J'ai fait quelques études qui plaisent, mais je ne crois pas chefs-d'œuvre... » Après cet acte d'humilité, il parle de « débrouiller son *Saint-Sébastien*. » Toutes ses lettres, pendant cet hiver-là, font allusion à cette lourde tâche. Il a promis une petite visite à ses amis d'Arras ; mais il veut auparavant avoir mis l'œuvre « en belle situation. » C'est ainsi qu'il s'exprime le 25 novembre et il constate que ce pauvre *Saint-Sébastien* « marche, mais doucement. » La raison n'en est point indifférente : « J'ai été hier détourné, dit-il, par de petites études que j'ai eues à rafistoler pour des amateurs ». Voilà donc les amateurs qui se décident à penser à Corot ! Ils l'ont si peu gâté jusqu'à présent, qu'on a de la peine à y croire. Les humoristes s'en amusent et donnent à l'événement le tour d'un paradoxe. Alphonse Karr, dans ses *Guêpes*, (1) présente

(1) *Nouvelles Guêpes*, 1853, (Tome 3, p. 19).

la nouvelle à la façon d'un conte merveilleux. Le passage est curieux et, bien que la citation soit un peu longue, je le transcris tout entier :

« Il y avait trente ans que Corot faisait de la peinture et vingt ans qu'il avait un grand talent lorsqu'un étranger, qu'un hasard avait amené dans son atelier, tomba éperdument épris d'une toile et lui en demanda le prix. — Corot n'avait pas prévu le cas. On ne l'aurait pas surpris davantage si on lui avait demandé combien il voulait vendre la lune. Il ne savait que répondre, il hésita... et finit par dire : « Ah ça ! pourquoi me demandez-vous cela ? — Parce que je trouve le tableau fort joli ! — Ce n'est pas une raison... il y en a d'autres ici qui le valent bien et dont on ne m'a jamais demandé le prix. Qu'est-ce que ça vous fait, le prix ?... Voyez la couleur... je vous recommande ces arbres... C'était l'aube du jour... » Et Corot, oubliant son tableau et se rappelant la scène qu'il avait reproduite, se mit à parler de la beauté du site, des ombres puissantes, des rayons chauds, etc. — « Mais enfin, ça vaut ? — Qu'est-ce que ça vous fait ? — C'est que j'achèterais le tableau s'il n'était pas trop cher. » Corot se gratta la tête, ôta, remit, ôta et remit encore son bonnet de coton. Acheter ! il y avait sans doute quelque chose là-dessous ! La situation était toute nouvelle. D'ailleurs, il aimait cette étude ; il la trouvait une de ses « fameuses », comme il dit naïvement de celles de ses toiles où il retrouve le mieux l'imitation de la nature. Celle-ci lui rappelait un endroit où une belle jeune fille lui avait servi un excellent déjeûner. Il avait heureusement reproduit le soleil jetant ses rayons par taches entre les larges feuilles des platanes : il aimait autant la garder. Il n'osa cependant pas le dire à l'étranger ; mais, pour se tirer d'affaire sans avouer sa faiblesse, il dit, à tout hasard, quelque chose qui lui parut exorbitant, un prix auquel se vendaient les tableaux d'un de ses confrères qui, sans avoir autant de talent que lui, avait déjà une grande réputation. — Notez que Corot n'en était pas humilié : il ne trouvait pas ses tableaux plus mauvais pour cela. L'étranger tira sa bourse et son portefeuille, compta la somme en billets, fit l'appoint en or, mit le tout sur une table, prit le cadre et descendit rapidement les escaliers, ayant moins l'air de s'en aller que de s'enfuir. Le peintre resta quelques instants stupéfait, puis il se dit : « Ma foi, tant pis pour lui ». Il serra l'argent dans un tiroir, renfonça son bonnet de coton et se remit à son chevalet en disant : « Un peu d'outremer ici... encore un peu ; éclairons cet arbre, etc. »

Quelques jours après, Corot ne songeait pas à son accident, lorsqu'un de ses camarades vint le voir. Corot travaillait. — « Dis donc, Corot, je viens t'emprunter une de tes études d'arbres ; il n'y a pas moyen d'en peindre d'après nature l'hiver. — Prends ce que tu voudras, reprit Corot sans se déranger. — Mais, Corot, dit l'autre au bout d'un quart d'heure, je ne la retrouve plus... — Quoi ? — Eh bien, l'étude d'arbres. — C'est que tu cherches mal. — J'ai cherché partout. — Excepté où elle est.. cherche. — Elle n'y est pas. — Tu rêves. — Non, parole d'honneur ! — Quelle étude est-ce ? — Tu sais bien, une étude d'Italie, un soleil levant, des platanes sous lesquels tu mangeas ce fameux macaroni. — Ah diable ! dit Corot, tu n'est pas dégoûté : c'est une de mes plus fameuses. — Eh bien ! je ne la trouve plus. » — Corot alors se rappella et devint tout rouge. « Écoute, dit-il, tu as raison, elle n'y est pas... il lui est arrivé quelque chose. — Quoi ? — Ça va te paraître drôle, mais c'est comme ça. — Mais quoi ? — J'en suis aussi abasourdi que tu vas l'être. Je crois bien que c'est un fou, ou au moins un original ; ça avait l'air d'un Anglais. — Mais qui ? — Celui qui... — Est-ce qu'on te l'aurait empruntée ? — Non. — Volée ? — Non. — Eh bien de qui parles tu ? — De l'homme qui l'a achetée. — Qui ça ?... quoi ! ton étude ? ton tableau ?... On t'a acheté ton tableau ? — Eh bien, oui. Ça me gênait à te dire, mais c'est comme ça. — Écoute, Corot, veux-tu que je te parle franchement ? — Tu sais que j'en donne l'exemple. — Eh bien, je ne veux pas le garder sur le cœur : je n'aime pas ça. — Comment ! tu n'aimes pas qu'on m'achète mes tableaux ? — Allons ! ne fais pas l'innocent... tu n'es pas forcé de prêter tes études ; tes études sont à toi ; tu les prêtes si tu le veux, tu ne les prêtes pas si tu ne le veux pas. Quand je te demande quelque chose, je te donne, par le fait même, le droit de refuser. — Mais... — Il n'y a pas de mais... ça n'est pas avec un vieux cama-

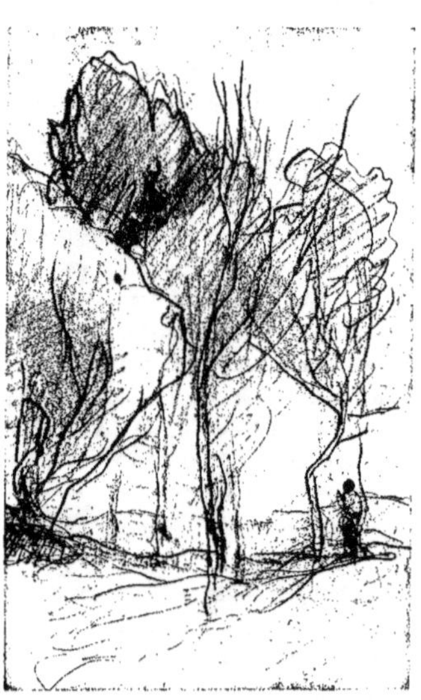

Croquis de paysage d'après nature
(vers 1855).

rade qu'on se conduit comme ça... — Mais, je t'assure... — On dit franchement : je ne veux pas prêter celle-là, et tout est dit. — Mais, puisque... — Crois-tu que je t'en aurais voulu de me la refuser ? Tu me crois donc un bien mauvais caractère ? — Ah ça ! tu n'as donc pas entendu ? — Si fait ! — Eh bien ! l'étude est vendue et emportée. — Allons donc ! — C'est pourtant la vérité ! » — L'ami prit son chapeau, ouvrit la porte et allait la refermer en s'en allant lorsque Corot, se ravisant, lui dit : « Écoute un peu. — Ce n'est pas la peine, dit l'autre en rentrant : je n'en veux plus, il n'est plus temps. Je ne voulais pas prendre ton étude malgré toi. Ce qui me fâche, c'est que tu ne me dises pas la chose net, carrément, en bon garçon comme je t'ai toujours connu, au lieu de prendre un prétexte ridicule. — Ah ça ! voyons, ça m'ennuie à la fin, dit Corot ; c'est invraisemblable, je le sais, j'y crois à peine moi-même ;

mais, quand je me demande à moi-même si je rêve, j'ai un moyen de me convaincre...
Fais comme moi, ouvre ce tiroir... — Tiens! des billets de banque et de l'or! — Tu sais
mon revenu ; je ne suis pas assez riche ni assez avare pour amasser cela ; cette sorte de
champignon ne pousse pas sur la céruse, la terre de Sienne ou le bitume. Eh bien, il
s'est introduit ici un homme... de mauvaise mine ; il a laissé ça et il a emporté ma
toile, la fameuse étude en question. Ça n'est pas ma faute, je ne l'ai pas fait pour te
contrarier ; maintenant, fâche-toi si tu veux ». — L'ami, convaincu cette fois, s'en
alla, disant partout : « Dites donc, une drôle de chose ! Corot qui a vendu un tableau ! »
Et partout on disait : « Allons donc? » ou « Ah bah? » ou « Pas possible ? ». Et il
répondait : « J'ai vu l'argent, je l'ai touché... des billets de banque et de l'or ! »

La raison de la longue indifférence dont ont souffert les œuvres de
Corot est bien simple. Ecoutons encore Alphonse Karr : « Il faut dire que
Corot était complice de l'obscurité dans laquelle restait son talent... Corot
vivait de ses petites rentes et ne faisait point un pas pour vendre un
tableau... Corot peignait pour peindre, comme peint le soleil, comme

chantent les oiseaux, comme s'épa-
nouissent les fleurs. Jamais il ne modi-
fiait sa manière pour se rapprocher
d'une manière momentanément, à la
mode, qui lui aurait procuré des
acheteurs... » On était joliment reçu
quand on lui demandait la moindre
concession sur ce chapitre-là ! Certain
marchand, envoyé chez lui par un de
ses amis, tenta, paraît-il, un jour, de faire
fléchir ses principes. La réponse fut
catégorique. Voici comment lui-même
racontait la chose à son camarade : (1).

Mon cher Armand,

... J'ai vu Strottin avec qui je ne demande
pas mieux de traiter, à la condition qu'il

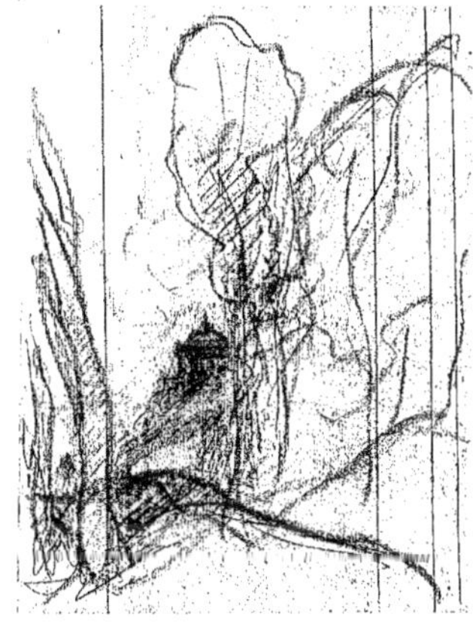

Paysage composé
(vers 1855).

(1) Lettre sans date, adressée probablement à
Armand Leleux. (Extraite du journal *L'Estampe*,
29 octobre 1885).

me fasse des offres acceptables. Ces marchands de tableaux sont stupides. Ils achètent des paysages, mais y mettent cette condition qu'ils s'éloignent le plus possible de la nature. Or, je ne saurai jamais faire de paysage qui n'en soit pas. Je ne peux pas arriver à me représenter les arbres autrement qu'ils ne poussent, pas plus qu'un homme sans tête, sans tronc ou sans jambes. Après ça, du train dont vont les choses, peut-être est-ce l'avenir. Nous le verrons bien. Mais qu'alors Strottin attende ma nouvelle manière ; j'ai précisément des ormes à sa disposition..... »

Le personnage en question attendit sous l'orme. Mais d'autres, peu à peu, se laissèrent prendre au naturel des peintures de Corot. La brume grise de ses matins et les vapeurs dorées de ses soirs s'insinuèrent dans les vitrines de la rue Laffitte. Elles pénètrent chez Beugniet, chez Thomas, chez Bourges, chez Martin ; et les amateurs s'enhardirent à marchander, voire à acheter ces petites toiles « humides, embaumées, frissonnantes d'air vif. » Je cite les propres termes d'un dilettante à qui une flânerie à travers le *musée des rues* suggéra, à cette époque-là, quelques pages vibrantes d'une douce émotion artistique. « Qui ne fréquente un peu les parages de la rue Laffitte, disait ce promeneur au goût fin, ne connaît pas Corot. Aux expositions dites annuelles, on ne voit que le styliste ingénieux, le Corot du Pausilippe ou de Tivoli. Mais c'est rue Laffitte seulement que l'on peut goûter le côté intime, familier de son talent et que l'on apprend à aimer le naïf et bon Corot de Ville-d'Avray, de Bougival et du Bas-Meudon (1) ». L'excursion recommandée ainsi par M. Frédéric Henriet, d'aucuns n'en revenaient pas les mains vides. J'écris ces lignes en face d'un tendre coucher du soleil amoureusement conquis par mon grand'père, dans la boutique de Beugniet, en l'an de grâce 1852 (2).

La province aussi voulait sa part. Corot ne l'oubliait pas. Il écrivait à Dutilleux (25 novembre 1852) : « Lors de mon voyage à Arras, je tâcherai d'avoir avec moi deux objets, un matin avec des eaux, quelque chose d'analogue, pour M. Cuvelier et un autre à l'intention de M. Legentil... » Et encore (10 décembre 1852) : « J'ai reçu votre bonne lettre qui m'apprend

(1) Frédéric Henriet. *Le Musée des rues*, 1854. (*L'Artiste*, 5ᵉ série XIII, 115).
(2) Nᵒ *808*.

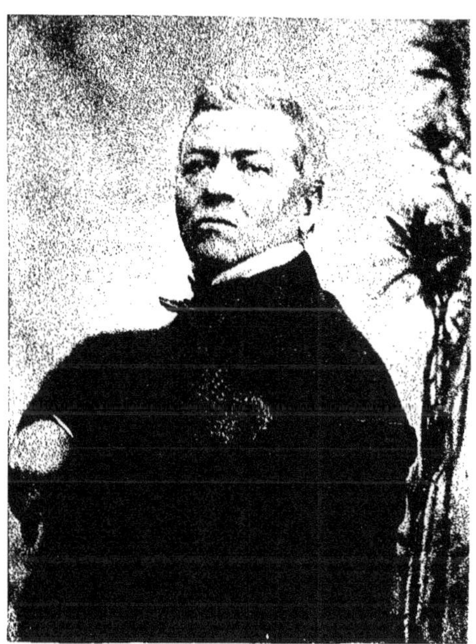

Corot.
Photographie faite à Arras, vers 1853.

que les petits saules (1) ont séduit M. Legentil. J'en suis bien content ;
cela veut dire que j'ai pénétré dans son esprit... Vous direz à M. Cuvelier
que je m'occupe de son affaire. »

Tout l'hiver, Corot « travaille comme un ogre » ; ce sont ses propres
termes (13 janvier 1853). Après un temps d'arrêt et quelques hésitations, il
s'est remis de plus belle à son *Saint-Sébastien*. « On veut que je le conserve, dit-il ; il faut risquer le paquet. » Il s'y emploie avec tant d'ardeur
que, dans les premiers jours de février, l'œuvre étant presque achevée, il

(1) Nº *699*.

jette ce cri de délivrance : « Le *Saint-Sébastien* approche de sa fin. Espérons qu'il fera ses affaires. » En même temps il a entrepris un autre tableau d'exposition : un *Soleil couchant*, dont il avoue naïvement que « les visiteurs paraîssent généralement contents. »

Satisfait lui-même et léger désormais, il se sauve alors, les mains pleines, vers ses amis d'Arras. La *Madeleine* qu'il destine à M. Cuvelier n'est pas prête ; la pauvre fille « n'est pas en état de voyager : il manque trop de choses à sa toilette ». Mais il emporte deux autres « petits morceaux » pour faire patienter son monde. Il s'est annoncé pour le 14 février et, au jour marqué, il se met en route. On dirait d'un écolier en vacances. « J'aperçois d'ici quatre jours de fêtes ! » Ainsi s'exprime sa joie. Et il a raison. Ce sont des heures de liesse : heures trop courtes, hélas, et que guette trop tôt l'adieu. Mais on se quitte en se donnant gaîment rendez-vous pour le mois de mai. Dutilleux marie sa fille à son neveu Robaut. Corot est de la noce. Au reçu de l'invitation officielle, il répond : « Je serai au poste. » Et il y est. Le 15 mai, toute besogne cessante, il quitte Fontainebleau et ses frondaisons printanières. Sans s'arrêter à Paris, où le Salon ouvre ce jour-là même, il court où l'amitié l'appelle ; et dans la corbeille des jeunes époux sa main dépose un joyau de sa façon (1).

La *Madeleine* de M. Cuvelier (2) fut cette fois du voyage. Son heureux possesseur était un homme ingénieux et inventif. Les recherches photographiques le passionnaient. De concert avec M. Grandguillaume, qu'un zèle pareil animait, il suggéra à Corot l'idée de tracer sur des glaces collodionnées des dessins qui, tirés comme des photographies, donnaient l'aspect d'une eau-forte légère. Son premier essai, en mai 1853, encouragea l'artiste ; il y prit goût, se fit envoyer des verres à Paris l'hiver suivant, y laissa courir sa fantaisie et, ravi du résultat, ne manqua pas, à chaque visite dans le Nord, de faire appel à ses ingénieux collaborateurs. Ceux-ci, en gens avisés, ne le laissaient jamais échapper sans avoir braqué leur objectif sur sa personne. Grâce à eux, nous possédons une série précieuse de portraits, dont quelques-uns sont des chefs-d'œuvre.

(1) *N° 1162.*
(2) *N° 1032.*

Pendant huit jours, les tendres épanchements avaient fait oublier à Corot que le Salon était ouvert. Rentré à Paris, il lui consacre à la hâte une journée, pressé qu'il est d'aller retrouver les petits oiseaux dans les feuillées de Ville-d'Avray ; et voici son impression, telle qu'il la livre au confrère qu'il vient de quitter :

« Je suis arrivé à Paris le 23, comme je l'avais dit. J'ai été voir l'exposition, qui ouvrait ce jour même *pour moi*. Mlle Bonheur, pas de délire : c'est éclatant, voilà tout. Il n'y a pas de nerf. Hébert ne m'a pas touché ; non, le Christ ne me va pas. Rousseau est bien ; Daubigny, très bien. Courbet, à part la grosse mère, c'est bon : moins les Lutteurs. Français, pas mal (soleil couchant). Je n'ai pu passer qu'un instant, et puis j'ai rencontré beaucoup d'artistes qui m'ont distrait. — Je n'ai pas vu les portraits. Ce sera pour le prochain numéro... »

A la fin de cette lettre, Corot quitte la peinture pour un sujet plus prosaïque. Il s'agit d'un pâté qui a eu des mésaventures :

« Le pâté n'est pas arrivé comme nous l'avions espéré. On a été obligé d'aller au chemin de fer le réclamer mardi dernier et, lorsqu'il est arrivé à Ville-d'Avray, il n'était pas mangeable. Aussi, je vous prierais d'en recommander un autre pareil, qui serait expédié selon l'adresse d'autre part : M. Sennegon, à Ville-d'Avray (Seine-et-Oise), chemin de fer de Paris à Versailles *rive droite*. Remettre le panier aux Messageries. — Le remettre mardi soir au bureau pour le recevoir mercredi ou jeudi matin. »

Corot ne revenait jamais de voyage les mains vides. Le bonhomme, sans être ce qu'on appelle un gourmet, ne dédaignait pas, on le sait, une bonne table ; sans doute, les mets les plus simples avaient ses préférences ; mais il appréciait les renommées locales et ses nombreux tours de France avaient meublé sa mémoire d'une érudition gastronomique, qu'il appliquait volontiers lorsqu'il s'agissait de traiter sa famille ou ses amis. Sur ses carnets, l'adresse d'un pâtissier ou d'un charcutier voisine avec une silhouette de nymphe ou un idyllique paysage. Il écrit un autre jour à Dutilleux (1) :

« Vous serez bien gentil de m'envoyer pour dimanche : Trois douzaines de cœurs (d'Arras), un rond de pain d'épice et six belles andouilles. Pardon de la peine ; nous réglerons tout cela en temps utile et comme d'usage. »

(1) Lettre du 19 février 1853.

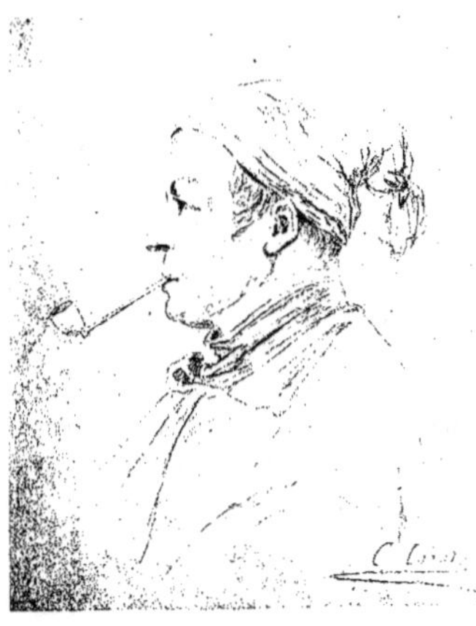

Corot à l'atelier.
Dessin par J.-B. Laurens (vers 1855).

Depuis la mort de ses parents, n'étant plus accaparé par le piquet de sa maman, il s'est arrangé avec une bande de camarades pour dîner souvent ensemble. Les plus fortunés reçoivent les autres. Lui qui, à présent, jouit d'une jolie aisance, joue volontiers le rôle d'amphitryon. Ses convives habituels sont des peintres tels que Léon Fleury, Comairas, Grandjean, Journault, Baccüe, de Vergennes, Estienne, Lapito, Aligny, Français; des architectes comme Grizard, Poirot, Garlin; des amis d'enfance aussi : Ferdinand Osmond, Théodore Scribe, etc. Le menu de ces agapes amicales n'est point recherché et l'on se contente, la plupart du temps, d'un pot au feu assaisonné de bonne humeur. C'est un sel qui ne manque point et que chacun prodigue à l'envi. Corot donne l'exemple. Sa santé demeure robuste à 55 ans comme à 25 ; son caractère n'a pas changé davantage: rieur, mais bienveillant et sans malice. Au physique, la ressemblance est frappante avec les paysans, dont il partage les mœurs laborieuses et la vie au grand air ; mais la flamme du regard brille sous le hâle du visage.

Le fin observateur qui publia, en 1853, l'*Histoire des Artistes vivants*, Th. Silvestre dit de Corot : «. La première fois qu'il me reçut dans son atelier avec sa cordialité joyeuse, la face enluminée, le bonnet de coton rayé à mèche tricolore et la blouse bleue, il me fit l'effet d'un roi d'Yvetot». Silvestre ne s'est pas arrêté à l'épiderme : il a pénétré jusqu'au fond du personnage. Le portrait qu'il en a tracé est d'une touche délicate et expressive. Il faut le citer tout au long :

« Corot s'est préservé des chemins souillés..... Il est simple, bon, et tout à fait exempt des vices incurables attachés à la race des poètes, des artistes et des courtisans : la jalousie, le mensonge et l'impertinence. Il n'est ni âpre, ni envieux, même à l'égard de ses rivaux les plus directs. « Théodore Rousseau, dit-il, est plus révolutionnaire que moi. » Il ajoutait, en présence des tableaux d'un grand maître : « C'est un aigle et je ne suis qu'une alouette ; je pousse de petites chansons dans mes nuages gris. » Il est complaisant au point de se laisser ennuyer régulièrement à poste fixe deux heures par jour. Il est tellement doux et humain qu'il hésite à secouer son modèle endormi... Il est d'une galanterie très vive envers les femmes, d'une bonhomie extrême avec les enfants. Mais il les surveille avec épouvante s'ils menacent de changer son atelier en jeu de paume. Le jour de l'an, les poches pleines de bonbons, il commence de bonne heure sa tournée joyeuse ; d'autres fois, il porte sa gaîté dans la banlieue et prend tout à fait la clef

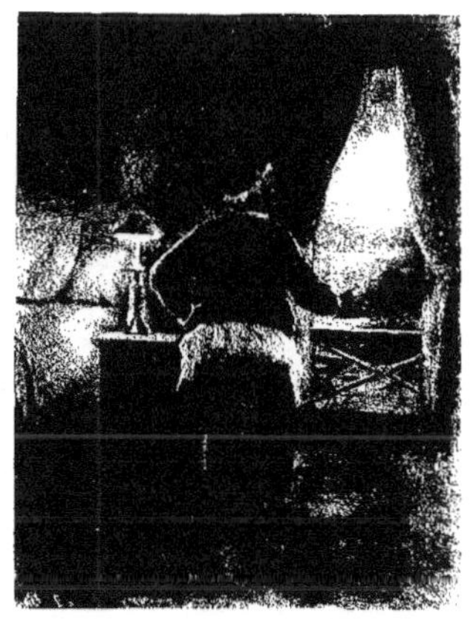

Corot regardant la lune, à Mantes
Aquarelle par J. Etex (vers 1855).

des champs. Son accueil est très ouvert, très libre, très amusant : il vous parle, vous écoute en sautillant sur un pied ou sur deux : il chante d'une voix très juste des morceaux d'opéra, travaille, fume la pipe, mange sa soupe de vigneron sur son poêle et vous invite même à la partager, oubliant un moment qu'il n'a devant lui qu'une soupière et une cuiller.

Cette familiarité naïve s'arrête juste là où commencerait celle du commis-voyageur jovial. Je crois néanmoins, et à son avantage, que Corot s'exagère parfois à lui-même, la gaîté de son caractère, lorsque je vois la mélancolie si souvent présente dans ses ouvrages et l'accent de tristesse que par intervalles prennent ses traits : les joues et le front sont sillonnés de rides profondes; l'œil soucieux cherche toujours ; la bouche reste douloureusement entr'ouverte. Ah! c'est qu'il faut combattre non seulement la vie, mais les difficultés de l'art !... Corot m'a dit souvent : « Quand je me trouve dans un site naturel, je me mets en colère contre mes tableaux. » Peut-être aussi les peines de la jeunesse, les soucis contenus de son beau talent longtemps contesté auront-ils laissé quelque amertume mystérieuse dans son âme.

Corot est de haute taille, de structure herculéenne; sa poitrine, ses épaules ont la carrure, la solidité d'un coffre-fort; ses mains larges et puissantes jetteraient par les fenêtres les hercules vulgaires. Assailli par une troupe de paysans du midi dans une de ses excursions avec Marilhat, il assomma d'un coup de poing un des plus furieux et dit ensuite avec douceur et tristesse : « C'est étonnant, je ne connaissais pas ma force. » La richesse du sang qui illumine son visage, la coupe bourgeoise de ses vêtements, la tournure philosophique de ses chaussures lui donnent à première vue un certain air vulgaire qui disparaît dans sa conversation, presque toujours pleine de saillies naturelles, de sagesse et d'abondance. Il expose ses principes avec une extrême facilité, explique ses moyens pratiques par l'analyse du premier objet qui se trouve sous ses yeux, sa pipe au besoin. Il aime tant à montrer les lois de son art qu'un de ses élèves me disait un jour : « Il me parle quelquefois deux heures en chemise et les pieds nus, sans être distrait de ses idées par le froid. » Il fut un jour question des académiciens : « Que voulez-vous, me dit-il, ils ont décidé qu'ils ne m'aimeraient pas ; je suis trop sincère. » — Cet artiste aimable et sérieux, dont la vie si pure n'est qu'un long amour, qui travaille encore du matin au soir, rêve comme à vingt ans la gloire sans intrigues et ne voudrait pas mourir « sans avoir fait un chef-d'œuvre », devient à mes yeux un homme tout à fait intéressant par le côté spirituel et mordant soigneusement caché dans sa bonhomie. »

Le Corot aperçu et esquissé par Silvestre se livre lui-même, avec un abandon charmant, dans sa correspondance qui, de plus en plus libre et expansive à mesure que Dutilleux et lui se connaissent mieux et se fréquentent plus intimement, achève de nous révéler la physionomie du personnage. Au mois de juin 1853, pour la troisième fois de l'année dans le Nord, il pousse une pointe vers Abbeville, Saint-Valery et Saint-Omer. A deux reprises différentes il donne de ses nouvelles à son ami :

Saint-Valery sur Somme, 11 juin (1853).

Mon cher M. Dutilleux,

Je termine aujourd'hui ma course d'Abbeville à St-Valery. Il y a de bonnes choses à faire, mais c'est trop peu de temps. J'ai fait à Abbeville une pochade d'espace avec des vaches ; aux environs de St-Valery, deux petites pochades. Nous verrons bien à Arras ce que ça dira. Je repars demain pour St-Omer où je tâcherai de faire deux pochades chef-d'œuvre....

Tout à vous de cœur,

C. Corot.

Saint-Omer, ce 13 juin 1853.

Mon cher Monsieur et ami,

Me voici à St-Omer par un bien mauvais temps pour notre affaire, mais bien bon pour l'agriculture. C'est pas nouveau, mais c'est *désolant*. J'espère demain qu'il me sera permis de faire deux souvenirs de ce pays. Je m'arrêterai à Douai, en passant, le 15, et je pourrai être dans vos bras à 6 h. 1/2.

Bien des gentillesses à Mme Dutilleux et ses demoiselles. Bonne embrassade aux jeunes enfants.

Tout à vous de cœur,

C. Corot.

En juillet et août, visite en Suisse. Rendez-vous à Dardagny avec Leleux et Daubigny, attesté par la collaboration des trois camarades à une œuvre commune : un paravent peint pour la dame du logis (1). A la fin d'août, le voyageur signale son arrivée en Normandie :

Alençon, ce 29 août 1853.

Mon cher Monsieur Dutilleux,

Après bien des traversées, me voici avec un camarade, arrivé en Normandie dans un pays charmant, dont j'ai dû vous parler à Arras. Ceci va terminer la campagne. Je dois y faire quatre ou cinq études. Il faut absolument qu'il y en ait deux de bonnes, ou je me décide à briser ma palette et mes pinceaux. Voici les vacances ; vous devez vous en donner joliment. Je suis persuadé que, persistant dans la voie de la conscience, vous en abattrez de très bonnes. Courage..... Embrassez tout le monde pour moi.

Tout à vous,

C. Corot.

Les lettres adressées chez M. Charpentier, rue Lencrel, n° 35.

Après Alençon, Corot est attiré près de Mortain, à Bourberouge, chez M. Delalain. Toujours les vieux amis ! C'est de Bourberouge qu'il écrit un jour à Mme Cabarrus : « Je suis à courir de vallons en vallons pour chercher

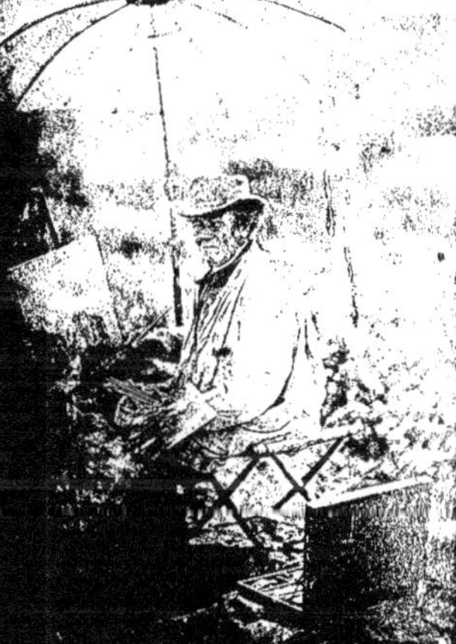

Corot.
Photographie faite en Suisse (vers 1853).

(1) N° 1073.

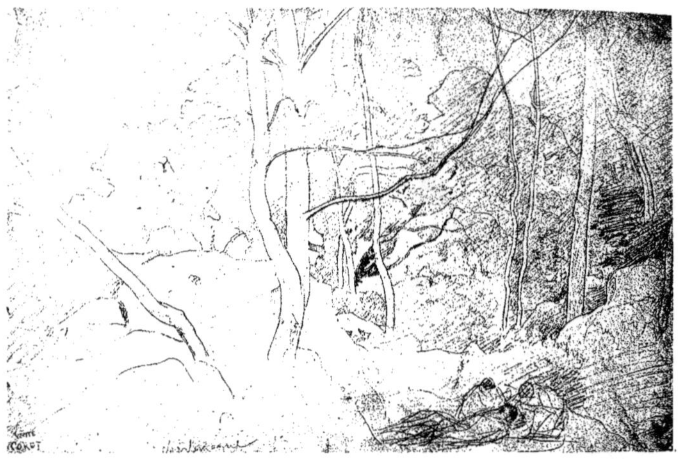

Fontainebleau. Le *Charlemagne*
(vers 1855).

et faire des études. Je travaille ferme ; je vise au chef-d'œuvre ; rien que cela ». C'est du même pays que, le 23 septembre, il se rappelle par un mot à Dutilleux, lui annonçant son prochain retour à Paris. « De là, dit-il, j'irai voir ma sœur et je dois me trouver avec quelques camarades, du 8 au 12 octobre, à Fontainebleau, hôtel de la Sirène. Si vous n'êtes pas retourné à cette époque, vous serez bien gentil de venir déjeûner avec moi ». Son confrère était alors à Marlotte ; voilà l'explication de ce rendez-vous. Mais Dutilleux ne put attendre l'arrivée de Corot. D'où cette lettre :

Paris, ce 28 octobre 1853.

Mon cher ami,

Il n'y a donc pas eu moyen de vous voir à Fontainebleau, obligé que vous étiez de retourner... Vous avez fait de bonnes études, m'a dit Mme Dutilleux. Nous verrons cela cet hiver. J'en ai fait une quantité. Il y en a à peu près 7 ou 8 d'élues. *Spes autem vivificat.*

Tout à vous, je vous serre la main. Buvez à ma santé en famille, le jour de la Toussaint.

C. Corot.

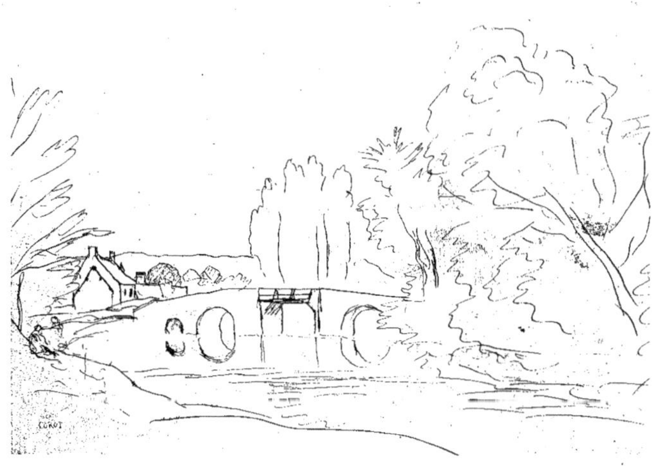

Le pont brisé
(vers 1855).

Hormis une nouvelle et courte apparition à Arras, l'hiver suivant
la correspondance n'a pas grand'chose à nous révéler. La saison d'après,
nous trouvons Corot d'abord à Ville-d'Avray, travaillant avec son élève
Brandon, dont un croquis, daté du 10 mai 1854, représente son maître devant son chevalet de campagne ; puis, en juin, sur les bords de l'Oise, dans
le village même où il a été en nourrice, à Presles, près de l'Isle-Adam (1).
Curieuse coïncidence, Daubigny a été élevé dans le même pays ; il a fait
ses premiers pas à Valmondois et ce lointain souvenir oriente aussi ses
pinceaux de ce côté-là. Les deux camarades se retrouvent à Auvers, à
l'auberge Partois, entourés chacun de leurs élèves, les Lavieille, les
Oudinot et autres: Corot est l'âme de la colonie. Ses cheveux ont beau gri-
sonner ferme, il est toujours le plus jeune. Il rit de bon cœur des inoffen-
sives taquineries de ces cadets, acharnés à lui dérober sa pipe ou à cacher
sa blague et à lui faire accuser du méfait le chat de l'aubergiste. Jeux naïfs,

(1) Lettre à Dutilleux, du 28 juin 1854.

grâce auxquels le paysagiste prend son mal en patience quand le temps
boude et que la pluie le tient au logis. L'été s'annonce mal sous ce rapport et le travail s'en ressent. Corot s'en plaint en écrivant à Arras. En
même temps, il développe son plan pour la campagne nouvelle :

Presles, ce 28 juin 1854.

Mon cher Monsieur et ami,

Je vous donne de mes nouvelles et vous dirai que j'ai déjà beaucoup couru et
fait peu de la saison, jusqu'à présent si mau-
vaise. Je pense que, de votre côté, vous avez
dû être aussi traversé. Je vais partir sous peu
de jours pour le Périgord avec le commandant dont la santé est bien chancelante ;
il faut espérer que ça lui sera favorable de
revoir son pays natal. Après ce voyage, je
reviens à Paris et je me propose de venir
vous voir à Arras et, si vous pouvez, je serais
bien heureux si nous faisons un petit tour
ensemble en Hollande. Il y a longtemps que
je n'ai vu M. Colin : il a, je pense, l'intention de faire cette excursion ; ce serait charmant. Nous ferions des chefs-d'œuvre en
couleur.....

Tout à vous de cœur,

C. Corot.

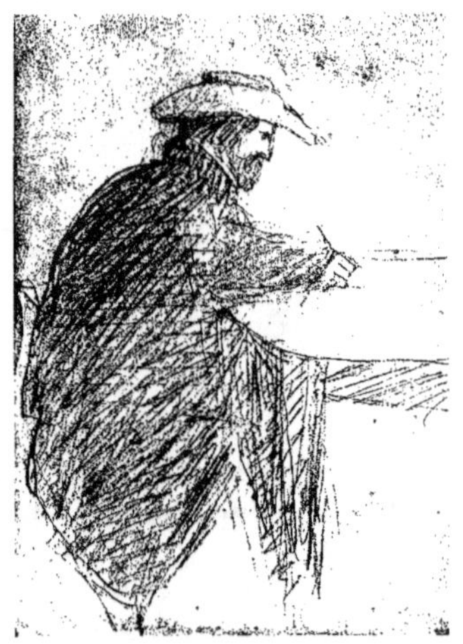

Dutilleux en Hollande, écrivant à sa femme
(1854).

Un des albums de Corot porte
la trace de son séjour en Périgord :
on y lit plusieurs fois « Nontron » au bas de croquis faits au pays des
chercheurs de truffes (1). Le « voyage du Midi » se termine au commencement d'août et, le 6, de Ville-d'Avray, Corot prévient Dutilleux de son
arrivée pour le 18. « Je vais préparer mes flûtes », dit-il. Les flûtes se
font entendre d'abord à Arras ; puis, au bout d'une dizaine de jours,
Corot entraîne son hôte. Il a un neveu à Rotterdam, auquel il a promis
une visite. Bonne occasion pour voir du pays et peindre de nouveaux

(1) Carnet 10.

cieux. Les deux amis se mettent en route le 28 août à 6 heures du matin et arrivent à Bruxelles à midi et demi. Dutilleux a noté au fur et à mesure les détails de l'excursion. Ce journal nous permet de suivre pas à pas les voyageurs.

28 août. — Arrivés à Bruxelles. Descente à l'hôtel du Miroir. Visité la galerie d'Arenberg ; pas d'enthousiasme. Vu Sainte-Gudule : très beaux vitraux, la chaire. Promenade sur les boulevards et sur le port. Après le dîner, vu la place de l'Hôtel de Ville.

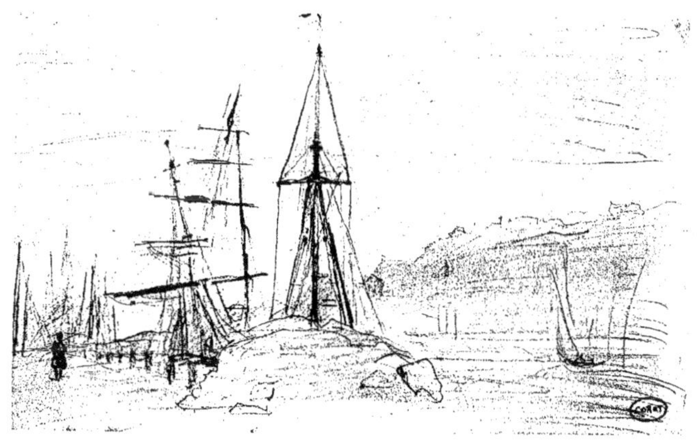

Le port d'Anvers
(1854).

29 août (mardi). — Nous partons de Bruxelles à 9 heures. Nous descendons à Anvers, hôtel St-Antoine, où nous sommes écorchés. Notre-Dame, le Musée (les Rubens ! !) ; Saint-Jacques. Le soir, promenade sur le port, magnifique soleil couchant. Souper hôtel du Petit Paris sur le port. Nous passons la nuit sur le bateau à vapeur d'Anvers à Rotterdam.

30 août. — Départ d'Anvers à 2 h. 1/2. Arrivée à Rotterdam à 1 h. 1/2. Vu en route Dordrecht, d'un aspect tout original et vénitien, dit Corot. Corot trouve son neveu et descend chez lui. Je descends hôtel Américain. Corot et son neveu viennent me prendre et nous visitons Rotterdam et ses environs. Halte et crème. Nous revenons dîner à mon hôtel ; promenade le soir et projet d'étude pour le lendemain.

31 août. — Lever vers 7 heures. Corot vient me prendre. 1re étude dans les environs : les moulins. Retour chez moi, écrit à ma femme. Départ de Rotterdam pour la Haye. Arrivés vers le soir. Nous allons à Scheveningue près de la mer. Logés à l'Hôtel du Lion d'Or.

1er Septembre (vendredi). — Nous allons vers la mer. 1re étude, dans les dunes avec fond de Scheveningue. — 2e étude, la mer. — Déjeûner en vue de la mer. — 3e étude, dans les dunes. — 4e étude, dans les dunes avec petits arbres.

2 Septembre (samedi). — Au bois de La Haye. Petite étude sur la lisière du bois. Retour à La Haye. Après le déjeûner, au Musée. Il est fermé. Cherché les lunettes de Corot oubliées le matin au bazar. Quelques croquis près des dunes. Retour. Conversation dans la chambre avant de se coucher.

Dimanche 3. — Messe à La Haye. Visite au Musée. Leçon d'Anatomie de Rembrandt et grand Paul Potter : impression peu favorable. Départ pour Amsterdam. Dîner; puis promenade au bord de l'eau. Beaux motifs et beau soir. Le matin, à La Haye, rencontre de Mme Herbelin. Nous allons avec elle jusqu'à Harlem.

4 septembre (lundi). — En voiture à l'étude : une maison dans les arbres. Dîner, puis visite au Musée. La ronde de nuit de Rembrandt et Van der Helst (peu satisfaisant). Le Rembrandt, hommes auprès d'une table, (très beau). Petit tableau de Van der Eiden Le soir, étude sur le port : vue d'Amsterdam.

5 septembre (mardi). — Les bords de l'Amstel près Amsterdam. Nous y faisons quatre études. Déjeûner dans le faubourg. Retour à 6 heures. Dîner à Amsterdam. Corot va faire une visite avec son neveu. Ecrit à ma femme et à Legentil.

6 septembre (mercredi). — Départ d'Amsterdam à 8 h. 1/2. Arrivée à Rotterdam à midi. Avec Corot fait une étude sur le bord d'une rivière : moulins. Avec lui et le neveu dîné à mon hôtel ; puis le café au café de Londres. Terminé mon compte avec lui. Dispositions de départ. Couché à 10 heures.

Dutilleux, appelé du côté de Givet, quitta son compagnon le 7 septembre. Celui-ci demeura une semaine de plus à Rotterdam. Il fit encore plusieurs études, puis il prit congé de son neveu et revint à Arras en passant par Douai. Le cénacle des amateurs arrageois, auquel fut offerte la primeur des études de Hollande, témoigna, paraît-il, d'une certaine froideur. Les Parisiens virent plus clair, à en juger par ce que Corot, rentré à Paris, écrivait à leur propos à Dutilleux (14 décembre 1854) : « Vous avez peut-être vu dernièrement à Arras un de mes amis, un ancien camarade de

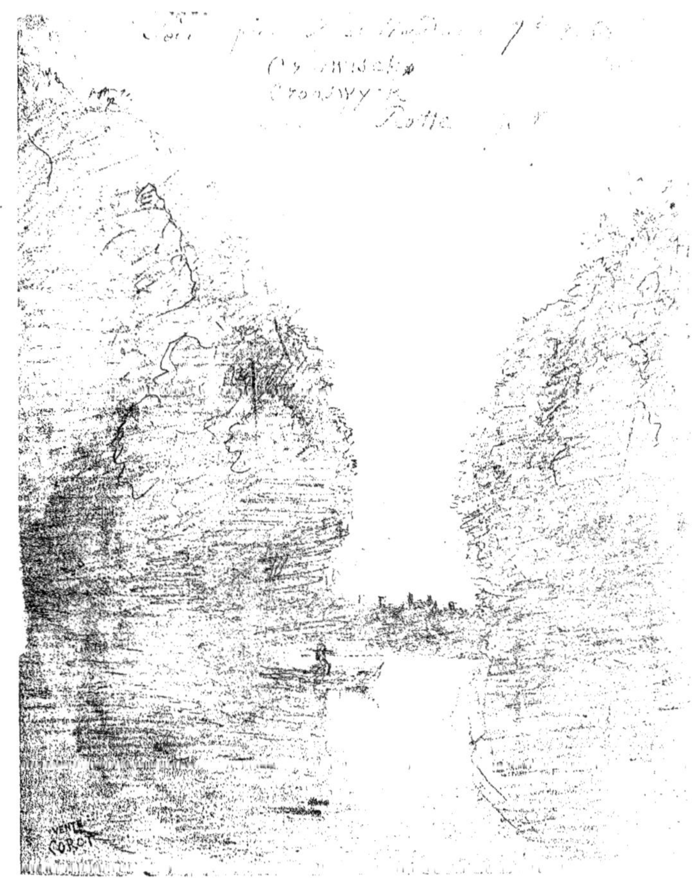

Environs de Rotterdam
(1854).

l'atelier Bertin.... Il aura pu vous parler des études de Hollande. Avec le temps, elles finissent par être aimées. On les trouve bien en général. »

Dans cette même lettre, l'artiste parle des compositions auxquelles il travaille. Il n'y a pas eu de Salon en 1854. L'Exposition Universelle, annoncée pour le printemps de 1855, doit résumer l'effort artistique des deux années (1). Corot s'y prépare. S'il montre certains tableaux déjà prêts, il en est d'autres qu'il cache encore. Il les appelle plaisamment « les sournois ». — « L'on est assez content en général des tableaux visibles. Les deux sournois, ça sera pour la moitié de janvier. » — Il en parle encore dans un billet de jour de l'an, plein d'amical abandon :

Paris, 4 janvier 1855.

Mon cher ami,

J'ai reçu avec grand plaisir votre dernière lettre qui m'adresse des compliments pour la nouvelle année, de votre part ainsi que de votre bonne famille. Je vous remercie tous et fais pour vous les souhaits pour tout ce que vous pouvez désirer. Santé pour toute la famille et bonne peinture, bien consciencieuse ; et fichons nous de tout. Je vais bientôt mettre au grand jour mes deux tableaux qui ont fait les sournois. Je vous écrirai ce que l'on m'en dira. Embrassez bien Mme Dutilleux et tous vos enfants pour moi.

Je vous serre la main.

C. Corot.

Le 25 janvier, les fameux « sournois » ont enfin été révélés au public et il en parle avec une certaine satisfaction : « Les deux tableaux que j'ai découverts dernièrement sont approuvés des visiteurs. Espérons que ce sera bon. Vous les verrez à l'Exposition. » L'Exposition ouvre le 15 mai. Corot y est représenté par six tableaux, six variations nouvelles sur l'éternel poème de la lumière et des heures : matins brillants de rosée, clairs après-midi ou dorures vespérales. La chaste nudité des nymphes peuple ces rives enchantées ; les amours s'ébattent dans ces idéales prairies. Ici, Diane et ses compagnes apparaissent au bord d'une anse mystérieuse, à l'abri des hautes ramures forestières (2). Là, une ronde enfantine foule le gazon fleuri ; et la mutinerie gracieuse de ces fils du satyre assiège les

(1) Décret du 24 décembre 1853.
(2) N° 1065.

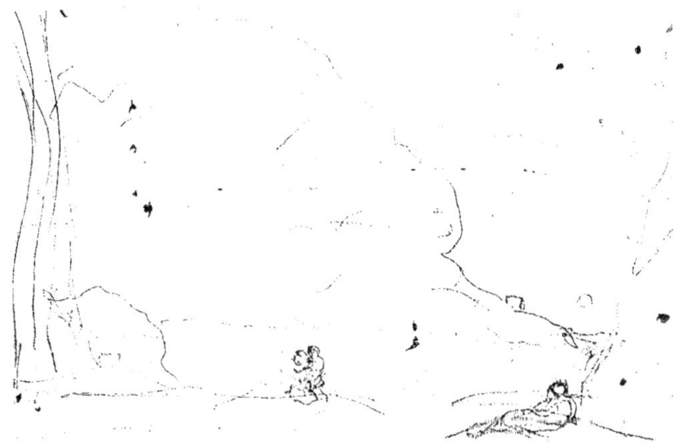

Combat d'amours *(Le Soir)*.
Croquis d'après le tableau exposé en 1855.

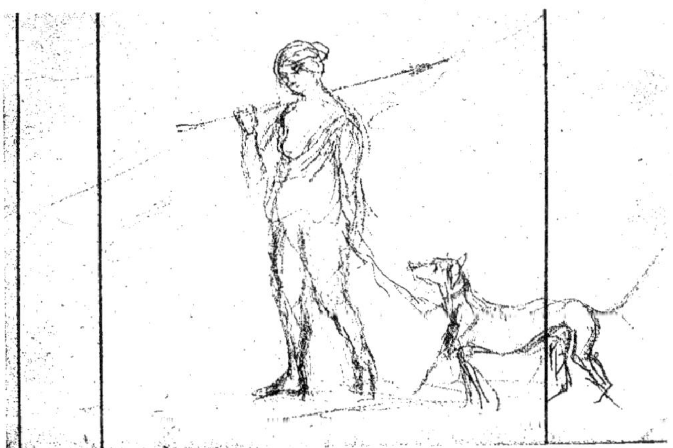

Croquis pour la Compagnie de Diane *(Le Matin)*
exposée en 1855.

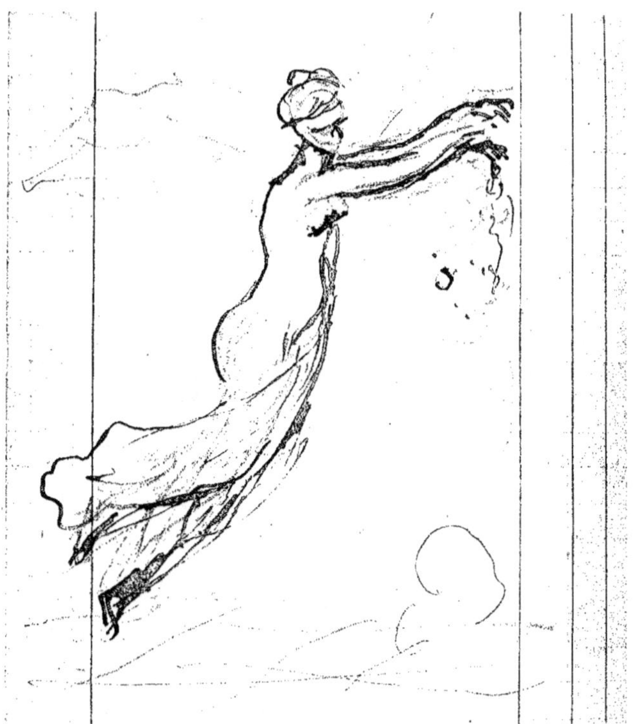

Croquis (vers 1855).

bouquets d'arbres qui ombragent leur retraite (1). Ailleurs, Vénus, nonchalamment étendue près d'un lac qu'empourpre le crépuscule, assiste, dans le calme de la solitude, à la lutte acharnée de deux cupidons ailés (2). Au livret, ces tableaux s'appellent tout bonnement *Le Soir*, *Le Matin* et *Le Printemps*. Une autre toile, resplendissante de lumière estivale, a pour sujet une campagne blonde sous un ciel bleu, avec un chemin creux où

(1) N° *1062*.
(2) N° *1070*.

disparaît un chariot ; elle est dénommée *Souvenir de Marcoussis, près Montlhéry* (1).

Ce dernier paysage n'eut point une fortune banale. Il arrêta les regards de Napoléon III, qui s'en rendit acquéreur. Le goût personnel de l'Empereur avait seul dicté son choix, qui n'était pas pour plaire au Surintendant des Beaux-Arts. M. de Nieuwerkerke n'entendait rien à l'art de Corot. Il répétait volontiers sur son compte les critiques à la mode, accusant sa couleur d'être « boueuse » et sa facture « cotonneuse. » Il accueillit avec un sourire dédaigneux la décision du souverain, qu'enregistra par contre avec une satisfaction marquée son subordonné, le marquis de Chennevières. Ce dernier, auquel incombait la lourde tâche de placer les tableaux des expositions, ne craignait pas de tenir tête à son chef hiérarchique en faveur des artistes dont le talent lui plaisait. Il appréciait celui de Corot et ne s'en cachait pas. Quand le maître eut dicté sa volonté pour le *Souvenir de Marcoussis*, il paraît que Nieuwerkerke, se tournant vers Chennevières, lui cria : « Eh bien, vous êtes content ? » (2).

Le jury des récompenses, composé de quatorze membres nommés par l'Empereur, accorda à Corot une médaille de première classe. Toutefois, nous savons par une confidence d'Eugène Delacroix, qui faisait partie de ce jury, que la chose n'alla pas toute seule. Voici le passage de son journal qui a trait à cet objet :

« ...Se rappeler la grande chaleur de Français qui, ayant voté pour lui, tout le temps, pour la première médaille, se réveille indigné de ce qu'on avait oublié M. Corot, quand il ne se trouvait plus de place pour lui. Dauzats et moi avions, par une sorte de souvenir, voté pour lui, et nous avions été les seuls (3) ».

En dépit des mesquineries et des marchandages d'un jury où l'on ne trouve pas sans étonnement Français parmi les juges de son maître, le succès est manifeste. Corot n'est que trop modeste quand il annonce à Dutilleux (31 octobre 1855) : « On m'a paru assez content de mon expo-

(1) *N° 1101.*
(2) Ph. de Chennevières, *Souvenirs d'un directeur des Beaux-Arts*, 2ᵉ partie, p. 4.
(3) Journal d'Eug. Delacroix, 7 novembre 1855. Tome III, page 115.

sition. » La critique est unanime à rendre hommage à son mérite. La petite phalange des amateurs, auquel l'exemple vient d'être donné en haut lieu, grossit de jour en jour. Il n'est pas jusqu'à l'Administration elle-même qui ne songe à réparer la longue indifférence dont a souffert l'œuvre achetée par l'Etat en 1851. La *Danse des Nymphes* entre au Luxembourg !

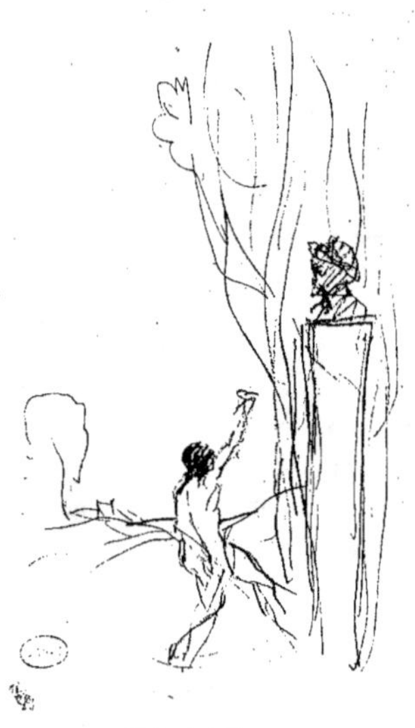

L'offrande à Pan.
(Croquis, vers 1855).

IX

GRANDES ŒUVRES DE STYLE ; SIMPLIFICATION ET SYNTHÈSE.

L'INCENDIE DE SODOME ET LE CONCERT TRANSFORMÉS ;

DANTE ET VIRGILE ; LA TOILETTE.

DOCTRINES ESTHÉTIQUES ET PROCÉDÉS TECHNIQUES.

INFLUENCE DU THÉATRE : MACBETH ET ORPHÉE.

(1855-1861)

L'Exposition n'a rien changé aux habitudes de Corot. Ses tableaux
envoyés, vers la mi-mars, il s'est envolé. Sa première pensée a été pour
Arras. Là, on est dans le chagrin. Dutilleux a perdu un de ses enfants, une
fillette de trois ans, dont justement le grand ami a fait un petit portrait
pendant son précédent séjour (1). Au reçu de cette triste nouvelle, Corot
a répondu par ces lignes émues (5 mars 1855) :

« Que venez-vous de m'apprendre ? Oh ! Je prends bien part à la douleur que
vous éprouvez tous. Cette pauvre petite bien-aimée que je comptais si bien voir à
mon voyage de mars. Je ne renonce pas à mon voyage. Nous ne ferons pas de folies.
Nous parlerons d'elle, et je m'efforcerai d'adoucir la peine. Ce ne sera pas moins intéressant... »

Pendant son séjour dans le Nord, le visiteur va revoir à Douai son
tableau de 1848, placé dans le musée de cette ville. Un amateur du pays, le
docteur Escallier, lui a suggéré l'idée d'y faire quelques retouches. Séance
tenante, il prend ses pinceaux et repeint une partie du paysage. Depuis
quelques années, sa technique s'est élargie et, si, dans ses études d'après
nature, il demeure le consciencieux interprète du modèle qu'il a choisi,
la simplification systématique des masses et des valeurs est devenue la

(1) N° 1057.

règle de ses compositions, désormais plus synthétiques et plus intenses d'expression. C'est pour cela que bravement, au risque de compromettre son œuvre, il sabre ses complications inutiles, comme un magister savant raturerait et remplacerait d'un mot le verbiage inexpressif d'un élève sans expérience.

A Arras, le consolateur ne manque pas à son rôle. Il est le doux rayon de soleil qui ranime la maison assombrie par le deuil. A côté de lui, le père reprend goût au travail ; le sourire reparaît sur les lèvres des jeunes

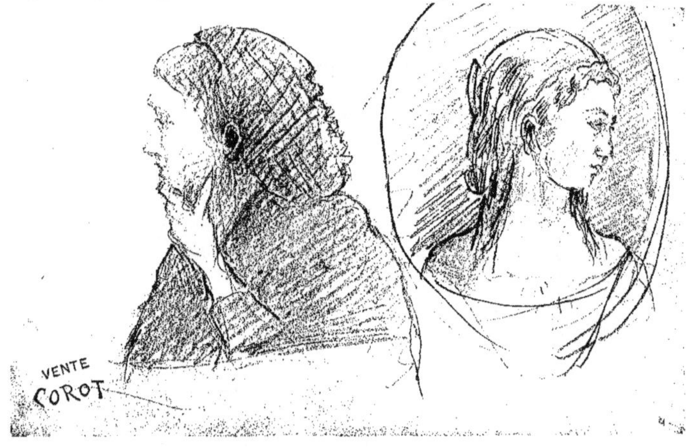

Croquis faits chez Dutilleux, à Arras
(vers 1855).

filles. La petite lettre que voici fait allusion aux jeux de « papa Corot » avec ses gentilles hôtesses : il a perdu une « philippine » et il s'empresse de payer sa dette.

(Paris, 31 mars 1855).

Mon cher ami,

Vous recevrez prochainement une petite caisse, une toute petite caisse renfermant des ombrelles, pour m'acquitter auprès de ces demoiselles.

Tout à vous de cœur,

C. Corot.

Bonne embrassade pour tous.

L'été se passe, comme de coutume, en pérégrinations. Le 31 octobre 1855, il écrit, de Paris :

« Enfin, me voici rentré à l'atelier après avoir parcouru bien des pays : la Normandie, la Bretagne, un peu du lac de Genève, la Sologne, et Ville-d'Avray le plus que j'ai pu... Encore une vingtaine d'études cette année ; il y en a cinq ou six de bonnes. Il faut se trouver content... »

Dès son retour à l'atelier, les clients assiègent sa porte ; il ne sait où donner de la tête. Il ne s'en plaint pas : c'est la rançon du succès. La joie perce, au contraire, entre les lignes dans une lettre à son élève Edouard Brandon, alors en Italie ; le maître entretient amicalement le jeune homme de son existence et lui dit (10 janvier 1856) : « Je travaille comme un petit coquin. Les amateurs commencent à affluer. Vous voyez qu'il ne faut pas désespérer et qu'il ne faut, pour rien au monde, abandonner son sentiment ». Ce qui le réjouit, c'est le triomphe de ses convictions. Il n'a suivi que sa conscience et son instinct ; cependant le voilà qui finit par s'imposer tout de même. Aussi conseille-t-il à ses élèves de ne jamais abdiquer leur manière de voir, de chercher la vérité en conservant toujours leur sentiment personnel en face de la nature. Quelques notes jetées sur la garde d'un de ses albums (1) sont, à ce point de vue, le résumé de sa doctrine :

« Que votre sentiment seul vous guide. Seulement, comme nous ne sommes que de simples mortels, nous sommes sujets à l'erreur : écoutez les observations ; mais ne suivez que celles que vous comprendrez et qui doivent se fondre dans votre sentiment. — Fermeté : docilité. — Suivez vos convictions. Il vaut mieux n'être rien que d'être l'écho d'autres peintures. Comme dit le sage, quand on suit quelqu'un, on est toujours derrière. Le beau dans l'art, c'est la vérité baignée dans l'impression que nous avons reçue à l'aspect de la nature. Je suis frappé en voyant un lieu quelconque. Tout en cherchant l'imitation consciencieuse, je ne perds pas un seul instant l'émotion qui m'a saisi. Le réel est une partie de l'art ; le sentiment complète. Sur la nature, cherchez d'abord la forme ; après, les valeurs ou rapports de tons, la couleur et l'exécution : et le tout soumis au sentiment que vous avez éprouvé. Ce que nous éprouvons est bien réel. Devant tel site, tel objet, nous sommes émus par une certaine grâce élégante. N'abandonnons jamais cela et, en cherchant la vérité et l'exactitude, n'oublions jamais de lui donner cette enveloppe qui nous a frappés. N'importe quel site, quel objet ;

(1) Carnet 9.

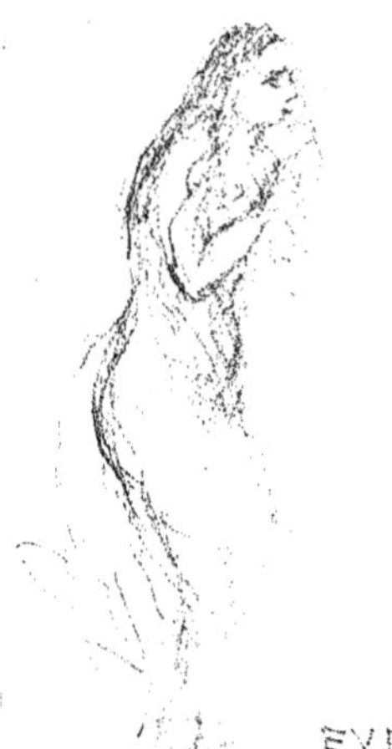

Croquis pour les peintures de l'Eglise de
Ville-d'Avray (vers 1855).

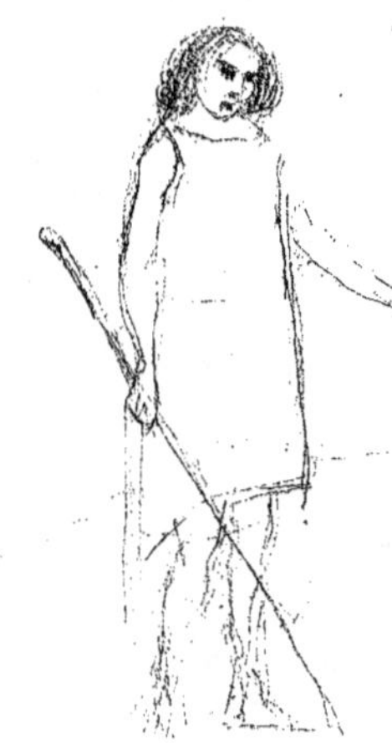

Croquis pour les peintures de l'Eglise de
Ville-d'Avray (vers 1855).

soumettons-nous à l'impression première. Si nous avons été réellement touchés, la sincérité de notre émotion passera chez les autres... »

Corot prêche d'exemple. A soixante ans, il garde la fraîcheur d'enthousiasme d'un débutant, et son cœur bat au bout de son pinceau. « Je suis toujours amoureux de la belle nature ; j'étudie comme un petit brigand. » Tel est le naïf et charmant aveu qui échappe à sa plume dans une autre lettre à Brandon (27 juin 1856). Il dit encore, dans cette lettre : « J'ai bien tardé à vous répondre ; mais je suis si coureur ! Je ne tiens pas en place... » En effet, l'âge n'a pas changé son ardeur voyageuse, qui est extraordinaire. Dès que les bois verdoient, dès que les prés fleurissent, il prépare son itinéraire. Il fait son plan de campagne avec la rigueur méthodique d'un homme qui n'abandonne rien au hasard ; il règle l'ordre de ses visites et de ses excursions en digne fils de commerçant habitué à la tenue des livres et à la bonne comptabilité. A deux ou trois jours près, il sait d'avance combien de temps il demeurera en telle ou telle de ses villégiatures ; Dieu sait cependant si elles s'enchevêtrent les unes dans les autres. Ses carnets abondent en listes comme celle-ci (1) :

Ville-d'Avray. — 18 avril au 15 mai.
Marcoussis. — 15 mai au 15 juin.
Sologne et la Ferté.
Magny.

(1) Carnet 25.

Mortain. ⎫
Bretagne. ⎬ 26 juin au 26 juillet.

Genève. — 5 août au 5 septembre.

Rosny.

Ville-d'Avray. — 15 septembre.

Ces indications paraissent se rapporter à l'année 1855 ; car Corot n'est allé qu'une seule fois en Sologne, et une lettre précédemment citée nous apprend que c'est cette année-là. Il y a d'ailleurs fort peu travaillé(1). Marcoussis, Magny, Rosny sont, au contraire, comme Mortain et Genève, ses résidences presque annuelles. A Marcoussis, son confrère et élève Dumax possède une demeure rurale, qui s'ouvre amicalement à lui comme, à Magny-les-Hameaux, celle de son vieux camarade Léon Fleury ; à Rosny, c'est toujours l'affectueuse hospitalité de Mme Osmond qui l'attend.

Il est à Rosny au mois d'avril 1856. Le désir de complaire à son excellente hôtesse lui a fait entreprendre une tâche qui ne lui sourit qu'à moitié. Il peint un Chemin de Croix pour l'église du village (1). Afin de simplifier sa besogne, il a acheté des lithographies quelconques chez Bouasse-Lebel et il interprète ces modèles d'occasion. C'est une sorte de pensum que son bon cœur s'impose et l'œuvre s'en ressent ; mais, malgré tout, la main de l'artiste corrige et

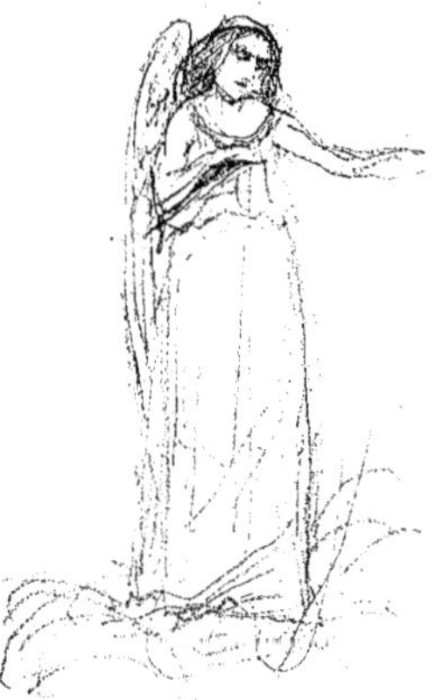

Croquis pour les peintures de l'Eglise de Ville-d'Avray (vers 1855).

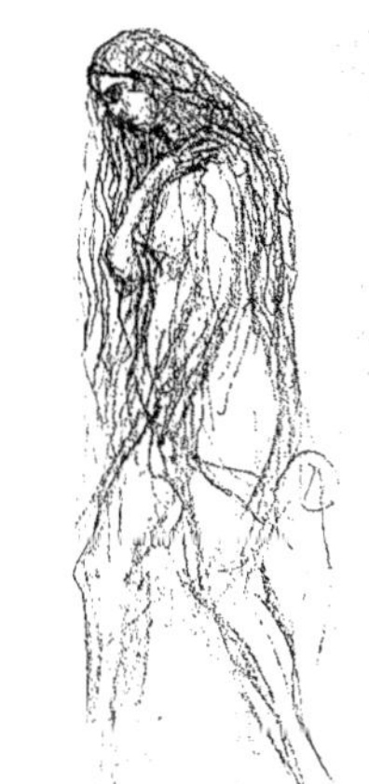

Croquis pour les peintures de l'Eglise de Ville-d'Avray (vers 1855).

(1) Nous la savons par une lettre en date du 19 octobre 1863, adressée par Corot à un correspondant inconnu qui l'avait interrogé à ce sujet.

(2) *N*os *1083* à *1096*.

harmonise ces vulgaires images ; elle y sème la grâce et la poésie.

La paroisse de Ville-d'Avray n'a pas lieu d'être jalouse. Corot, qui lui a déjà donné son *Saint Jérôme* de 1837, entreprend, de concert avec son confrère Richomme, la décoration du transept. Au cours de 1855 ou de 1856, il passe deux mois sur une échelle, à cinq mètres du sol, peignant directement sur le mur de l'église et, à l'imitation des grands Italiens de la Renaissance, il laisse l'empreinte de son génie dans la demi-obscurité de ces hauteurs que l'œil pénètre à peine, sous la forme de quatre grands panneaux résumant l'histoire biblique : *Adam et Ève, le Baptême du Christ, Jésus au Jardin des Oliviers* et *la Madeleine au désert* (1).

Toutefois, il ne s'agit que d'une halte, qui n'arrête que momentanément la course du paysagiste sans cesse en mouvement. A Arras au mois d'avril 1856, il y est encore en juillet, arrivant de Normandie. Il date une lettre de Nanteuil-les-Meaux le 10 septembre et il a fait un séjour en juin aux environs de Château-Thierry, à Essommes, chez M. Hébert, un compagnon de jeunesse qui, lui, n'a pas quitté le commerce et vend des châles aux dames. Du parc de M. Hébert, il a peint le chevet de la vieille église gothique (2) et il est parti en laissant derrière lui ce souvenir de sa visite.

Il n'y a pas de Salon en 1856. De 1855 à 1863, les expositions sont seulement bisannuelles. Corot se prépare pour celle de 1857 pendant l'hiver qui la précède. S'adressant à Brandon, il dit en riant (17 janvier 1857) : « Je suis un vieux papa ; je fais des efforts pour lutter contre les glaces de mon arrière-saison. » Et il ajoute : « J'ai plusieurs tableaux que je destine à l'exposition prochaine ; on est généralement content ; nous verrons bien devant le public. » Le 31 mars, il reprend le même sujet auprès de son correspondant : « Pour mon travail de cette année pour l'exposition, me voici au bout. J'en aurai 5, je crois : je vous donne, d'autre part, les indications, pour que soyez au courant du travail du petit papa. » Au

(1) *N°s 1074 à 1077.*
(2) *N° 1021.*

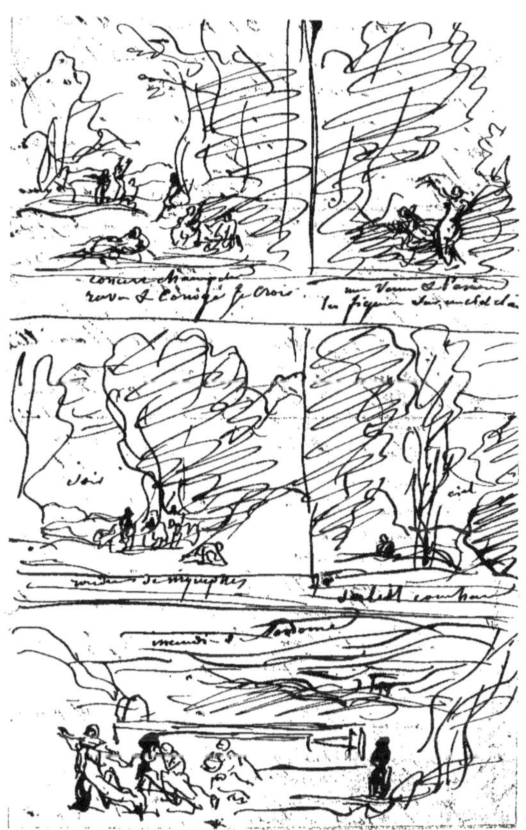

Croquis sur une lettre au peintre Édouard Brandon
(31 mars 1857).

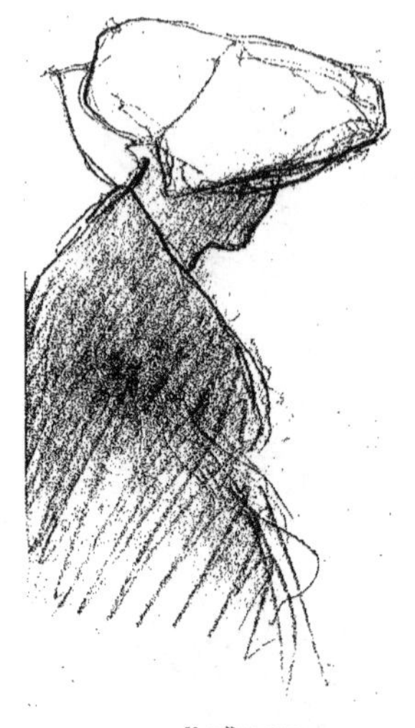

Une Bretonne
(1857).

verso de la lettre, en effet, la plume a esquissé les cinq compositions en question. Le premier de ces croquis est accompagné de ces mots : « *Concert champêtre, revu et corrigé je crois.* » C'est l'ancien tableau du Salon de 1844, que la vision nouvelle de Corot a transformé en le simplifiant (1). Avec l'audace que donne l'expérience, il a sacrifié de gaîté de cœur les tâtonnements de sa jeunesse. La seconde de ces compositions, *l'Incendie de Sodome*, est aussi une épave du passé, qu'il a repêchée dans un coin de l'atelier où elle gisait oubliée. Coupée, refondue, passée au laminoir d'un esprit impitoyable pour ce qui est sorti de lui-même, l'œuvre est méconnaissable : c'est un nouveau *Sodome*, qui n'a plus qu'une lointaine analogie avec l'ancien (2). Les trois autres sujets, ceux-là tout à fait des primeurs, sont « *Vénus et l'Amour* » (Corot a mis, comme indication, sous son dessin : « La figure sur un ciel clair ») (3), une « *Ronde de Nymphes* » (avec le mot « soir » en travers de l'horizon) (4) et un « *Soleil couchant* », où l'on devine un berger assis, au pied des arbres, dans une vallée (5). Le livret de 1857 indique encore deux autres numéros, deux *Souvenirs de Ville d'Avray*. Ils ont dû être ajoutés à la dernière heure, le Salon n'ouvrant, cette année-là, que le 15 juin.

Corot, qui avait déjà été passer le carnaval à Arras, ne patienta

(1) *N° 1098.*
(2) *N° 1097.*
(3) *N° 1100.*
(4) *N° 1072.*
(5) *N° 1069*

pas à Paris jusqu'au vernissage. On lit de sa main, en tête de la première page d'un de ses carnets de poche : « Donné à Brest, le 11 mai 1857, par Mme Camille Bernier. » (1). Par les dessins contenus dans cet album, on suit leur auteur en Bretagne et en Normandie : à Brest, aux environs de Saint-Brieuc, à Granville, à Troisgots près de Saint-Lô, à Caen et dans la campagne caennoise. On rentre avec lui dans la vallée de la Seine ; il s'arrête à Mantes, où il a déjà paru au mois d'avril, marquant son passage dans la maison Robert par un portrait d'enfant (2).

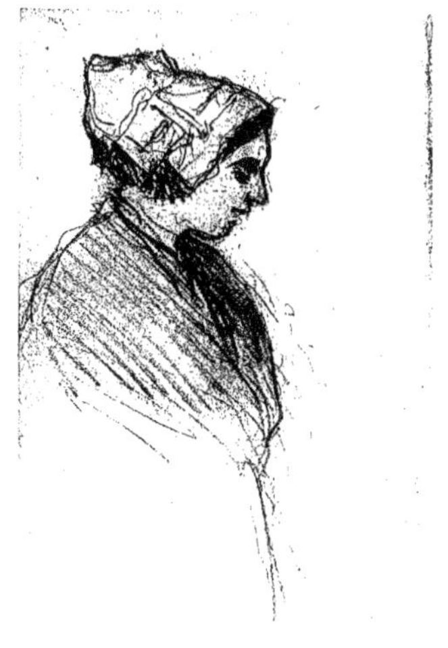

Une Bretonne
(1857).

Au mois de juin, c'est de Ville-d'Avray qu'il vient voir les tableaux au Palais de l'Industrie. Il rend compte très sommairement de son impression à Dutilleux (lettre du 17 juin 1857) : « Il y a de bonnes choses à l'exposition, à la première vue. Paysages : Rousseau, Daubigny, Cabat. Figures : Robert-Fleury, Comte, Meissonier, etc. » Il est des noms, comme celui de Comte par exemple, qu'on ne se serait pas attendu à trouver sous la plume de Corot. Il en est d'autres qu'on regrette de n'en pas voir sortir : tel Millet, qui est représenté, cette année-là, par les *Glaneuses*. Mais, malgré une grande sympathie personnelle pour Millet, Corot ne goûtait qu'à moitié sa peinture. « C'est pour moi un monde nouveau, disait-il à Sensier (3) ; je ne m'y reconnais plus ; je suis trop attaché à l'ancien. Je vois bien là une grande science, de l'air, de la profondeur ; mais cela

(1) Carnet 28.
(2) N° 1052.
(3) Alfred Sensier. *La vie et l'œuvre de Millet*, p. 214.

m'effraie. J'aime mieux ma petite musique. » Et il continuait ainsi sa confession : « Si vous voulez que je vous le dise, je suis assez long à me faire à l'art nouveau. C'est depuis peu seulement, et après en avoir été longtemps très éloigné, que j'ai enfin compris Eugène Delacroix, que maintenant je regarde comme un fameux homme. » Millet, de son côté, ne laissait pas que d'être dérouté par la technique de son confrère. Parlant d'un de ses tableaux dans une lettre à Sensier (1858): « Il a l'air, dit-il, d'être fait par quelqu'un qui ignorerait la peinture et qui l'aurait fait comme il aurait pu, avec un grand désir de le faire : la peinture, enfin, spontanément trouvée. » Il admire comme malgré lui ; il dit : « C'est une très belle chose »; mais on devine, quand même, une certaine inquiétude en présence d'un art si profondément ingénu.

La critique semble, à cette heure, tout-à-fait conquise au talent de Corot. Gautier, dans l'*Artiste* (1), dit :

« Ses paysages se ressemblent tous, et pourtant personne ne songe à lui en faire

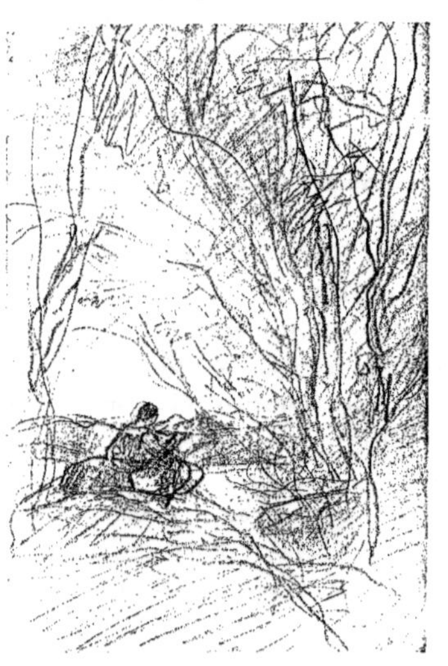

Croquis de paysage
(Bretagne, 1857).

un reproche. On aime ces verdures élyséennes, ces ciels crépusculaires, cette Tempé idéale où se promène, les pieds dans la rosée, la tête dans les lueurs de l'aurore, la rêverie du peintre ou plutôt du poète. Un léger voile de brume argentée flotte sur ses tableaux, comme la fumée blanche du matin sur la prairie. Tout est indécis, tout ondoie, tout nage dans le brouillard et la lumière ; les arbres ne sont que des masses grises où l'on ne peut distinguer une feuille ; mais le vent, la fraîcheur et la vie y circulent. »

De *Vénus désarmant l'Amour* il écrit : « On dirait La Fontaine traduisant Anacréon. » About, à son tour (2), dépeint Corot avec une grande délicatesse de touche :

(1) *L'Artiste*, nouvelle série II, p. 114.
(2) *Nos artistes au Salon de 1857*, p. 120.

« Cet excellent homme, ce charmant artiste n'est d'aucune école ; il n'a pas fouillé les cartons de la Bibliothèque ; il n'a pas séjourné longtemps dans les musées : ce qu'il sait, ni les vivants ni les morts ne le lui ont appris ; mais il s'est levé matin ; il est allé

> . . . faire à l'aurore sa cour
> Parmi le thym et la rosée.

La nature le connaît et l'aime, et lui parle à l'oreille, et lui dit des secrets que ni le sublime Poussin ni le Lorrain Claude n'ont jamais entendus. »

Les galeries des Champs-Elysées et les tableaux alignés le long des cimaises n'ont jamais retenu longtemps Corot. Le jour même de l'ouverture du Salon, cette année-là, il parle de son départ pour Beauvais. Le directeur de la manufacture nationale de tapisseries, M. Badin, est un peintre qu'il a connu en Italie et avec lequel il a conservé de très amicales relations. En invitant Corot, il lui a dit plaisamment qu'on pavoiserait le jour de son arrivée. Et lui, qui ne perd pas une occasion de rire, se fait précéder par ce billet enjoué (1) :

> Ville-d'Avray, 15 juin 1857.
>
> Mon cher ami,
>
> Je vous annonce que je me propose de vous aller faire une visite le 26 courant. Je crois que je m'y prends à temps pour la construction des arcs de triomphe et la garde nationale.
>
> Tout à vous,
>
> C. Corot.

Cette visite à Beauvais n'a dû être qu'une simple apparition : juste assez pour prendre goût au pays et concevoir le désir d'y revenir. Car, le 30 juin, il date un croquis de Clermont (2) et, selon toute apparence, il est attendu dans le courant de juillet

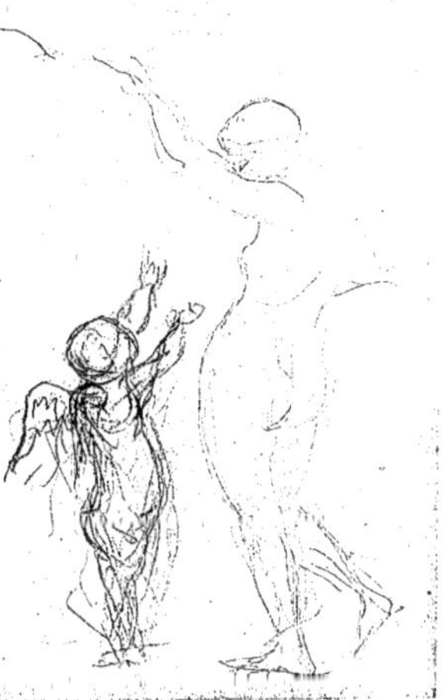

Vénus désarmant l'amour
(1857).

(1) Publié par M. G. Varenne dans un article intitulé « *Corot sur les bords du Thérain* », (*La Liberté*, 15 septembre 1903.)

(2) Carnet 18.

en Suisse. Le plan de campagne qui suit (1), bien que non daté, est certainement celui de cette année 1857 :

Domfront
Saint-Lô
Brest   } mai.
Mantes
Ville-d'Avraỳ, juin.
Genève, juillet.
Auvergne, août.
Dunkerque, septembre.
Ville-d'Avray, Fleury, Dumax, octobre.
De Gallard, novembre.

Il paraît que Corot a exposé à Genève et que les Genevois ont dignement reconnu son mérite. Dans une lettre à Dutilleux (4 janvier 1858), il le remercie de ses « compliments pour sa récompense genevoise ». Mais c'est moins une satisfaction d'amour-propre que la joyeuse société des bons camarades que Corot 'aperçoit au bout de son voyage. Au château de Gruyères, la famille Bovy lui tend les bras. Antoine Bovy, le graveur en médailles, et son frère Daniel, le peintre, sont alliés par le mariage de leur sœur à Henry Baron, avec lequel Corot entretient à Paris de très amicales relations. Les Bovy, épris de fouriérisme, vivent en phalanstère et leur maison est la plus accueillante qu'on puisse imaginer. Daubigny, Français et Leleux s'y rencontrent comme à Dardagny et, dans cette colonie artistique comme dans l'autre, on se repose gaîment des laborieuses séances de peinture autour d'une table bien servie et dans un salon où pétille la bonne humeur. Ce salon tente la verve de Corot. Son pinceau se joue sur la boiserie et quatre paysages sortent de son imagination, poétiques médaillons dont le cadre ornemental, dû à la main de quelque décorateur de profession, est agrémenté, sur le panneau central, de deux objets symboliques : une pipe et un verre (2).

(1) Carnet 38.
(2) N^{os} *1078* à *1081*.

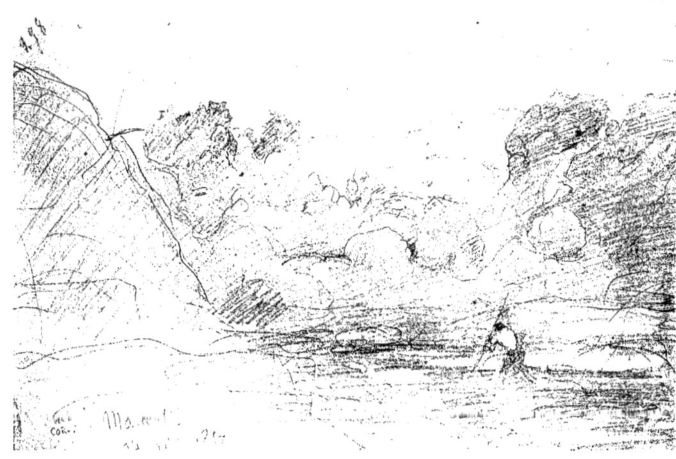

Marcoussis
(14 août 1857).

Corot a dû modifier l'itinéraire de son carnet et avancer sa visite à Dumax, projetée pour octobre ; car un de ses dessins est daté de Marcoussis le 14 août 1857. Le 2 septembre, il est à Boulogne-sur-Mer et il écrit à Dutilleux :

Boulogne-sur-mer, 2 septembre 1857.

Mon cher ami,

Me voici depuis hier à Boulogne, où je reste jusqu'au 12, jour où je compte aller vous retrouver à Arras et vous embrasser tous. Colin ne doit-il pas être de notre course à Dunkerque ? Nous allons bien nous amuser à faire des chefs-d'œuvre, ce qui nous consolera de nos ennuis de l'exposition. Je n'ai pu trouver qu'un seul de vos tableaux ; les autres, à ce qu'il paraît, étaient mal placés ; nous causerons de tout cela. J'ai expédié il y a quelque temps un petit tableau à M. Legentil. Il a eu la bonté de m'en accuser réception et me dit qu'il en est content. Il y aura, à ce qu'il paraît, une épaule à revoir ; nous verrons cela et nous nous conformerons aux avis de l'aréopage...

Tout à vous, je vous serre la main.

C. Corot.

Quelle étonnante humilité dans ces lignes et quelle condescendance de la part d'un grand artiste, qui consent à modifier une œuvre d'après les décisions d'un « aréopage » provincial ! Cependant, je me figure que la politesse entre pour quelque chose dans ce langage ; Corot n'était pas homme à abdiquer son sentiment pour complaire à qui que ce fût. L'épaule en question n'a pas dû être changée. La Vénus a dû demeurer telle ; car il s'agit d'une réduction de son tableau du Salon : *Vénus désarmant l'Amour*, que l'amateur arrageois lui avait commandée (1). Ce tableau, très goûté, avait trouvé lui-même acquéreur. Corot n'avait pas à se plaindre de son exposition. Les ennuis dont il parle à Dutilleux ne sont donc pas les siens propres. Il épouse généreusement ceux de son ami, de même qu'il emploie son crédit auprès des marchands à leur faire acheter quelques-unes de ses toiles (2). Il en use d'ailleurs de même à l'égard de maint autre confrère. Il a, mêlées aux siennes, des études de

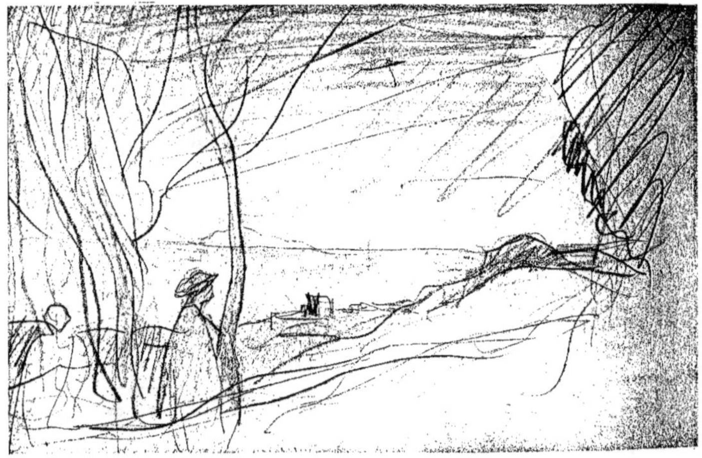

Environs de Dunkerque
(1857).

(1) N° *1103*.
(2) Lettre à Dutilleux, du 9 novembre 1856.

Chintreuil ou de Lavieille par exemple et, quand il reçoit un amateur à son atelier, il s'arrange pour que celles-ci tombent de préférence sous ses regards ; au besoin, il force la main en leur faveur. Ce cœur d'or ne songe qu'à faire des heureux : c'est un besoin de sa nature. Lorsqu'il a obligé les petits amis, le travail marche tout seul et les chefs-d'œuvre naissent sans effort.

L'excursion de Dunkerque est un ravissement. Gustave Colin n'est pas de la partie, comme Corot l'avait souhaité ; mais Dutilleux emmène avec lui son élève Charles Desavary, qui sera bientôt son gendre. Les trois peintres, qui n'engendrent pas la mélancolie, sont descendus d'abord dans un des premiers hôtels de la ville, au Chapeau Rouge ; mais leur gaîté y éprouve une contrainte qu'elle ne peut supporter. C'est si bon de faire des folies tout à son aise, pour se délasser de la fatigante tension du labeur artistique ! Un modeste abri de mariniers, l'auberge de la Chaloupe Nationale, leur fournit l'asile souhaité. L'estomac y trouve son compte, à en juger par ce pantagruélique menu que Corot a enregistré sur son carnet (1) :

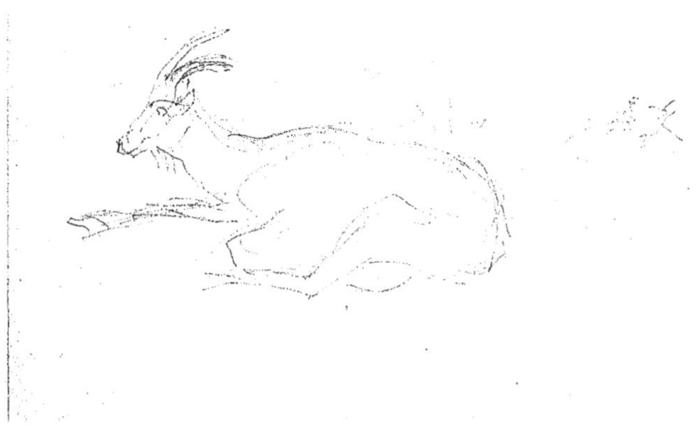

Croquis fait aux environs de Dunkerque.
(1857)

(1) Carnet 27.

« Œufs sur le plat, jambon, tourte à la volaille, veau à la chicorée, un pâté, volaille au riz, une dinde aux marrons, un brochet, une crème au chocolat, meringues, fromage à la crème, frangipane, petits-fours, massepains ». Voilà comment Mme Duquesne traite ses pensionnaires, dont l'appétit, sans doute, fait honneur à sa cuisine ; car ils ne s'épargnent guère, travaillant du matin au soir sous le vent de mer, allant parfois chercher des inspirations jusqu'à Zuydcoote et faisant des kilomètres dans la dune avec le bagage du paysagiste sur le dos (1).

Sur l'album qui a accompagné Corot dans cette expédition, on lit cette note : « Le 29 septembre 1857, Mantes. La Seine sans rides ». Il s'est donc arrêté là au retour. Nous y perdons sa trace et nous ne savons

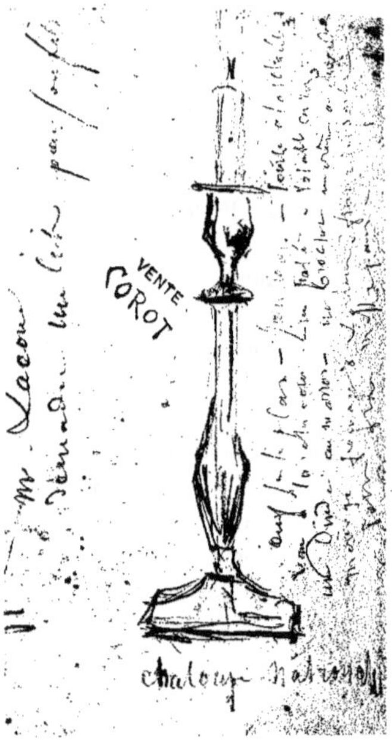

Croquis fait à l'auberge de la Chaloupe Nationale.
(Dunkerque, 1857).

s'il a exécuté son programme d'automne indiqué plus haut. Nous le retrouvons à Paris en hiver, occupé de nouvelles grandes œuvres. Le 4 janvier 1858, dans une lettre à Dutilleux, il trace la silhouette de trois compositions qu'il va entreprendre. Ces trois croquis portent les titres et les indications complémentaires que voici : « *Le Dante et Virgile*, 8 pieds (le jour naissant) ; *Jeu de cache-cache*, 5 pieds (soir ou matin, pas arrêté) ; *la Solitude* (temps ordinaire) ». Entre temps, il s'amuse à jeter quelques dessins sur des verres photographiques que Colin lui a apportés d'Arras et il s'essaie, sous la direction de Jules Michelin, à la pratique de l'eau-forte. Ces menues besognes le reposent des entreprises plus importantes. Mais son

(1) Voir N^os *761*, *762*, *763*, *764*, *765*, etc.

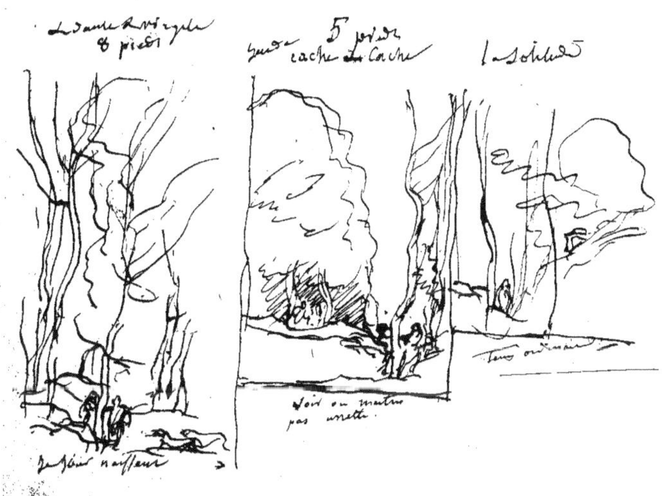

Croquis sur une lettre à Dutilleux
(4 janvier 1858).

délassement favori, c'est de prendre une semaine de modèle, d'affubler une de ces faubouriennes qui courent les ateliers d'oripeaux plus ou moins italiens et de s'appliquer à peindre pour le plaisir de peindre, pour la joie de fixer sur la toile un beau regard noir et d'harmoniser le blanc d'une chemise avec le jaune d'une manche ou le rouge d'un jupon. Brandon est son pourvoyeur de costumes. Il lui écrit (17 janvier 1857) :

« Je vous demanderais une grâce : c'est de me faire arriver par un pensionnaire ou tout autre, ou vous quand vous reviendrez, deux costumes : un de moine capucin et un costume de femme d'Albano ou de Genzano. Nous compterons tout cela ensemble ».

Brandon s'est empressé de lui procurer les objets souhaités, ainsi qu'il appert de ce bout de lettre (31 mars 1857) :

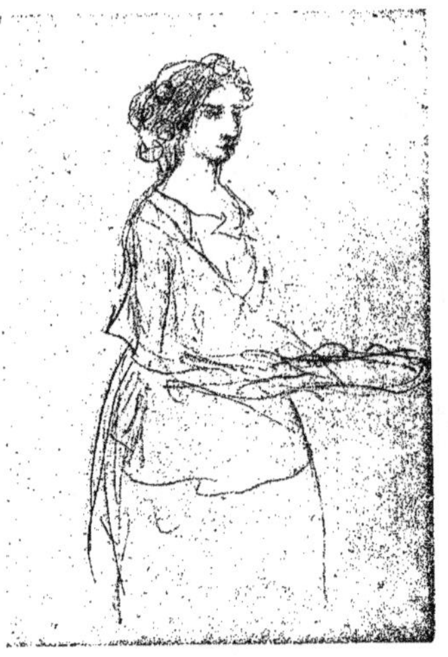

Croquis
(vers 1855-60).

« Je vous remercie beaucoup des costumes. M. Jules (le frère de Brandon) a eu la bonté de me les expédier. Le capucin est très beau. Il manque seulement pour le costume d'Albano une robe en soie ou jaune ou rose, comme j'en ai vu à Spilla ; plus, une couronne en ruban de soie. Seulement, je ne suis pas pressé ; à votre aise. Je voudrais aussi que vous me disiez ce que je vous devrai pour le tout ; car le vieux négociant voudrait s'acquitter. »

La clientèle boude les figures de Corot. Il est convenu qu'il ne sait pas dessiner une tête. About se fait l'interprète de l'opinion générale quand, après avoir couvert d'éloges ses paysa-ges, il l'accuse de n'être « pas de force à peindre un portrait ni à modeler un torse » (1). L'apparente gaucherie des bonnes femmes de Corot déroute la plupart de ses confrères. Ingres, qui se rencontre par hasard avec lui, chez Haro, devant une de ses Vénus, s'échappe brusquement pour n'avoir pas à dire son sentiment jusqu'au bout. Cependant, avec plus de clairvoyance, Hippolyte Flandrin avoue que « ce diable d'homme met dans ses figures quelque chose que les spécialistes n'ont jamais mis dans

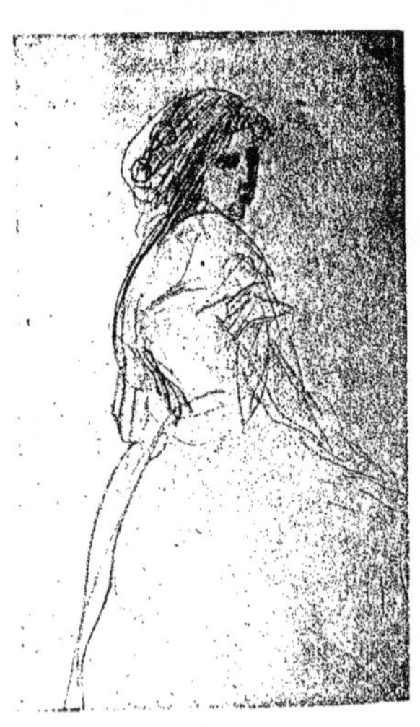

Croquis
(vers 1855-60).

(1) *Nos artistes au Salon de 1857*, p. 121.

les leurs. » C'est qu'il va chercher l'âme et la vie à travers l'enveloppe de la guenille humaine. Voilà le but de ses constants efforts. C'est pour cela qu'il a toujours dans sa poche un petit album et qu'à l'Opéra comme à la Comédie, où il passe plusieurs soirées chaque semaine, son crayon, toujours aux aguets, va de la scène à la salle et surprend tour à tour le geste onduleux d'une danseuse ou bien un délicat profil accoudé au bord d'une loge. Le théâtre est une mine féconde, où son talent puise à pleines mains. Ce monde de fictions est pour lui un monde réel. Il

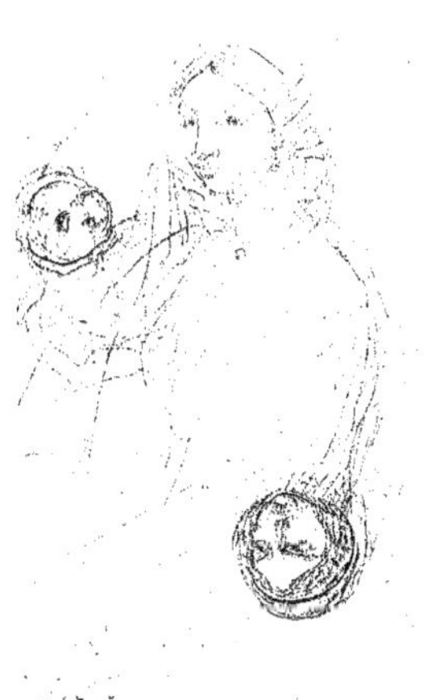

Croquis
(vers 1855-60).

suit avec passion le geste d'un acteur ou le rythme d'un ballet. L'illusion, mère des arts, domine ses sens. Il n'est pas jusqu'à la coupe d'un décor qui n'impressionne, à l'égal de la nature elle-même, sa rétine complaisante et qu'on ne trouve reportée ensuite par sa main sur la toile. Un paysage de Corot n'est souvent pas autre chose que la réminiscence d'une soirée aux Italiens ou au Lyrique. Mais c'est un souvenir du génie.

Corot est le plus désintéressé des hommes. Ses clients s'en aperçoivent tous les jours. Malgré la faveur qui,

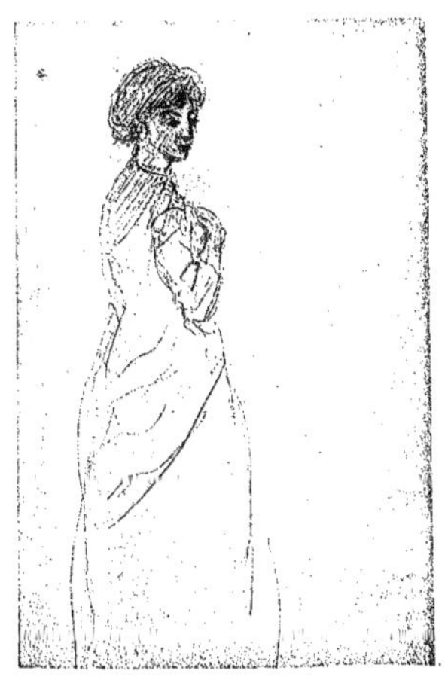

Croquis
(vers 1855-60).

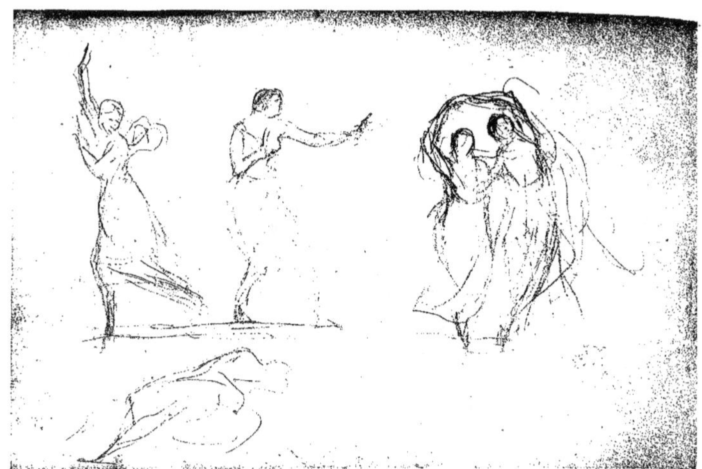

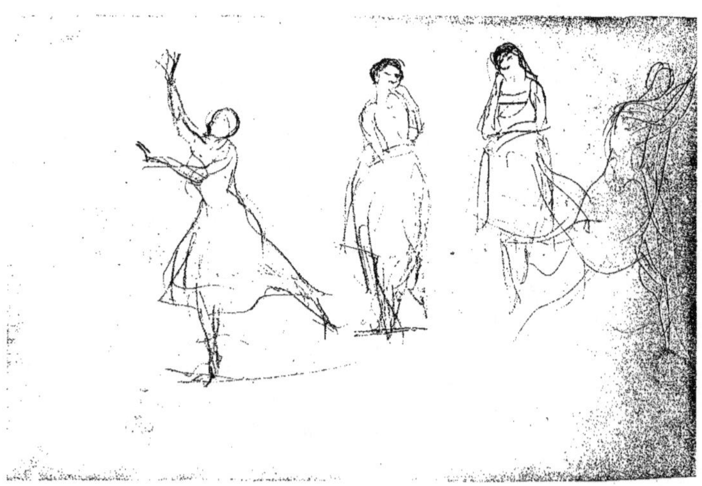

Croquis faits au théâtre
(vers 1855-60).

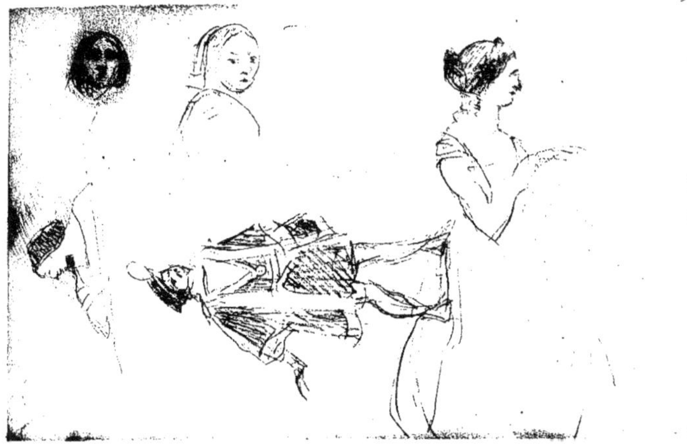

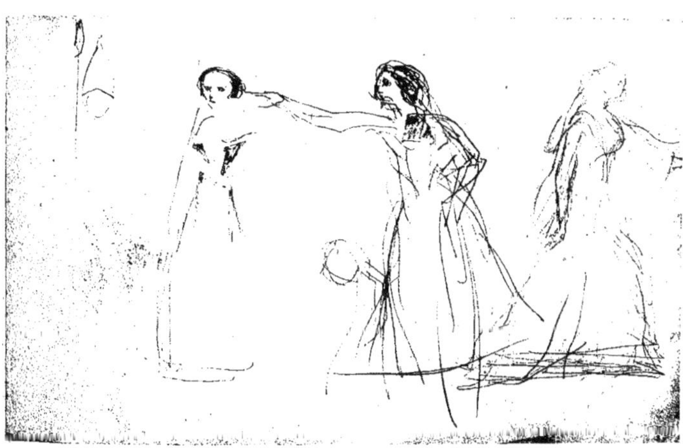

Croquis faits au théâtre
(vers 1855-60).

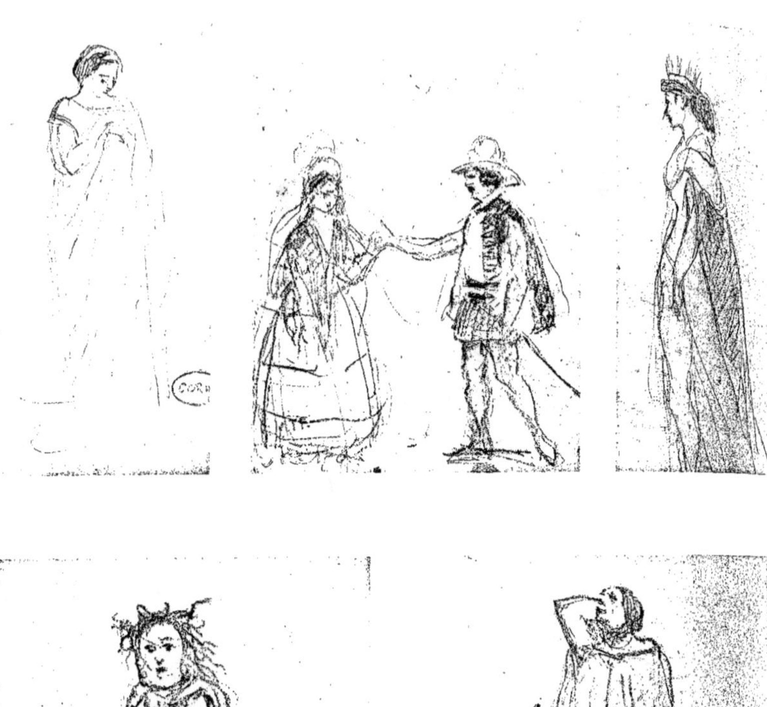

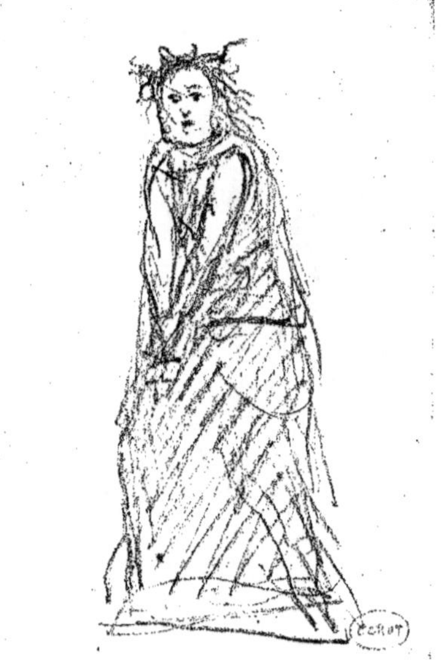

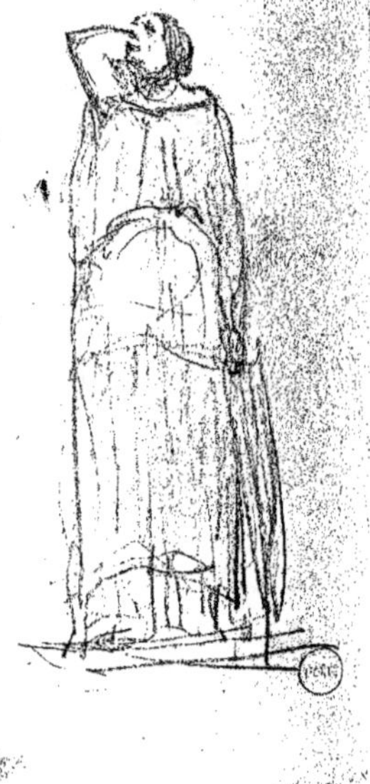

Croquis faits au théâtre
(vers 1855-60).

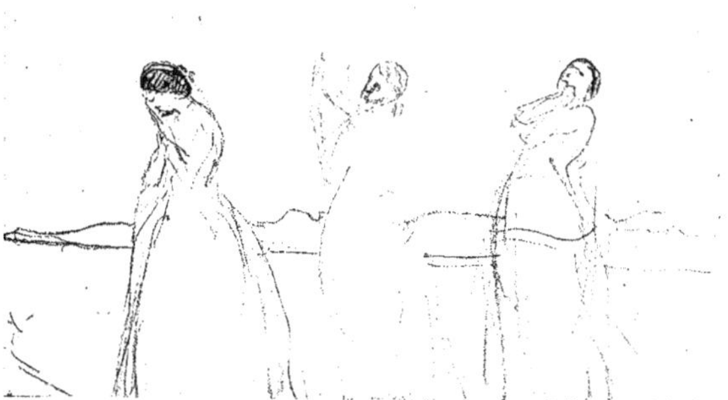

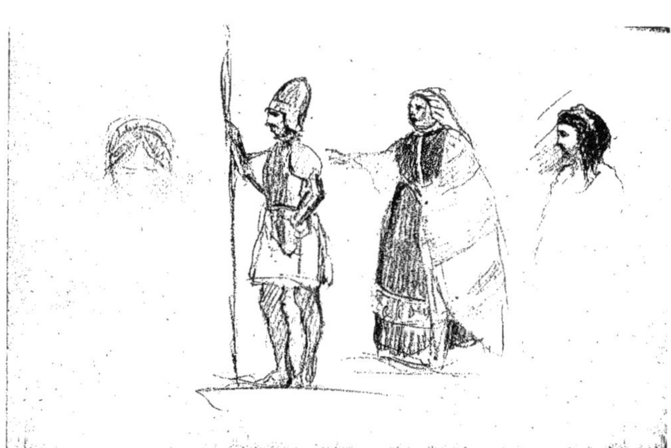

Croquis faits au théâtre
(vers 1855-60).

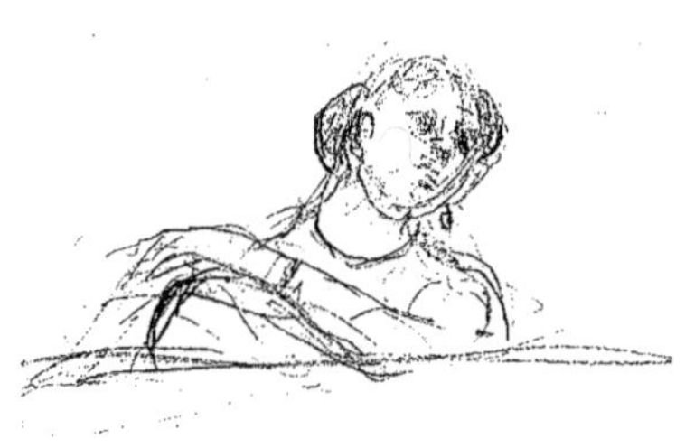

Une dame dans une loge.
Croquis fait au théâtre (vers 1855-60).

peu à peu, lui est venue, il vend ses tableaux à vil prix. Il estime toujours qu'il en a demandé trop cher et volontiers, quand on le paie, il indemnise son débiteur en lui donnant une étude ou deux par dessus le marché. Il a beau être le fils d'un négociant; lui-même n'est rien moins qu'un homme d'affaires. Heureusement, il se trouve quelqu'un d'avisé pour prendre ses intérêts en dépit de lui-même. Le commissaire-priseur Boussaton le décide à faire une vente. Le 11 avril 1858, trente-huit de ses peintures sont mises aux enchères à l'hôtel Drouot par les mains de l'expert Thirault. Il y avait dans le nombre cinq grands tableaux (1), dont trois avaient figuré au précédent Salon. Les autres numéros étaient des études désignées au catalogue par le nom du lieu où elles avaient été peintes : Ville-d'Avray, Dunkerque, Le Tréport, Dardagny, Rosny, Domfront, Luzancy, Nanteuil-les-Meaux, Marcoussis, Genève, Montmorency, Mortain, Arras, Rotterdam, etc. Corot n'avait pas abandonné sans regret certains de ces morceaux auxquels l'attachait une tendresse paternelle. Mais il s'agissait, il l'avait compris, de frapper un coup décisif et de conquérir pour tout de bon un public encore parfois hésitant. L'épreuve réussit. A part les grandes toiles, dont deux ou trois durent être rachetées, tout atteignit ou dépassa le prix d'estimation. Lorsque M. Boussaton annonça à Corot le résultat, 14,233 francs : « Pas possible? fit-il, vous me trompez. » Trois cents francs en moyenne par toile : son ambition n'allait pas jusque-là. Et puis, sa peinture était lancée une fois pour toutes.

Au mois de février 1858, il avait marié une petite nièce, Mlle Baudot, dont la mère était morte en lui donnant le jour et qui avait été élevée par Mme Sennegon, sa grand'mère. Le mari, chose curieuse, portait le nom de

(1) De ce nombre étaient les Nos *441, 1069* et *1098.*

Corot, sans que ce fût un parent. Sa famille avait avec celle dans laquelle il entrait une commune origine bourguignonne. Il était de Semur et sa profession ne l'avait guère éloigné de la terre natale. Il exerçait les fonctions de percepteur aux environs de Dijon, à Aizerey. Naturellement, le jeune ménage engagea l'oncle à venir le voir; et l'oncle d'y courir avec empressement. Il en profita pour visiter Dijon et, au retour, Troyes. Nous avons, sur son voyage, les confidences de son carnet de croquis, qui lui servait, à l'occasion, à noter ses dépenses de route. L'album, ce fidèle compagnon de l'artiste, nous introduit dans son intimité; il nous livre l'homme tout vif. Voici son sourire au bas d'une page, dans ces mots copiés sur une enseigne : « Frison, coiffeur à Troyes. »

Corot a envoyé, cette année-là, un tableau à l'exposition de Dijon : un de ceux qui, mis en vente, lui sont restés pour compte : *le Verger* du Salon de 1842. A l'issue de l'exposition, le patriotisme de clocher parle à son cœur et, comme la ville la plus proche du berceau de ses ancêtres, c'est Semur, avec lequel le mariage en question vient de lui donner une attache nouvelle, il lui offre son œuvre, qui prend place au musée municipal. Il va l'y installer lui-même. Là, comme naguère à Douai, ses pinceaux lui brûlent les doigts en face d'une peinture vieille d'une quinzaine d'années, dont sa maturité condamne certaines inexpériences. Une métamorphose s'opère du coup. Comme par enchantement, une atmosphère nouvelle baigne la prairie ; désormais les petits oiseaux chantent plus allégrement dans un bocage où circule un air plus léger.

Arras a vu Corot à la fin de mars ; témoin ce gentil billet :

Paris, 19 mars 1858.

Mon cher ami,

Je vous annonce avec bonheur que je dois partir lundi 22 par le convoi express de 8 heures matin. J'arrive à midi 8. Je vous prie que ça ne dérange pas vos leçons. Je mettrai mon paquet sur l'omnibus et reviendrai *cum pedibus*.

Tout à vous de cœur,

C. Corot.

Embrassades pour tous.

Le 7 septembre, le double mariage des deux plus jeunes filles de Dutilleux réunit encore une fois les deux amis dans la demeure de l'Artésien. « J'aurai un joli costume noir », dit Corot en s'annonçant. La lettre qui le précède est datée de Magny-les-Hameaux, près Chevreuse (Seine-et-Oise). C'est là, on le sait, que Léon Fleury possède une maison des champs, humble demeure qui sent son paysan, mais que Corot aime pour l'accueil simple et cordial qu'il y reçoit. Les murs de cette résidence s'égaient en ces années-là sous la caresse de son pinceau (1). Sa fécondité de décorateur se donne carrière à tout bout de champ sous la douce influence de la camaraderie. Ainsi, en Bourgogne, à Savigny, près de Beaune, chez un ami nommé Nicolas Fournier, où fréquentent avec lui les peintres Lapito et Grandjean, un kiosque, qui réunit Corot à ses vieux camarades, s'enrichit de ses improvisations (2). Ainsi encore à Fontainebleau, chez Decamps (3).

Il paraît que les panneaux peints chez ce confrère, qui représentaient les quatre heures du jour, furent exécutés avec une fougue et une rapidité surprenantes. Decamps, stupéfait, lui criait : « Pas si vite; ne vous dépêchez pas tant ! Il y a encore de la soupe à la maison. » Mais Corot allait quand même, récitant sans effort la leçon apprise quotidiennement dans le grand livre de la nature. Quand ce fut fini, devant cette peinture si simple et si saine : « Quel enseignement vous m'avez donné, fit Decamps avec une certaine mélancolie. Si je n'étais pas trop vieux, si j'avais encore la vie devant moi, je lâcherais toutes mes recettes artificielles et je ne voudrais d'autre vertu que la vôtre : la sincérité. » Decamps s'efforçait d'attirer Corot chez lui le plus souvent possible. « Mon bon Corrot (*sic*), lui écrit-il un jour, vous laissez toujours ici de tels souvenirs que la préoccupation de vous revoir est la grande affaire de nos demoiselles (4)... »

Corot fait de son mieux pour contenter tout le monde. Il accompagne Lavieille à La Ferté-Milon, rejoint Daubigny à Auvers et n'oublie

(1) *N°s 1615* à *1618*.
(2) *N°s 1186* et *1186 bis*.
(3) *N°s 1104* à *1107*.
(4) Lettre du 3 janvier 1856. Catalogue Charavay, octobre 1889, n° 264.

pas Luzancy. Dans ce joli village au bord de la Marne, près de la Ferté-sous-Jouarre, habite le père Remy. Remy, lui aussi, a débuté dans les draps, puis a quitté le négoce pour les arts. L'atelier Bertin n'en a pas fait un grand peintre ; mais c'est le plus aimable des compagnons. M. Frédéric Henriet, l'historiographe du paysage dans la vallée de la Marne, l'a bien connu. « M. et Mme Remy, écrit-il (1), passaient l'été à Luzancy, dans une petite maison qui en était restée au confortable bourgeois de 1830 ; le type de la maison du sage qui sait simplifier sa vie. Assise sur un petit tertre au-dessus des murs du château, entourée sur trois côtés d'arbres séculaires dépendant de ce domaine, retirée, silencieuse, mais point isolée, à deux pas de la rue, des bois, de l'église, de la rivière, elle offrait à Corot, sous l'œil attentif de l'amitié, une douce retraite où il trouvait la paix, la fraîcheur, le repos, — repos tout relatif bien entendu ; car il eût dit comme Titus s'il n'avait, chaque jour, brossé quelque ébauche.»

L'un des albums de 1858 (2) contient un croquis d'une jeune paysanne étendue sur l'herbe au pied d'un saule, dans un pré au bord de la Marne, et on lit au bas : « La bergère de Luzancy. » Si l'on tourne le feuillet, l'idylle fait place au drame. C'est le bond d'une panthère surpris au Jardin des Plantes en vue du *Dante aux enfers.* A l'approche du Salon de 1859, les tableaux en préparation depuis un an sont poursuivis activement. Corot écrit à Dutilleux (4 janvier 1859) : « Je travaille comme

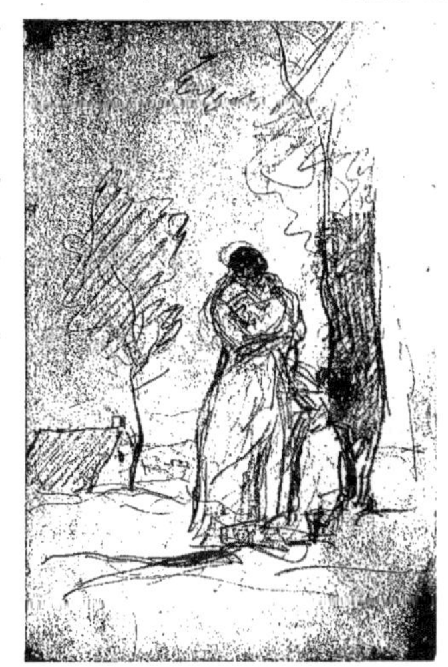

Croquis
(vers 1855-60).

(1) *Les campagnes d'un paysagiste*, Laurens éditeur, p. 148.
(2) Carnet 28.

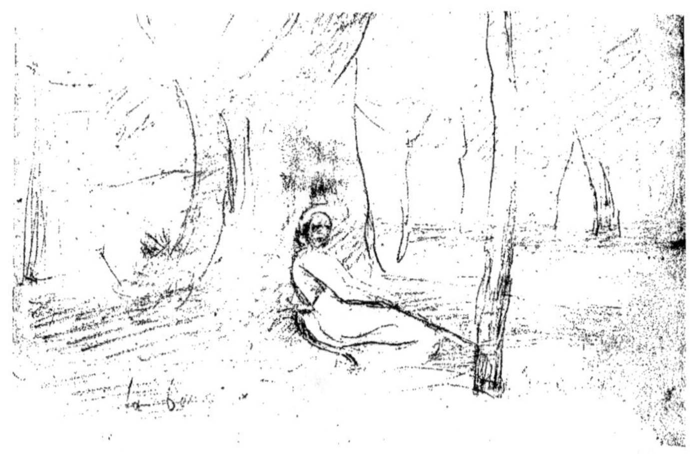

La bergère de Luzancy
(1858).

un diable ». Et à Brandon : « Je travaille ferme... Espérons que le Seigneur fera descendre de temps en temps son bon ange à côté de moi. » A deux reprises différentes, il envoie à Brandon, toujours en Italie, des croquis des œuvres en train. Il n'est plus question de la *Solitude*, décrite précédemment à Dutilleux. Par contre, à *Dante et Virgile* (1) et à *l'Idylle*, qu'il intitulait naguère *Cache-Cache* (2), se sont ajoutés *Macbeth* (3) et *la Toilette* (4). « J'ai entrepris plusieurs choses, dit-il (27 novembre 1858) : d'abord le Dante et Virgile, tout le commencement de l'Enfer ; 2° une partie de campagne style antique, des joueuses, des buveurs, des enfants, etc.; 3° deux jeunes filles, toilette après le bain ; 4° un Macbeth et les sorcières. Je pense n'en finir que les trois derniers pour l'exposition. » — Il les finit tous et d'autres encore; car il a sept numéros au livret.

(1) N° *1099.*
(2) N° *1110.*
(3) N° *1109.*
(4) N° *1108.*

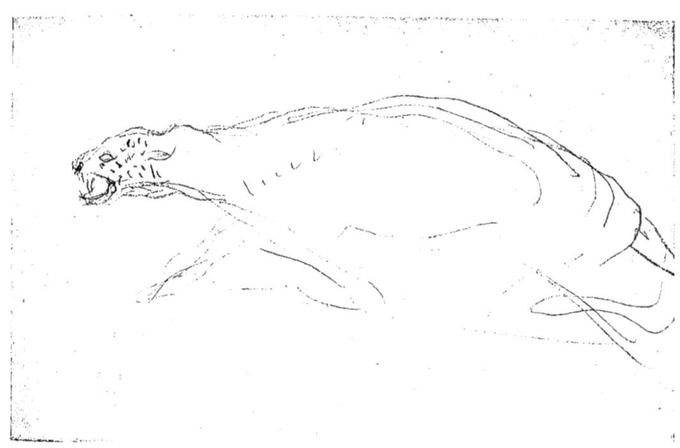

Une panthère
(1858).

Les animaux de son Dante l'ont tant soit peu embarrassé et, ma foi, il a invoqué l'aide d'un spécialiste. Barye, avec qui il se rencontre de temps à autre au café de Fleurus, est venu lui donner un coup de main; il lui a construit des fauves d'une anatomie impeccable. Mais Corot a trouvé que les bêtes de son camarade manquaient du je ne sais quoi que réclame la fantaisie du poète et, à force d'ajouter un détail par ci, un détail par là, il a fini par les repeindre entièrement lui-même avec son œil de créateur. Ce tableau et le *Macbeth* sont deux pages typiques qui contrastent, par la sévérité de l'émotion qui s'en dégage, avec la douceur gracieuse des inventions habituelles à Corot. La note tendre et aimable de son talent se retrouve dans *l'Idylle antique* et dans *la Toilette*.

Ce dernier morceau est modestement intitulé par son auteur : *Paysage avec figures*. Le paysage ici n'est que secondaire et les figures, par leur dimension d'une part, et surtout par leur exécution, prennent une importance capitale et accaparent l'attention. Mais Corot se réclamait de sa qualité de paysagiste pour traduire à sa façon un beau corps de fille et le baigner dans l'atmosphère. Sa technique était la même, qu'il s'agît de l'humanité vivante ou de la nature inanimée. Il expliquait son système par une comparaison imagée. « Je peins, disait-il, une poitrine de femme tout comme je peindrais une vulgaire boîte au lait. » Cette manière de faire contrariait trop les préjugés courants pour ne pas rencontrer des détracteurs. « Le talent de M. Corot reste une énigme pour la foule », écrivait un de ses partisans (1). L'intelligence de la critique n'allait

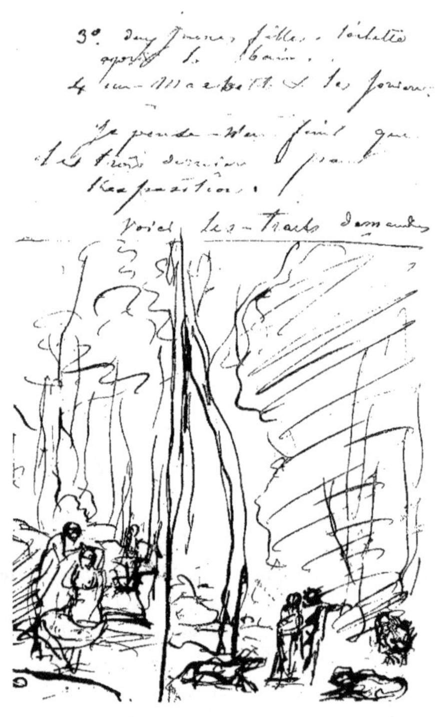

Croquis sur une lettre à E. Brandon
(27 novembre 1858).

souvent pas plus loin que celle du public, dont elle partage trop souvent les préventions et la courte vision. « Nulle vérité dans son invention, nulle variété dans ses tons et dans ses lignes : sa composition est uniforme, sa couleur invraisemblable, son dessin faux et perpétuellement lâché. » C'est Castagnary qui signait ce jugement (2). Un autre aristarque disait encore (3) :

(1) Georges Duplessis, *Revue des Beaux-Arts.*
(2) *Salon de 1859*, p. 88.
(3) E. de B. de Lépinois, *L'Art dans la rue et au Salon*, 1859, p. 194.

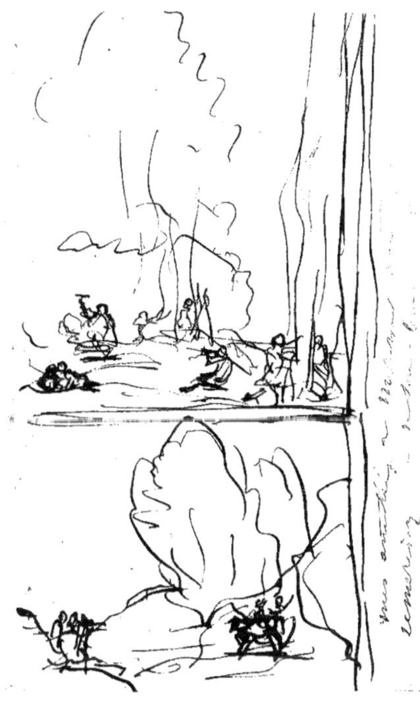

Croquis sur une lettre à E. Brandon
(27 novembre 1858).

«J'aime M. Corot lorsqu'il se plonge dans l'harmonie des gris à la faveur du brouillard et de la rosée ; mais, lorsqu'il s'essaie en plein midi, je lui refuse mon humble suffrage. Pour affronter le soleil, il faut avoir quelques notions de la forme et de la couleur. Or, M. Corot n'a jamais pu dessiner et sa palette n'a jamais connu (le dirai-je ?) que la nuance merde-oie... Ses arbres se perdent dans des masses informes, ses terrains sont de la cendre et ses personnages, habillés ou nus, n'appartiennent que bien peu à l'espèce humaine ».

Cet aveuglement d'un pédant brutal était malheureusement encore partagé par beaucoup de monde. Le solide fondement de cet œuvre échappait ; on n'en percevait que l'harmonieuse parure. Un préjugé ridicule faisait fortune. Corot passait pour un poète sans orthographe, irrémédiablement brouillé avec la syntaxe et la grammaire. On accusait l'indécision des heures extrêmes du jour de servir de voile à l'imperfection de sa pratique. Le charme mystérieux dont il enveloppait sa science prêtait des armes contre elle. C'est l'éternelle histoire du génie aux prises avec l'ignorance et la routine. Un artiste dont l'enthousiasme s'était échauffé au contact des sublimes créations du maître, M. Zacharie

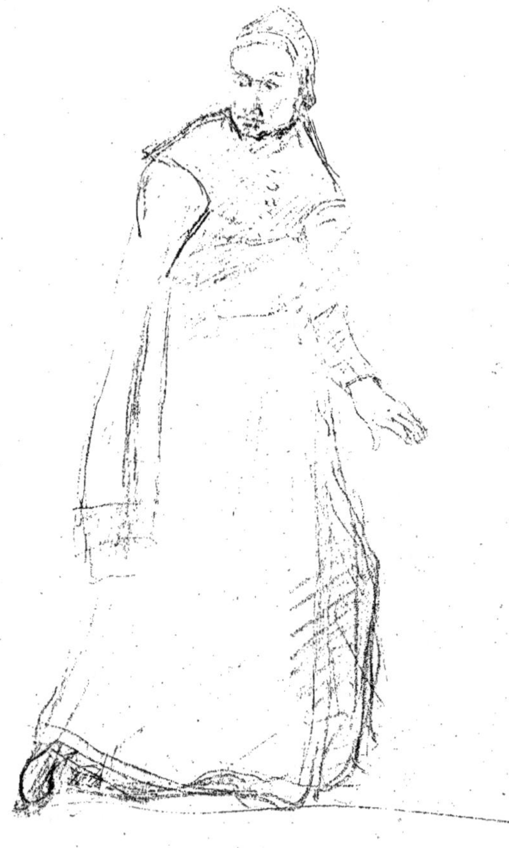

Dante, étude.
(vers 1859).

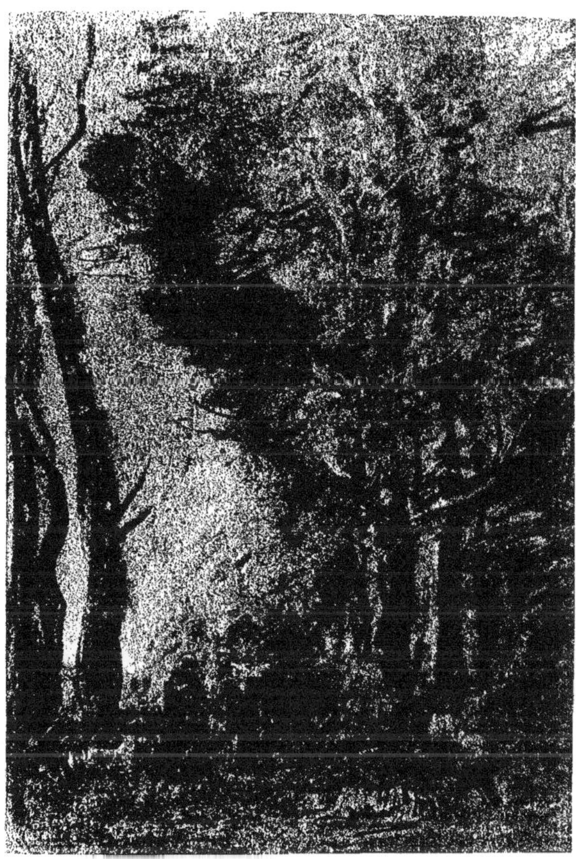

Dante et Virgile.
Fusain exécuté chez Dutilleux, à Arras, le 5 avril 1859.

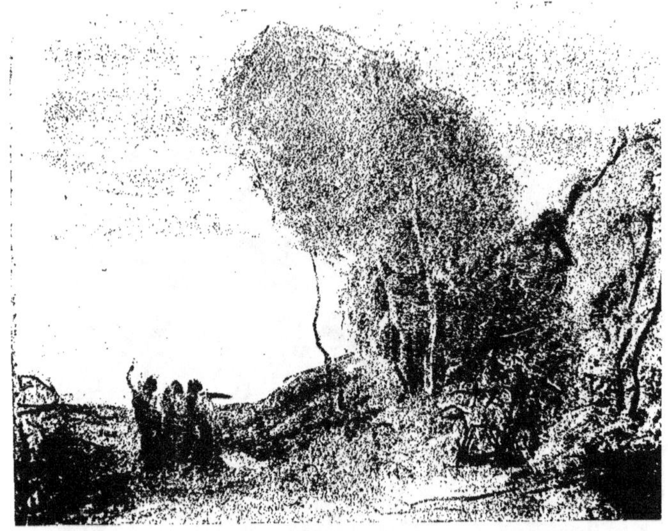

Macbeth, fusain
(vers 1859).

Astruc écrivit alors en sa faveur un plaidoyer vibrant d'émotion (1) :

« Charmante fantaisie des créateurs, qui vous expliquera et me dira pourquoi M. Corot, qui est un des talents les plus robustes, les plus virils et individuels, les plus poétiques, les plus charmants et les plus vrais de notre époque, est encore méconnu? O profonde méchanceté, profonde sottise de la foule ! Qu'a-t-elle donc fait de ses yeux, de son âme, de sa délicatesse, pour se tromper à ce point?... Venez, Giorgione, venez défendre votre frère, et dites-nous la raison de ces ignorances. Serait-ce par hasard la même qui fait courir aux opéras de M. Clapisson les dilettanti qui trouvent Mozart vieillot, Weber abstrait, la symphonie avec chœurs de Beethoven diffuse? »

Mozart, Weber, Beethoven : voilà des noms heureusement rapprochés de celui de Corot. Ces hommes-là parlent en musique la même langue que lui en peinture. Tous les dimanches, quand

(1) *Les 14 stations du Salon de 1859.*

il est à Paris, il va au Conservatoire ou à Pasdeloup et, à les entendre, il goûte une joie qui éclate en bravos. Sa figure s'épanouit, son œil brille et sa béatitude communicative rayonne autour de lui. Parfois, les thèmes favoris qui chantent dans sa mémoire appellent sur ses lèvres de lumineux commentaires. Il analyse une symphonie comme un tableau. Il vante l'art qui tire d'un même motif les effets les plus divers, à l'imitation de la nature dont la face, en apparence immuable, se transforme complètement par un sourire du soleil ou une colère du vent. Il loue Beethoven ou Mozart, Gluck ou Haydn; mais, sans qu'il y prenne garde, c'est son propre éloge qui sort de sa bouche. Car Corot connaît aussi le secret des variations multiples et, sous sa baguette de magicien, un même paysage se pare tour à tour des brillantes couleurs de l'allégresse ou bien des voiles obscurs de la mélancolie.

La campagne de 1859 a débuté une fois de plus par Arras en avril. (Lettres à Dutilleux du 26 mars et du 1er avril). Le 22 mai, on inaugure, dans l'église de Rosny, le fameux Chemin de Croix ; Corot assiste évidemment à la cérémonie. Le 20 août, il est à Montlhéry. Mme Castaignet, qui l'héberge, est la fille de Mme Herbault, la rivale de la mère Corot dans l'art de coiffer une tête de jolie femme. On se connaît depuis cinquante ans. Une douce intimité règne dans cette maison, où fréquentent le sculpteur Farochon et le musicien de Bériot, où, le soir, Corot fume *pipette*, sans façon, au coin du piano, dont la maîtresse du logis excelle à tirer d'harmonieux enchantements. De Montlhéry, il écrit au peintre Auguin : « J'arrive d'un long séjour en Normandie et je repars en Suisse avec quelques compagnons » Farochon, ami lui aussi de Leleux, est de ces compagnons-là. Son fils, un enfant à cette époque, a gardé le

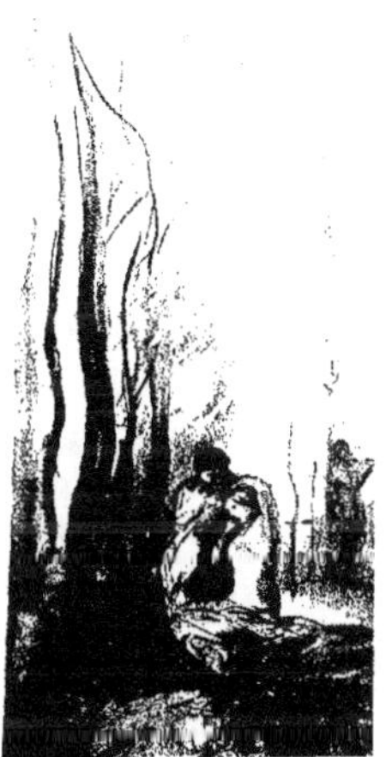

La toilette, fusain
(vers 1859).

souvenir de cet exode en compagnie de Corot, de son entrain juvénile et de ses plaisanteries. Il conte, par exemple, l'arrêt à Nuits-sous-Ravière : la tête chenue du bonhomme se précipitant à la portière à l'appel de la station et criant : « Par ici, par ici » ; l'employé arrivant : « Qu'est-ce que vous voulez, Monsieur ? » ; et Corot éclatant de rire : « Ah ! pardon, j'avais cru que vous vendiez des bocks ; j'avais entendu : Huit sous la bière ».

Retour de Suisse, le 6 novembre, l'hôte choyé de la famille Bovy remercie son monde. Il écrit de Paris à Mme Darier, la sœur d'Antoine et de Daniel Bovy : « Me voici rentré à mon atelier et n'oubliant pas les si bons moments que j'ai passés en Suisse et aussi chez vous, à la Boissière ; je vous remercie bien de votre douce hospitalité ». Par la suite de cette lettre on voit qu'il abandonnait libéralement une partie de ses études derrière lui, entre les mains de confrères ou d'amateurs jaloux de s'assimiler un peu de son talent. Il termine, en effet, par ces mots : « Voilà le moment des visites à l'atelier pour voir les études. Si vous pouviez faire dire à Menn qu'il serait bien aimable de redemander à Mlle Tintine les études, ainsi qu'à Berthoud de Lausanne, qui en a une, et à Scheffer… ».

Avant de reprendre tout à fait ses quartiers d'hiver, il fait une apparition à Fontainebleau. Une lettre à Dutilleux (10 novembre 1859) nous l'apprend et nous instruit aussi d'une nouvelle pointe vers Arras. « Ce sera vers la fin novembre. Au surplus, je vous écrirai vers l'époque pour vous dire le jour, pour que la compagnie du génie soit là, musique en tête. » Il a toujours le mot pour rire.

Par exemple, il recouvre son sérieux quand l'art est en jeu. Sa plume rencontre les plus touchantes expressions pour exhorter de loin ses élèves. « Courage ! Avec un travail persévérant, assaisonné d'amour, on triomphe. » Ce conseil est pour Brandon (1). Le suivant s'adresse à Auguin : « Je me permettrai, de vous recommander la plus grande naïveté à l'étude. Et faites bien comme vous verrez. Confiance en vous ; et la devise : Conscience et confiance » (2). Un journaliste lui ayant un jour demandé un résumé de sa doctrine, Corot lui envoya cette

(1) Lettre du 27 septembre 1858.
(2) Lettre du 20 août 1859.

profession de foi succincte: « Dans la carrière d'artiste, il faut conscience, confiance en soi et persévérance. Ainsi armé, les deux choses, à mes yeux, de la première importance sont l'étude sévère du dessin et des valeurs » (1).

La forme et les valeurs : voilà donc l'essentiel. La couleur et l'exécution sont, pour Corot, des qualités secondaires et tout à fait subjectives. Chacun voit la couleur à sa manière et exécute selon ses moyens. Qu'importe, pourvu que le dessin soit établi avec exactitude et les rapports de valeurs scrupuleusement observés. C'est le *Credo* du maître que nous livre un feuillet d'album (2) sous la forme suivante :

« RÉFLEXIONS SUR LA PEINTURE. »

« Les deux premières choses à étudier, c'est la forme, puis les valeurs. Ces deux choses sont pour moi les points d'appui sérieux dans l'art. La couleur et l'exécution mettent le charme dans l'œuvre. »

Au point de vue de la pratique, Corot croit préférable de commencer un tableau par les masses les plus vigoureuses et de détailler progressivement les valeurs depuis la plus foncée jusqu'à la plus claire. Il a développé cette idée en ces termes (3) :

« Il m'a paru très sérieux de préparer une étude ou tableau en commençant par indiquer les valeurs les plus vigoureuses (en supposant que la toile est blanche)

Autographe de Corot
(vers 1860).

(1) Victor Frond. *Panthéon des Illustrations françaises au XIXe siècle.*
(2) Carnet sans numéro (B).
(3) Carnet 17.

et continuer en suivant avec ordre jusqu'à la valeur la plus claire. J'établirais depuis la valeur la plus vigoureuse jusqu'à la plus claire 20 numéros. Ainsi votre étude ou tableau serait établi avec ordre. Cet ordre ne doit nullement gêner ni le dessinateur, ni le coloriste. Toujours la masse, l'ensemble, ce qui nous a frappés. Ne jamais perdre la première impression qui nous a émus. Le dessin est la première chose à chercher. Ensuite, les valeurs, — les rapports des formes et des valeurs. Voilà les points d'appui. Après, la couleur ; enfin, l'exécution. — Voulez-vous faire une étude ou tableau : 1ᵉ appliquez-vous à chercher la forme en conscience. Après avoir fait tous efforts d'application, passez aux valeurs. Cherchez-les avec la masse. Conscience. Un bon moyen à suivre : si votre toile est blanche, commencez par le ton le plus vigoureux. Suivez l'ordre jusqu'au ton le plus clair. Il est très peu logique de commencer par le ciel. »

Le moindre croquis de Corot révèle la préoccupation simultanée de la forme et des valeurs. Comme il est malaisé d'obtenir en quelques coups de crayons les oppositions nécessaires, il a adopté une notation conventionnelle. Un cercle indique un clair et un carré un noir. La dimension de ces signes est proportionnée à la progression des valeurs. L'intelligence de cette sténographie pittoresque est chose indispensable pour la lecture des documents intimes du peintre. Pour qui en possède la clef, ces indications jouissent d'une merveilleuse clarté synthétique. On devine un tableau dans un griffonnage embryonnaire. On comprend sa pensée à demi-mot. L'éloquence de ses abréviations est admirable. Aucun trait qui n'ait sa signification et sa portée. Cette concision est le fruit des longues années d'étude appliquée, patiente et naïve.

Corot se plaisait à évoquer le souvenir de son laborieux apprentissage. Il parlait avec émotion de la « ligne d'Italie » et de son influence sur son éducation artistique. Il continuait d'ailleurs à apercevoir les collines du Latium dans les horizons de nos plaines de France. Ville-d'Avray s'appelait souvent pour lui Albano. Mais, à la longue, son Italie était devenue une Italie à part, qui n'avait plus rien à voir avec celle de ses jeunes ans. Le poète donnait de prodigieuses entorses à la géographie. Aligny devait avoir quelque peine à reconnaître à travers les « souvenirs » de Corot, le théâtre de leurs communs exploits. Son style, en s'élargissant, avait changé les frontières de son ancien domaine et franchi les bornes des réalités contingentes. Sa fantaisie créait un monde nouveau à l'usage de l'humanité née d'elle. D'où venait cette race à part qui peuple ses Tempés idéales ? Rondes légères de nymphes, d'où sortez-vous ? Et vous aussi, bergers danseurs, dont la flûte rythme les ébats au fond du vallon ? N'est-ce pas de l'Opéra que Corot vous a rapportés ? N'est-ce pas vous qu'il a aperçus dans l'envolement cadencé d'un ballet ? Aériennes ballerines, l'œil du peintre s'est posé sur vous et vous a dérobées pour son usage ; vous êtes l'âme de son paysage.

En dépit des amis qui réclament à l'envi le plus aimable des convives, il se réserve plusieurs soirées par semaine pour le spectacle. Ces jours-là, il dîne tranquillement dans un restaurant du boulevard ; puis, après avoir tiré quelques bouffées d'un cigare, il gagne sa stalle et, l'oreille tendue, suspendu aux lèvres des acteurs, il écoute et observe religieusement. Souventefois, il sort son calepin de sa poche, note un geste, une expression, un costume, un décor. Une idée traverse son

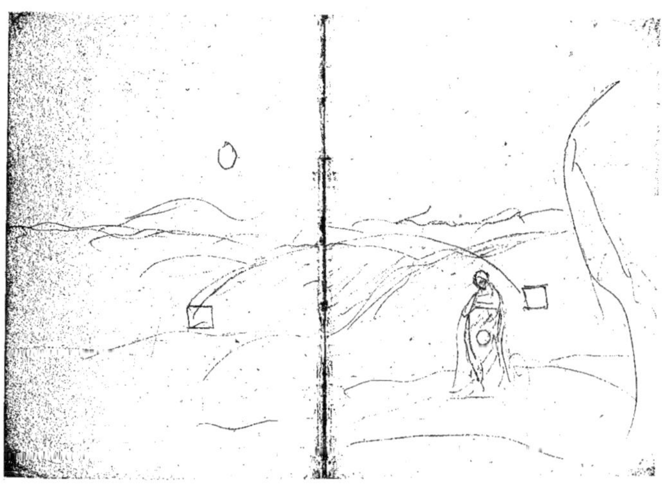

Croquis avec notation des valeurs par des cercles et des carrés.

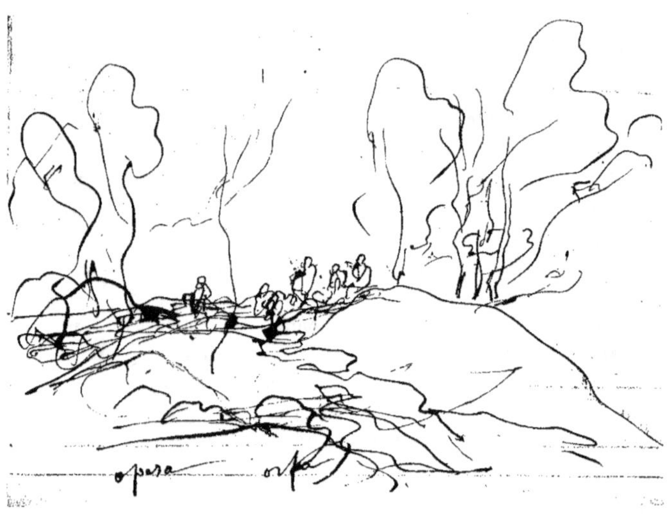

Souvenir d'un décor d'*Orphée*
(vers 1860).

esprit, qui, le lendemain, se développe sur la toile. Hier, la Ristori l'entraînait au Théâtre Italien, d'où il rapportait *Macbeth*. Aujourd'hui, c'est Mme Viardot qui crée *Orphée* au Lyrique. Il y court. La divine musique de Gluck enchaîne son cœur et asservit son pinceau.

L'*Orphée* de Corot (1) paraît au Salon de 1861, accompagné de cinq autres toiles, parmi lesquelles une *Danse de Nymphes* (2) et, sous ces titres : *Le Lac* (3) et *Soleil Levant* (4), deux improvisations sur un thème désormais fécond en variations : des pâtures boisées au bord de l'eau et des vaches errant dans ces prairies humides sous l'œil d'un gardien coiffé du bonnet rouge de Masaniello. Une fois de plus, l'accueil fait par la presse à ses tableaux ne fait pas l'éloge de la

(1) N° *1622*.
(2) N° *1619*.
(3) N° *1621*.
(4) N° *1620*.

perspicacité des journalistes. « L'œuvre de Corot est peut-être poétique, dit Thoré dans le *Temps* (1) ; mais il n'est pas varié ». Castagnary lui reproche « une exécution molle et perpétuellement lâchée » (2). Maxime du Camp plaisante lourdement : « A force de tourner dans le même cercle, M. Corot a fini par s'étourdir » (3). Olivier Merson instruit son procès avec dédain : « Qu'est-ce que *Le Lac* ? Un fouillis de tons bavocheux, qui salissent la toile comme un griffonnage d'enfant salit le papier. Et *Orphée* ? Le paysage d'*Orphée* vaut *Le Lac*, mais les figures sont encore au-dessous du paysage. Et la *Danse des Nymphes* ?... Les hôtes de ce bocage, poupées bourrées de son, court-vêtues de guenilles, font vraiment peine à voir » (4). Il n'est pas jusqu'à Théophile Gautier qui ne donne son coup de patte. A propos de l'*Orphée*, il écrit : « Cette silhouette bizarre, suivie d'une Eurydice roide comme une poupée, exciterait le rire, si l'on pouvait rire de cet excellent Corot, si amoureux de son art, si travailleur et si convaincu » (5).

Corot ne perd pas contenance. Il prend part, avec des toiles importantes, aux expositions organisées par Martinet dans sa galerie du boulevard des Italiens. En même temps, il en appelle à la province. Ses tableaux vont de ville en ville, promenés à travers les petits Salons régionaux. En 1858, le fameux *Effet du matin* exposé à l'Universelle de 1855 a reparu à la Société des Amis des Arts de Bordeaux, et le musée l'a obtenu pour 6.000 francs. Un de ses carnets contient la liste de ses envois à l'exposition de Limoges de 1862, avec le prix de chacun en regard de son titre. Il demande de *la Toilette* 4.000 francs, de l'*Orphée* 3.000. Une autre fois, à Bordeaux, il cote l'*Orphée* 4.000 et *le Concert* également (6). Il estime, vers la même époque, le *Macbeth* 6.000 (7). Pour avoir un de ses tableaux de chevalet, il suffit toujours de quelques billets de cent francs. Pour Limoges, en 1862, il a marqué 600 francs une vue de *Mortefontaine*, 500 une

(1) *Salons*, p. 145.
(2) *Les artistes au XIX⁰ siècle*, Salon de 1861, Corot, p. 2.
(3) *Salon de 1861*, p. 161.
(4) *La peinture en France (Exposition de 1861)*, p. 327.
(5) *Abécédaire du Salon de 1861*, p. 112.
(6) Carnet 77.
(7) Carnet 17.

figure de *Femme avec un tambour de basque* (1). Il envoie à Amiens, en 1860, un *Souvenir de Fontainebleau*, dont il veut également 500 francs (2). Ses confrères trouvent que ses prix sont trop modestes. Mais il oppose un doux entêtement à leurs représentations. A qui lui reproche son désintéressement, il répond : « Je ne pourrais me changer sans que ma peinture changeât en même temps que moi. Ne vaut-il pas mieux que nous demeurions l'un et l'autre tels que nous sommes ? »

(1) Carnet 77
(2) Lettre à Dutilleux, 3 mai 1860.

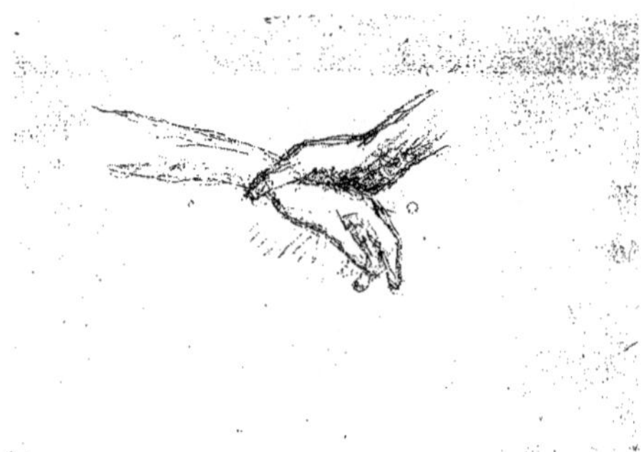

Mains d'Orphée et d'Eurydice
(1860).

X

LA NATURE ET L'IMAGINATION :
L'ÉTUDE A MÉRY ET LE SOUVENIR DE MORTEFONTAINE.
LA LUTTE POUR LA MÉDAILLE D'HONNEUR :
LA BACCHANTE ET LE SOUVENIR DU LAC DE NEMI.
LA GRANDE RENOMMÉE ; LA PREMIÈRE MALADIE.
LA VUE DE MARISSEL ET L'EXPOSITION UNIVERSELLE DE 1867.
MANTES ET VILLE D'AVRAY. — LES FIGURES DE COROT
(1862-1870)

A partir de 1860, Dutilleux est venu se fixer à Paris. Il a cédé sa place à la tête de l'atelier d'Arras, en même temps que l'imprimerie lithographique qu'il dirigeait, à son gendre Charles Desavary. Cet événement, qui rapproche Corot de son ami, a une conséquence fâcheuse pour son biographe. Sa correspondance devient plus rare et moins intéressante. En 1860, Corot est, en juin, avec Daubigny, à Auvers ; au mois d'août, il voyage, en compagnie de ses confrères Dumax et Estienne, sur les côtes de Bretagne ; il fait une série d'études à Saint-Malo, à Saint-Servan et à Dinan (1). Voilà les seuls points de repère que nous ayons pour cette année-là. L'année suivante, la santé chancelante de M. Sennegon paraît avoir retenu la plupart du temps son beau-frère à Ville-d'Avray. Dutilleux l'avait invité à l'accompagner en juillet à Arras ; mais il a dû y renoncer. Ce contre-temps nous vaut une lettre qui contient quelques détails domestiques et un rendez-vous pour Fontainebleau :

(1) Nos 987 à 992.

Ville-d'Avray, ce 22 juillet (1861).

Mon cher ami,

Je vous serais bien obligé de nous procurer, dans la saison convenable, de la graine de carottes longues, comme vous avez déjà eu l'obligeance de nous en donner : plus, de la graine des fameux radis gris. Nous vous serons bien reconnaissants, mon beau-frère et moi. Sa santé est un peu meilleure. Ils me chargent, ma sœur et lui, de bien des compliments pour vous... Vous allez à Fontainebleau, je crois, dans le mois d'août : je tâcherai d'y faire une petite visite à l'époque où vous y serez, du 7 au 15. J'irai chez Mme Coutelle.

Tout à vous de cœur,
C. Corot.

Pour les radis gris, si vous pouvez les rapporter, on les plantera de suite. Les apporter ou à Ville-d'Avray, ou rue du Faubourg Poissonnière 56. Les carottes pour l'automne.

Par la suite, le voyage de Fontainebleau a été différé jusqu'en automne. Mme Sennegon est tombée malade après son mari et, au mois de septembre, elle tourmente encore son entourage. Corot écrit (12 septembre 1861) : « J'irai avec plaisir vous retrouver à Fontainebleau ; mais ce ce ne sera que le 15 ou le 16 octobre. J'espère que vous y serez encore. Nous pourrons ensemble chercher les secrets de cette nature enchanteresse de la Kabylie... Je descendrai probablement à la Sirène, pour être un peu avec Comairas ».

Le Parisien fut rentré pour la Toussaint (1). Il ne manquait jamais, ce jour-là, de porter un bouquet au Père-Lachaise. Tous les mois, du reste, il renouvelait ce pieux pelerinage. Le souvenir de la chère maman le ramenait périodiquement à la nécropole. Là même, son œil, toujours aux aguets, n'arrêtait pas de glaner. La rigidité linéaire de la pierre mêlée au caprice de la verdure flattait son goût, et son imagination apercevait une silhouette de temple antique dans la banalité d'une sépulture de bourgeois (2). Lorsque quelque lointaine villégiature l'empêchait de fleurir lui-même la tombe chère à son cœur, la main de sa servante fai-

---

(1) Lettre à Dutilleux du 1ᵉʳ novembre 1861.
(2) Voir carnets 16, 22 et 30.

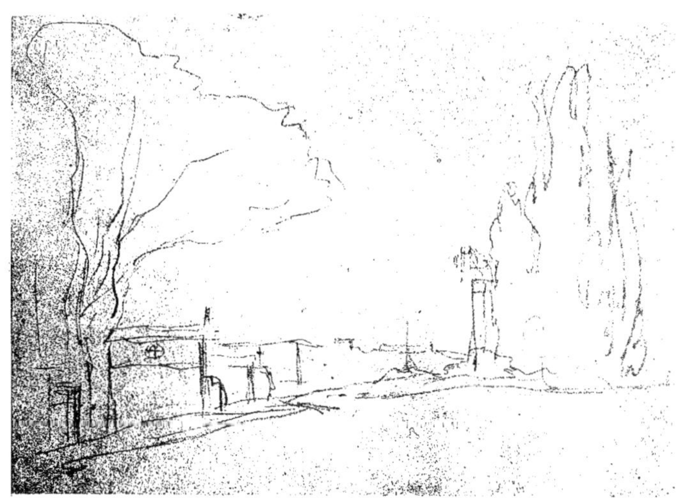

Croquis fait au Père-Lachaise
(vers 1860).

sait ce qu'il ne pouvait faire. Car il avait, pour tenir son ménage de célibataire, le dévouement d'une femme dont l'attachement à lui et aux siens
remontait à un temps fort ancien. Depuis que la mère n'était plus là pour
mettre, quand il dînait en ville, un faux-col de rechange au fond de son
chapeau (1), c'était Adèle qui se chargeait de cette précaution. C'était elle
qui avait les clefs de la cave et qui, les jours où « Monsieur » traitait
ses amis, limitait prudemment les bouteilles, que l'imprévoyante générosité de son maître aurait parfois sans elle prodiguées à l'excès. Tous les
matins, à onze heures sonnant, (car Corot, très exact lui-même, tenait à
l'exactitude), elle déposait dans le petit cabinet contigu à l'atelier de la
rue Paradis-Poissonnière, une soupière fumante, pour laquelle le peintre
abandonnait séance tenante palette et pinceaux. Grâce à cette organisa-

(1) Il s'en servait comme d'un véritable nécessaire de voyage et il y entassait, pêle-mêle, son
mouchoir, son tabac, son portefeuille, ses crayons et jusqu'à ses billets du Conservatoire.

tion, il ne perdait pas de temps en allées et venues. Le travail y trouvait son compte.

Sur sa manière de travailler, d'intéressants renseignements ont été fournis jadis à Ph. Burty par un de ses fidèles disciples (1). Voici ces notes dues à la plume de Gustave Colin :

« Corot n'employait ordinairement que des toiles fines montées sur châssis à clefs (2). Il aimait qu'elles fussent souples et non couvertes de préparations qui les rendent parfois cassantes. Il attachait une certaine importance à ce point de départ, et disait qu'il fallait d'abord, pour exécuter un bon travail, faire choix d'une bonne étoffe, la meilleure possible.

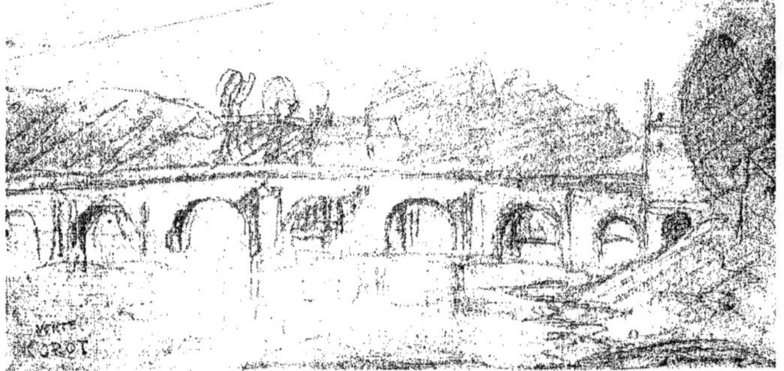

Le pont de Mantes. Esquisse d'une étude inachevée
(vers 1860-65).

Cette toile blanche, légèrement teintée, posée sur un chevalet, Corot la palpait de sa forte main. Puis, saisissant un crayon blanc, il traçait, après un instant de recueillement, avec une ampleur et une souplesse particulières, les principaux traits d'une composition, qui devenait à l'instant compréhensible, et dont il ne s'écartait presque plus

(1) *Notice biographique* accompagnant le *Catalogue de l'Exposition de l'Œuvre de Corot à l'École des Beaux-Arts* (1875), page 16.

(2) Ces détails ne se rapportent qu'à la dernière partie de la carrière de Corot. Au début, il peignait souvent sur du papier, qu'il faisait ensuite coller sur toile : c'était moins embarrassant en voyage. Presque toutes ses études du premier voyage d'Italie sont faites de cette manière. Pendant sa jeunesse, il n'attachait pas une importance particulière à la qualité de la toile et ses châssis étaient souvent grossiers. Avec l'expérience, il fixa son choix et prit les habitudes qu'indique son élève.

que pour l'enrichir de détails. De ce premier jet il tirait lui-même l'horoscope : « En voilà un qui sera fameux », disait-il et, laissant là cette toile, il allait en continuer ou en achever d'autres.

Ces premiers tracés n'étaient repris qu'après avoir subi une période d'incubation. Ils revenaient alors sur le chevalet pour recevoir le travail de l'ébauche. Muni d'une palette assez sobre et assez mal ordonnée, et composée de tons entiers, armé de brosses fortes et souples, le maître établissait avec de la terre d'Ombre, du noir et du blanc réchauffés par des terres de Sienne et des ocres, l'ordonnance de son tableau au point de vue des valeurs et de l'effet, en fixant tout d'abord les deux extrêmes : la plus grande lumière et la plus grande vigueur. Il affirmait ainsi les principales formes intimes avec une fermeté presque violente, qu'il atténuait ensuite à l'aide de frottis légers.

Un nouvel abandon succédait à ce principal effort. Puis, lorsque l'ébauche était bien solide, le maître cherchait la couleur et l'harmonie de son œuvre à l'aide de pâtes et de demi-pâtes colorées. Son exécution, pleine de verve, rapide et variée, était parfois soutenue d'appels aux maîtres anciens qu'il préférait. « Corrège ou Giorgione (par exemple), prête-moi tes pinceaux », disait-il, et son œil s'animait ; et les accents naissaient sur la toile, plus rapides et plus vifs. C'était chose bien touchante que de voir cette simple et forte organisation dans le feu de ses créations. Il s'échappait, à chaque instant, de sa bouche des paroles de bonté et d'amour pour le beau. Son visage s'illuminait, et son œuvre s'accomplissait, comme imprégnée de toutes les nobles pensées qu'il évoquait ».

Les compositions créées par Corot entre les quatre murs de son atelier sont une débauche d'idéal. A l'exemple des musiciens qu'il adore, grand symphoniste lui-même, il improvise sur la toile d'inépuisables variations empruntées aux multiformes aspects de la création. Un monde à lui sort de sa main. Monde réel et imaginaire en même temps, impossible à localiser, mais suggérant l'illusion de choses vues quelque part : rivières promenées capricieusement par les prairies et par les bois ; verdoyantes frondaisons inclinées sur la face des eaux ou dressées vers les cieux parmi les bouffées de nuages gris ; bouleaux frémissant sous le zéphyr et indolentes saulaies ; fabriques italiennes enveloppées dans l'atmosphère nacrée de la terre de France ; guinguettes de banlieue transformées en tours romantiques ; paluds antiques rapportés de Bougival ; et, dans les buées qui s'élèvent des berges humides, dans l'ombre lumineuse des clairières paisibles, un peuple venu on ne sait d'où : pâtres d'églogue, nautoniers de romance ou cavaliers de tragédie ; une humanité fabuleuse, qui impro-

vise une ronde à l'orée d'une forêt ou plonge sa blonde nudité dans le
cristal d'un lac solitaire. Dans cet univers de Corot, le rêve ne vous fait,
malgré tout, jamais quitter la terre. Vous respirez à pleins poumons;
l'air circule sous la feuillée ; les buissons légers invitent le pinson et la
fauvette. Corot veut les entendre chanter dans son tableau. A quelqu'un
qui lui demandait un paysage avec des arbres aux branches légères, comme
il excellait à les peindre : « Soyez tranquille, répond-il ; je travaille pour
les petits oiseaux ».

S'il réussit à satisfaire ces gentils gazouilleurs, c'est qu'il est assidu
auprès d'eux dès que la saison se montre clémente. C'est qu'en leur compagnie il redevient l'écolier attentif et humble. Adieu la folle du logis quand
la nature parle. Point de libertés avec cette maîtresse là. La moindre
familiarité serait une offense à sa majesté. Au mois de juin 1862, nous
sommes à Luzancy. Corot a planté son chevalet sur la berne gazonnée
du vieux chemin qui mène au village voisin de Méry. Le feuillage
argenté des grisards frissonne dans l'atmosphère laiteuse. Cependant,
il souffle un vent aigre, chargé de frimas tardifs. Bourrasques et giboulées malmènent le travailleur. Tous les jours, une averse le trempe et
interrompt la séance. Ses camarades, de guerre lasse, ont lâché pied. Mais
lui s'acharne et fait un chef-d'œuvre (1). Une légende, qui n'est point
banale, fait planer l'ombre de La Fontaine à la place même où s'est assis
Corot. Cette tradition voit dans le site peint par lui le

Chemin montant, sablonneux, malaisé,
Et de tous les côtés au soleil exposé

dont parle le fabuliste ; elle veut que celui-ci l'ait décrit d'après nature et
l'asseoit sur une borne de la route d'Allemagne, le crayon à la main,
écoutant les inspirations de sa veine poétique, tandis que l'attelage du
fameux coche, suant et soufflant, monte la côte sous le harcèlement affairé
de la mouche. Quelle que soit son authenticité, l'anecdote est plaisante.
Il faut savoir gré à l'artiste qui l'a recueillie en cherchant l'inspiration
d'un paysage sur les traces de Corot (2).

(1) N° 1286.
(2) Frédéric Henriet, *Les campagnes d'un paysagiste*, p. 137.

De mauvaises nouvelles de la santé de M. Sennegon attristent la fin de ce séjour à Luzancy. Corot a projeté d'accompagner Dutilleux chez ses enfants, à Arras. Mais il n'y faut plus penser. Il lui écrit (24 juin 1862) : « Voici notre pauvre Monsieur Sennegon qui a eu une nouvelle attaque, et le médecin nous en fait redouter d'autres. Avec ces inquiétudes, je me vois forcé de renoncer au voyage d'Arras et aux autres ; il me serait impossible de prendre le moindre plaisir... Et Madame Sennegon toujours dans son lit !... Je vais retourner au plus tôt à Ville-d'Avray, pour ne plus bouger ». Il passe, en effet, tout le mois de juillet à Ville-d'Avray (1).

Un peu rassuré sans doute par la suite, il se laissa enlever par son ami Badin, qui partait pour Londres à l'occasion de l'Exposition Universelle. M. Badin emmenait avec lui son fils et celui-ci, qui occupe aujourd'hui la place de son père à la tête de la manufacture de Beauvais, garde de ce voyage un vivant souvenir. Il se rappelle Corot faisant bonne contenance, grâce à sa chère pipette, pendant une traversée houleuse : ses démêlés dans le train, à Folkestone, avec les Anglais dont le « No smoking » se heurtait à son invincible obstination ; et surtout la mystification involontaire par l'aimable vieillard d'un de ses compagnons de route. — « Très mauvais pour la santé », avait proféré le sentencieux voyageur britannique, en indiquant la petite pipe couronnée de son nuage bleu. Corot, avec son bon sourire, avait répliqué : « Bah ! j'irai jusqu'à cent quatre ans ! » L'Anglais de lever les bras au ciel : « Cent quatre ans ! » Il avait compris qu'il avait affaire à un centenaire, et son admiration était comique. Le quiproquo enchanta Corot. — Une réception des plus cordiales fut faite aux voyageurs par les peintres anglais. Deux d'entre eux, auxquels ils avaient été recommandés, Crowe et Prinsep, furent leurs truchements habituels. Le talent de Corot, déjà acclimaté au-delà du détroit et consacré officiellement par sa participation à l'Exposition, aurait suffi à le faire bienvenir. Sa bonne humeur et son aménité bienveillante achevèrent de conquérir ses hôtes. L'un d'eux lui faisant les honneurs de son atelier, où quelque Vénus trônait sur le chevalet : « Mais c'est un Titien ! » s'écria-t-il, et il prodigua

(1) Lettres à Dutilleux du 3 et du 26 juillet 1862.

la plus franche admiration à son confrère ravi. Un autre artiste, M. Harry Wallis, fut admis à l'accompagner dans une promenade sur la Tamise, jusqu'à Marlow. Il faisait un temps superbe ; un beau soleil éclairait la campagne et Corot, préparé à ne voir que du brouillard en Angleterre, s'étonnait de cette lumière brillante : son compagnon fut frappé des marques de surprise qu'il laissa échapper (1). Sa gaîté fut plus exubérante que jamais au contact du flegme britannique. Il chantait à tue-tête et gambadait comme un enfant, sans souci du qu'en dira-t-on. Il eût répété au besoin, pour son compte : « Honni soit qui mal y pense ».

Les plus riches galeries de Londres s'ouvraient pour lui. Il visita notamment celle du duc de Westminster et il a marqué sur son carnet (2) les tableaux qui l'ont frappé dans cette collection : « 2 Claude Lorrain (2 soirs); 1 Raphaël (grand tableau : Vierge, Jésus enfant et saint Jean-Baptiste), admirable ; 1 Rembrandt, paysage ; 1 Salvator, 10 à 15 pieds ; 1 Hobbema très beau. » Un petit croquis du paysage de Rembrandt accompagne ce memorandum. Après avoir parcouru l'Exposition Universelle, il éprouva le besoin de se reposer à sa façon en prenant ses pinceaux. Le palais de Cristal (3), Richmond (4) et les bords de la Tamise (5) lui fournirent trois motifs. Il n'eut pas le temps d'en prendre davantage ; le voyage, en tout, ne dura qu'une semaine.

Au cours de cette même année 1862 se place encore un séjour de Corot en Saintonge. M. Etienne Baudry, riche propriétaire, grand ami des arts et des artistes, possédait aux environs de Saintes, le domaine du Port-Berteau, dans la commune de Rochemont. Le peintre Auguin comptait parmi les familiers de la maison. Corot y fut peut-être présenté par lui. En tout cas, ils s'y rencontrèrent ensemble. L'élève travailla auprès du maître sous les majestueuses futaies du parc (6). Leurs aspects grandioses enchantaient Corot et le portaient au lyrisme. Un jour que des réminiscences

(1) David Croal Thomson. *The Barbizon school*, Londres, Chapmann et Hall édit. p. 43.
(2) Carnet 44.
(3) N° *1325*.
(4) N° *1326*.
(5) N° *1327*.
(6) N° *1280*.

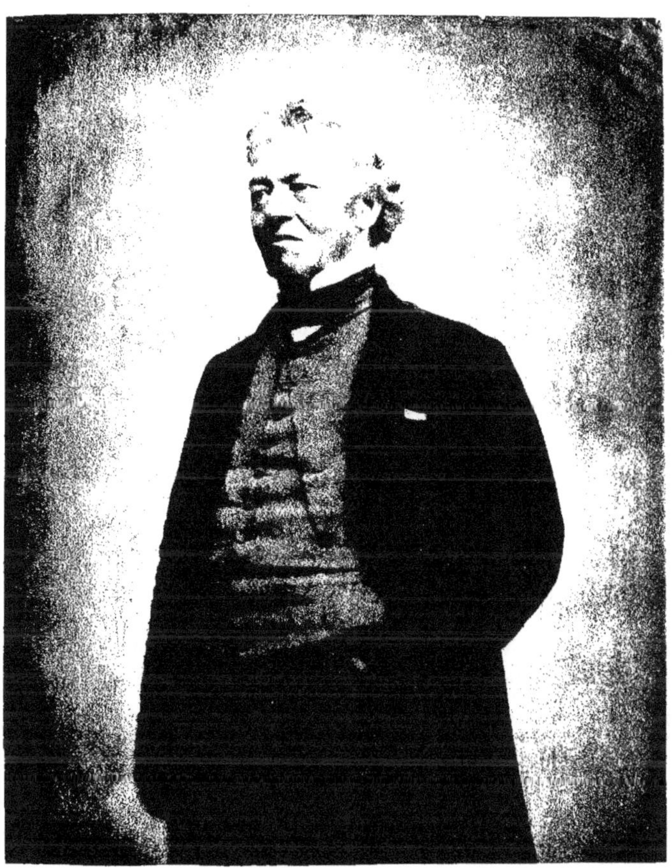

Corot.
Photographie faite à Arras
(vers 1862).

d'*Orphée* hantaient sans doute son esprit, il s'écria : « Ces lieux seront mes Champs-Elysées. Quand j'aurai quitté la vie, c'est ici que viendra errer ma pauvre ombre ; ce sera sa promenade éternelle ». Le Port-Berteau hébergeait en même temps un autre peintre, que ces élans de poésie faisaient sourire. C'était Courbet. Le maître d'Ornans était là comme chez lui. M. Baudry avait mis à sa disposition une très vaste salle, où il ébauchait le *Retour de la Conférence*. Entre temps, il se délassait en brossant quelques paysages. Corot le rencontrait sur le terrain. La suffisance verbeuse du Franc-Comtois se répandait en longs discours, auxquels son camarade prêtait une oreille débonnaire. Elle faisait litière de tout ce qui pouvait lui porter ombrage et se résuma, un beau matin, dans une interrogation caractéristique : « Voyons, Corot, qu'est-ce que la France compte de vrais peintres à l'heure qu'il est ?... Moi ». Après une pause, il ajouta : «... Et puis, vous. » La politesse arrachait une concession à son amour-propre. Mais Corot, en rapportant cette parole, disait : « Si je n'eusse été là, je crois bien qu'il m'aurait oublié sans regret ». Les commensaux du Port-Berteau, au nombre desquels était encore un peintre nommé Hippolyte Pradelles, organisèrent, avec le concours de leur amphitryon, une exposition à Saintes au début de l'année 1863. Courbet fut le héros de cette manifestation. Corot, représenté par neuf toiles, y apporta sa note de poésie discrète et de réalisme attendri.

Au Salon de 1863, sur trois tableaux qu'il montra, deux étaient tout bonnement des études ; mais quelles études ! D'abord, celle de *Méry*, si volontairement disputée à l'hostilité des éléments ; puis, aussi, un petit *Étang de Ville-d'Avray* aperçu à travers la verdure de la rive. Le père Buon, l'âme de toutes les expositions du Palais de l'Industrie, à l'organisation desquelles présidait son activité bourrue, témoigna, paraît-il, un mépris hautain pour l'exiguïté de ces œuvres que, dans son habitude de toiser le talent au mètre, il dénommait dédaigneusement des pochades. Il les déclara indignes d'un Salon officiel. Cette opinion n'était pas sans écho en haut lieu, où le surintendant d'une part et l'Académie de l'autre n'éprouvaient point de tendresse pour Corot. Mais les amateurs se montrèrent plus clairvoyants. *La vue de Méry* fut réclamée par plusieurs à la fois ;

son auteur, après l'avoir vendue à l'un d'eux, dut en faire une copie pour
en satisfaire un autre. Ce succès eut son écho dans la presse. Castagnary,
revenu à de meilleurs sentiments, écrivit, à propos de la *Vue de Ville-
d'Avray :* « C'est à se mettre à genoux devant » (1). Thoré l'appela un chef-
d'œuvre (2). Arthur Stevens imagina de faire commenter Corot par Corot
lui-même et lui prêta, à cet effet, une plume plus bavarde que ne fut jamais
la sienne (3). Le morceau est joli cependant et, bien que dans cette « journée
du paysagiste », il y ait, selon l'expression de Th. Silvestre (4) « plus de lit-
térature que de Corot », il convient quand même de citer cette page, qui
fit sourire le maître et qu'il ne jugea pas à propos de désavouer.

« Voyez-vous, c'est charmant, la journée d'un paysagiste. On se lève de bonne
heure, à trois heures du matin, avant le soleil ; on va s'asseoir au pied d'un arbre ; on
regarde et on attend. On ne voit pas grand'chose d'abord. La nature ressemble à une
toile blanchâtre où s'esquissent à peine les profils de quelques masses ; tout est embrumé,
tout frissonne au souffle fraîchi de l'aube. Bing ! le ciel s'éclaircit... le soleil n'a pas
encore déchiré la gaze derrière laquelle se cachent la prairie, le vallon, les collines de
l'horizon... Les vapeurs nocturnes rampent encore comme des flocons argentés sur les
herbes d'un vert transi. Bing !... bing !... un premier rayon de soleil... Les petites
fleurettes semblent s'éveiller joyeuses... elles ont toutes leur goutte de rosée qui
tremble... les feuilles frileuses s'agitent au souffle du matin... Sous la feuillée, les
oiseaux invisibles chantent... Il semble que ce sont les fleurs qui font leur prière...
Les amours à ailes de papillons s'ébattent sur la prairie et font onduler les hautes
herbes... On ne voit rien... tout y est... Le paysage est tout entier derrière la gaze
transparente du brouillard qui monte... monte... monte, aspiré par le soleil... et laisse,
en se levant, voir la rivière lamée d'argent, les prés, les arbres, les maisonnettes, le
lointain fuyant. On distingue enfin tout ce que l'on devinait d'abord.

« Bam ! le soleil est levé... Bam ! le paysan au bout du champ avec sa charrette
attelée de deux bœufs... Ding ! ding ! c'est la clochette du bélier qui mène le troupeau...
Bam ! tout éclate, tout brille... tout est en pleine lumière... lumière blonde et cares-
sante encore. Les fonds, d'un contour simple et d'un ton harmonieux, se perdent dans
l'infini du ciel, à travers un air brumeux et azuré... Les fleurs relèvent la tête... les

(1) *Salon de 1863*, p. 115.
(2) *Salon de 1863*, p. 401.
(3) *Un étranger au Salon*, par J. Graham (Stevens).
(4) *La galerie Bruyas, avec le concours des écrivains et artistes contemporains*, p. 27.

oiseaux volètent de ci de là... Un campagnard, monté sur un cheval blanc, s'enfonce dans le sentier encaissé... Les petits saules arrondis ont l'air de faire la roue au bord de la rivière.

« C'est adorable !... et l'on peint !... et l'on peint !... Oh ! la belle vache alezane enfoncée jusqu'au poitrail dans les herbes humides... Je vais la peindre... Crac ! la voilà ! Fameux ! fameux ! Dieu, comme elle est frappante ! Voyons ce qu'en dira ce paysan qui me regarde et n'ose pas approcher ? Ohé, Simon ! — Bon, voilà Simon qui s'approche et regarde. — Eh bien, Simon, comment trouves-tu cela ? — Oh ! dam ! m'sieu... c'est ben biau, allez !... — Et tu vois bien ce que j'ai voulu faire ? — J'crois ben que j'vois ce que c'est... c'est un gros rocher jaune que vous avez mis là !

« Boum ! boum ! midi ! Le soleil embrasé brûle la terre... Boum ! tout s'alourdit, tout devient grave... Les fleurs penchent la tête... les oiseaux se taisent, les bruits du village viennent jusqu'à nous. Ce sont les lourds travaux... le forgeron dont le marteau retentit sur l'enclume... Boum ! rentrons ! On voit tout, rien n'y est plus. Allons déjeûner à la ferme... Une bonne tranche de la miche de ménage, avec du beurre frais battu... des œufs... de la crème... du jambon !... Boum ! Travaillez, mes amis, je me repose... je fais la sieste... et je rêve un paysage du matin... je rêve mon tableau... Plus tard, je peindrai mon rêve.

« Bam ! bam ! Le soleil descend vers l'horizon... Il est temps de retourner au travail... Bam ! le soleil donne un coup de tamtam... Bam ! il se couche au milieu d'une explosion de jaune, d'orange, de rouge-feu, de cerise, de pourpre... Ah ! c'est prétentieux et vulgaire ! je n'aime pas ça... Attendons... Asseyons-nous là, au pied de ce peuplier... auprès de cet étang uni comme un miroir... La nature a l'air fatiguée... les fleurettes semblent se ranimer un peu... Pauvres fleurettes... elles ne sont pas comme nous autres hommes, qui nous plaignons de tout. Elles ont le soleil à gauche... elles prennent patience... Bon, se disent-elles ; tantôt, nous l'aurons à droite... Elles ont soif... elles attendent !... Elles savent que les sylphes du soir vont les arroser de vapeur avec leurs arrosoirs invisibles... elles prennent patience en bénissant Dieu.

« Mais le soleil descend de plus en plus derrière l'horizon... Bam ! il jette son dernier rayon, une fusée d'or et de pourpre, qui frange le nuage fuyant... Bien ! le voilà tout à fait disparu... bien ! bien ! Le crépuscule commence... Dieu ! que c'est charmant ! Le soleil a disparu. Il ne reste dans le ciel adouci qu'une teinte vaporeuse de citron pâle, dernier reflet de ce charlatan de soleil, qui se fond dans le bleu foncé de la nuit, en passant par des tons verdâtres de turquoise malade, d'une finesse inouïe, d'une délicatesse fluide et insaisissable... Les terrains perdent leur couleur... les arbres ne forment que des masses brunes ou grises... les eaux assombries reflètent les tons suaves du ciel... On commence à ne plus voir... on sent que tout y est...

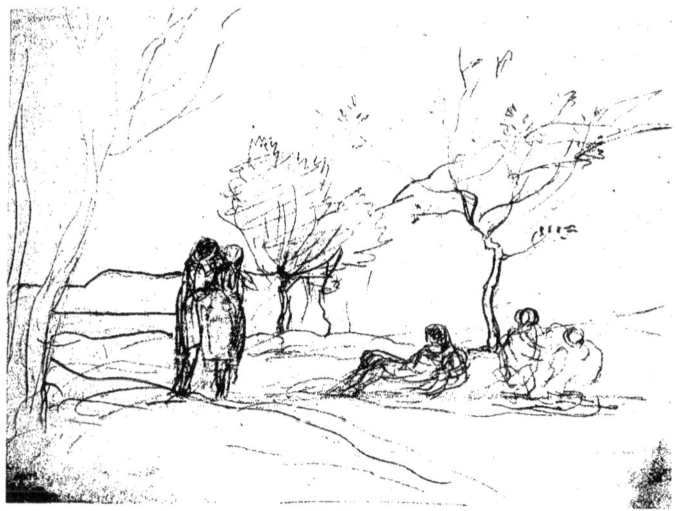

Croquis
(vers 1865).

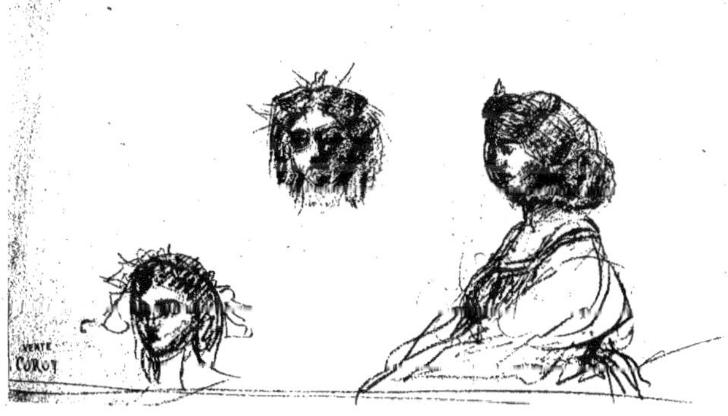

Croquis
(vers 1865).

Tout est vague, confus... La nature s'assoupit... Cependant, l'air frais du soir soupire dans les feuilles... les oiseaux, ces voix des fleurs, disent la prière du soir... la rosée emperle le velours des gazons... Les nymphes fuient... se cachent... et désirent être vues... Bing! une étoile du ciel qui pique une tête dans l'étang... Charmante étoile, dont le frémissement de l'eau augmente le scintillement, tu me regardes... tu me souris, en clignant de l'œil... Bing! une seconde étoile apparaît dans l'eau, un second œil s'ouvre. Soyez les bienvenues, fraîches et souriantes étoiles... Bing! bing! bing! trois, six, vingt étoiles... Toutes les étoiles du ciel se sont donné rendez-vous dans cet heureux étang... Tout s'assombrit encore... L'étang seul scintille... C'est un fourmillement d'étoiles... L'illusion se produit... Le soleil étant couché, le soleil intérieur de l'âme, le soleil de l'art se lève... Bon, voilà un tableau fait!... »

Tandis que l'écrivain le fait discourir de la sorte, l'artiste a pris pour de vrai la clef des champs. Au mois d'avril 1863, il marie son neveu Chamouillet à Château-Thierry. Laissant la noce se préparer, il gagne le chemin de ronde du vieux château et s'arrête en face de la tour de Saint-Crépin, qui émerge de la vallée. Il passe là toutes ses matinées. (1) Ce n'est pas une petite affaire que de mettre un ciel d'accord avec le terrain qu'il reflète et de faire circuler de l'air entre les branches des arbres. Le vieillard recommence, à chaque séance, son tableau de fond en comble. Cette prudente lenteur ne dit rien qui vaille à certain « connaisseur » de l'endroit qui, du coin de l'œil, l'a regardé faire. Le père de Boussois, ancien notaire royal, qui se pique de bel esprit, opine qu'il est pitoyable de voir un homme à cheveux blancs tâtonner de la sorte et que ce malheureux ne doit pas avoir tous les jours un morceau de pain à se mettre sous la dent. Puis, lorsque sa méprise lui est révélée avec le nom de Corot, « Eh bien, fait-il avec suffisance, il est diablement emprunté votre Corot ! » M. Frédéric Henriet, qui a reçu la confession de ce pédant, dont il était le compatriote, l'a contée en même temps que les vicissitudes du petit paysage en question (2), sorti de l'atelier pour séjourner quelques semaines dans la vitrine d'un marchand de la rue Laffitte, puis disparu un beau matin, emprunté sans doute par quelque copiste, et point restitué à son auteur. Corot avait renoncé à le retrouver quand un singulier hasard le lui fit

(1) N° 1287.
(2) *Journal des Arts*, 24 novembre 1900.

rencontrer dans la maison d'un camarade auquel il venait rendre les derniers devoirs. En dépit des circonstances, qui auraient peut-être fait hésiter une nature moins primesautière, il s'en fut droit au fils du défunt, qui conduisait le deuil : « Mon ami, lui dit-il, tu vois ce tableau ? Il est à moi. » C'est ainsi que l'égaré rentra au bercail.

Derrière Corot, en train de peindre au pied du château des comtes de Champagne, à deux pas de la maison de La Fontaine, un jeune homme s'est arrêté. Plein de déférence respectueuse, il regarde et se tait. Mais le maître a deviné un adepte à la flamme qui brille dans ses yeux. C'est lui qui l'aborde. « Vous êtes peintre, mon enfant ? Eh bien, venez me voir ; nous causerons de notre affaire ». Voilà comment Léon Lhermitte apprit le chemin de la rue Paradis-Poissonnière. Corot aimait la jeunesse, et la jeunesse l'aimait à son tour. En opposition avec l'Institut, qui s'acharnait à barrer la route aux aspirations indépendantes, une phalange résolue de talents bien trempés se réclamait d'un maître qui ne reconnaissait d'autre règle que la conscience individuelle. Elle marchait, à son exemple, à la libre conquête de la lumière ; sur un mode nouveau, elle s'étudiait à redire l'antique chanson si bien interprêtée par lui et qu'à son école plusieurs avaient apprise (1).

L'apparition de Corot à Château-Thierry fut, cette fois-là, de courte durée. Mais la dame chez laquelle on l'avait logé, Mme Salleron-Charpentier, lui fit promettre de revenir. Il promit de bon cœur et se garda d'oublier par la suite son engagement. Il reparut les années suivantes et glana plusieurs motifs au bord de la Marne ou dans les bois des environs (2). La distance n'était pas longue de Luzancy, toujours inscrit sur la liste de ses villégiatures, jusqu'à Château-Thierry. Aussi bien, Corot ne regardait pas, on le sait, à un voyage. Dans une lettre, du 25 juillet 1863, à Mme H. Darier (de Genève), il dit qu'il revient de « toutes ses courses vagabondes » et qu'il repart pour Dardagny, mais qu'il a « si peu de temps à rester » qu'il craint de ne pouvoir pousser jusqu'à Gruyères. Nous sommes sans détails

(1) Claude Monet, rendant compte du Salon de 1859, dans une lettre à Eugène Boudin, disait avec enthousiasme : « Les Corot sont de simples merveilles ». *G. Cahen. Eugène Boudin, sa vie et son œuvre.* Floury, édit., p. 26.

(2) *Nos 1016 à 1020.*

sur les « courses vagabondes » en question. Un billet daté d'Epernon, en Normandie, le 6 juin : voilà tout. Mais qu'importe? L'itinéraire varie; les stations sont toujours à peu près les mêmes.

A la fin de l'automne, une localité nouvelle le possède : un bourg des environs d'Amiens, du nom de Flesselles. Son neveu, le percepteur, a quitté Aiserey pour ce nouveau poste. Vivent les chaumières picardes et la simplicité villageoise ! (1) Après quelques jours de bonne intimité familiale, le 2 novembre au matin, l'oncle embrasse sa nièce et monte dans le cabriolet qui l'emporte au chemin de fer. Mais on s'est trop attardé aux adieux. Le train part sous le nez du voyageur. Le Père Lachaise n'aura pas sa visite coutumière. Un autre montrerait de l'humeur. Lui prend bien vite son parti du contre-temps. Il a justement sous la main un modèle. Fernand, son petit-neveu, l'a accompagné avec son père. On s'installe au café de la gare et, quand l'heure du train suivant arrive, la mésaventure a porté fruit : le père emporte le portrait de son enfant (2).

La sévérité du jury académique, si grande en 1863 que le souverain lui-même s'en était ému et avait ordonné l'ouverture du Salon des refusés, fut cause d'un changement dans l'organisation des expositions officielles. A partir de 1864, l'admission aux Salons, désormais annuels, ainsi que la distribution des récompenses, appartiennent à une commission composée pour un quart de membres choisis par l'Administration et, pour les trois quarts, d'artistes élus par leurs pairs. En même temps, afin de donner satisfaction à plus d'exposants, le nombre des envois, pour chacun, est limité à deux. Voici le résultat du scrutin de 1864 pour la peinture :

1 Cabanel, membre de l'Institut, professeur à l'École des Beaux-Arts. . . . 163 voix
2 Robert-Fleury, membre de l'Institut, professeur à l'École des Beaux-Arts 144 —
3 Gérôme, professeur à l'École des Beaux-Arts . . . . 140 —
4 Pils, professeur à l'École des Beaux-Arts . . . . 136 —
5 Bida . . . . 104 —
6 Français . . . . 93 —
7 Fromentin . . . . 81 —
8 Corot. . . . . 77 —
9 Meissonier, membre de l'Institut . . . . 65 —

(1) Nᵒˢ *1293* à *1296*, etc.
(2) Nᵒ *1275*.

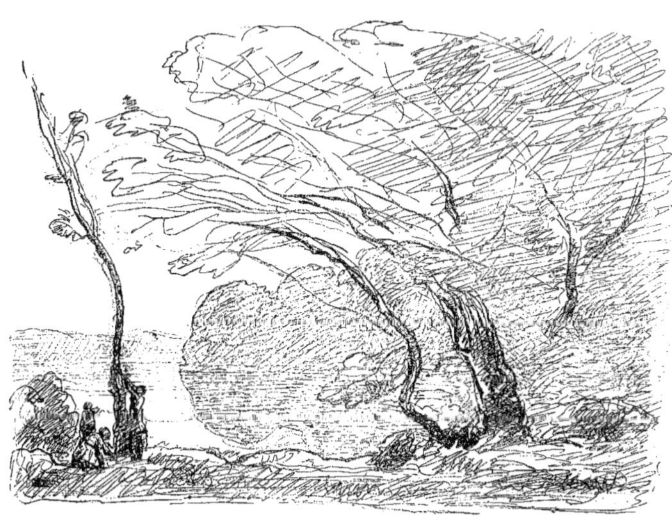

Souvenir de Mortefontaine.
(Croquis d'après le tableau du Salon de 1864).

Hippolyte Flandrin et Léon Cogniet, membres de l'Institut, ne viennent que comme supplémentaires, avec 62 et 55 voix. Ingres et Picot n'en réunissent chacun que 42. C'est la défaite de l'Académie. Ses ennemis se sont comptés sur le nom de Corot, qui les a laissés faire, mais qui oppose sa douce sérénité aux colères des uns et des autres. La bataille n'est pas son affaire. Qu'on le laisse au bord de la moire des eaux silencieuses, dans l'ombre légère des frondaisons de *Mortefontaine,* parmi les gentils ébats des fillettes idylliques (1); qu'on ne dérange pas le visionnaire dont l'œil aperçoit là-bas, sur la lande, la rage du vent et la lutte d'une misérable créature humaine contre la force brutale de l'élément déchaîné (2). Les deux toiles qu'il expose sont deux poèmes différents: celui-ci

(1) N° 1625.
(2) N° 1683.

empreint d'une grandeur tragique tandis que l'autre vaut par le charme et la grâce. Ce dernier eut l'honneur d'être acquis par l'État et d'être placé dans le palais de Fontainebleau. Il est aujourd'hui au Louvre.

En même temps qu'à Paris, Corot se faisait voir en province. Le *Concert* allait le représenter à Limoges, avec quelques toiles de moindre importance. A Toulouse, il envoyait l'*Étoile du soir* (1), que les Toulousains eurent le bon esprit de ne pas laisser sortir de chez eux et de retenir pour leur musée, sans qu'il leur en coûtât plus de 3.000 francs. Il était temps ; l'Amérique avait déjà l'œil sur Corot. Un amateur de Baltimore, M. Walters, était venu frapper à la porte de l'atelier et l'œuvre, en train sur le chevalet, avait allumé la convoitise dans son esprit. Il tergiversa, par bonheur pour la France, et n'emporta qu'une réplique au-delà des mers.

Une auréole de gloire couronne à cette heure la tête du vaillant artiste, qui jouit d'une notoriété universelle et que partout on appelle, avec une familiarité respectueuse, « le père Corot ». Les photographes reproduisent à l'envi son fin sourire de paysan malin et bon enfant et sa robuste carrure, qui semble défier la vieillesse. Sa figure est populaire et plait, fût-on réfractaire à la poésie de son talent. Le nombre de ceux que celui-ci a touchés croît d'ailleurs de jour en jour. Lui, cependant, poursuit son œuvre avec tranquillité. Voici venir le Salon de 1865. Son imagination explore le pays féerique où, dans les horizons bleutés dominant le sommeil des eaux alanguies, émergent les coupoles classiques, et qu'il appelle l'Italie. Il en rapporte un *Lac Nemi* de sa façon, qui fait rêver (2). Il a fouillé aussi les bocages où les nymphes jouent avec les amours sous la lumière timide des lueurs matinales. Dans une blonde clairière, il a découvert une *Bacchante*, dont l'incertaine mythologie est faite d'humaine beauté (3). L'ardente déesse est aux prises avec un de ces petits génies légers qui lutinent la jeunesse des filles. D'autres ont échappé déjà à son étreinte et s'enfuient à tire d'aile. Enchaînera-t-elle le volage Cupidon ? On devine au

(1) N° *1623*.
(2) N° *1636*.
(3) N° *1635*.

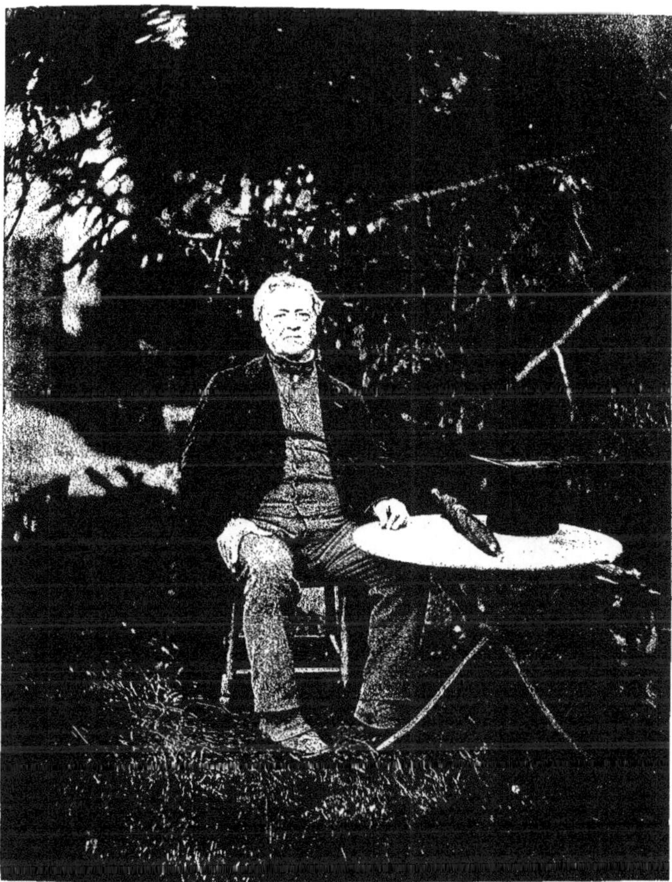

Corot
(vers 1865).

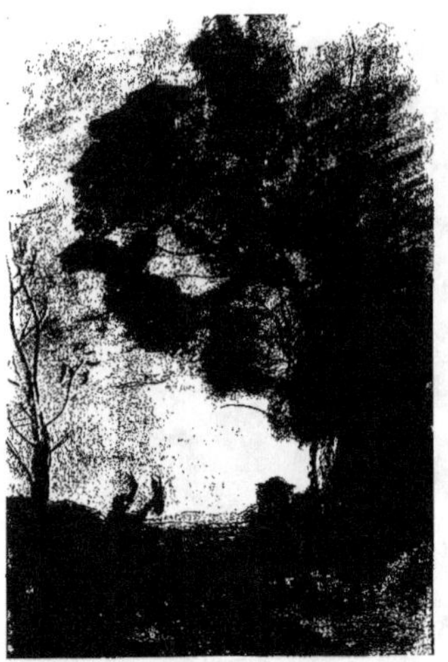

Orphée saluant la lumière, (fusain d'après le tableau)
(1864).

bout du pinceau de Corot un sourire à la façon du bon La Fontaine. Et toute la galerie d'applaudir.

Cette exposition fut un triomphe. Les amis du maître conçurent l'espoir de le voir consacré officiellement par la médaille d'honneur. Malheureusement, en face de Corot se dressa un redoutable concurrent : Cabanel, avec le *portrait de l'Empereur*. La lutte fut chaude. On ne compta pas moins de dix-huit scrutins. Au dernier, Corot fut battu.

Il n'était pas homme à s'affecter de cette défaite. La joie de peindre absorbait son âme heureuse. Justement, un architecte d'un goût éclairé venait de combler ses vœux en faisant appel à lui comme décorateur. M. Alfred Feydeau, qui bâtissait l'hôtel du prince Demidoff, le chargeait de deux grands panneaux (1) pour cette maison, qu'à la demande de cet homme avisé, Millet, Rousseau et Fromentin devaient aussi orner de leurs peintures. Corot alla s'installer à Fontainebleau dans l'atelier de son ami Comairas et se mit à l'œuvre d'arrache-pied. Au mois de juillet, pressé par Dutilleux de l'accompagner chez ses enfants, dans le Nord, il lui écrivait (4 juillet 1865) : « ... A cause de mon scélérat de travail, qui marche bien lentement, je serai forcé de raccourcir mon voyage. Je ne pourrai pas faire de long séjour à Douai et à Arras, voulant être remis au travail le 15, à Fontainebleau ».

Il emporta ses compositions dans sa tête, et ne fut point embarrassé de les reproduire par cœur lorsque la curiosité de son entourage fit appel à ses souvenirs. En pareil cas, il avait recours à l'éloquence succincte du fusain, dont le charbonnage estompé lui agréait particulièrement depuis

(1) N^{os} *1633* et *1634*.

que sa technique élargie sacrifiait les détails aux masses et la précision à l'enveloppe. Il esquissa donc deux dessins à l'image des panneaux en voie d'exécution. Dans l'un, *Orphée* saluait le jour naissant ; dans l'autre, la nuit enveloppait de son ombre transparente le chaste sommeil de *Diane*. Ce n'était que du noir sur du papier blanc ; mais, grâce à la parfaite harmonie des valeurs, la magie des couleurs devenait superflue. O les mémorables soirées où, là-bas, sous la lampe familiale, le « bon papa », las d'avoir ri à la kermesse, se reposait avec un bout de charbon entre les doigts et tirait de sa poussière l'infini de la création ! Mais, hélas, il fallait partir

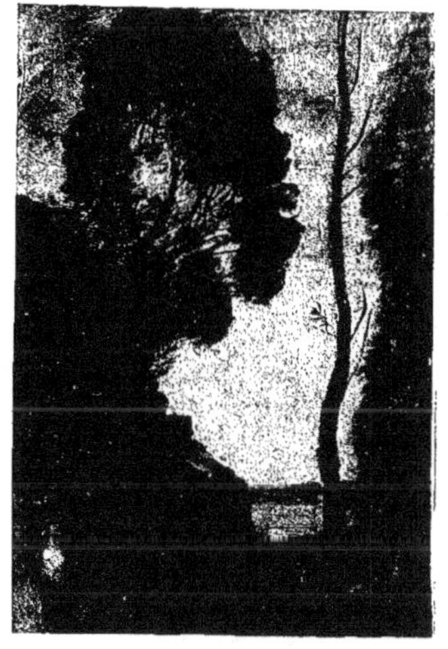

Le Sommeil de Diane, (fusain d'après le tableau). (1864).

au bout de huit jours ! La besogne pressait. Le client exigeait la livraison de sa commande pour le 1er septembre.

Rentré à Fontainebleau, Corot escompte d'avance l'avenir et raconte ses plans à Dumax, auquel il écrit (6 août 1865), en parlant d'une visite à Marcoussis qu'il lui a promise : « Il a été dit dans le temps que ce serait pour le 16 ou 17 septembre, parce que mon travail commandé est pour livrer le 1er septembre. De là (Fontainebleau), je vais en Normandie et je reviens le 15. Ainsi, te voilà instruit et je t'assure que je suis bien impatient d'aller vous voir et faire notre joli séjour chez toi ». La Normandie dont il est ici question, c'est une campagne à la porte de Vimoutiers, dans l'Orne, dont le propriétaire, M. Briand, ami d'Armand Leleux et de Farochon, est entré par eux en relations avec Corot. Amateur intelligent, il a su retenir pour lui quelques-unes de ses plus belles toiles ; puis, il l'a attiré sous son toit, dans le confortable très simple d'une existence bourgeoise sans morgue, en harmonie avec ses goûts de travailleur. Les

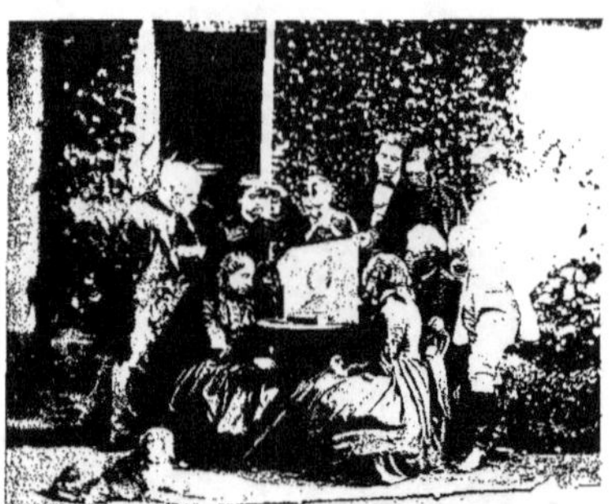

Corot à la Hunière. Photographie par M. Farochon.
(vers 1865).

bois qui entourent le cottage de La Hunière abondent en jolis motifs. D'aimables jeunes personnes font cortège au maître. L'une d'elles s'essaie à crayonner sous sa direction ; il encourage avec bienveillance ses hésitations de débutante. Le fils de Farochon conserve pieusement une petite photographie, faite par lui en ce temps-là, où l'on aperçoit le regard du vieillard attaché sur un dessin proposé à son jugement et son doigt soulignant un conseil. Dans ce cercle sympathique, à tout instant le badinage de Corot éclate en saillies joyeuses. S'avise-t-il d'esquisser un portrait de fillette : « Voici le peintre d'histoire », fait-il avec un haut-le-corps comique ; puis il change de ton quand, la minute d'après, il apparaît, pliant sous le poids de son attirail de campagne : « Messieurs, c'est au paysagiste que vous avez maintenant l'honneur de parler ». Certain jour, la causerie a pris un tour sérieux ; de graves problèmes philosophiques sont agités. On parle de la vie future ; il écoute avec une moue rêveuse. Tout d'un coup, il rompt le silence : « Ah ça, voyons, j'espère bien qu'on fera de la peinture là haut ?» Il n'aurait pas fait bon lui soutenir le contraire.

Après Vimoutiers et Marcoussis, Marlotte était au programme pour le 15 octobre. Corot avait pris rendez-vous avec Dutilleux qui, arrivant d'Arras, devait le rejoindre à Paris, à la gare. « Le convoi part à midi, lui écrivait-il la veille. Il faut donc être à 11 h. 1/2 au débarcadère ». Quand ces lignes arrivèrent à destination, Dutilleux, hélas, n'était plus. Frappé de congestion en route, il n'avait pas repris connaissance. Cette mort fut pour Corot un coup sensible. Elle l'atteignait dans une de ses plus profondes affections. Il conduisit le deuil de son ami avec la famille du défunt et demeura quelque temps auprès d'elle, pour adoucir sa douleur en la partageant.

Cependant le chagrin n'avait pas de prise durable sur lui. Il oubliait les heurts de la vie dans la sereine atmosphère où vivait son rêve. Son esprit s'en alla sur la rive lointaine d'un étang entrevu jadis dans une campagne du Limousin, et la paix de ces lieux solitaires l'inspira. Il aperçut la délicate silhouette d'une paysanne de Vigen, assise au pied d'un frais buisson ; et il détailla amoureusement ce doux poème matinal. Puis, la mythologie d'opéra eut aussi sa part. Je ne sais quelle fête antique peupla la pénombre d'une soirée au bord d'un bois mystérieux, en vue d'une colonnade classique, durant que les enfants des nymphes formaient une ronde dans la rosée crépusculaire. Cette *Solitude* (1) et ce *Soir* (2) composèrent le Salon de Corot en 1866. L'ardente compétition de l'année précédente pour la médaille d'honneur le mettait plus que jamais en vedette. De tous côtés on réclamait ses œuvres. La faveur de l'Empereur suivit celle du public, que jadis, on s'en souvient, elle avait devancée. Napoléon acheta *La Solitude* pour la collection particulière de l'Impératrice et la paya 18.000 francs.

Il n'est pas sans intérêt historique de signaler l'initiative intelligente d'un souverain qui, sans être, à proprement parler un connaisseur, était doué d'une intuition assez pénétrante pour confier l'éducation artistique du Prince Impérial à Carpeaux, après avoir choisi Couture pour peindre la cérémonie de son baptême. Son indolence n'était souvent qu'apparente. Assez faible pour appeler à la Surintendance la fatuité ignorante d'un Nieuwerkerke, sa volonté se réveillait en face des injustices de l'Institut et avait ordonné le procès en révision du Salon des refusés, célèbre par les

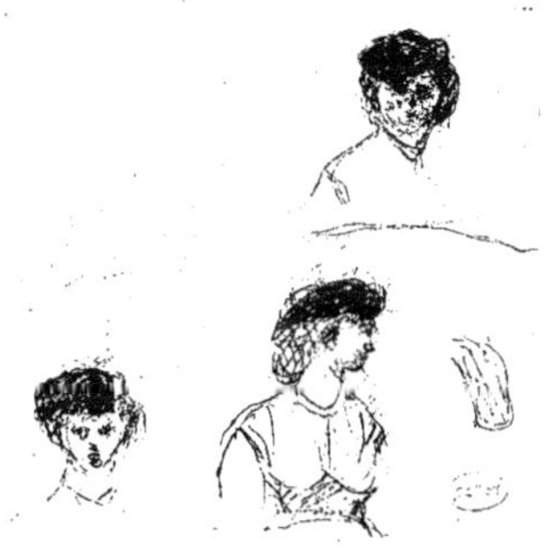
Parisiennes de 1869.

(1) N° 1638.
(2) N° 1637.

noms de ceux qui y figurèrent et que le temps s'est chargé depuis de réhabiliter. Corot fut invité aux Tuileries et ne crut pas pouvoir se dispenser de la corvée. Et puis, après tout, là aussi, comme au théâtre, les nymphes n'avaient-elles pas leurs entrées ? Je tiens d'un contemporain, qui l'a coudoyé dans les salons impériaux, que la réception officielle ne lui imposait aucune contrainte : les yeux perdus dans quelque douce songerie, le sourire sur les lèvres, il chantonnait presque à haute voix et accompagnait sa romance en tambourinant du bout des doigts sur le battant d'une porte.

Corot était tous les ans du jury ; Français en faisait partie non moins régulièrement. Daubigny y entra en 1866 pour la première fois, le nombre des jurés ayant été doublé. Les trois amis se rencontrèrent devant les tableaux de Courbet, la *Femme au perroquet* et la *Remise de chevreuils*. Ce fut un coup de foudre. Daubigny s'écriait : « Qu'on ne me parle plus des anciens. Il n'y en a pas un pour résister à côté de ce gaillard là ! » Corot renchérissait sur cette extase, disant : « Je remercie le Ciel de m'avoir fait naître dans le même siècle que cet admirable artiste ». Français seul se taisait. Malgré tout, on l'entraîna boire un bock au café Frontin, à la santé de Courbet. Alors, il se mit à dénigrer. Il fut impitoyable pour la *Remise de chevreuils*. « Les arbres étaient mal dessinés, les animaux guère mieux ; les terrains n'étaient pas construits ; le tableau ne soutenait pas l'examen ». Daubigny fronçait le sourcil sans répondre. Mais Corot fut ébranlé ; et il vida son verre, non plus en l'honneur de Courbet, mais en célébrant, avec une malice conciliante, la forme et les valeurs, règles éternelles du beau dans les arts.

Faut-il attribuer à l'influence de Français l'accueil plutôt défavorable que reçurent auprès de Corot, à cette époque, les représentants de l'impressionnisme naissant ? Quoi qu'il en soit, on doit à la vérité de constater qu'il ne se prêtait pas à reconnaître sa lignée dans cette famille d'artistes amoureux, comme lui, de lumière et de vérité. Il parla sévèrement à Pissarro ; c'est lui-même qui nous l'a confessé. Il laissa à Daubigny l'honneur de prôner Monet. Quant à Manet, ce tempérament original l'effarouchait ; ce fut sans succès que La Rochenoire, épris des

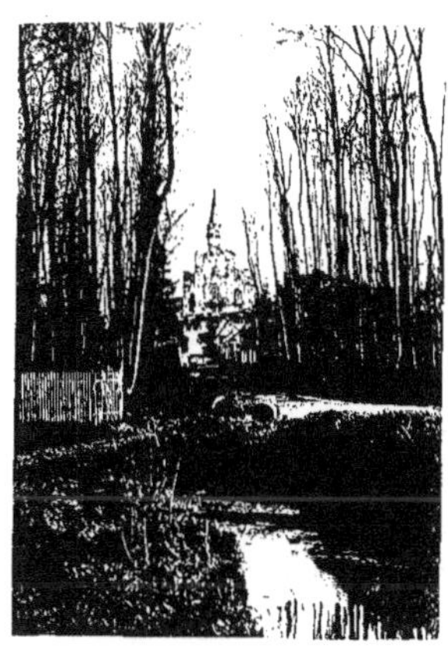

Marissel.
Photographie d'après nature par M. Herbert,
prise à côté de Corot. (1866).

belles hardiesses du jeune maître, s'efforça de lui faire partager son admiration. La désinvolture insolite de cet enfant terrible l'étonnait et le déroutait, comme la fougue d'un Delacroix ou l'énergie d'un Millet s'étaient heurtées, pendant de longues années, à la quiétude un peu timorée de ses habitudes. Au fond, la peinture de ses contemporains, aussi bien que celle des musées, occupait peu sa pensée qui, absorbée par la gestation de ses œuvres, n'avait pas le loisir d'approfondir celles d'autrui.

Beauvais fut, à ce qu'il semble, sa première villégiature en 1866. M. Badin, passé à la direction des Gobelins, n'était plus là pour le recevoir ; mais, à défaut de la sienne, une autre maison d'artiste était prête à l'accueillir. C'était celle de M. Wallet, un amateur doublé d'un peintre, qui habitait, dans Voisinlieu, à la porte de la ville, une ravissante propriété traversée par le cours sinueux du Thérain. Corot, présenté jadis dans cette demeure par M. Badin, avait été séduit par la beauté des lieux ; il accepta d'autant plus volontiers l'offre qui lui fut faite d'y séjourner, que le fils de son ami, qui débutait alors dans la peinture, lui servit d'introducteur et de compagnon. Il ne tarda pas, du reste, à se trouver à l'aise dans cette famille, où les artistes étaient reçus à bras ouverts, où la plus grande liberté était laissée aux allées et venues du paysagiste et où, le soir, dans un petit fumoir orné par le maître du logis d'une décoration plus ou moins orientale, les pipes s'allumaient en même temps que la causerie. De la terrasse, où, sous un arceau de verdure, deux petits Cupidons mutins sourient encore à l'ombre évanouie mais présente de Corot, le regard embrasse la verdoyante vallée. Dès que l'horizon se teintait de rose, il était là, le harnois sur le dos, le nez au vent. Le parc et la campagne voisine se partageaient son attention et fixaient tour à tour son caprice. Un érudit local, chercheur patient et élégant interprète de ses trouvailles, M. G. Varenne, s'est efforcé de suivre l'artiste pas à pas (1). Il a relevé, pour plusieurs études, la place exacte où Corot avait planté son chevalet. M. Jules Badin l'a souvent guidé de ses souvenirs ; car, ces séances mémorables, son jeune disciple ne les a pas oubliées. Corot dirigeait sa main novice et instruisait son regard. Plein d'indulgence pour un effort sincère, il était impitoyable contre la moindre tricherie. Un jour, par exemple, il surprit son petit ami en train d'ajouter de chic quelques détails à une étude qu'il venait de rapporter à la maison ; il se mit en colère et, lui arrachant son crayon des mains : « Les chiqueurs, dit-il, sont des menteurs, et les menteurs sont les pires des hommes ».

De Voisinlieu, un sentier à travers champs conduisait au village voisin de Marissel. Perchée sur une éminence dominant un petit bois précédé lui-même d'un ruisseau, l'église de Marissel offrait un sujet de tableau particulièrement séduisant. Corot esquissa le site sous les yeux de son compagnon habituel (2). Le motif était ardu ; l'effet changeait souvent. Il revint neuf fois sur les lieux. Le dernier jour, le soleil, au lieu d'être de la partie comme les jours précédents, boudait. Une certaine hésitation paralysait le peintre. L'élève, qui avait son franc-parler avec le cher vieillard, arrêta son bras : « Papa Corot, n'y touchez plus ; encore un coup de pinceau et vous gâtez tout ». Corot interloqué s'arrêta. « Tu as raison, gamin, fit-il ; allons nous en ». Empoignant sa toile, il la lança sur le gazon et leva le siège.

Les environs de Marissel lui fournirent encore d'autres inspirations (3). La « Rigolotte » serpentant au pied des fûts élancés des frênes et des trembles, puis débouchant dans la plaine et invitant les laveuses à s'arrêter sur ses bords ; les saulaies mêlant dans les prés leur lourdeur trapue à la légèreté des peupliers : tout cela lui plaisait et le retenait. Les paysans d'alentour avaient fini par connaître le « bonhomme en blouse » immobilisé, pendant de longues heures, dans sa contemplation et son labeur ; la curiosité ne réveillait déjà plus leur indolence. Mais à ses traces s'atta-

(1) *Corot sur les bords du Thérain.* (*La Liberté*, 15 et 16 sept. 1903).
(2) *N° 1370.* — (3) *N°* 1371 à 1375, etc.

chait, presque tous les jours, un personnage d'allures plutôt suspectes, nomade en guenilles, que les gens de l'endroit appelaient « le Polonais » et qu'ils observaient avec méfiance. Corot (c'est lui qui l'avouait) avait fini par concevoir, à son tour, de vagues appréhensions à l'égard de cet inconnu. « Bien sûr, il me fera mon affaire », disait-il sur le ton d'un homme qui plaisante, mais, au fond, n'est pas rassuré. Un soir, « le Polonais », avançant tout près de lui, se pencha sur son épaule ; il eut une minute de peur véritable. Mais l'homme, au bout d'un instant, parla ; sa voix était douce, l'émotion la faisait trembler ; et elle disait : « Oh ! monsieur, que c'est beau ; c'est plein de poésie, ce que vous faites là ». On se sépara en se touchant la main et Corot, racontant cette aventure, concluait : « Il n'y a pas eu dans Beauvais un homme pour me comprendre comme celui-là. Jugez donc les gens sur la mine ! »

Marissel l'avait tant captivé qu'il voulut faire partager son plaisir par un bon camarade. Il rencontrait à Mantes, dans la famille Robert, le peintre Jules Etex, frère du sculpteur, et l'envoyait travailler là-bas. Un ancien habitant de Beauvais, M. E. Herbert, qui exerçait le métier de photographe dans cette ville à l'époque du séjour de Corot et avait dirigé les pas de l'artiste vers Marissel, conserve une lettre de lui, recommandant son ami. Voici le billet en question :

Mantes, 8 mai 1866.

Cher Monsieur,

Mon ami Etex, Jules, peintre d'histoire, désirerait faire quelques études dans les environs de Beauvais, que je lui ai vantés. Je vous serais bien obligé d'avoir la bonté de lui indiquer un hôtel modeste où il serait bien et les environs de Marissel, où j'ai travaillé, d'après ce que vous m'avez dit. Un matin, vous pourriez peut-être le conduire, et, là, il chercherait sa nourriture. Excusez-moi, cher Monsieur, mais votre bienveillance m'a enhardi.

Tout à vous.

C. Corot.

Les deux Etex étaient de vieux amis de Corot. Il existe un médaillon de lui par Antoine, daté de 1841, époque vers laquelle celui-ci le recevait dans sa maison de campagne d'Orsay. Jules débutait alors brillamment comme portraitiste et jouissait, durant quelques années, d'une renommée assez lucrative. Mais la mode est capricieuse et ses faveurs inconstantes. Un jour vint où il en fit la cruelle expérience. C'est alors qu'il tâta du paysage. Toutefois, il eut beau suivre Corot et marcher dans son sillage : l'astre garda pour lui le feu sacré. M. Herbert, son guide à Marissel, qui lui offrit un gîte sous son toit, trouva en lui un homme dépité, un lutteur à bout de forces. L'inventive ingéniosité de Corot réussit parfois à lui rendre l'illusion des beaux jours. L'amitié était-elle en jeu, ce cœur-là avait la science de tous les subterfuges. Il savait au besoin soudoyer un acheteur, quand la délicatesse lui interdisait d'agir en personne.

Depuis que la fortune lui souriait, son plus grand bonheur était d'en faire profiter autrui, et surtout ceux de ses confrères que la vie avait moins gâtés. Ce n'était point assez d'ouvrir sa porte et sa bourse aux infortunés qui venaient à lui ; sa bonté voulait deviner et prévenir celles qui se cachaient. Si vous lui fournissiez une occasion nouvelle d'exercer son inépuisable charité, il vous remerciait avec effusion. Et en quels termes exquis ! Une fois, M. Badin avait fait appel à sa compassion pour un pauvre hère dans la gêne : « Mon bon ami, lui écrit-il, vous m'accusez réception du petit paquet. Toujours heureux de pouvoir vous être agréable. Je suis joyeux... » On n'est pas humain avec plus de grâce ! — Il lui arrivait, lorsqu'il savait un artiste besoigneux, de feindre l'extase devant quelque médiocre barbouillage et d'emporter la toile sous son bras pour déguiser un bienfait. Parfois, ses aumônes accompagnaient la réhabilitation d'un talent méconnu. Ainsi pour Hervier. Ainsi encore pour Harpignies. J'ai entendu conter par ce dernier lui-même que le premier billet de mille francs apparu dans son atelier tomba des mains de Corot, en échange d'une paire d'aquarelles, qu'il eût été heureux de donner pour quelques louis. Il fallait le voir quand un de ses élèves faisait une vente de ses œuvres. Lui, dont les minutes étaient comptées, sacrifiait allégrement tout un après-midi à suivre les enchères ; sa chaleur entraînante animait la bataille et décidait de la victoire. Lavieille en fit l'épreuve, et il ne fut pas le seul.

Il n'était pas rare qu'on abusât de son inépuisable munificence et que ses dons s'égarassent dans des mains indignes. Mais son indulgence

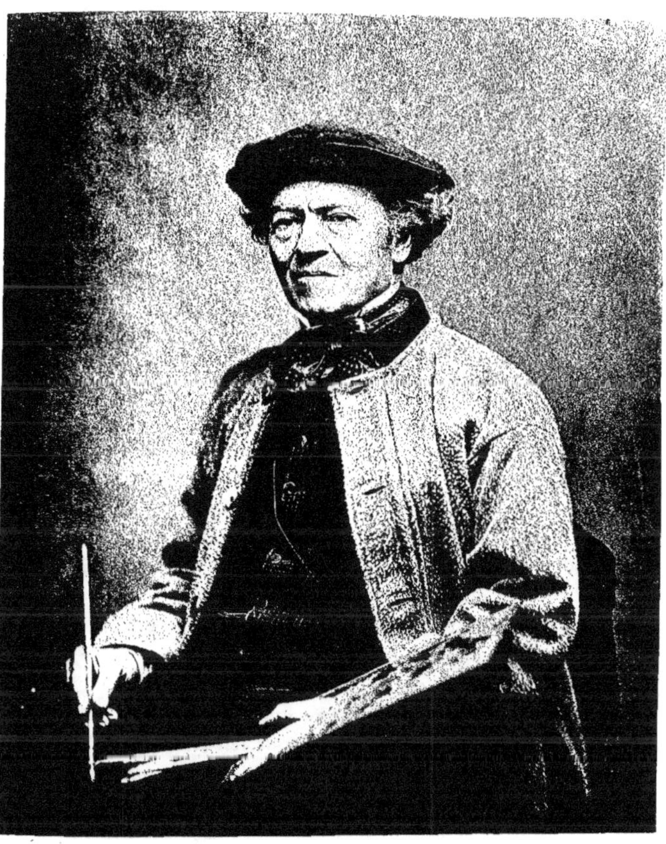

Corot.
Photographie par Lavaud (vers 1867).

n'aimait pas qu'on en fit la remarque. Un matin, sur les onze heures, tandis que, la serviette au cou, il avale son bol de soupe sous l'œil vigilant d'Adèle, on sonne à la porte. Entre un vieux camarade d'atelier, qui lui parle à l'oreille. Corot court au tiroir où se cachent les billets bleus, en petits paquets préparés d'avance à l'intention des visites de ce genre; et le quémandeur part nanti de son petit pécule. A peine a-t-il tourné les talons qu'Adèle, qui sait ce que vaut le sire, gourmande la faiblesse de son maître : « Voyons, Monsieur, pourquoi cet homme-là ne travaille-t-il pas comme Monsieur ? Est-ce que Monsieur a jamais flâné comme lui ? » Corot la regarde en face et, avec un sourire : « Que voulez-vous, ma bonne Adèle ? Nous ne sommes pas tous taillés sur le même patron ».

Le robuste tempérament du vieillard n'avait jamais eu maille à partir avec la maladie lorsque, tout d'un coup, au mois de juin 1866, il se sentit atteint. Il était alors aux environs de Paris, à Noisy-le-Grand, chez un ami de son élève Oudinot, nommé M. Bochard. Une crise de goutte très violente lui rappela douloureusement ses soixante-dix ans et l'obligea à suspendre son travail. Il en fut très affecté. Cependant, il fit à mauvaise fortune bonne figure. Il contait son mal à ses amis sur un ton enjoué. Il écrivait au peintre La Rochenoire, admis alors dans son intimité (22 juin 1866) : « Je ne puis plus aller chanter avec les petits oiseaux dans les bois et dans les champs ». Et à Charles Desavary (10 août 1866) : « Je suis retenu à la chambre depuis plus de deux mois par un rhumatisme goutteux; c'est dur pour un homme des bois ». Il passa l'été à se soigner à Paris, puis à Ville-d'Avray. M. Robaut, qui lui rendit visite vers le 15 août, le trouva encore très souffrant. En septembre, il y eut un peu de mieux dans son état, et il en profita pour retourner à Noisy-le-Grand. Mais nous voyons par sa correspondance qu'il était encore obligé à beaucoup de précautions. « Il faut que j'évite l'humidité et les conversations surexcitantes », disait-il à La Rochenoire (lettre du 9 septembre 1866). Adieu les douces réunions amicales. Il dut renoncer à Marcoussis, pour cette saison-là, et s'excuser auprès de Dumax par la lettre que voici, datée de Noisy-le-Grand :

Mon cher ami,

Je suis pris et retenu en retraite par un rhumatisme goutteux, qui me gêne considérablement dans ma marche. Ça va un peu mieux. Mais, à mon grand regret, il me sera impossible d'aller vous voir, folâtrer et travailler comme je me le promettais si bien. Voilà deux mois que ça dure. C'est dur. Patience.

Tout à toi de cœur.

C. Corot.

Tout l'hiver, il fut podagre et ne put entreprendre de grandes toiles en vue du Salon. Il n'exposa que deux petites, dont l'une était la *Vue de Marissel*. Elle fut très goûtée. Plusieurs amateurs se la disputèrent. La Rochenoire, chargé de l'acheter, avait été devancé. « Pour le *Marisselle* (sic) lui écrit Corot le 4 juin 1867, je regrette bien, il est trop tard. » Il paraît que le client malheureux, dont il est ici question, n'était rien moins que le mandataire de la reine d'Angleterre. Corot faisait sans doute allusion à ce mécompte de la souveraine, qu'il n'avait pu satisfaire, quand il disait, quelques jours plus tard, à son ami (30 juin 1867) : « J'ai vendu mon *Marisselle* (sic) à un Monsieur Laurent-Richard, tailleur, 4.000. Je suis content. Si, en haut lieu, on est si monté pour eux, je ferai descendre *La Toilette*. Nous verrons bien ». *La Toilette*, le tableau du Salon de 1859, faisait partie de l'envoi de l'artiste à l'Exposition Universelle, qui en comprenait six autres : *Saint Sébastien, Macbeth, Pierrefonds, le Matin, le Soir* et *le Lac Nemi* (1). Ces œuvres formaient un admirable résumé rétrospectif de la carrière du peintre depuis quinze ans.

Corot, rétabli, quoique tirant encore un peu la jambe, put parcourir les galeries du Champ-de-Mars. Il y fut accompagné un jour par Th. Silvestre, et celui-ci a noté les détails de cette visite, dans un style sténographique qui donne beaucoup de vie à son récit. Voici le morceau (2) ·

« A l'Exposition Universelle de 1867, Corot était encore un des premiers artistes vivants. Un jour, nous ne l'oublierons jamais, nous visitâmes avec ce charmant homme la section de peinture par partie de plaisir et quelques sections mécaniques par hasard... « Si vous voulez, nous avait dit Corot, demain matin, à 10 h. 1/2, nous partirons

(1) N°⁵ 1063, 1109, 474 (R), 1630, 1640 et 1636.
(2) *Salon de 1873*, dans *le Pays*.

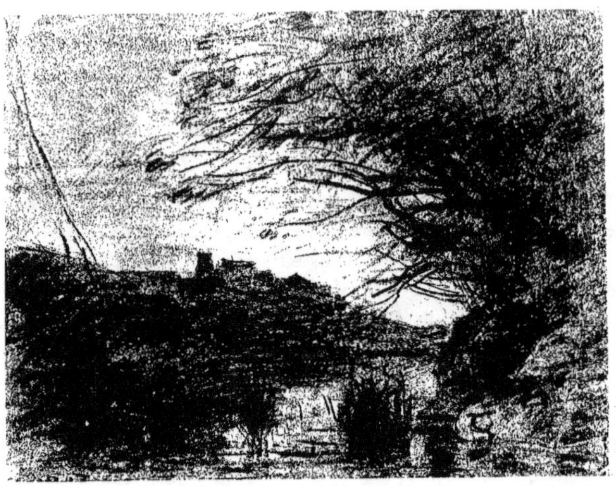

Souvenir du lac de Nemi
(Fusain d'après le tableau).

en carrosse ». Nous allâmes en carrosse numéroté prendre à son atelier le maître cordial et jovial. Il causait avec son rentoileur d'une étude grillée par le voisinage de son poêle. Une vieille femme de ménage lui apportait sa soupe comme à un ouvrier de chantier. « C'est bon, lui dit-il ; mais il est dix heures un quart, dix minutes plus tard qu'à l'ordinaire. Dix minutes ! c'est affreux. Comment cette soupe va-t-elle aujourd'hui se comporter en moi ? » Nous nous délectâmes à revoir les études les plus fameuses de Corot... « Voilà, pour vous, dit-il, de vieilles connaissances. Une bonne dame, qui m'en avait emprunté quatre ou cinq depuis un temps immémorial, vient de me les rendre. Je n'en suis pas fâché. C'est cette armoire qui est contente de les avoir reprises ! Je ne puis vous dire tous les compliments que se font les battants de cette pauvre armoire et ces pauvres petites études ! » — Nous voilà bientôt dans le carrosse et, chemin faisant, en conversation animée. — « Ah ! fit Corot avec une curieuse moue, voilà l'hôtel, le fameux hôtel de***. C'est plus riche que beau ; je ne dis pas que les voleurs y viennent, mais ils doivent avoir bien envie d'y venir. Ce n'est pas nous qui logerions là ; nous irons ailleurs. Ah ! ce nouveau Paris m'ennuie. Tout ce luxe régulier va tout tuer ; primo : les peintres. Et l'aiment-ils assez, les peintres, ce vilain luxe là ! Le bon Dieu leur avait donné des facultés, ils les déprofitent pour paraître, pour aller dans le monde

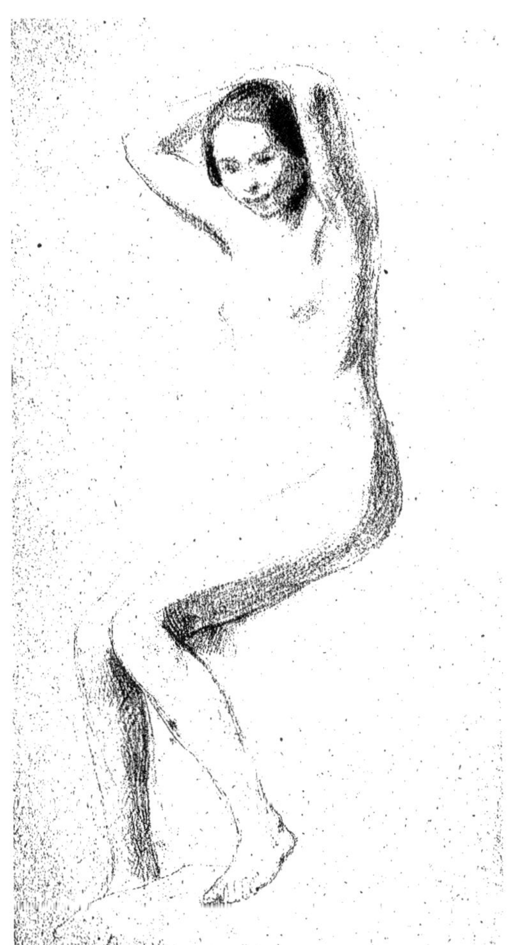

Étude pour *La Toilette*.

avec ostentation, pour donner eux-mêmes des soirées, des concerts, où l'on prend la taille des femmes, quand elles ont une taille à prendre ! — Ah ! Messieurs les artistes modernes, le bon Dieu n'est pas content de vous, pas content du tout, ah ! mais non !... Comment ! il vous montre dans la nature les plus belles choses à voir et à rendre, et vous les altérez, vous les gâtez ! Eh bien, mes petits amis, Dieu, pour vous punir, fait de votre cœur un cœur de liège. Dieu vous livrait les plus beaux carambolages, vous les manquez ; il ne vous les livrera plus ». — « Allons, dit Corot au pont d'Iéna, payons nos dettes ; le code de commerce l'exige. Renvoyons le carrosse ; plus de collignon, plus de cocher brigand ; et vingt-six sous de pourboire qu'il leur faut ! Les pièces de dix sous ne valent plus rien... Marchons ! » — D'abord, nous nous trouvâmes, je ne sais comment, au milieu des canons Whitford, assiégés par la curiosité des Anglais. « Ah ! Goddam », fit Corot, imitant l'accent des Anglais à faire pouffer de rire, « voici les inventeurs de ces jolies choses ! C'est-il gentil ! c'est-il gentil ! » Puis, tout à coup, horrifié par tous ces engins de guerre, par ces boulets ronds et ces boulets coniques, pitance future de ces énormes gueules rayées : « Est-il possible, dit-il, d'exposer ces affreuses machines en même temps et dans le même lieu que nos paysages et nos petits moutons ? Le monde est fou... et atroce. Et voyez, les inventeurs ont l'air enchantés ! Mon Dieu, que veulent-ils faire de ça ? » — « Trouer vos paysages et tüer vos petits moutons ». — Devant l'obélisque d'or de l'Australie : « Méprisons la fortune, dit Corot ; laissons les millions et ce lingot monstre pour les jouissances de l'art ! » — A la vue d'une petite cathédrale de bobines de coton omnicolore de Manchester : « Ah ! la belle fabrique à mettre au fond de mes paysages ! » — Nous entrions dans la section des tableaux français. « Oh ! oh ! murmura-t-il en faisant de l'œil, sans s'arrêter à quelques tableaux d'histoire, voilà des peintres qui ont besoin de beaucoup de couleur. C'est qu'ils veulent terrasser Paul Véronèse. Ça les fatigue, à la fin, la réputation de Paul Véronèse. Il y a trop longtemps qu'elle dure. Ils veulent absolument le terrasser ».

> « Arrêtons-nous ici, l'aspect de ces montagnes
> D'amour et de plaisir fait tressaillir mon cœur,

chantonna Corot à mon oreille. Nous étions arrivés, en effet, à ses tableaux : *Saint Sébastien secouru par les saintes femmes ; Macbeth et les Sorcières ; Le Matin, (Souvenir de Ville-d'Avray) ; La Toilette ; Pierrefonds ; et Le Soir, (Souvenir d'Italie)*, où le village de Genzano se mire dans le lac Némi. « Moi, je n'ai pas autant de couleurs que ça. Il est vrai que je ne fais pas des tableaux d'histoire ; il me faudrait d'abord en avoir la bosse. Je ne fais que de petites choses. Pardon ! j'ai fait le *Baptême du Christ*, de Saint-Nicolas du Chardonnet ». — Le *Saint Sébastien*, pris, repris depuis 1855, nous parut d'un style agrandi et d'une expression plus profonde. Le ciel s'était ouvert, les arbres avaient changé de forme et de place. L'escarpement du paysage retardait la montée des cavaliers romains et laissait plus de temps à ces bonnes dames pour étancher les blessures du martyr. — Devant son *Macbeth*, Corot se répandit en remarques sensées, familières, plaisantes et tristes, sur Shakespeare, avec une pantomime pleine de bonhomie, de malice et de précaution. Macbeth, Banquo et leurs officiers viennent, par un bois rocheux et raviné, à la bruyère où les sorcières crient : Vive Macbeth ! un jour tu seras roi ! La tempête déchaînée par les trois sœurs perverses (weyward sisters) est encore sensible à un reste de nuages fulgurants, à l'entrefroissement prolongé des chênes. Maîtresses des vents à tous les points du compas des marins et munies du pouce d'un pilote péri, les sorcières ont fait, fait, fait une tempête comme Corot ne la pouvait peindre, quoiqu'il ait de belles trouées dans ses arbres et de belles incandescences dans son ciel. — « Laissons, dit-il, ces vieilles filles, qui viennent tracasser le général Macbeth et qui l'ont perdu ! — Dans le rayonnement et l'évaporation de mon *Matin*, j'ai peint, ajouta-t-il, non pas le soleil, mais ses effets. J'aime mieux mes gouttes de rosée que l'obélisque-lingot d'or de l'Australie. Et mon *Soir*, je l'aime-t-il ! je l'aime-t-il ! Est-il d'une fermeté celui-ci !... Et celui-là ! (*la Toilette*). Voyez-un peu comme ils s'en donnent de la campagne, ces pauvres enfants ! »

Au moment de nous quitter, Corot reprit : « Il faut aller aux champs et non pas aux tableaux. La Muse est dans les bois ; elle veut le silence ; elle n'habite plus le quartier Poissonnière. Laissons à présent les concerts du Conservatoire pour le chant des oiseaux ! Voilà plus de six mois que je cherche péniblement des branches dans mon atelier. J'ai besoin des branches naturelles. Je veux savoir comment les feuilles des saules se tiennent dans l'air. Je vais partir pour la campagne. Quand, au mois de juillet, je vais fourrer le nez dans un bouquet de noisetiers, je n'ai pas plus de quinze ans. C'est bon, ça ; ça sent l'amour !... L'amour, tais-toi, vieux podagre ! Fais préparer ton convoi... Allons, cher enfant, bonsoir ! au plaisir de vous revoir. »

C'est à Coubron, près de Montfermeil, chez une vieille amie, Mme Gratiot, que Corot s'en fut faire l'école buissonnière. Mais le mois de juin fut pluvieux : mauvais temps pour les douleurs. Il s'en plaint dans sa correspondance avec La Rochenoire (30 juin 1867) : « Le temps qu'il fait ne m'a pas soulagé. Espérons que le beau temps va revenir. J'ai travaillé un peu d'après nature ; ce ne sont pas encore des chefs-d'œuvre Espérons » Il écrit, le même jour, à Dumax : « Je travaille un peu dehors, seulement quand le temps le permet : ce qui est rare jusqu'à présent. Je travaille dans l'intérieur. Le temps n'a pas été favorable

240

pour les douleurs... Je ne suis pas encore bien allant ». Malgré tout, il
fait le projet d'aller à Marcoussis, et il précise : « Ce sera le 16 août au lieu
du 10 ». Il demeure toujours ponctuel. Et, en effet, le 18 août, il date de
Marcoussis un billet à M. Alfred Robaut qui, de Cayeux, où il est en villégiature, l'a invité à accepter un gîte sous son toit. Corot lui répond : « Quoique je ne sois pas mal, je suis encore forcé de renoncer à faire des voyages un
peu longs ; il me faut vivre encore en retraite et silence. Je suis bien
malheureux ; j'aurais été si content de me retrouver en famille sur le bord
de la mer ». Ville-d'Avray convient à sa santé éprouvée. C'est sur les bords
de son cher étang qu'il promène sa convalescence pendant le reste de la
saison. Nous devons à cette retraite forcée un de ses tableaux du Salon de
1868, le *Matin à Ville-d'Avray* (1), exposé en même temps qu'un *Soir* avec
des vaches traversant un gué (2).

Corot avait toujours vécu en dehors des coteries. Le jury de l'Exposition Universelle ne le compta pas parmi ses membres. Comme les
absents ont généralement tort, on ne lui décerna qu'une récompense infé-
rieure à celle qu'il avait obtenue douze ans auparavant : une médaille de
2ᵉ classe, tandis que Cabanel, Gérôme, Meissonier et Théodore Rousseau
recevaient chacun un grand prix et que des médailles de 1ʳᵉ classe étaient
attribuées à Bida, Jules Breton, Daubigny, Français, Fromentin, J. F. Millet,
Pils et Robert-Fleury. A ce déni de justice ne furent pas étrangers l'anta-
gonisme inavoué, mais réel, des peintres de Barbizon, que Rousseau eut
l'honneur de représenter en cette occasion parmi les jurés, et aussi la
mollesse de Français qui, appelé à siéger aussi dans cet aréopage, paraît
ne s'être guère plus soucié qu'en 1855 de rendre à son illustre maître et
ami l'hommage que son génie réclamait. Heureusement, l'Empereur se
chargea de corriger, dans une certaine mesure, l'aveuglement ou la par-
tialité du jury. Il donna à Corot la croix d'officier de la Légion d'honneur ;
et cette promotion fut en même temps une juste réparation d'un trop
long oubli : Corot n'était-il pas chevalier depuis vingt-deux ans ? La
distinction le rendit heureux. Il ne témoigna aucun dépit de la longue

(1) *Nᵒ 1641.*
(2) *Nᵒ 1642.*

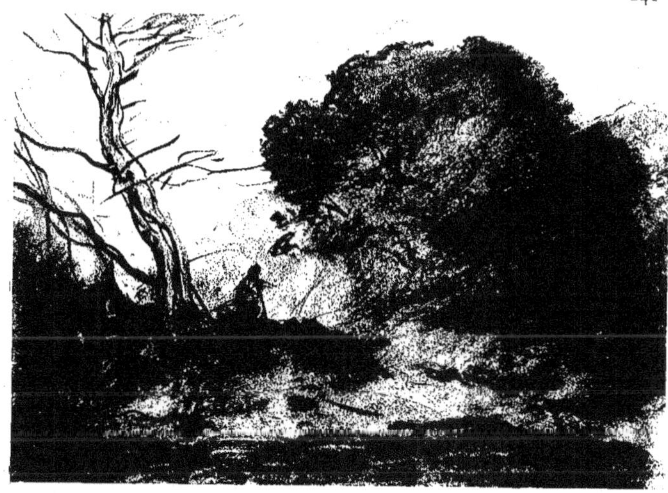

Composition au fusain
(vers 1865-70).

attente imposée à son mérite. A un ami qui trouvait la récompense bien tardive il répondait avec bonhomie : « Il est vrai, c'est un peu tard ; mais, comme on dit, vaut mieux tard que jamais ». Et il ajoutait : « Enfin, j'ai été bien content et, ce qui a augmenté ma joie, ce sont les témoignages de sympathie qui m'ont été donnés ; voilà la vraie récompense (1) ». Il n'avait fait aucune démarche pour obtenir cette rosette. « Toute distinction qu'il faut solliciter ne me tente pas, disait-il, un jour ; si l'on veut m'en donner, on sait bien où me trouver : mais, pour les démarches, je n'en suis pas ». D'après M. Dumesnil, qui rapporte ce propos (2), Barye eut l'idée, vers cette époque, de pousser Corot vers l'Institut. Mais Corot, pressenti, répondit que ce n'était point son affaire et qu'on ne le verrait jamais dans les antichambres des Académiciens.

C'est à son corps défendant qu'il parut aux « soirées du Louvre ». Il

(1) Lettre à M. H. Dumesnil. 15 juillet 1867.
(2) *Corot, Souvenirs intimes*, p. 84.

avait juré qu'il ne mettrait point les pieds chez le surintendant, qui persistait à nier son talent et disait de lui : « C'est un malheureux qui promène sur la toile une éponge qu'il a trempée dans la boue (1) ». Mais il avait compté sans ses amis. Un beau matin, Daubigny et La Rochenoire lui apprirent que Nieuwerkerke, déterminé par eux, voulait venir le voir. On prit jour. Mais une fatalité fit oublier à Corot le rendez-vous ; le personnage trouva porte close. Pouvait-il, après cela, persister dans son attitude ? Une visite d'excuses s'imposait. Et puis, du moment que « le patron, selon son expression, s'était dérangé pour son ouvrier », le devoir de celui-ci était de ne point demeurer en retard. Nonobstant, il fut rare aux lundis du comte.

Après six mois de soins, la santé est revenue. Au printemps de 1868, l'intrépide voyageur reprend la clef des champs. Daubigny, qui est à présent propriétaire à Auvers, le reçoit à son foyer, où fréquentent en voisins, de Valmondois où ils passent la belle saison, les camarades du quai d'Anjou : Boulard, Geoffroy-Dechaume, Daumier. Ce dernier a esquissé sur le mur vierge de l'atelier un *Don Quichotte*, qui appelle un pendant. Corot l'exécute et, mis en verve, ne s'arrête qu'après avoir couvert, avec l'aide d'Oudinot et du jeune Karl Daubigny, toutes les parois capables d'inspirer un pinceau (2). Auvers n'a pas le privilège exclusif de retenir le convalescent. Nous le retrouvons, cette même année, à Coulommiers, chez son ami le notaire Preschez (3), et aussi à Essoyes (Aube) (4), nouveau poste occupé, comme percepteur, par son neveu M. Emile Corot. Cependant, le souci de ménager ses forces éprouvées par la maladie l'oblige à refuser d'autres invitations. Le 14 août, il écrit à Dumax pour s'excuser de ne pas aller chez lui, à Marcoussis. En 1869, M. A. Robaut ne réussit pas davantage à l'attirer dans le Nord ; il se récuse. « Pour le voyage, il faut y renoncer, à mon grand regret. Il me faut maintenant du calme, du calme. Il m'est impossible d'être calme entouré de bons amis comme vous, qui me comblent de gentillesses ». C'est encore la même chose en 1870. La chaleur de l'été l'ayant « mis à bas » : « Il m'est bien ordonné, dit-il, de rester tranquille et de me soigner ». Pour ce faire, il n'est mieux nulle part qu'à Ville-d'Avray et il y demeure longtemps chaque saison.

(1) Entendu par M. F. Henriet. — (2) *N⁰ˢ 1644 à 1651.* — (3) *N⁰ˢ 1398 et 1399.* — (4) *N⁰ 1442.*

Il se plaît beaucoup également à Mantes. La maison de M. Robert est une de celles qu'il affectionne particulièrement depuis qu'il lui faut du calme et une vie régulière. L'atmosphère de cette demeure de magistrat de vieille roche l'enveloppe doucement. C'est un coin d'ancienne France bourgeoise au milieu du sourire agreste de la nature. Corot n'a qu'à descendre de sa chambre, la Seine à traverser, et il est dans la verdoyante île de Limay, en face du vieux pont, flanqué de la carcasse pittoresque des anciens moulins. Se retourne-t-il, les tours de la cathédrale jaillissent de l'horizon et baignent dans le fleuve le reflet de leur aérienne dentelle. La féerie des heures, se jouant dans le frissonnement des feuillages légers et dans l'ondoyante transparence des eaux, multiplie à l'infini les motifs (1). A certains jours, une vague buée classique enveloppant le pont et ses paradoxales bicoques, le poète voit devant lui « le tombeau de Scipion ou de Démétrius ». En général pourtant, Mantes reste Mantes et suffit, sans travesti, à aiguillonner la flamme de son amant. Il en va de même pour Ville-d'Avray. Le *Souvenir* (2) qu'il en rapporte, pour le Salon de 1869, est dénué d'artifices. La nature n'a point fait toilette. Les nymphes qui se sont donné rendez-vous dans la clairière, en vue des villas, portent le bonnet des paysannes de Seine-et-Oise. Cela fleure le terroir.

A chaque nouvelle exposition, il se trouvait des gens pour accuser Corot de monotonie et pour lui reprocher de recommencer toujours le même tableau. A supposer qu'un démenti fût nécessaire, il le donna d'une façon péremptoire en ajoutant à son *Ville-d'Avray* la *Liseuse* (3). En dépit de sa modestie qui, respectueuse des conventions, affectait de ne pas franchir les limites de son domaine particulier, le paysagiste ne résistait pas au plaisir de marauder sur le terrain d'à côté. La semaine de modèle était sa récréation favorite. Il y conviait volontiers les petits amis : Lavieille, Oudinot, le jeune Badin. Les Italiennes de la rue Mouffetard alternaient dans la pose avec les coureuses d'ateliers de Montmartre.

(1) N^{os} *1516* à *1531*, etc.
(2) N° *1643*.
(3) N° *1565*.

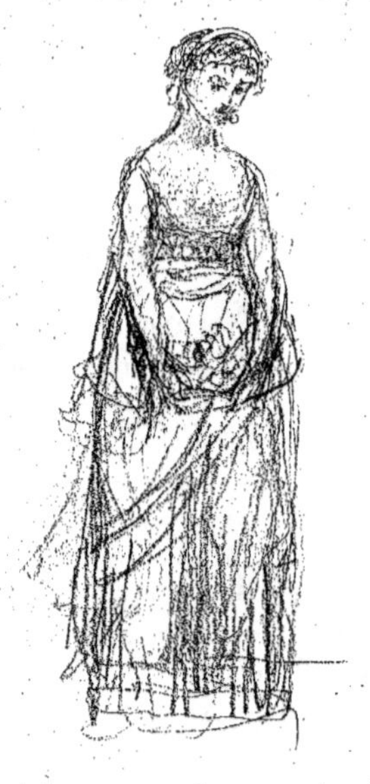

Page d'album
(vers 1865-70).

Beautés banales, charmes cent fois vulgarisés déjà, mais qui suffisaient à allumer l'étincelle du génie. Le magicien les transfigurait. Il faisait couler un sang de déesses sous ces épidermes plébéiens. Ce n'était plus Mariette, Clémence ou Emma. C'était la Naïade (1), la Bacchante (2) ou la Muse (3) ; c'était la nymphe Eurydice (4) et la prêtresse Velléda (5). Dans cette famille sans pays et sans âge, les hommes paraient leur personnalité indécise de l'armure des paladins (6) ou de la bure du moine (7). Mais, sous cette friperie, sous la défroque bigarrée des Italiennes, des Grecques et des Bohémiennes d'occasion, palpitait la plus vivante des humanités. Ces créatures étaient faites par l'artiste à son image : douces, tendres et rêveuses, occupées de fleurs et de musique. Corot laissait à d'autres les vaines poupées tirées à quatre épingles, dont la prunelle est sans feux. Son modèle pouvait bouger, il ne le gourmandait point. Les habituées de l'atelier en prenaient à leur aise ; telle la petite Dobigny, devenue familière à la longue, qui babillait, chantait, riait, ne tenait pas en place. Un jour que quelqu'un critiquait devant lui ce sans gêne : « Mais, c'est justement cette mobilité que j'aime en elle, fit le maître. Moi, je ne suis pas de ces spécialistes

(1) N°s 1514, 1515, 2178, 2179, etc.
(2) N°s 1276, 1277, 1376, 1377, etc.
(3) N°s 1386, 1388, 1391, 1392, etc.
(4) N° 1999.
(5) N° 1508.
(6) N°s 1509 à 1511.
(7) N°s 1332, 2129, etc.

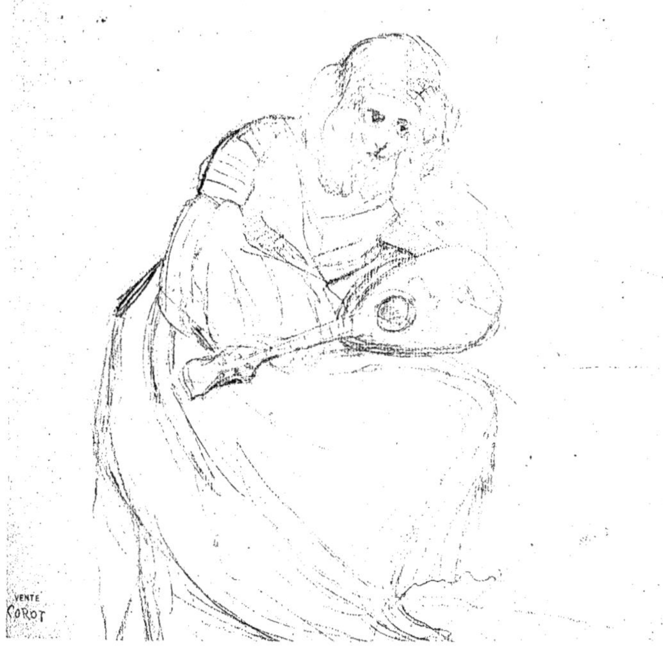

Musique et rêverie.
Croquis (vers 1865-70).

qui font le morceau. Mon but, c'est d'exprimer la vie. Il me faut un
modèle qui remue ». Le public, qui n'était pas accoutumé à cette manière
de faire et qui n'aime pas être contrarié dans ses habitudes, narguait toujours les figures de Corot. De rares marchands, tels que Martin, Beugniet,
Brame ou Tempelaere, en comprenaient la beauté, les lui achetaient et
s'efforçaient de les répandre parmi les amateurs. Il leur savait gré de cette
clairvoyance et les leur cédait à vil prix, trop heureux de se sentir compris.
N'avait-il pas entendu, à son propre foyer, une péronelle en rire et
s'écrier : « Ah ! mon Dieu, où allez-vous chercher de pareils singes ? » Des

singes, ces créatures sorties du fond de son âme? Son cœur blessé protestait. Vainement un troupeau de moutons de Panurge bêlait des acclamations devant ses paysages. Vainement on couvrait d'or ses traditionnelles matinées et ses crépuscules classiques. A quoi bon gagner cent mille francs par an pour s'entendre bafouer dans les enfants de ses entrailles?

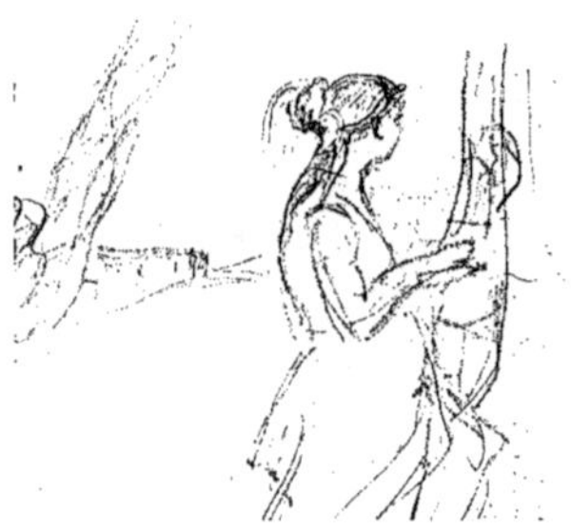

Page d'album
(vers 1865 - 70).

XI

LE SALON DE 1870.

LA GUERRE ET LA COMMUNE. — DOUAI ET ARLEUX-DU-NORD.

CAUSERIES ET SOUVENIRS.

(1870-1871)

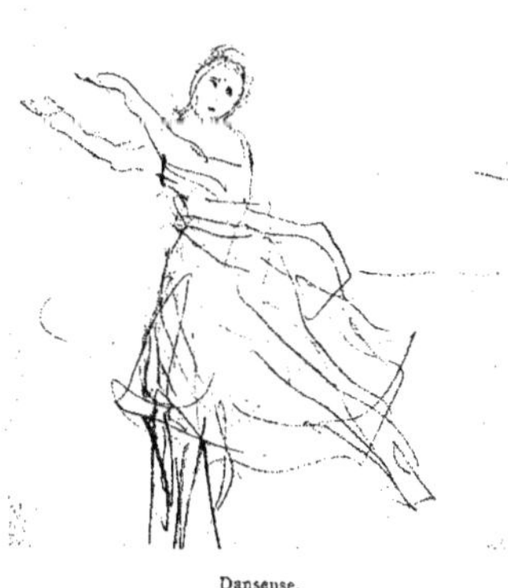

Danseuse.
Croquis (vers 1870).

« J'ai dit à la santé : « Viens, petite, viens » et, comme une bonne fille, elle est revenue ». Ainsi plaisantait Corot, heureux de se sentir dispos et vaillant pour le travail. Il préparait ses tableaux pour le Salon de 1870 : un nouveau *Ville-d'Avray* et une *Danse de Nymphes*. Cependant, à l'heure même où l'horizon de la patrie s'assombrissait, la guerre éclatait dans le camp des artistes. Les élections pour le jury furent l'occasion d'une bataille en règle. Des mécontents avaient présenté au Ministre des Beaux-Arts, le 8 février 1870, un « projet de constitution des Expositions artistiques », d'après lequel « tous les artistes ayant déjà exposé seraient dorénavant admis de droit ». Les promoteurs de cette réforme avaient à leur tête La Rochenoire, qui obtint l'adhésion de Corot et de Daubigny. L'un et l'autre signèrent, en qualité de membres du Comité que leur ami présidait, le factum en question. En même temps, leur nom figura sur une liste de candidats au jury décidés à en appliquer le programme.

Cette liste de combat, que Manet appelait « notre liste » (1), était la suivante :

<table>
<tr><td>Bonvin.</td><td>Gautier (Amand).</td></tr>
<tr><td>Corot.</td><td>Hédouin (Ed.)</td></tr>
<tr><td>Chaplin.</td><td>La Rochenoire.</td></tr>
<tr><td>Courbet.</td><td>Leleux (Adolphe).</td></tr>
<tr><td>Chintreuil.</td><td>Manet</td></tr>
<tr><td>Daubigny (Ch.)</td><td>Millet (J.-F.)</td></tr>
<tr><td>Daumier.</td><td>Ribot (T.)</td></tr>
<tr><td>Dumaresq (Armand).</td><td>Vollon.</td></tr>
<tr><td>Frère (Ed.)</td><td>Ziem.</td></tr>
</table>

Le nom de Corot, comme ceux de Daubigny et de Millet, figurait en même temps sur les listes adverses. Daubigny fut élu le premier, Corot le deuxième, Millet le sixième et Ziem le dix-huitième ; le reste de la liste des novateurs demeura sur le carreau.

La correspondance de Corot avec La Rochenoire contient un billet qui prouve que le maître n'épousait pas sans réserves le parti dans lequel il s'était laissé enrôler. Manet ne lui plaisait guère. Il écrit (20 mars 1870) : « Je pensais à Isabey au lieu de Manet. » Un heureux hasard a fait tomber entre nos mains le brouillon de son bulletin de vote. C'est la liste de La Rochenoire, sur laquelle il a rayé cinq noms pour les remplacer par d'autres. Il a biffé d'abord le sien. « Sur ma liste, je ne puis mettre mon nom » (2) disait-il. Puis, il a supprimé Amand Gautier, Hédouin,

Brouillon du bulletin de vote de Corot
pour le Jury de 1870.

(1) Lettre de Manet à La Rochenoire, du 20 mars 1870.
(2) Lettre à La Rochenoire, du 20 mars 1870.

Ribot et... Manet. Il les a remplacés par Isabey, Cabat, Pils, Bonnat et... Puvis de Chavannes. Ce document, un peu déconcertant, prouve que les révolutionnaires n'avaient pas en lui un allié sans arrière-pensée. Il entrait sans doute pas mal de complaisance dans son adhésion à leur manifeste et à leur campagne. D'ailleurs, malgré la démonstration sympathique dont il avait été l'objet, Daubigny et lui donnèrent leur démission de jurés.

La déclaration des hostilités contre l'Allemagne bouleversa profondément l'âme placide de Corot. L'homme qui venait de voter le plébiscite par amour de la tranquillité et de la paix, maudissait la guerre et ses violences. Tandis que le canon tonnait à la frontière et que l'écho des sinistres grondements attristait les campagnes de France, il se cloîtra auprès de sa sœur à Ville-d'Avray et se boucha les oreilles.

La Rochenoire l'ayant invité à venir travailler auprès de lui à Sainte-Adresse, il lui répondait, le 23 août, la lettre que voici :

> Mon cher ami,
>
> Ce serait avec plaisir que je me rendrais à votre bonne invitation. Mais il est bien pénible, en ce moment, d'abandonner tous les siens. J'attends donc que des événements favorables me permettent de respirer et recouvrer cette liberté si chère. C'est bien vrai que ce serait bon d'étudier ensemble cette belle nature qui, elle, se fiche pas mal des folies des hommes.
>
> Tout à vous de cœur.
>
> C. Corot.
>
> J'embrasse bien ces dames.

Quand la France fut envahie et Paris menacé, le frère et la sœur se séparèrent. Madame Sennegon, qui n'avait plus son mari (1), quitta Ville-d'Avray et s'en fut à Marseille auprès d'un de ses fils. Corot, lui, réintégra l'atelier de la rue Paradis-Poissonnière à l'heure où les portes de la ville se fermaient. De lugubres pensées traversaient alors son esprit. La vision de la patrie saccagée, de Paris incendié peuplait ses rêves. Il en traduisit l'horreur, un matin, au réveil, dans une esquisse fiévreusement jetée sur la toile (2).

(1) M. Sennegon était décédé le 30 janvier 1865.
(2) N° 2352.

On le vit, dans un accès de patriotisme vengeur, acheter un fusil et il parla d'aller, malgré ses soixante-quatorze ans, monter la garde aux remparts. Mais il avait mieux à faire. Sa peinture était une mine d'or. Il battit monnaie avec acharnement au profit de toutes les infortunes que le malheur des temps avait accumulées sur le pavé de la capitale. Il donna beaucoup aux ambulances. Un jour, il fit tenir une grosse somme au maire de son arrondissement et son envoi était accompagné de ces mots touchants : « Je consacre cet argent à la confection des canons nécessaires pour chasser les Prussiens des bois de Ville-d'Avray ». De cette façon, il se débarrassa des cauchemars obsédants et récupéra la sérénité de son labeur.

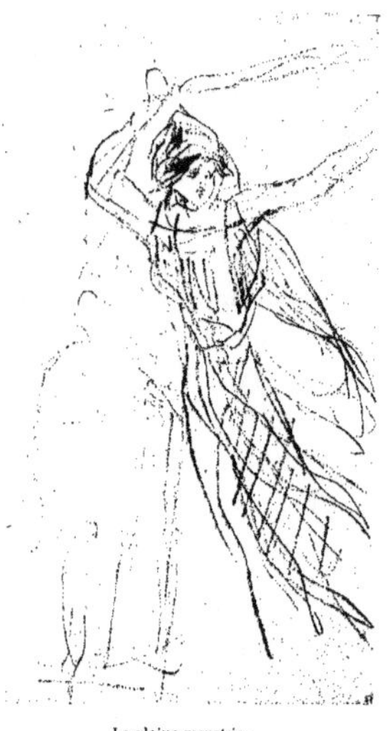

Le glaive meurtrier.
Croquis (vers 1870-71).

Voici en quels termes il écrivait, sur la fin du siège, à La Rochenoire, réfugié, ainsi que Daubigny, à Londres :

Paris, ce 14 février 1871.

Mon cher ami,

Combien je vous remercie de votre bon souvenir et de votre sollicitude sur notre sort de cet hiver. Oh ! oui, nous avons bien souffert. La santé est bonne. J'espère, comme vous, que nous pourrons nous revoir bientôt et nous embrasser. On s'occupe donc d'exposition de tableaux là-bas ? Pourquoi, à 7 heures de distance, deux pays sont-ils traités si différemment ? Oui, c'est à quoi je ne puis rien comprendre. Seulement, je vous dirai, pour calmer vos inquiétudes, que je n'ai jamais été si en train de travailler. J'ai produit cet hiver plus que d'habitude. Je pense que l'infortune m'a obligé de me réfugier sous la voûte du ciel et les ombrages épais, et me placer le mieux possible pour assister aux concerts des oiseaux. Auprès de cela, de ces quiétudes, que sont les petites tempêtes indurables que fabriquent les hommes ? Vivent les pluies d'étoiles du mois de juillet et les jolies fleurettes dans les prés !

Vous me faites bien plaisir de m'annoncer vos bonnes santés à tous trois, et aussi de la famille Daubigny. Il paraît que ma peinture s'acclimate en Angleterre : vive la joie !

Audry et tous les amis vont bien.

Tout à vous.

C. Corot.

Embrassez vos dames.

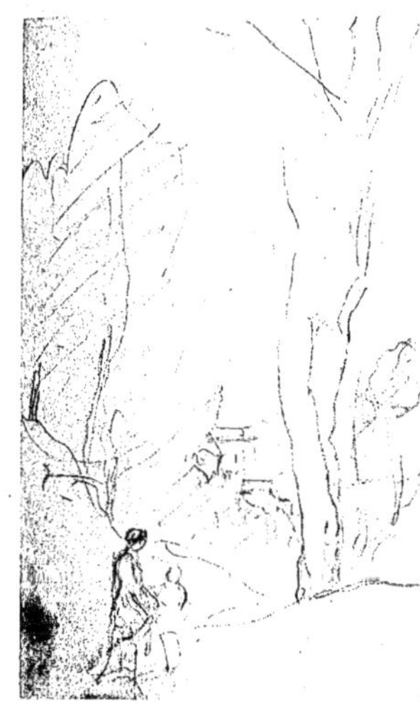

Doux pays.
Croquis (vers 1870-71).

Corot partagea les illusions patriotiques des organisateurs de la souscription pour « la libération du territoire ». Il envoya spontanément dix billets de mille francs. Hélas, le projet avorta ; mais il refusa de reprendre l'argent qu'il avait versé, et il dit : « Ça sera pour les pauvres ». Sur ces entrefaites, dans Paris encore sous l'œil de l'étranger vainqueur, la guerre civile éclatait. Malgré la tristesse de ce spectacle, Corot n'était pas disposé à le fuir. L'affectueuse sollicitude de M. Alfred Robaut, venu pour le voir le 18 mars, le décida à partir. Il se mit en route pour le Nord le 1er avril et y séjourna pendant toute la durée de la Commune : à Arras d'abord, dans la maison de son ami Dutilleux, occupée par sa veuve et son gendre Desavary, puis à Douai, chez M. et Mme Robaut. Les angoisses de son cœur, affecté par les douloureuses nouvelles qui arrivaient de Paris, n'arrêtèrent pas le travailleur. Il peignit notamment une *Vue du beffroi de Douai*(1) à laquelle il ne faisait que rendre justice quand il disait, sur le ton de la plaisanterie, dans une lettre à Desavary (8 mai 1871) : « Je mets la dernière main au *Beffroi de Douai*, œuvre splendide ». C'est une merveille de consciencieuse application, sur laquelle il a passé une vingtaine de séances et qui témoigne de l'humble respect pour la vérité dont il fit preuve jusqu'au bout, quand la nature lui servait de modèle, en dépit de la facilité

(1) N° 2004.

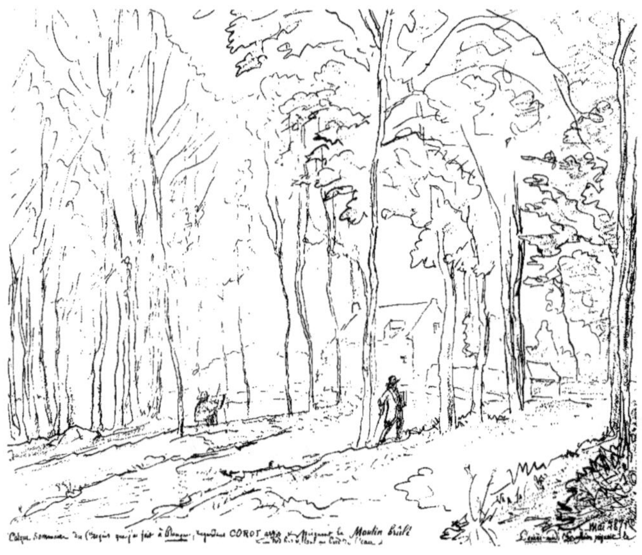

Corot à Planque, près Douai.
Dessin par M. Alfred Robaut (mai 1871).

créatrice que l'exercice avait développée en lui.Le soir, à la veillée, l'imagination se donnait carrière ; le lithographe qui l'hébergeait ayant mis entre ses doigts un crayon gras, il traça sur le papier autographique de charmantes compositions, que M. Robaut prit soin d'éditer (1).

Cependant, dès que la lutte fratricide eut pris fin, il n'y tint plus. Il voulait revoir Paris, sa famille et son cher Ville-d'Avray, si éprouvé pendant ces jours de malheur. Ses hôtes l'accompagnèrent, puis le ramenèrent avec eux de nouveau. Ils avaient loué à son intention une maisonnette à Arleux-du-Nord, à proximité de sites qui lui plaisaient. Corot y demeura jusqu'à la fin de juillet. Il quitta alors ses amis pour aller embrasser sa sœur, retour de Marseille après dix mois d'absence. Le 28 juillet, il était

(1) Voir tome IV.

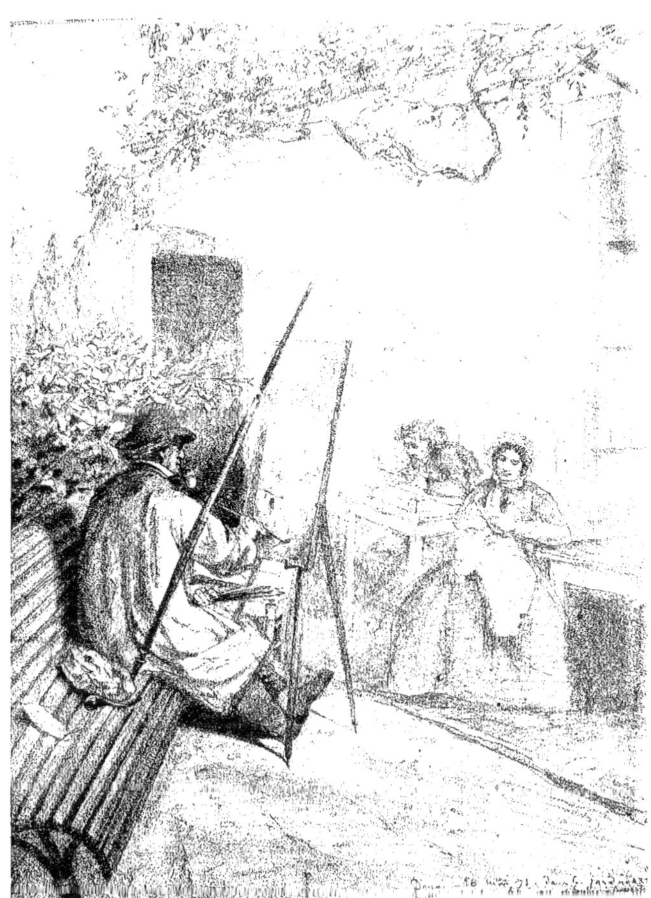

Corot chez M. Alfred Robaut, à Douai.
Dessin par M. Alfred Robaut (20 mai 1871).

à Paris pour lui souhaiter sa fête, et il l'emmenait à Ville-d'Avray. C'est de là que, le 3 août, il donnait de ses nouvelles à Mme Dutilleux, avec une gaîté et un enjouement juvéniles.

Madame et amie,

Je sors mes lunettes avec rapidité pour vous écrire que nous sommes installés, ma sœur et moi. La maison est nettoyée et les traces prussiennes ont disparu. Ma sœur est en asez bonne santé. Elle m'a chargé de vous faire ses compliments ainsi qu'à toute la famille. J'ai commencé des études à Ville-d'Avray. J'ai retrouvé des études. Je n'ai plus ces jolis marais d'Arleux-Palluel. Je pense que vous passez de jolis moments dans ces jolis bateaux et jolis bois du pont de Palluel et les jolis bois d'Oisy. Je me suis bien amusé là-bas ; je pense que vous en faites tous autant, pour ne pas en perdre l'habitude, et que Madame Marie aura retrouvé du calme, du repos, et alors la santé. Je fais des prières pour que tout ça se réalise.

Pêchez aussi de belles anguilles
    sauce moutarde.
Et, au premier repas, je vous prie, buvez à la santé
    du pauvre petit nègre,
    votre nourrisson
    pendant la Commune.
J'ai l'air d'écrire en vers.

Embrassez bien pour moi M. et Mme Alfred, Mme Marie et Léontine. Mes amitiés à Charles et à M. et Mme Seiter, à Paul et à sa femme, et Monsieur Pocher quand vous les verrez.

Recevez, Madame et amie, l'assurance de mon amitié.

C. Corot.

Nouveaux remerciements pour tous vos bons soins.

Les études que j'ai rapportées ont été goûtées et prises presque toutes.

Pendant son séjour à Arleux, Corot avait été un instant repris de ses douleurs et la crise avait été assez violente pour inquiéter son entourage. C'est qu'il ne se ménageait pas. Il bravait les intempéries et l'humidité des marécages. Impossible de l'obliger à prendre des précautions. Une fois que son ami Robaut avait imaginé de fabriquer un petit plancher pour qu'il pût peindre à pied sec, il fit la moue et se débarrassa d'un engin qui troublait ses habitudes.

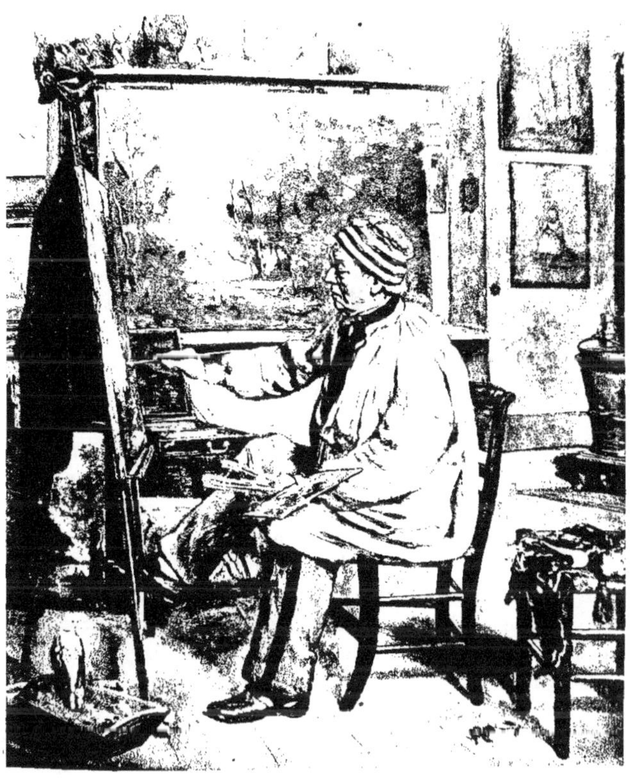

Corot dans l'ancien atelier de Dutilleux, à Arras.
Peinture par Ch. Desavary
(1871)

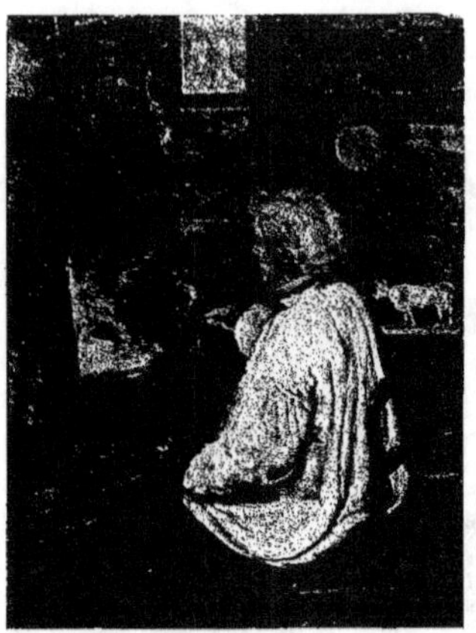

Corot dans l'ancien atelier de Dutilleux, à Arras.
Peinture par Ch. Desavary (1871).

Il narguait la vieillesse et, pour se délasser du travail, jouait et gambadait comme un enfant ; à six heures du matin, c'est lui qui réveillait la maison. — « Eh bien, la patronne, on dort encore ? — Comment, déjà levé, M. Corot ? — Certes, et le petit papa ne regrette pas d'avoir ouvert l'œil de bonne heure. Car, en vous attendant, Madame, il avait pour compagnon un fameux livre ! » — Ce « fameux livre », c'était le *Manuel d'Epictète*. Il en lisait quelques pages chaque soir, avant de fermer l'œil, et le reprenait au réveil. Un autre volume partageait ses faveurs avec celui-ci : l'*Imitation de Jésus-Christ*. Il en parlait avec une admiration sans bornes et disait : « C'est mon bréviaire ». Ces deux monuments de la sagesse antique et de la résignation chrétienne ne quittaient pas son chevet ; ce sont eux qu'il faut reconnaître, sous la touche du peintre, dans une pochade où, derrière un petit modèle bizarrement affublé par lui de son propre gilet, on voit un coin de son lit et les objets familiers qui l'environnaient (1).

Ces lectures sérieuses n'assombrissaient point son humeur. On l'entendait chanter du matin au soir ; son entrain émerveillait les indigènes qui suivaient de l'œil ses allées et venues à travers champs. L'un d'eux, un jour, se permit d'approcher et d'entamer la conversation. C'était un meunier dont le moulin avait arrêté l'artiste, qui tournait autour en cherchant son poste. Fier que son domaine eût été distingué, le bonhomme commença par proclamer avec satisfaction : « Ah ! c'est un beau point de vue que notre moulin ! » Il savait vaguement que le personnage auquel il s'adressait n'était pas le premier venu dans sa partie. Mais sa curiosité

(1) *N° 2150.*

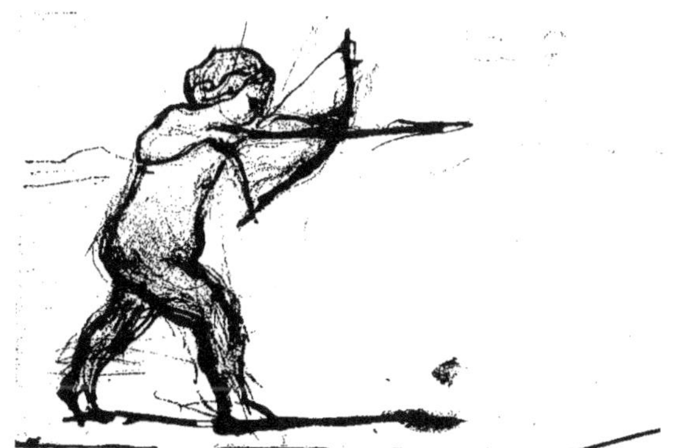

Petit amour : croquis.

voulut préciser : « On dit que vous êtes M. Corot ? interrogea-t-il... C'est-y que vous êtes le grand Corot dont parlent les journaux ? » Cette apostrophe réjouit beaucoup Corot, qui la répéta à ses amis. Mais, ayant flairé un importun, il prit congé de son homme et lui fit comprendre qu'il « préférait faire ses petites farces tout seul ».

Le soir, avant d'aller se coucher, on jouait en famille au loto ou au trente et un. L'aimable vieillard animait le jeu et faisait cent folies. On lui eût donné vingt ans ! Et quel caractère facile ! Rien ne contrarie un paysagiste comme les caprices d'une atmosphère changeante ; la pluie est son ennemie jurée. Corot s'accommodait de toutes les traverses. Des giboulées venaient-elles à l'encontre de ses projets, il se consolait en disant : « C'est un bon temps pour les paysans », ou bien encore : « C'est après la pluie qu'on a les plus beaux ciels ». Son optimisme ne défaillait jamais. Il se plaisait à des remarques comme celle-ci : « On aurait tort de se décourager lorsqu'on fait deux ou trois études médiocres. C'est la préparation de la bonne, qui profite, sans qu'on s'en doute, de ce labeur en apparence stérile ». Il n'était pas jusqu'à la souffrance physique qui ne lui inspirât des propos stoïques. Le pincement d'un rhumatisme lui faisait-il faire la grimace, vous l'entendiez en déduire cette remarque stoïque : « La douleur est une bonne chose, car elle nous apprend à apprécier la santé ».

Il n'était rien moins qu'un esprit fort. Le dimanche, toute besogne cessante, il faisait toilette et assistait à la grand'messe. La simplicité de son cœur s'accommodait de la religion de nos pères, dont le merveilleux plaisait au poète. Il n'était pas rare de trouver sous sa plume des expressions comme celle-ci : « Si je fais quelque chose de bon, c'est que le Seigneur aura envoyé un petit ange » (1). Ce n'est pas lui qui aurait plaisanté, à la façon de Courbet, ces poétiques créatures que l'homme a douées suffisamment de matérialité pour les rapprocher de lui-même, mais que le paradoxe de leur légèreté ailée rejette dans le domaine du mystère. Les « petits anges » étaient chez eux, comme les petits oiseaux, dans le frissonnement de ses nuages et de ses branches. Descendus sur la terre, ils s'appelaient des amours et se mêlaient aux jeux des nymphes ; mais, pour avoir troqué leur caractère sacré contre une grâce profane, ils n'en demeuraient pas moins les intermédiaires poétiques entre les contingences de la réalité et l'inconnu qui nous entoure, insondable abîme que la courte vue de notre esprit s'efforce en vain de pénétrer.

Petits anges et petits amours ne sont pas amis des coups de canon. C'est pourquoi Corot haïssait la guerre. Au lendemain de l'année terrible, il eut l'idée de faire un tableau symbolique pour flétrir la folie meurtrière des conquérants. Il ne donna pas suite à ce projet ; mais, à tout propos, il répétait son horreur du sang versé et des ruines accumulées par la sottise des hommes. Il proférait des boutades comme celle-ci : « Si j'étais roi ou empereur et que j'eusse, à ma porte, une garde de soldats, je m'en débarrasserais au plus vite ; et si je me connaissais des ennemis, c'est à eux que je ferais ce joli cadeau » (2).

Depuis le mois de juin 1870, son neveu Émile Corot avait encore une fois changé de perception. Son nouveau poste était Méry-sur-Seine (Aube). Corot fut l'y voir après la guerre. L'endroit lui agréa et lui suggéra

(1) Lettre à La Rochenoire, d'Arleux, 24 juin 1871.
(2) Conversation avec M. Alfred Robaut, 2 décembre 1871.

plusieurs jolies études (1). Une dame du pays, qui faisait un peu de peinture, admise à travailler auprès de lui et à l'entendre discourir (2), a eu l'heureuse inspiration d'écrire au jour le jour les causeries de son illustre compagnon. Ces précieuses notes, où la physionomie du langage courant, dans

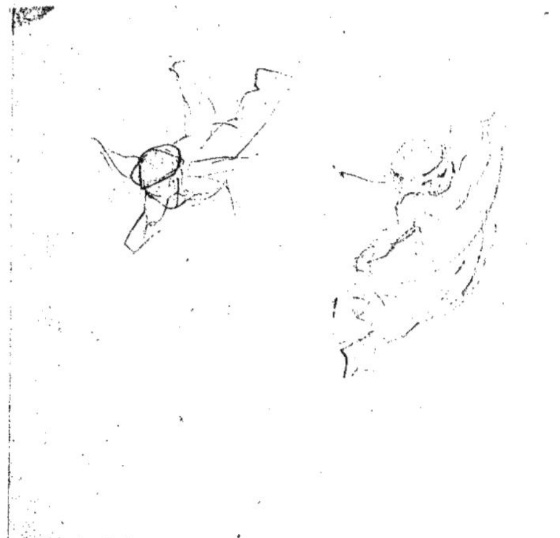

Petits anges. Croquis.

son abandon et son naturel, a été scrupuleusement conservée, M. Fernand Corot, qui en possède une copie, a bien voulu nous les communiquer ; nous les transcrivons textuellement :

SOUVENIR DE MES BONNES ET INTÉRESSANTES CAUSERIES AVEC M. COROT

— Conscience et confiance : devise de Corot.

Il faut d'abord bien sentir son sujet ; puis, quand on l'a bien vu, bien compris, faites ; et alors, confiance.

— Je prie tous les jours le bon Dieu qu'il me rende enfant, c'est-à-dire qu'il me fasse voir la nature et la rendre comme un enfant, sans parti-pris.

La nature avant tout.

(1) Entre autres le N° 1080
(2) Madame Aviat.

— On gagne toujours à copier la nature. Et, quand je ne gagnerais à la copier que long comme un centimètre, je me dérangerai toujours pour aller la chercher.

— Il y a des peintres qui, après avoir produit des chefs-d'œuvre, avoir reçu des récompenses et être arrivés au faîte des honneurs, s'arrêtent (1), les uns pour ne pas ternir leur réputation, les autres pour que leurs œuvres conservent une valeur plus grande, un prix plus élevé. Moi, je travaillerai quand même ; on se doit à l'art et à ceux qui ont récompensé votre travail, votre mérite. On dira bien : « Le père Corot baisse ! » Eh bien, si je fane, tant pis ! Il faut montrer à la jeunesse combien il faut se raidir et se tenir sur ses gardes pour ne pas tomber.

— Je cherche toujours à voir tout de suite l'effet ; je fais comme un enfant qui gonfle une bulle de savon. Elle est encore toute petite, mais elle est déjà sphérique ; puis il gonfle tout doucement jusqu'à ce qu'il ait la crainte qu'elle n'éclate. De même, je travaille dans toutes les parties de mon tableau à la fois, en perfectionnant tout doucement, jusqu'à ce que je trouve l'effet complet.

— Je commence toujours par les ombres, et c'est logique ; car, comme c'est ce qui vous frappe le plus, c'est aussi ce que l'on doit rendre d'abord.

— Ce qu'il y a à voir en peinture, ou plutôt ce que je cherche, c'est la forme, l'ensemble, la valeur des tons. La couleur, pour moi, vient après. C'est comme une personne que l'on accueille. Parce qu'elle sera probe, honnête, sans reproche, on la recevra sans crainte et même avec plaisir. Si elle a un mauvais caractère, son honnêteté la fera passer. Si maintenant elle a un bon caractère, ce sera un charme de plus dont on profitera ; mais ce n'était pas là le point essentiel. C'est pourquoi la couleur, pour moi, vient après ; car j'aime avant tout l'ensemble, l'harmonie dans les tons ; tandis que la couleur vous donne quelquefois du heurté, que je n'aime pas. C'est peut-être l'excès de ce principe qui fait que l'on dit que je fais souvent des tons plombés.

— Je n'accumule jamais mes revenus et, de peur d'inondation, je lâche tous les ans les écluses ; c'est-à-dire que, s'il me reste quelque chose, je fais une petite distribution à tous mes neveux, riches ou pauvres. Ceux qui sont riches achètent des shalls pour leur femme et ceux qui sont pauvres achètent du gigot et des jupons.

— Il y a toujours dans un tableau un point lumineux ; mais il doit être unique. Vous pouvez le placer où vous voudrez : dans un nuage, dans la réflexion de l'eau ou dans un bonnet ; mais il ne doit y avoir qu'un seul ton de cette valeur.

— Je n'ai point de mérite à donner ; cela m'est toujours rendu. Un jour, je donne à un pauvre artiste de Lyon, que je connaissais à peine, 1.000 francs. Le jour même, j'avais un amateur pour un tableau, qui m'offrait 3.000 francs quand j'en voulais 4000. Il se trouvait dans mon atelier et examinait ce tableau que je finissais. Deux autres ama-

(1) Cabat. *(Note du manuscrit).*

Vénus coupe les ailes à l'Amour.
Croquis (vers 1870-71).

teurs arrivent et se promènent pour faire leur choix. Aussitôt, mon amateur me dit tout bas : « Vous savez, le tableau est à moi ». Et les deux autres m'en achètent chacun un de 1.000 francs. Voici donc 6.000 francs dans ma journée. Vous voyez bien que les 1.000 francs m'étaient largement rendus ; et c'est toujours ainsi.

— Un jour, mon ami Daubigny m'exprimait le désir d'aller entendre la symphonie en *ut* mineur, que l'on exécutait au Conservatoire. Comme j'avais une carte, je la lui offre, et le voilà parti. Moi, pendant ce temps, j'étais tout seul dans mon atelier et, comme j'avais déjà entendu cette symphonie, je me représentais Daubigny entrant ; il me semblait entendre les premiers accords ; je me disais : « Comme ce doit être joli en ce moment ; comme Daubigny doit être content », et ainsi de suite. Par là-dessus, voilà Daubigny qui me remercie ! J'avais suivi la symphonie et j'avais rendu un homme content : c'était plus que le sacrifice ne valait.

— J'ai toujours dans ma chambre un livre de l'*Imitation de Jésus-Christ* et j'en lis presque tous les soirs. C'est ce livre qui m'a aidé à passer la vie avec autant de calme et qui m'a toujours laissé avec le cœur content. Il m'a appris que les hommes ne doivent pas s'enorgueillir, qu'ils soient empereurs et qu'ils ajoutent à leur empire telle ou telle province, ou qu'ils soient peintres et qu'ils acquièrent un nom. Si l'homme est plus ou moins doué, je ne lui vois point de mérite. Il n'y a de glorieux qu'un Vincent de Paul et une sœur de charité ».

Après une courte fugue à Rouen à l'arrière saison, Corot fut rentré à Paris, en 1871, pour la Toussaint, suivant son habitude. Les deux tableaux qu'il destinait au Salon de 1872 avaient été ébauchés, l'un sur nature à Ville-d'Avray (1), l'autre à Arras dans l'atelier (2). Il les acheva pendant le cours de l'hiver. C'est à cette époque que M. Alfred Robaut, devenu Parisien, commença à être admis familièrement rue Paradis Poissonnière. Le maître lui ouvrait ses cartons, lui confiait ses carnets; il se laissait interroger sans relâche par l'homme dont la besogne pieuse trouve ici son achèvement. Il racontait son long apprentissage et son obstination laborieuse, que n'avaient découragée ni l'indifférence du public, ni le mépris d'une famille sourde à sa vocation. Il citait, par exemple, des traits de son père à son égard, qui l'avaient si profondément mortifié que quarante années n'en avaient pas fait oublier la blessure. En ce temps-là, l'aveugle négociant tenait rigueur à son fils de se cramponner à une carrière

(1) *N° 2038.*
(2) *N° 2039.*

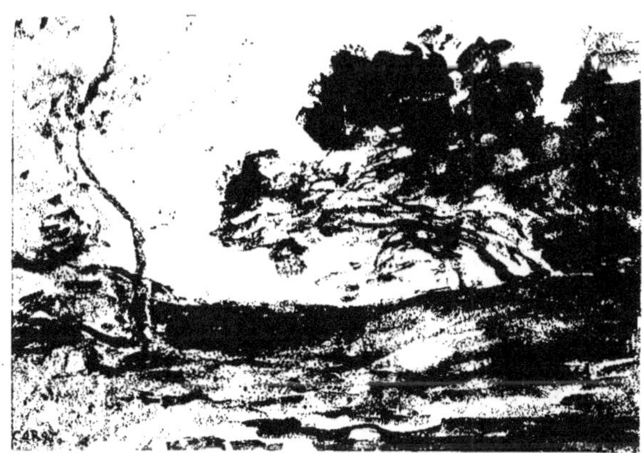

La clairière : aquarelle
(vers 1870-71).

qui ne nourrissait pas son homme. Un jour, (c'était vers 1845 ; Corot touchait à la cinquantaine), il le lui avait reproché de la façon la plus mortifiante. On traitait des amis à Ville-d'Avray. Le peintre, qui s'était attardé à sa besogne jusqu'à l'heure du dîner, avait gardé, pour paraître à table, ses souliers de travail. Son père le toisa de haut en s'écriant : «Quels gens que ces artistes ! » Et il ajouta cet affront : « Encore si leur peinture se vendait ! » Corot, rapportant cette parole (1), disait avec une fierté vengeresse : « Croiriez-vous que, lorsque je recevais sans broncher ce joli compliment, il y avait vingt ans déjà que j'avais peint mon *Colisée*? » Et il continuait : « Il faut savoir supporter bien des choses dans la vie. « Moi, je me suis toujours proposé comme exemple le Christ : subir les « épreuves et ne rien dire... Certes, il m'a fallu de l'énergie. Mais, après « tout, cela vaut peut-être mieux que d'être adulé comme quelques-uns « de mes camarades, les Benouville par exemple, dont la mère était en « extase devant ses enfants. Ah ! ce n'est pas à moi que l'on prodiguait « des câlineries comme les siennes... Il est vrai que je n'avais point la

(1) Conversation avec M. Alfred Robaut, 2 Décembre 1871.

264

« coquetterie qu'il faut pour se faire bienvenir. Ma mère, à moi, me
« disait : « Mon Dieu, Camille, que tu es commun ! Comment ai-je pu
« faire un enfant comme celui-là ! » Cependant, je ne perdais pas tou-
« jours contenance quand on me prenait à parti de la sorte. Par
« exemple, une fois que la pauvre femme me faisait je ne sais quelle
« réprimande, je redressai fièrement la tête et, le plus sérieusement
« possible, je lui dis : « Mais tu ne sais donc pas que, depuis le commen-
« cement du monde, il n'y a eu que trois sages sur la terre : Socrate,
« Jésus-Christ et... moi ! » Ça l'a déridée et nous nous sommes jetés dans
« les bras l'un de l'autre. »

Ainsi Corot contait sa vie. L'homme qui avait le bonheur d'être
pris pour confident écoutait de toutes ses oreilles et ne laissait perdre
aucune des paroles qu'il avait entendues.

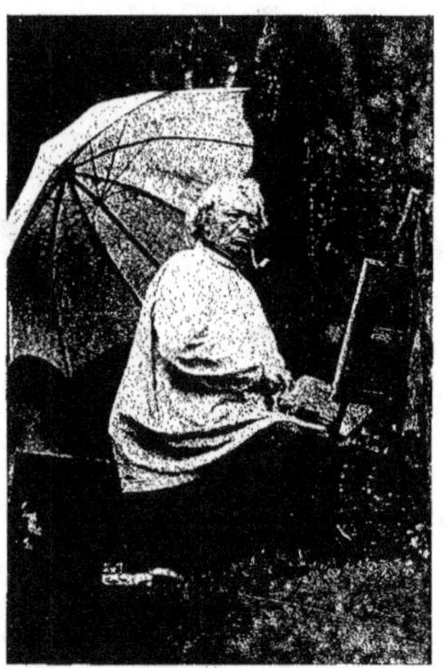

Corot à Arras.
Photographie par Charles Desavary (1871.)

XII

LABORIEUSE FIN DE CARRIÈRE.
TYRANNIE DU SUCCÈS. — RICHESSE ET CHARITÉ.
ENTRETIENS SUR L'ART ET LA VIE.

(1872-1874)

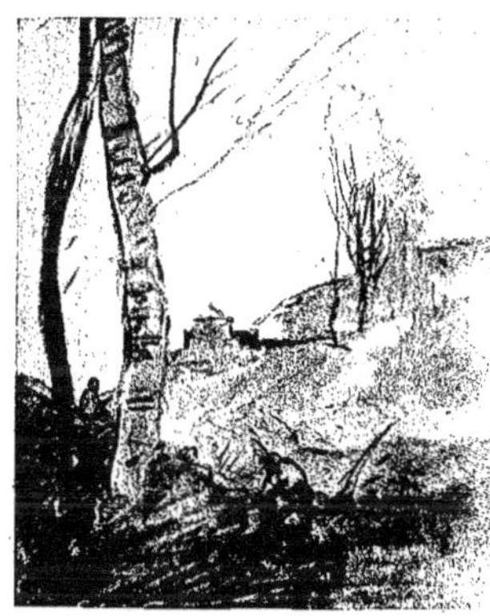

Le bouleau.
(Fusain, vers 1871-72).

Corot vivait dorénavant sous l'œil d'un homme qui couvait du regard son activité dévorante. M. Robaut épiait toutes ses productions, suivait ses allées et venues et ne laissait rien tomber dans l'oubli. Grâce au soin qu'il prenait de tout noter, nous possédons les éphémérides exactes de cette laborieuse fin de carrière. Nous savons qu'en 1872, il quitte Paris à la mi-avril, que, du 15 au 27, il est à Beauvais et qu'il passe ensuite le mois de mai, du 1er au 20, à Ville-d'Avray. Du 20 au 28, il va dans les Ardennes, à Fumay (1). En juin, il séjourne à Coubron (2). M. Alfred Robaut le reçoit à Douai du 1er au 8 juillet (3) ; son beau-frère Desavary, à Arras du 8 au 12 (4). Le 11, dans la demeure amie de M. Bellon, au faubourg Saint-Nicolas, on fête sa verte vieillesse et son talent toujours jeune ; la musique

(1) Voir le N° *2155*.
(2) Voir les N° *2092* à *2096*, etc.
(3) Voir les N° *2049*, *2050*, etc.
(4) Voir les N° *2047*, *2048*, etc.

et la poésie célèbrent le cinquantenaire de son labeur artistique ; Gustave Colin, qui se trouve là, fait appel à la muse pour chanter à la fois son art et sa bonté.

Corot suit M. Bellon à Rouen pendant une semaine, du 13 au 20 juillet. M. Robaut l'y accompagne. Il est témoin de sa joie à la vue des lieux où s'est passée une partie de son enfance ; il visite avec lui le lycée, sur les bancs duquel il a fait « ses humanités » ; la mémoire du vieillard retrouve dans la cour, pour la lui montrer, la place où on le mettait au piquet : c'est derrière un contre-fort d'une vieille muraille ; en passant, il essaie de s'y cacher ; mais, comme son embonpoint ne lui permet pas de s'y dissimuler tout à fait : « Ah ! fait-il en riant, dans ce temps-là, on ne voyait pas le bedon! » En traversant une classe, il avise un tableau noir et, avec un bout de craie qui traîne, y trace une fleurette. Son compagnon l'ayant invité à signer son croquis, de deux C dos à dos il forme un X et dit : « Voici comment je signe sur un tableau de mathématiques ». — Rouen a beaucoup changé depuis les temps lointains auxquels le septuagénaire se trouve reporté par cette visite. A parcourir la campagne, son plaisir est mélangé de fâcheuses déceptions. Il cherche vainement certaines contrées sauvages, certaines allées mystérieuses où, enfant, il cueillait des noisettes et ramassait des champignons. La ville gourmande a dévoré la campagne. Le promeneur doit aller chercher dorénavant bien loin la poésie de la nature agreste. Corot la retrouve sur les hauteurs de Canteleu et il s'arrête en vue de la riante vallée qui se déroule dans la brume (1). Tandis qu'en attendant l'heure propice à l'étude, il s'est étendu sur l'herbe et s'est endormi, M. Robaut a sorti son crayon et surpris le cher dormeur dans son abandon. Cet amusant croquis, parvenu jusqu'à nous, évoque, avec la vision d'une sieste de paysan, la rustique simplicité des habitudes du vieil artiste. — Un autre jour, les visiteurs ont porté leurs pas au cœur même de la ville et se sont arrêtés dans la grand'salle du Palais de Justice. Corot, assis sur un banc, regarde le majestueux édifice sans mot dire ; tout d'un coup, une exclamation s'échappe de ses lèvres : «Quel homme! quel homme! » Ce spectacle lui a remis en mémoire l'*Amende honorable* d'Eu-

(1) *N° 2035.*

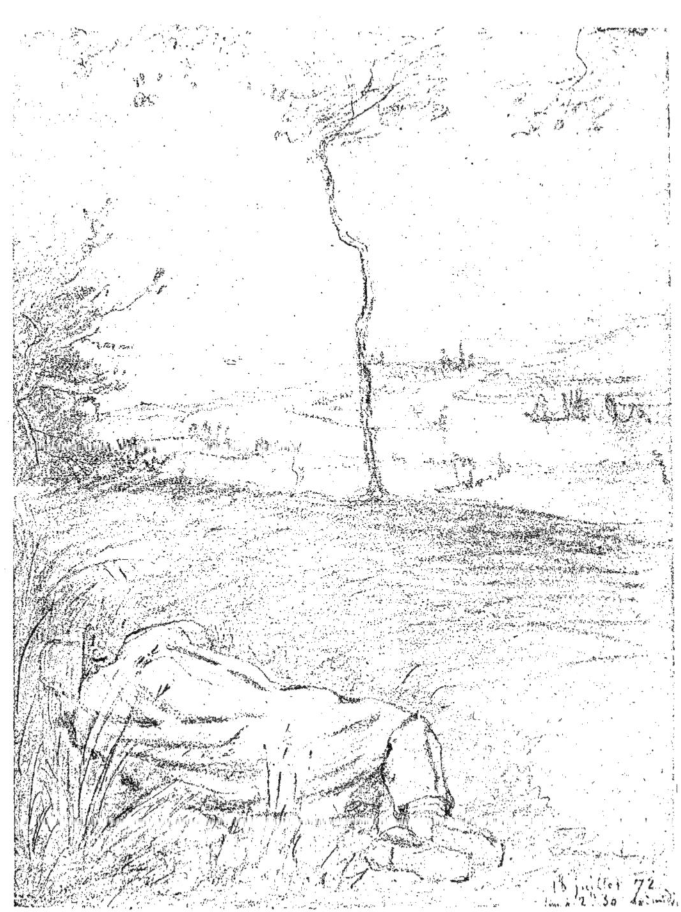

Corot à Canteleu, près Rouen.
Dessin par M. Alfred Robaut (18 juillet 1872).

gène Delacroix, où l'artiste a donné pour cadre à une scène de *Melmoth* cet admirable vaisseau gothique ; et il oublie le monument lui-même pour ne songer qu'à la peinture qu'il a inspirée ; vue récemment à Paris dans les galeries Durand-Ruel, elle le hante en cet instant et lui arrache ce cri du cœur, d'autant plus intéressant à recueillir qu'il dénote une évolution complète dans les sentiments de Corot à l'égard d'un confrère longtemps incompris et méconnu par lui.

Corot quitte Rouen pour aller retrouver au bord de la mer ses confrères et amis Badin et Diéterle, qui l'accueillent tour à tour à Yport et à Criquebeuf, du 20 au 28 juillet (1). Il consacre, après cela, la première semaine d'août à Marcoussis et, le 8, il est rentré à Paris. Ce jour-là, il va faire une visite à Nanterre. M. Robaut est encore avec lui. Chemin faisant, il lui demande la permission d'expédier à Arras, pour les faire photographier, toutes les études de son atelier. L'entreprise n'est pas sans hasards. Celui qui ose la proposer ne le fait qu'en tremblant. Mais la magnanimité de Corot le rassure dès le premier mot. Certes, il lui sont chers, ces petits carrés de toile qui lui rappellent toute une vie de labeur et de joie. Toutefois, il prend son parti en brave. Bien plus, il a le courage de dire : « Après tout, quand tout cela serait détruit, est-ce que cinq ou six cents Corots de moins dans le monde en changeraient la face ? ».

Durant que M. Robaut déménage son atelier, il poursuit le cours de ses villégiatures. Le 9 août, il arrive à Port-Marly, au Parc des Lions (2). C'est ainsi que se nomme la maison de campagne de l'ancien agent de change Georges Rodrigues-Henriquez, qui s'adonne depuis quelques années à la peinture et qui a choisi Corot pour professeur. Lorsque M. Rodrigues est venu le trouver pour lui demander quelques conseils, « Volontiers, lui a-t-il répondu ; mais les théories ne valent pas la pratique. J'irai peindre devant vous à la campagne ». Le maître est devenu l'ami de son élève et de sa charmante famille, où petits et grands adorent « papa Corot » et témoignent à son égard d'une respectueuse familiarité. C'est une de ces bonnes familles bourgeoises où l'opulence se

(1) Voir les N^{os} *2051* à *2053*, etc.
(2) Voir les N^{os} *2201*, *2206*, *2127*, *2128*, etc.

dissimule sous la simplicité des goûts et des habitudes. Le bonhomme trouve son compte à ce bien-être sans morgue. On sait que sa fourchette est bonne, mais que les complications d'une cuisine raffinée ne sont pas de son goût. On flatte son faible pour le traditionnel pot-au-feu garni de carottes. Des carottes ? La prévenance ingénieuse de Mme Rodrigues ne lui en a-t-elle pas procuré le régal en plein siège de Paris ? Malgré le confort qui l'entoure, il ne change rien à ses usages d'anachorète et part d'un éclat de rire quand on lui offre un nécessaire de voyage, à lui qui se rase sans glace et n'a jamais pu se servir d'un blaireau pour se savonner le menton. Les enfants du logis ont en lui un camarade toujours prêt à gaminer avec eux. Il fait des cocottes en papier avec les fillettes et donne un prix à celle qui réussit la plus petite : un prix qui vaut la gageure, un tableautin peint exprès pour la gagnante, avec la gentille allusion d'une poulette picorant dans l'herbe (1). Cette candeur enjouée du doux vieillard encourage un mouvement touchant de la part d'une sœur de charité apparue, un jour de distribution de prix, dans la salle à manger de Port-Marly, avec des couronnes en papier qu'elle apportait aux demoiselles de la maison. Après en avoir ceint les têtes enfantines, la bonne religieuse dépose le symbolique laurier sur les cheveux blancs de l'artiste. Manifestement touché de ce délicat hommage, Corot garda précieusement la petite couronne ; lorsqu'il prit congé de ses hôtes, elle entra dans sa valise et le suivit à Paris.

Parti de Port-Marly le 19 août, il est le 21 à Luzancy (2). Son vieux camarade Remy est mort en 1869 ; mais la demeure de sa veuve le réclame quand même ; il séjourne auprès d'elle une huitaine de jours, butinant à droite et à gauche dans la vallée, en compagnie d'un jeune disciple dont la vocation est éclose sous ses pas. Alexandre Bouché, qui s'essaie au paysage sur sa terre natale, fait ses débuts auprès de ce maître qui donne à la jeunesse l'exemple d'une application acharnée et d'une ardeur inlassable (3). L'âge n'a point de prise sur ce tempérament de fer.

(1) *N° 2208*.
(2) Voir les *N°* 2084 à 2087, etc.
(3) Voir le *N° 2122*.

Corot en jouit avec une certaine coquetterie. En passant par Paris, le 29, il donne de ses nouvelles à La Rochenoire en ces termes : « Je vais bien ; je travaille comme si j'avais 70 ans ».

Après une très courte halte à Paris, pendant laquelle, d'ailleurs, il a encore été voir un ami à Argenteuil (29 et 30 août) (1), le 1er septembre, le voilà encore reparti. Il passe huit jours, du 1er au 7, à Fontainebleau, à l'hôtel de la Sirène, occupé tout le temps à travailler en forêt avec Comairas (2) ; puis, du 8 au 21, il est, à Étretat, l'hôte de la famille Stumpf (3). Il rencontre sur la plage M. Henri Dumesnil, son commensal depuis nombre d'années aux dîners du café de Fleurus, qui rassemblent, le vendredi de chaque semaine, Barye, Aimé Millet, Français, Carolus Duran, Hanoteau, Matout et quelques littérateurs tels que Paul de Musset, Alphonse Leroy et Cantaloube. M. Dumesnil vient de bâtir sur la falaise une coquette villa ; il l'invite à y « manger la soupe » Le lendemain, Corot envoie à son amphitryon, en guise de carte de visite, le portrait de sa maison (4). Telles sont les prévenances de son affection ; et aux remerciements qu'on lui adresse, il répond : « Oh ! c'est un simple mouvement du cœur ». Ces mouvements-là lui sont coutumiers. Il a rapporté de même autrefois d'Alise-Sainte-Reine, pour l'offrir à Aimé Millet, une vue de la colline que domine son *Vercingétorix*, peinte à son intention, dans un élan d'amicale tendresse (5). M. Dumesnil, qui n'est pas un ingrat, note ces traits, qui prennent place au nombre des souvenirs que sa plume enregistre au jour le jour pour la gloire de son illustre ami et qu'au lendemain de sa mort, il jettera sur sa tombe, comme un bouquet de fleurs parfumées.

Corot rentre à Paris de nouveau pour le 22 septembre. Un de ses clients, l'acteur Surville, lui a demandé d'être, ce jour-là, le parrain de son enfant ; la marraine est Rosa Bonheur. Sa commère n'a pas trouvé le chemin de son cœur. Quand il en parle, il fait la grimace. « Non, dit-il (6), je

(1) Voir le *N° 2163*.
(2) Voir le *N°ˢ 2170*.
(3) Voir les *N°ˢ 2054* à *2057*, etc.
(4) *N° 2060*.
(5) *N° 1436*.
(6) Conversation avec M. Alfred Robaut, 19 novembre 1872.

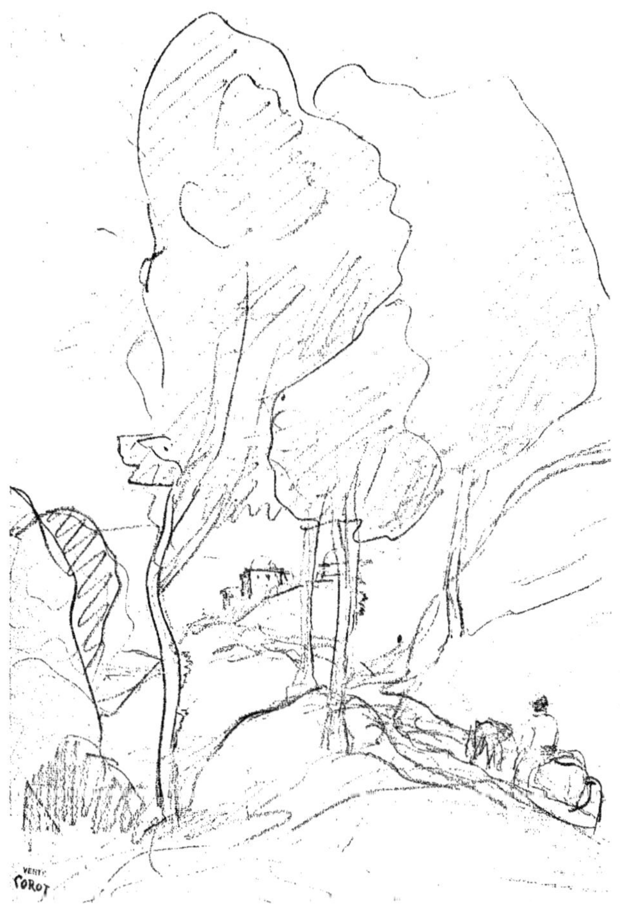

Cavalier dans un chemin creux.
(vers 1870-74).

n'aime pas cette femme qui s'habille en homme. Est-ce qu'on ne peut pas faire de la peinture et rester femme tout de même ? Voyez Mme Henriette Browne et Mlle Jacquemart. A la bonne heure ! — J'ai embrassé *la demoiselle* le jour de ce fameux baptême !... Eh bien, non,... ce n'était pas ça... » Il goûte médiocrement, d'ailleurs, ce talent froidement masculin. Nulle sympathie artistique ne corrige son antipathie à l'égard de la personne elle-même. Ses relations avec elle datent de l'époque de son *Marché aux chevaux* ; la première entrevue a jeté entre eux un froid irrémédiable. Car il n'a pas su dissimuler son sentiment et il a laissé entendre qu'il préférait l'esquisse au tableau. Cet aveu a plongé la jeune femme dans un tel désarroi qu'il s'est sauvé, après avoir tant bien que mal réparé sa bévue en se récusant comme juge d'un tableau de figures. Mais le mal était fait. On ne lui rendit pas sa visite.

Après le baptême en question, le frère court embrasser sa sœur à Ville-d'Avray (24 septembre), puis il repart, le 26, pour Mantes (1), où on le retient jusqu'au 7 octobre. Ce n'est pas tout. Un méridional, avec lequel

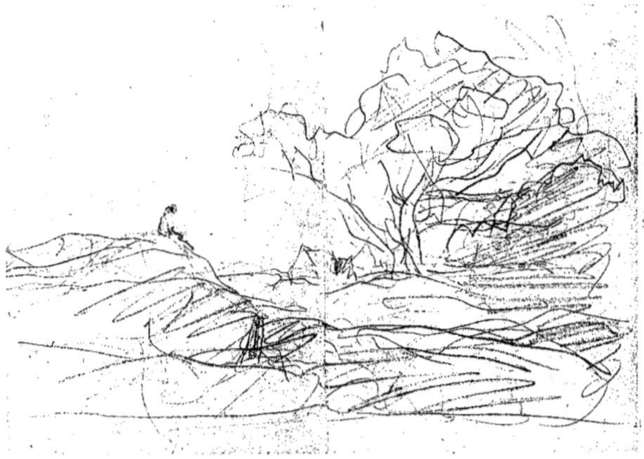

Souvenir du Midi.
(1872).

(1) Voir les N°s 2064 et 2065.

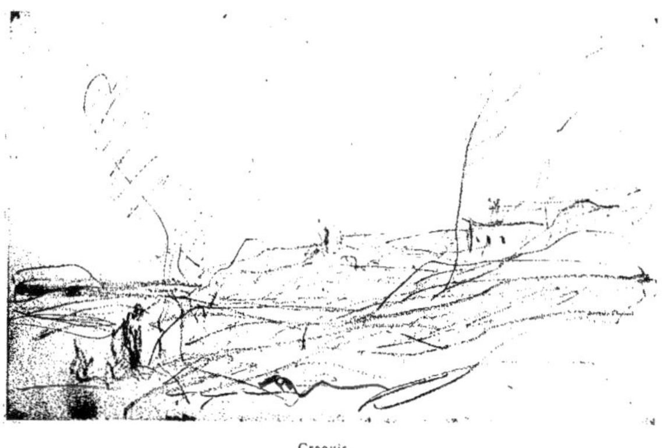

Croquis
(vers 1872).

il entretient des relations déjà anciennes et qu'il a fréquenté assez intimement pendant le siège, M. Stanislas Baron, le guette pour l'entraîner
dans son pays, à Mont-de-Marsan. Après un court arrêt à Bordeaux,
les voyageurs arrivent sur les bords de la Midouze et la mère de
M. Baron offre à l'illustre compagnon de son fils une place à son foyer.
Corot y demeure plusieurs jours et y fait quelques études (1). De Mont-de-
Marsan, son guide le conduit, dans les environs, au château de Passiance,
chez M. de Rivière (2). Le châtelain se montre fort honoré de cette visite
et toute la famille rivalise d'empressement auprès de son hôte. La saison
étant devenue un peu rigoureuse, il travaille les pieds sur une chauffe-
rette et si, d'aventure, la pluie contrarie sa séance, une gentille demoiselle le garantit gracieusement de son parapluie. Puis, le voyage
se poursuit jusqu'à Biarritz, Saint-Jean-de-Luz (3), Irun, Fontarabie,
Pasages et Saint-Sébastien. Gustave Colin, fixé désormais à Ciboure, près
de Saint-Jean-de-Luz, lui fait les honneurs de sa nouvelle patrie d'élection
et Corot se laisse conduire, couvrant son album de rapides croquis.

(1) N°s 2080 à 2082.
(2) Voir les N°s 2077 à 2079.
(3) Voir N° 2083.

Mais le temps presse. Paris le réclame. Il y débarque le 27 octobre au soir. Dès le lendemain matin, M. Robaut le trouve à son atelier, en train d'interpréter, sur une petite toile, un des motifs aperçus à Saint-Jean-de-Luz, dans sa promenade avec Colin. Il est frais et dispos ; sa mine ne trahit aucune fatigue des douze heures de chemin de fer qu'il a subies la veille. Il est ravi de son voyage, qui l'a délassé de l'incessante production à laquelle le condamnent, à cette heure, les exigences des marchands et des amateurs. Et puis, le pays nouveau avec lequel il vient de faire connaissance lui a suggéré, à l'entendre, une façon nouvelle d'interpréter la nature. « Nous verrons, dit-il, si on reprochera encore à ma peinture d'être grise et terreuse ! » Montrant les études qu'il rapporte de là-bas : « Voyez-vous la franchise de ces verts ? Je n'avais jamais fait cela jusqu'à présent. Il faut qu'un ouvrier travaille sans relâche et qu'il peine jusqu'au bout, *tant qu'il manque une cheville au buffet* ».

L'automne est fort avancé et ce n'est plus guère la saison des voyages. Toutefois on lit dans un de ses carnets cette note écrite le 28 octobre : «Demain, je pars de bonne heure pour la campagne ; après-demain, je serai à l'atelier de bon matin ; jeudi, je vais à Ville-d'Avray, puis je pars pour Coubron». Il reste à Coubron du 1er au 15 novembre ; et, alors seulement, il reprend ses quartiers d'hiver. Encore quitte-t-il Paris dans le courant de décembre pour assister à Douai aux noces d'or du père et de la mère de M. Alfred Robaut. Le gendre de Dutilleux occupe une des premières places dans son affection. Admis quotidiennement à l'atelier, il compte souvent, ainsi que Mme Robaut, parmi les convives des dîners du Faubourg Poissonnière. En toute occasion, il recueille les propos du maître, dont il est devenu décidément le Dangeau.

Sur l'art d'abord : « Il faut interpréter la nature avec naïveté et selon votre sentiment personnel, en vous détachant complètement de ce que vous connaissez des maîtres anciens ou des contemporains. De cette façon seulement vous parviendrez à émouvoir. — Il y a des gens qui sont bien doués, mais qui ne veulent pas faire usage des dons qui leur ont été départis. Ces gens-là me font penser à un joueur de billard à qui un partenaire complaisant offrirait tout le temps de beaux coups dont il ne profiterait jamais. Il me semble que, si j'étais l'adversaire de ce joueur-là, je finirais par lui dire : « Puisque c'est ainsi, je ne t'en donnerai plus ». A la place du bon Dieu, je me vengerais des misérables qui gâchent leurs dons naturels et je changerais leur cœur en liège ». Telles sont les paroles prononcées à table chez M. Robaut, le 19 novembre 1872. Les métaphores sont les mêmes que Silvestre avait entendues et que nous avons déjà lues sous sa plume. En voici une sur un autre sujet, surprise encore par l'oreille toujours aux aguets de son fidèle observateur(1). On cause de la difficulté de réussir dans les arts. « Oui, dit Corot, il y a bien peu de gens qui arrivent au but. Tenez, cela me rappelle un jeu auquel on s'amusait à Versailles dans ma jeunesse. C'était sur le grand *tapis vert*. On vous bandait les yeux et il s'agissait de parcourir toute la longueur de la pelouse. La plupart des joueurs, dès le début, déviaient insensiblement ; la déviation augmentait à mesure qu'ils avançaient et, tout d'un coup, ils s'apercevaient, à leur grande surprise, qu'ils étaient sortis du tapis ».

Un jour (2), tandis que l'artiste, à son chevalet, compose un paysage, M. Robaut, assis auprès de lui, se met à fredonner un air d'opéra. Corot l'interpelle : « Alfred, l'air que vous chantez là ressemble à mon paysage». L'ouïe et la vision ont chez lui des rapports très intimes. Il en fait la remarque et, là-dessus : «Tenez, fait-il, quand je me rappelle certain motif du *Croisé en Égypte* à la mode dans ma jeunesse, eh bien, je suis immédiatement transporté dans les Alpes ; je me revois dans la diligence où je voyageais en 1825. Dès les premières notes, j'aperçois la frontière et, le temps d'achever l'air, je suis en Italie ». Poursuivant sur le même objet, il ajoute : « Il en va de même pour certaines odeurs, qui me remettent toujours en mémoire tel ou tel paysage. Ainsi, lorsqu'au printemps je sens le parfum des noisetiers, mon imagination s'enfuit à Bois-Guillaume, près de Rouen, où s'est passée mon enfance, et s'enfonce dans les fourrés odorants où jadis j'allais, le dimanche, ramasser des morilles ».

Se promène-t-il dans la campagne, Corot prend son compagnon pour confident et, si un endroit le séduit et l'arrête, il s'efforce d'expliquer

(1) Conversation avec M. Alfred Robaut, à Rouen, juillet 1872.
(2) Le 7 octobre 1872.

son émotion. Un soir que M. Robaut dîne avec lui à Sèvres, chez sa nièce, Mme Chamouillet, on fait un tour dans la campagne avant de se mettre à table. L'ombre envahit les buissons, dont les valeurs se confondent, et l'évanouissement presque général de toutes les nuances fait ressortir celles qui persistent malgré l'obscurité. Le peintre en fait la remarque et, empruntant à la musique une comparaison : « Ce fourré noir, dit-il, n'a l'air de rien ; mais il fait sa partie dans la symphonie ; c'est la basse qui accompagne le chant et le met en relief ». La nuit est venue tandis qu'on se promène et, dans le jour incertain d'un dernier rayon, un nouvel aspect du paysage sollicite encore le regard de l'artiste. Un platane se dresse devant lui, dont la masse se détache en vigueur sur le ciel clair du couchant. Corot cligne de l'œil. « Ah! dit-il, combien, à cette heure-ci, certaines colorations sont difficiles à définir. Vous reconnaissez, comme moi, deux tons dans le ciel, qui est jaune et lilas. Les buissons et le gazon sont verts ; ce n'est douteux non plus pour personne. Mais, cette grande masse sombre que vous voyez-là, de quelle couleur est-elle au juste ? Seuls, les malins le devinent et se tirent d'affaire à leur honneur ».

La peinture a une rivale dans le cœur de Corot : c'est la charité. M. Robaut reçoit de lui cette confession touchante : « Je viendrais à perdre la santé, je serais cloué dans mon lit sans pouvoir toucher un pinceau : faire du bien à autrui serait ma consolation. La charité est chose encore plus belle que le talent. D'ailleurs, l'une profite à l'autre. Si vous avez bon cœur, cela se verra toujours dans vos œuvres ». Sa figure s'épanouit quand, après avoir obligé un solliciteur, il se remet au travail. Il reprend sa palette en disant : « Vous allez voir, comme nous allons faire de belles choses à présent ! Nous allons étonner les populations ». Ses libéralités attirent-elles l'attention des habitués de l'atelier et surprend-t-il un éloge sur leurs lèvres : « Il n'y a pas de mérite de ma part, se hâte-t-il de répondre, c'est cela qui me fait trouver mes petites branches ».

Corot ne lit guère les journaux et la politique n'est pas son fort. Il est ce qu'on est convenu d'appeler un homme d'ordre. Il entend vivre tranquille et travailler sans être dérangé par les préoccupations extérieures. Aussi n'est-il point partisan du changement en matière de gouvernement et se méfie-t-il des novateurs, quels qu'ils soient. Il regarde d'un mauvais œil les journaux de combat et, une fois que son visiteur habituel déploie devant lui la *République Française* de Gambetta (1) : « Qu'est-ce que c'est que ça ? C'est du parti rouge, n'est-ce pas ? Ah ! ces gens-là font bien du mal à leur pays ». Partant de là, il se met à déplorer les révolutions, « qui épuisent la France et font le jeu de ses ennemis ». Et s'échauffant : « Pourquoi faut-il que notre beau pays soit déchiré tous les vingt ou trente ans par une crise de ce genre là ? Ah ! si, en outre des qualités qu'elle possède, notre nation avait le flegme des Anglais ou la pondération des Allemands !... Mais ce serait trop beau ! La France ne serait plus la France ! Nous sommes ainsi faits ! Hier, nous étions tombés à plat. Grâce à notre admirable sol et à notre travail intelligent, dans une vingtaine d'années, nous aurons encore une fois dépassé nos voisins. Lorsque nous serons bien prospères, le bon Dieu se dira : « Ah ! mais, il faut remettre ces enfants-là au pas. » Et nous nous ferons tuer encore une fois des milliers d'hommes, arracher une dizaine de milliards... Quels seront, cette fois-là, les instruments de notre malheur ? Les Allemands, les Anglais ou les Iroquois, qu'importe ? Le résultat est toujours le même... » Mais l'optimisme de Corot l'empêche de pousser les choses au noir : « Malgré tout, la France demeurera à la tête de la civilisation. Elle est comme ce petit espiègle, qui fait rire ses camarades pendant la classe et attrape tout le temps des punitions, mais qui, au bout de l'année, étonne ses gens en remportant quand même tous les prix. N'a-t-on pas dit de notre pays que, s'il pouvait vivre cent ans sans révolution, il deviendrait assez riche pour acheter le monde ? » Le tour de la conversation ayant conduit le causeur à s'expliquer sur ses opinions politiques : « Certes, je suis républicain, s'écrie-t-il ; mais je veux que la République ne bouleverse pas la société ». Remontant en arrière, il explique qu'il n'a jamais compris pourquoi on s'est acharné à renverser le gouvernement de Louis-Philippe ; et il raconte, à ce propos, une anecdote de ce temps-là. Un journaliste de l'opposition, avec lequel il s'était rencontré, lui avait posé une question comme celle-ci : « Comment se fait-il, M. Corot, que

(1) Conversation avec M. Alfred Robaut, le 31 octobre 1872.

vous, un révolutionnaire en art, vous ne soyez pas avec nous en politique?»
« Oh ! répondit-il, ce n'est pas la même chose. Je fais ma peinture à ma
guise et je n'impose à personne ma manière de faire. Si je me trompe, je
ne compromets nul que moi. Libre aux autres de suivre la voie qui leur
plaît. La nature est là pour les guider, comme elle me guide moi-même.
S'ils emboîtent le pas derrière moi, ça les regarde ».

Ce n'est pas seulement en politique que Corot est conservateur. Il
reproche à ses contemporains de bouleverser, sous couleur de progrès, les
beautés de la nature. Fontainebleau, à l'entendre est méconnaissable ! Et
il conclut avec dépit : « Il est fort heureux que l'homme n'ait pas le pouvoir
de changer l'atmosphère elle-même ; autrement, le ciel aussi y passerait,
comme le reste ».

A Paris, Corot, à présent, ne s'appartient plus. Son indépendance
souffre à la fois de sa renommée et de sa bonté. Sa porte est prise d'assaut
en même temps par les clients et par les solliciteurs. C'est pourquoi, mettant à contribution l'affection hospitalière de la famille Gratiot, il se prépare une retraite à Coubron et y fait bâtir, contigu à la demeure de ses
amis, un atelier où il pourra travailler à l'abri des importuns. En attendant, il les dépiste en s'isolant, à Paris, dans l'incognito d'un atelier supplé-
mentaire, rue Fontaine 19 bis. Cette retraite lui est fournie par un des
hommes qui guettent sa production et la drainent : l'ancien coryphée
Cléophas, propriétaire par avance d'un des tableaux qu'il destine au
prochain Salon (1). Cette œuvre, qu'il baptise du nom de *Pastorale*, en
songeant peut-être à son cher Beethoven, s'achève rue Fontaine tandis
que, rue Paradis-Poissonnière, il interprète, également en vue du Salon,
un souvenir de l'étang Moutier, près de Montfermeil, qui s'intitule le
Passeur (2). Celui-là aussi est retenu avant d'être achevé ; c'est au violo-
niste Hermann qu'il est promis. Chacun saisit ainsi son bien à l'envi. La
prise de possession se fait en inscrivant un nom à la craie sur le châssis
de la toile encore vierge. D'aucuns réclament vainement leur tour ;
mais Corot les oblige à patienter, disant avec malice qu'il fallait venir

(1) *N° 2107.*
(2) *N° 2108.*

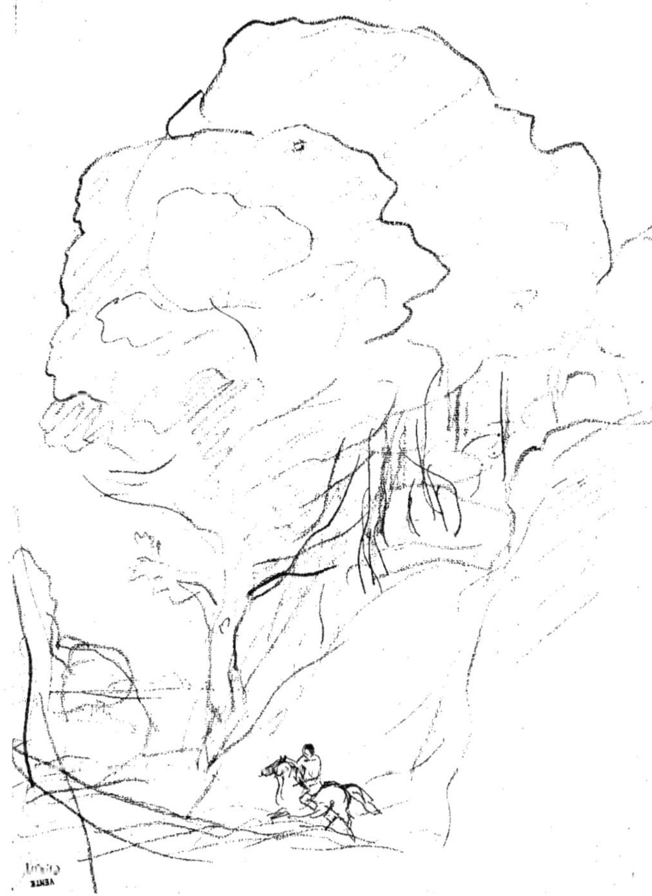

Le petit cavalier
(vers 1870-74).

280

vingt ans plus tôt; car, en ce temps-là, on était servi sans attendre.

La facilité avec laquelle les tableaux éclosent sous son pinceau magique lui permet d'ailleurs de contenter beaucoup de monde à la fois. Il ferme les yeux avec complaisance sur la spéculation à laquelle on se livre ouvertement autour de lui et dont sa peinture est l'objet. Il ne lui déplait pas d'être la Providence de ses acquéreurs. Faisant allusion à un particulier qui, ayant subi des revers dans ses affaires, se remet à flot en vendant les tableaux qu'il lui a achetés: « Qu'est-ce qu'il ferait, ce gaillard-là, dit-il, si ma peinture n'était pas là pour le tirer d'embarras ? » Ses confrères ont beau s'acharner contre son désintéressement ; ils ne peuvent pas le décider à augmenter ses prix. M. Robaut le voit, un matin, fort irrité à ce propos (1). Il est en train de se raser et gesticule, son rasoir à la main : « On dit que je porte préjudice à autrui en vendant trop bon marché. Eh bien, je ferai une chose : je donnerai ma peinture pour rien. Comme cela, on n'aura rien à dire, j'espère». Dans son agitation, il balafre son menton, qui saigne sous le tranchant de l'acier.

Corot est malheureusement, parfois, victime de son bon cœur. Il se laisse arracher par l'impatience d'un marchand une œuvre sur laquelle il n'a pas dit son dernier mot. On le circonvient par des paroles comme celles-ci : « Nous ne vivons que par vous, M. Corot (2) ». D'aucuns obtiennent de sa complaisance d'extraordinaires concessions. Voici par exemple une scène qui se passe a l'atelier un mercredi, quand la porte est ouverte aux visiteurs. Entre un quidam avec plusieurs toiles sous le bras. «Bonjour, M. Corot : je voudrais vous soumettre quelques petites peintures de vous, que je viens d'acheter?» Corot examine ce qu'on lui présente en faisant la moue : «Comment, diable, pouvez-vous m'attribuer des infamies pareilles? Et vous avez acheté cela ? — Mais oui, M. Corot; voici une petite toile que j'ai payée cinq cents francs. — Malheureux !... Enfin,... laissez-moi cela et... revenez demain ». Le lendemain, le pinceau du maître est passé sur l'objet en question et son propriétaire remporte un véritable Corot. Ainsi quelques intrigants abusent de la bonté de l'homme et l'exploitent.

(1) Le 8 avril 1872.
(2) Entendu par M. Robaut en octobre 1873.

Voilà un des inconvénients de la célébrité. Il en est encore d'autres dont souffre un artiste parvenu, comme Corot, au faîte de la gloire. Dorénavant, il ne peut plus passer inaperçu quand il se promène ou quand il voyage. Un jour, en allant à Ville-d'Avray, il s'est assoupi dans le train. Au moment où l'on entre en gare, une personne qu'il ne connaît pas, l'appelle par son nom et lui dit : « M. Corot, vous êtes arrivé ». Une dame, occupée à le dévisager, descend quand il quitte le wagon et s'aperçoit seulement lorsque le train est reparti qu'elle s'est trompée de station (1). Dans Paris, les coups de chapeau n'arrêtent pas. A la veille du Salon, il sort pour aller voir quelques élèves. Il a tant de saluts à distribuer sur son chemin qu'il s'écrie : « Ah ! mon Dieu, que c'est fatigant d'être un homme connu ! » Toutefois, cette notoriété ne laisse pas au fond de le flatter. Il ne lui déplait pas d'apprendre (2) que le magasin de nouveautés « A Pygmalion » vend une étoffe dont la couleur est baptisée *« gris-Corot »*; il sourit en demandant : « N'est-ce pas une épigramme ? »

Une grande ingénuité lui fait tenir des propos qui, dans une autre bouche que la sienne, trahiraient de l'orgueil ou de la suffisance. Ainsi, au mois de mars 1873, M. Georges Rodrigues a obtenu qu'il fît pour lui une réduction de son *Dante et Virgile*. La toile, accrochée depuis une quinzaine d'années sur le mur de l'atelier, est couverte de poussière. Corot la fait laver et vernir. Alors, devant son tableau ainsi rajeuni, il a un mouvement de surprise touchante : « Mais, c'est superbe, dit-il ; je ne puis me figurer que c'est moi qui ai fait cela ! » En parlant ainsi, il fixe sur M. Robaut un regard brillant qu'illumine une joie d'enfant (3).

Le *Dante* fut transporté dans l'atelier de M. Rodrigues, 46 rue La Rochefoucauld et, quand l'élève eut ébauché la toile pour son maître, celui-ci alla régulièrement y travailler tous les lundis et tous les jeudis, de midi à 4 heures (4). En même temps, il poursuivait sa besogne courante, pour satisfaire la nombreuse clientèle qui le harcelait : les Brame, les Tédesco, les Beugniet, les Durand-Ruel, les Breysse, les Weyl, les Audry,

(1) Raconté par Corot à M. Alfred Robaut, le 31 octobre 1873.
(2) Dans le courant de l'été 1873.
(3) A l'atelier de Corot, 25 mars 1873.
(4) N° 2315.

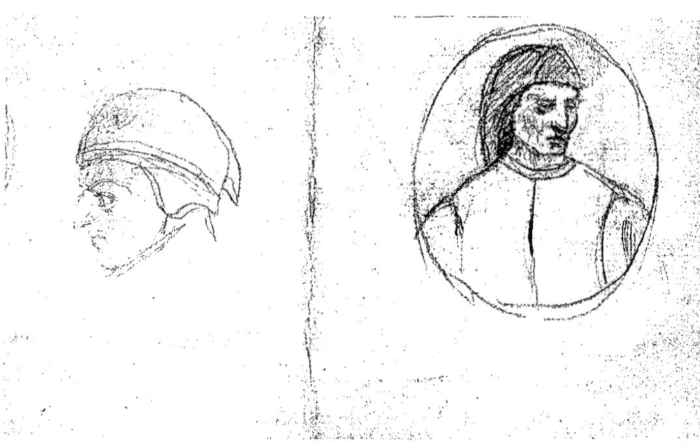

Deux croquis pour *Dante et Virgile*.

sans compter Cléophas et son neveu Bardon, Surville, Oscar Simon, Hermann, le dentiste Verdier et le médecin Cambay qui, appelé d'aventure pour soigner Adèle, fit connaissance avec la peinture de son maître et se prit pour ses tableaux d'une passion rien moins que platonique. M. Robaut lui-même revendiquait sa part des chefs-d'œuvre qu'il voyait éclore quotidiennement, et Corot la lui abandonnait volontiers.

Le travailleur a conservé l'habitude de se reposer, le dimanche, des fatigues de la semaine en allant entendre de la musique. Le dimanche 9 mars 1873, M. et Mme Robaut sont venus le prendre en voiture à la sortie de Pasdeloup pour l'emmener dîner chez eux ; la chose était ainsi convenue d'avance. Mais Corot, dont les poumons se dilatent avec bonheur au grand air, les invite à quitter leur fiacre et à faire la route à pied. « C'est si bon, dit-il, de voir le soleil ! » Il critique l'interprétation du prélude de Bach, qu'il vient d'entendre. Puis, revenant au soleil : « En voilà un qui ne mérite jamais de reproches ! Ah ! voyez-vous, j'aime à le regarder en face ! Oui, en face ! Dussé-je en perdre la vue !... J'adore sa lumière ; j'ai tout fait pour la traduire et en impressionner les autres comme je l'ai été moi-même ». La physionomie du beau vieillard s'épanouit tandis qu'il s'exprime ainsi ; sa face rayonne au milieu de l'auréole blanche de sa chevelure que caresse le vent. Chemin faisant, il cause avec animation. Il raconte que, la veille, à dîner, chez un de ses amis, il a entendu quelqu'un dire qu'il fallait qu'un artiste eût de l'amour-propre. « Je trouve, fait-il, que de l'amour tout court vaut mieux. Oui, de l'amour pour l'étude, pour la vérité, et aussi de l'amour pour notre prochain. Quand on me parle d'amour-propre, je pense, malgré moi, à un homme qui se regarderait dans une glace pour s'admirer... Lorsqu'on aime sa tâche et qu'on la fait de tout son cœur, à quoi bon se tourmenter? Si nous ne produisons rien de fameux, tant pis, pourvu que nous ayons la conscience nette! » A table, Corot se montre ce soir-là, comme de coutume, le plus aimable des convives. Il chante, sans se faire prier, le meilleur de son répertoire : *Les Amants de Touraine, Le Hollandais, La Mère Jeanne* et *Je sais attacher des rubans*. Il y met tant d'accent et de feu qu'on dirait d'une improvisation. Il eût fait, semble-t-il, un excellent acteur. On le lui dit parfois. Mais il répond : « Que faites-vous donc de ma timidité? Entre intimes, je suis à mon aise ; mais, dès que le cercle s'élargit, ce n'est plus mon affaire... Il m'arrive parfois de rêver que je suis sur les planches et qu'on veut me pousser à réciter un rôle devant le public ; je ne connais pas d'impression plus désagréable ». A propos du théâtre, qu'il fréquente beaucoup, il se montre très sévère pour les acteurs qui, manquant de naturel, ne réussissent pas à donner au spectateur l'illusion de la vie (1). « Je veux, dit-il, qu'un comédien me fasse croire à la réalité de l'action qu'il représente. Ainsi, quand j'en vois un qui tombe, simulant l'évanouissement ou la mort, il faut qu'une fois étendu par terre, il demeure absolument immobile, sans faire le moindre mouvement ; faute de quoi, le charme est rompu ». Cette opinion est d'accord avec l'esthétique professionnelle du peintre, qui s'efforçait, avant tout, dans ses œuvres, de donner l'aspect réel des choses et l'impression de la vie.

Dans la pratique, il sacrifie désormais systématiquement les détails

(1) Conversation avec M. Alfred Robaut, 28 octobre 1873.

284

à l'effet d'ensemble. La critique, toujours prête à reprendre l'offensive, envisage ce parti-pris comme une défaillance. D'aucuns le lui disent en face sans ménagements. Théophile Silvestre lui-même, son ami de la veille, prononce, à propos de ses tableaux du Salon, des paroles dont la sévérité n'est pas à son éloge. « Les deux toiles la *Pastorale* et le *Passeur*, écrit-il dans le *Pays*, sont des ébauches exposées comme tableaux. Ah ! si un débutant les eût présentées, le jury d'admission n'eût pas manqué de les mettre à la porte... Certes, Corot met du cœur dans son art, mais un cœur de célibataire qui n'a jamais souffert. Accoutumé à s'en tenir à l'épiderme, au velouté de la nature, il ne nous va qu'à fleur de cœur, au lieu de nous poindre. Ses matinées vaporeuses, épanouies, vives comme la brise matinale, et ses soleils couchants si ondoyants, si paisibles, caressent la sensation pure, mais ne font pas vibrer la passion. Comment ses effets iraient-ils plus avant en nous que ne vont en lui ses propres impressions ?... » Le couplet n'est pas tendre. Il méritait d'être cité comme un exemple de la fragilité des admirations humaines et de l'ingratitude qui guette avec malice la moindre faiblesse apparente du génie.

Vers le 15 avril 1873, Corot inaugure l'atelier de Coubron et demeure là quelques jours. Le 1er mai, il assiste, à Saintry, près de Corbeil, à une cérémonie familiale (1) ; puis, quelques jours plus tard, il se fixe à Ville-d'Avray (2). M. Robaut va l'y voir le 15. En débarquant, à onze heures, il le trouve en train de travailler dans sa chambre, sous l'œil de Tédesco, un des marchands à présent les plus gourmands de ses œuvres, à une petite toile qu'il lui a promise ; car ses acquéreurs connaissent le chemin de Ville-d'Avray et ne se gênent pas pour venir l'y relancer. Corot apprend au nouvel arrivant que, le matin même, à la première heure, il a commencé d'après nature un tableau à son intention (3). Il en parle pendant le déjeûner et promet que l'objet sera « fameux ». On vient de se mettre à table quand apparaît un convive imprévu : Weyl, le concurrent de Tédesco, qui, d'une main, tient un jambonneau et de l'autre une toile

(1) Voir le N° *2110.*
(2) Voir le N° *2136.*
(3) N° *2062.*

esquissée d'après une étude du maître, qu'il lui apporte à terminer. Corot, qui ne l'attendait que le mois suivant à Coubron, fait un peu la grimace ; mais il ne tient pas rigueur à l'importun, qu'il accueille avec sa bonne humeur coutumière. Courte promenade après le repas ; après quoi, le travailleur se retire dans sa chambre et s'y repose pendant une heure. Il en sort, à 2 heures, pour se remettre à l'étude. Le tableau qu'il fait cet après-midi-là est retenu d'avance, comme les autres : il est réservé à Beugniet. Vers 5 h. 1/4, la fraîcheur du soir écourte la séance d'après nature. Alors, en attendant le dîner, l'infatigable vieillard s'installe de nouveau dans sa chambre et trouve encore moyen de couvrir une toile de 8. On sert la soupe à 6 h. 1/2 et il donne, comme toujours, l'exemple de l'appétit et de la gaîté. M. Robaut quitte la table en hâte à 9 heures, pour regagner son train et le laisse achevant la soirée en famille, avec M. et Mme Chamouillet, arrivés chez leur oncle pour l'heure du dîner.

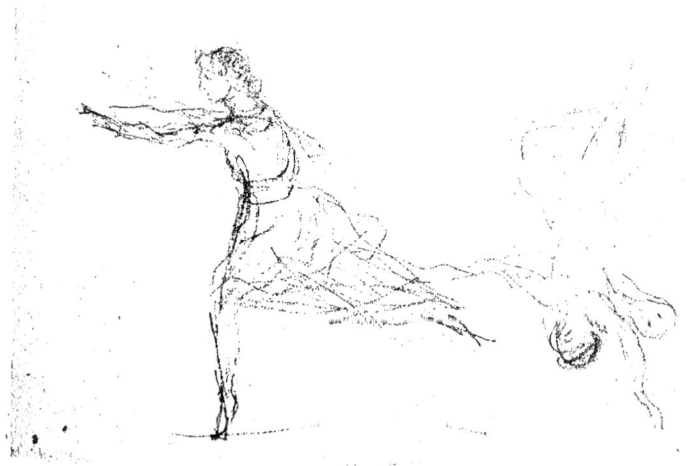

Croquis
(vers 1870-74).

286

M. Robaut retourne à Ville-d'Avray huit jours plus tard, le 22. Cette fois, c'est pour Cléophas que Corot est à l'œuvre ; le jeune Bardon, le neveu de son client, en train de peindre à côté de lui, surveille de l'œil la toile impatiemment attendue par son oncle et épie le moment de la lui arracher des mains. Voilà la vie que mène cet homme de soixante-dix-sept ans.

Il faut rentrer à Paris le 23 mai ; car il est attendu, le lendemain, à Brunoy, dans la famille Dubuisson, où il a déjà fait une courte apparition, une fois, avant la guerre. M. et Mme Robaut sont reçus en même temps que lui. En huit jours de temps, il achève quatre petits paysages (1) et ébauche deux grandes toiles (2). Le mauvais temps a beau le contrarier : abrité sous deux parapluies, tenus par ses amis au-dessus de son tableau que le parasol de campagne ne suffit pas à garantir, il brave les averses avec une crânerie qui fait l'admiration de son entourage. Lorsque sa besogne marche à son gré, sa langue se délie et il cause avec animation, tout en s'appliquant à parfaire son œuvre. Un jour que, sous l'œil de ses compagnons, il s'efforce de fixer sur la toile les ardeurs pâlissantes d'un coucher de soleil, il évoque Claude Lorrain, dont le génie a si bien traduit les sujets analogues à celui qu'il représente. « Quand on regarde un de ses tableaux, dit-il, il semble qu'on voie un vrai coucher de soleil. C'est l'effet que je voudrais produire, moi aussi : je cherche à rendre le frémissement de la nature... Eh bien, cela ne peut s'obtenir que par l'observation rigoureuse des valeurs. Je fais des efforts constants pour en saisir toutes les nuances et donner par cela même l'illusion de la vie ; je veux qu'en regardant ma toile, qui cependant ne bouge pas, le spectateur ressente l'impression du mouvement des choses ». La veille de son départ, il avise un trumeau du salon et ses pinceaux s'en emparent. Il juche un tabouret sur une table et, grimpé sur cet échafaudage branlant, il improvise en quelques instants un lumineux paysage dans le petit carré de boiserie (3). Tout en caressant son œuvre, il déplore qu'on ait trop rarement fait appel à son talent de

(1) Entre autres, les N°s 2111 et 2112.
(2) N°s 2113 et 2114.
(3) N° 2455.

décorateur. Et son regret s'accompagne d'une généreuse pensée humanitaire. « Si on me laissait faire, dit-il, je couvrirais de mes peintures les murs d'une prison ; je montrerais aux pauvres égarés, qui sont enfermés dans ces tristes endroits, des campagnes de ma façon qui, pour sûr, les convertiraient au bien ».

Le 2 juin, Corot quitte Brunoy, passe la journée à Paris, dîne chez La Rochenoire avec Daubigny et repart, le lendemain, pour Coubron. Il est rappelé précipitamment, le 5, par la mort de son neveu Chamouillet, décédé à Sèvres, et qu'on enterre à Paris le 7. Il conduit le deuil et s'efforce de maîtriser son émotion, qui se traduit par une grimace nerveuse. Quelque étrangère qu'elle soit demeurée à son art, sa famille lui est chère et les enfants de sa sœur occupent une grande place dans sa tendresse. Le soir même de l'enterrement, il emmène avec lui Mme Chamouillet à Coubron, où il l'entoure pendant quelques jours de son affectueuse sollicitude. Le 11, un pieux devoir l'appelle à Paris. Il a rendez-vous avec la veuve d'Aligny, mort à Lyon l'année de la guerre (1871), pour l'aider à préparer la vente de son mari. Il est demeuré fidèlement attaché au souvenir du confrère qui, le premier, l'a soutenu de ses encouragements. De son vivant, il lui témoignait le respect qu'on a pour un maître et le présentait comme tel à ses amis. Il ne tint pas à lui que Français ne fût, comme lui, son disciple. Quand, sortant de l'atelier de Gigoux, celui-ci vint à lui vers 1835, Corot voulut lui faire faire la connaissance de l'artiste dont les conseils lui avaient tant profité à lui-même ; mais Français ne sut pas apprécier Aligny et lui tourna le dos. Corot, au contraire, ne cessa de professer à son égard la plus profonde admiration. Le peintre Hanoteau, qui eut l'occasion de l'accompagner, un peu avant 1870, dans l'atelier de son confrère, fut frappé de sa déférence pour un artiste, jadis son rival, qu'il avait distancé depuis longtemps et dont la réputation éphémère n'était plus qu'un lointain souvenir. A l'admiration de Corot pour le talent d'Aligny se mêlait une profonde reconnaissance pour les enseignements qu'il avait reçus de lui à son début. Aussi, rencontrant M. Robaut à Paris, le jour où il allait chez Mme Aligny, et lui parlant de sa démarche : « C'est une dette sacrée, lui dit-il. Je suis fier de m'en acquitter ».

288

Corot ne perdait pas une minute et il paraît qu'il profita de cette journée passée à Paris pour donner rendez-vous, rue Paradis, à un modèle et terminer, entre deux trains, une figure promise à un client. Puis, il visita à la hâte le Salon et, le lendemain, il était de nouveau à l'ouvrage dans l'atelier de Coubron où Tédesco, qui avait ses entrées dans la maison, surveillait sa besogne et ne lui laissait aucun répit. Ainsi passa le mois de juin.

Le 5 juillet, M. et Mme Robaut l'enlèvent et l'emmènent à Douai. En traversant Paris, il s'arrête chez Tédesco et voit dans son magasin une de ses œuvres anciennes, la *Diane au bain* qui figura au Salon de 1836. Il en détaille les défauts, critique le manque de simplicité et de parti-pris et, pour un peu, prendrait ses pinceaux et recommencerait le tableau. Puis, parlant de sa jeunesse et de ses efforts longtemps méconnus : « Ah, dit-il, dans ce temps-là, j'étais obligé de garder ma folie pour moi et de l'enfermer dans mon armoire ! Un beau jour, j'ai fini par lui ouvrir la porte ; et la douce folie s'est échappée ; mais il y en a encore plein mon armoire » (1).

Le séjour de Corot à Douai coïncide avec la fête locale. C'est la kermesse de Gayant. Le visiteur, toujours plein d'un entrain juvénile, prend sa bonne part des réjouissances. Cependant, la peinture n'y perd rien. Dès le lendemain de son arrivée, il s'installe dans un faubourg de la ville, à Sin-le-Noble, (Sin l'nob, comme on dit là-bas), sur le bord de la grand'route (2). Il passe là toutes ses matinées, sur le gazon qu'ombragent les arbres, en face du chemin qui fuit vers l'horizon sous la lumière tamisée d'un ciel où floconnent les nuages. Trois ou quatre chaumières au toit rouge apparaissent sur le côté, à travers l'enchevêtrement des ormes et des saules. Il copie cela avec la naïveté d'un débutant, laissant parler la nature et se contentant du rôle d'interprète véridique. Sa virtuosité ajoutera à l'atelier quelques détails complémentaires que, plus jeune et moins habile, il ne se serait pas permis d'inventer. En attendant, l'objectif de Charles Desavary se braque sur l'étude toute fraîche. Le

(1) Conversation avec M. Alfred Robaut, le 5 juillet 1873.
(2) N° 2169.

photographe a arrêté ainsi au passage toutes celles qui sont apparues devant lui. Ses clichés racontent la genèse d'œuvres souvent transformées par le visionnaire entre les quatre murs de la rue Paradis-Poissonnière. Car l'inspiration du poète, habituée à se donner carrière, prend dorénavant des familiarités avec ses motifs et les arrange au gré de sa fantaisie. Il arrive même à Corot de tricher sur place avec le modèle qu'il s'est proposé et d'étonner les gens qui, le regardant travailler, cherchent en vain dans le paysage ce qu'ils aperçoivent sur la toile.

Tel n'est pas le cas de la *Vue de Sin-le-Noble*, véritable chef-d'œuvre de sincérité, en dépit de certaine grande branche cassée que le peintre a jetée sur le premier plan après coup, pour meubler le coin de gauche de son tableau. J'ai déjà eu l'occasion (1) de parler de ce tableau et de raconter, d'après M. Alfred Robaut, une anecdote enregistrée par lui et qui s'y rapporte. Corot travaillait dans la rosée matinale quand son hôte vint lui rendre visite avec son compatriote M. Adrien Demont. La conversation s'engage ; l'on cause de la kermesse et des fêtes promises pour l'après-midi. « Qu'est-ce qu'il y a donc au programme pour tantôt, Alfred? interroge Corot. — Tantôt ; mais, c'est le départ du ballon. — Ah! le ballon! Fameux! » Et aussitôt une brosse fantaisiste lance dans le ciel du tableau un ballon et sa nacelle, qui filent parmi les nuages. Les deux amis sourient de la plaisanterie qui, du même coup, abuse les curieux attroupés autour du paysagiste. Les paysans, en revenant du marché, ouvrent de grands yeux et prennent des airs d'étonnement. «Comment! On a donc changé l'heure du ballon?» Et les gens de se perdre en conjectures. Le bonhomme est dans la joie et rit de la mystification. Mais, dans un ciel de Corot, l'atmosphère est trop aérienne pour qu'un ballon demeure longtemps en place. Le vent l'a emporté, et c'est à peine si un œil investigateur découvrirait une faible trace de l'aérostat qui, un instant, a passé par là.

Cette verve intarissable ne cesse de répandre la joie autour d'elle. Le soir, en regagnant sa chambre, le «vieux papa» simule un épuisement qui l'empêche de lever les jambes et gravit en se traînant les marches de

(1) *Gazette des Beaux-Arts*, 1ᵉʳ juin 1893.

l'escalier; puis, une fois en haut, il dégringole à toute vitesse pour recommencer de nouveau sa comique ascension. Ces douces folies se répètent chaque jour. Il en demeure huit à Douai; après quoi, pour ne ne pas faire de jaloux, il consacre la semaine suivante aux Dutilleux d'Arras. La propriété de M. Bellon, avec ses belles eaux et ses frais bocages, l'attire comme l'année

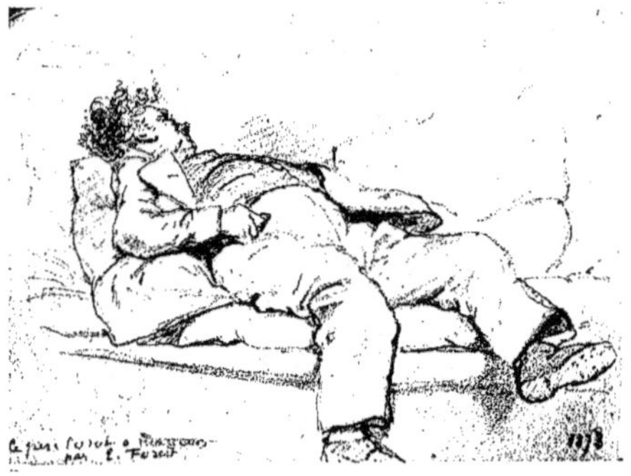

Corot à Marcoussis.
Croquis par E. Forest
(1873).

précédente (1). Charles Desavary, son hôte, vient l'y trouver avec son appareil photographique, qu'il braque sur lui à plusieurs reprises. Puis, le lundi 21 juillet à midi, il prend congé de son monde et va rejoindre à Dunkerque Daubigny et Oudinot (2). Ce dernier a, dans cette ville, un parent, qui l'héberge avec ses illustres amis. Les deux maîtres rivalisent d'ardeur, assis souvent côte à côte dans la dune et il n'est pas sans intérêt de comparer, dans l'interprétation d'un même motif, la différence de leur tempérament et de leur vision (3).

Cette douce émulation dure jusqu'au 26 juillet. Corot abandonne alors ses camarades pour ne pas manquer au repas familial de Ville-d'Avray le jour de la fête de sa sœur. D'ailleurs, il a promis à Dumax

(1) Voir le N° 2182.
(2) Voir les N°s 2116 à 2121.
(3) Voir le N° 2746.

qu'il serait à Marcoussis au début d'août et il demeure fidèle à sa promesse. Le 2, il prend, à la gare d'Orléans, «le train matinal de 7 h. 15 » (1) avec le peintre-graveur Paquier, un autre camarade de Dumax, talent fin et délicat, doublé d'un aimable compagnon ; et la colonie joyeuse de Marcoussis, qui compte parmi ses habitués le dessinateur Forest et le géo-

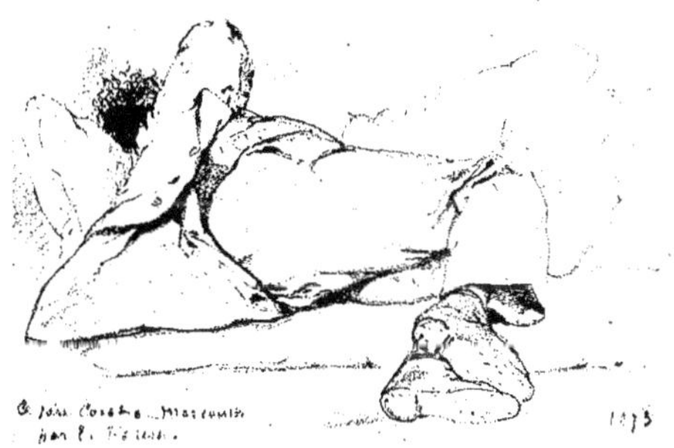

Corot à Marcoussis.
Croquis par E. Forest
(1873).

graphe Malte-Brun, les reçoit à bras ouverts. Ah! les belles journées de travail joyeux (2) ; et comme il est touchant à voir, ce vieux tâcheron de l'art, parcourant la campagne sous son chapeau de paille déformé, tout bariolé de couleur ! Un jour, Dumax l'a plaisanté sur le pauvre couvre-chef défraîchi et lui, sans perdre contenance : « Ah! tu ne le trouves pas beau ; eh bien, nous allons en faire un chef-d'œuvre ». Prenant sa palette, il l'a sabré de bleu et de rouge, puis l'a bravement remis sur sa tête. Nous devons au crayon alerte de Forest un amusant souvenir de ces heures laborieuses et gaies. Il s'est plu à surprendre Corot au retour du travail, en train de faire la sieste, sans façon, sur le canapé, dans l'atelier de son hôte ; ses croquis sont une image de la vie dans son naturel et son abandon.

(1) Lettres de Corot à Dumax des 27 et 30 juillet 1873.
(2) Voir le N° 2166.

Dans le courant de septembre, voici notre personnage à Mantes. Il s'arrête au coin d'une ruelle dont les vieilles bâtisses abritent des tanneries (1). L'odeur qui s'en dégage est écœurante ; l'endroit est infesté de mouches sordides ; et puis, l'artiste s'étant avisé d'introduire dans son tableau les personnages qui passaient devant lui, la curiosité des voisins s'attroupe autour de lui. Malgré tout, il tient bon et mène à bien son œuvre ; d'autant plus heureux de la réussite qu'elle a été plus laborieuse. L'île de Limay reçoit aussi sa visite habituelle (2). Il y a là, aux alentours du pont, des saules et des peupliers qui sont de vieilles connaissances et qu'il revoit toujours avec plaisir. Un matin cependant, il s'est attardé dans sa chambre. Au dessus de la cheminée, un grand panneau dépourvu d'ornement invite le décorateur à se donner carrière. S'inspirant de la vue qu'il aperçoit de sa fenêtre, il a charbonné un pont de Mantes idéal et il se frotte les mains en se promettant pour le lendemain une débauche de couleur. La bonne, hélas, n'est pas dans son secret. A peine a-t-il tourné les talons que le plumeau s'acharne contre l'esquisse de son rêve et que l'œuvre ébauchée s'envole à tout jamais, l'inspiration du peintre ayant été balayée du même coup avec son dessin.

Corot quitte Mantes le 17 septembre et se met en route, le 20, pour Fontainebleau. De même que l'automne précédent, il descend chez Mme Coutelle et ses compagnons de travail sont Comairas et Brizard. M. Robaut, qui va l'y voir, l'accompagne au « Calvaire », où il fait une étude (3). Chaque jour, il s'y fait conduire en voiture et y demeure tout l'après-midi. Brizard est avec lui ; Comairas, lui, se donne du bon temps et Corot de le regretter. « Il était si bien doué, dit-il ; mais on n'arrive à rien sans se donner de la peine ». Laissant de côté le pauvre camarade, il ajoute : « Pour moi, je ne me complais vraiment que dans le travail ». Retour de Fontainebleau, c'est lui-même qui monte les étages de M. Robaut et qui frappe à sa porte, le 4 octobre. On lui présente un jeune débutant, qui exhibe ses études. Il les examine avec soin ; puis, sans farder son sentiment : « Ça

(1) *N° 2177.*
(2) *N° 2174.*
(3) *N° 2167.* Voir aussi les *N°ˢ 2172 et 2173.*

manque d'accent. Les valeurs sont indécises. Il ne faut pas de cela. Exagérez plutôt en sens contraire. Prenez du noir pur et du blanc pur aussi, si vous voulez. Vous serez trop dur. Mais la dureté vaut mieux, chez un commençant, que la mollesse ». Et, comme on déplore les difficultés du métier, le mauvais temps qui contrarie trop souvent le paysagiste : « Voilà une belle affaire ! Mais, toutes ces misères-là, Claude Lorrain et Ruysdaël les ont subies, comme nous, d'un bout à l'autre de leur carrière. C'est pour nous faire faire de meilleure peinture que le bon Dieu nous envoie des contrariétés. Il veut nous éprouver. Les vrais artistes sortent plus forts de l'épreuve : tant mieux ! Les autres se découragent : tant mieux aussi ! » Ensuite, la conversation saute. Corot parle d'une dame dont le mari s'est suicidé et à laquelle il vient d'aller porter ses condoléances. Il l'a trouvée très consolée et presque joyeuse ; aussi, il s'écrie : « Qu'on vienne encore plaisanter le cœur des célibataires ! »

Le 7 octobre, il se laisse encore entraîner. Cette fois, c'est à Gisors (1), avec Oudinot, dont la femme est receveuse des postes dans cette ville. Cette nouvelle fugue dure jusqu'au 20. M. Robaut va le saluer le surlendemain de son retour et renouvelle sa visite les jours suivants. Il le trouve plus vaillant que jamais. En lui montrant plusieurs toiles qu'il achève, il conte ses joies de travailleur en face des beautés de la création. Puis, il s'explique sur la pratique du métier. Selon lui, il est indispensable de mettre beaucoup de variété dans l'exécution, pour se rapprocher le plus possible de la nature, qui est infiniment variée. « A supposer qu'il existe deux objets pareils absolument, fait-il, le soleil ne les éclaire pas l'un et l'autre de la même façon ». Et, se rappelant une discussion qu'il a soutenue récemment, sur ce sujet, avec le curé de Coubron (2), qu'il rencontre souvent dans la famille Gratiot, il répète son dialogue avec le brave ecclésiastique : « Il me présentait une méchante peinture d'un petit ami, où toutes les valeurs étaient égales. Comme je lui en faisais l'observation : « Mais, répondit-il, la nature nous montre des effets comme celui-là,

(1) Voir les Nos 2157 et 2158.
(2) L'abbé Jouveau était un aimable compagnon, dont Corot appréciait la cordialité et la gaîté. Il était poète à ses heures et il a dédié à Corot plusieurs pièces de vers de sa composition.

dans lesquels tout est uniforme ». — « Vous vous trompez, repris-je ; il
y a toujours des différences. Elles ne sont pas toujours frappantes
au premier coup d'œil. Mais alors, moi, je regarde d'autant plus attentive-
ment et, quand j'ai saisi mon affaire, je ne me gêne pas pour exagérer
ce que j'ai observé. Le bon Dieu, qui voit le mal que je me donne,
se dit : « Le mâtin ! il m'a deviné » et, content de moi, il m'envoie ses
grâces ». — Le curé se prit à rire, disant : « Du moment que le bon Dieu
vous confie ses secrets, je n'insiste pas davantage ». — Tout en ajoutant
de-ci de-là une touche sur la toile placée sur son chevalet, Corot commente
sa besogne : « Je cherche à me rappeler ce qu'il y avait là-bas, mais en y
mettant un peu de moi. J'interprète avec mon cœur autant qu'avec mon
œil ». Il insiste sur la nécessité d'introduire les couleurs du prisme dans
les blancs et dans les noirs. « Quelque intense que soit une lumière
ou une ombre, jamais un blanc pur, ni un noir pur. Je colore toujours,
même les valeurs les plus extrêmes ». A un certain moment, il se met à
considérer son tableau comme si c'était celui d'un autre, et, partant d'un
éclat de rire : « Quelle drôle de peinture ! Cela me rappelle la tapisserie
de ma bonne mère. Quand elle avait fini, elle nettoyait son travail :
elle appelait cela « enlever les poux ». Moi aussi, j'enlève les poux ».

Après la Toussaint, nouveau séjour d'une quinzaine à Coubron. Il
retourne aussi là-bas en décembre, fuyant Paris où désormais il ne s'appartient plus. Dès qu'il apparaît dans la capitale, Cléophas l'emmène dans
l'atelier de la rue Fontaine, où ses modèles favoris, Emma Dobigny
et Clémence Abadie viennent poser tour à tour. Rue Paradis-Poissonnière,
la porte est si difficile à défendre ! Dix à douze personnes l'assiègent
chaque matin, sans compter les habitués dont le chevalet entoure
celui du maître depuis quelques années, tels que M. Demeur-Charton, le
mari de la cantatrice, auquel, dans les moments de presse, Corot confie la
charge d'ébaucher une toile sur ses indications. M. Robaut lui-même est
honoré aussi parfois de la même mission, et il s'en acquitte au gré du
maître, heureux de trouver autour de lui de dévoués auxiliaires. Le
temps lui manque si souvent pour contenter toutes les exigences qui
l'obsèdent de plus en plus ! Il fait flèche de tout bois. Il ramasse de droite

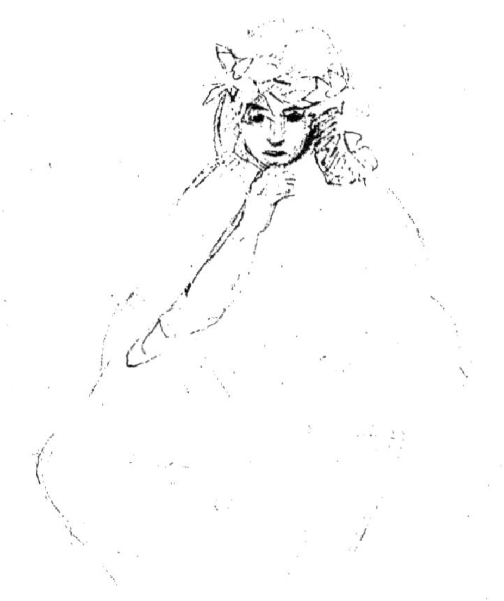

Croquis (vers 1870-74).

et de gauche des peintures de Pierre ou de Paul qu'il transforme en quelques coups de pinceau. Il prodigue généreusement une paternité facile à des œuvres indignes, avant d'avoir reçu son souffle, de passer à la postérité. D'aucuns en prennent ombrage, lui reprochant, comme Chintreuil aigri par une vieillesse malheureuse, de vivre de larcin et de s'enrichir aux dépens d'autrui. Dieu sait cependant si le lucre entre pour quelque chose dans ce subterfuge sans malice d'un producteur aux abois.

Aussi bien, tout ce qu'il gagne s'échappe en bonnes œuvres. Coubron et son orphelinat partagent avec ses clients parisiens ses inépuisables libéralités. Le concierge de son atelier, dont la consigne est généralement sévère, a reçu l'ordre de l'oublier toujours pour une cornette de religieuse. C'est celle d'une sœur de Saint-Vincent de Paul à qui une inspiration providentielle a fait tirer un jour la sonnette de Corot. Elle se trouvait sur son palier ; en face, on ne lui avait pas ouvert. Dehors l'orage grondait ; la pluie tombait à torrents. L'artiste l'avait introduite dans son atelier, refusant de la laisser repartir avant la fin de l'averse. Quittant sa palette, il s'était mis à causer, questionnant, avec une curiosité affable et une générosité impatiente de se dépenser, la charitable créature apparue dans son logis. Sœur Maria rentra les mains pleines ce jour-là au faubourg Saint-Marcel et l'artiste lui avait dit : « Ma sœur, il faut revenir souvent me voir ».

Peu à peu la crèche de la rue Vandrezanne devint la crèche de Corot, tant sa main était toujours largement ouverte. Son souvenir plane toujours sur cette maison où l'enfance repose sous l'aile de la charité chrétienne et où le nom de Corot, ainsi que son image, sont associés au nom et à l'image du bon Dieu (1). Pendant huit ans (la rencontre datait de 1866), la petite sœur préleva régulièrement sa dîme sur l'œuvre de Corot. Le nombre fut immense des infortunes soulagées, des douleurs adoucies et des larmes séchées par cette collaboration du peintre illustre et de l'humble religieuse. Celui des bienfaits exercés dans cet atelier en dehors de cette initiative particulière n'était pas moindre. La bonne sœur Maria, mise au courant par

(1) Une photographie de Corot décore le parloir de la crèche de la rue Vandrezanne et un autre portrait de l'artiste occupe une place d'honneur, à côté du crucifix, au milieu de la crèche elle-même.

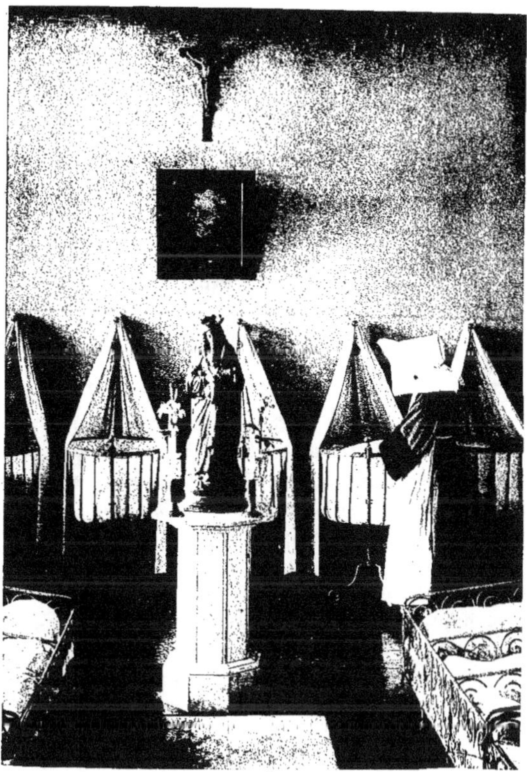

La crèche Saint-Marcel, rue Vandrezanne,
ornée du portrait de Corot, son bienfaiteur.

des rencontres fortuites de quelques traits de cette inépuisable munificence, se plaît à rappeler des scènes comme celle-ci. Corot fait poser un petit modèle qu'il confesse tout en travaillant. « Tu as un amoureux, mon enfant ? Eh bien, crois-moi : mariez-vous et plante-là les peintres. — Nous marier ! Mais, M. Corot, nous n'avons pas de quoi entrer en ménage. — Eh bien, s'il ne s'agit que de cela, *le petit papa* est là pour y pourvoir ». Et la jeune nymphe passa devant M. le maire, nantie par Corot d'une jolie petite dot. — Un autre jour, un artiste besogneux apporte une toile de sa façon et sollicite un conseil. Sur une critique du maître, il se désespère, s'en prenant à une vue défaillante de l'inanité de ses efforts et de son impuissance à subvenir aux plus pressants besoins de l'existence. « Allons, dit Corot, ne nous désolons pas. Il ne manque pas grand'chose à votre tableau pour que tous les marchands se le disputent. Attendez un instant ». Saisissant sa palette, du méchant barbouillage du pauvre hère il fait un Corot et congédie un homme heureux.

Ses aumônes étaient toujours empreintes de discrétion. La manière dont il tend une main secourable à son confrère Daumier est délicate et touchante. Daumier habitait, à Valmondois, une mauvaise bicoque, où sa vieillesse maladive s'abritait misérablement. Son propriétaire, inexactement payé, le laissait geler de froid dans des murs humides et mal clos. Corot, ému de pitié, fait parqueter à ses frais sa chambre et paie toutes les réparations nécessaires ; puis, il dit à Daubigny qui, en qualité de voisin, a qualité pour mener une négociation de ce genre : « A présent, il faut débarrasser le gaillard de son propriétaire : achète la maison ; voici l'argent ». Quand Daumier apprend cette nouvelle, les larmes lui montent aux yeux. Aussitôt, il choisit pour interprète de sa reconnaissance un de ses tableaux, se fiant à l'éloquence de ses *avocats* pour traduire mieux que lui-même ses sentiments ; et Corot, ravi, accroche au chevet de son lit cette peinture qui charme son regard en lui rappelant son bienfait. Elle sera sous ses yeux à sa dernière heure et, en la montrant à Geoffroy-Dechaume, venu pour lui faire une suprême visite, il lui dira : « Ce tableau-là me fait du bien ».

Malgré les occupations qui l'accablent, sa bonté ne sait pas éconduire le peintre Bénédict Masson quand il lui demande de faire son portrait. En

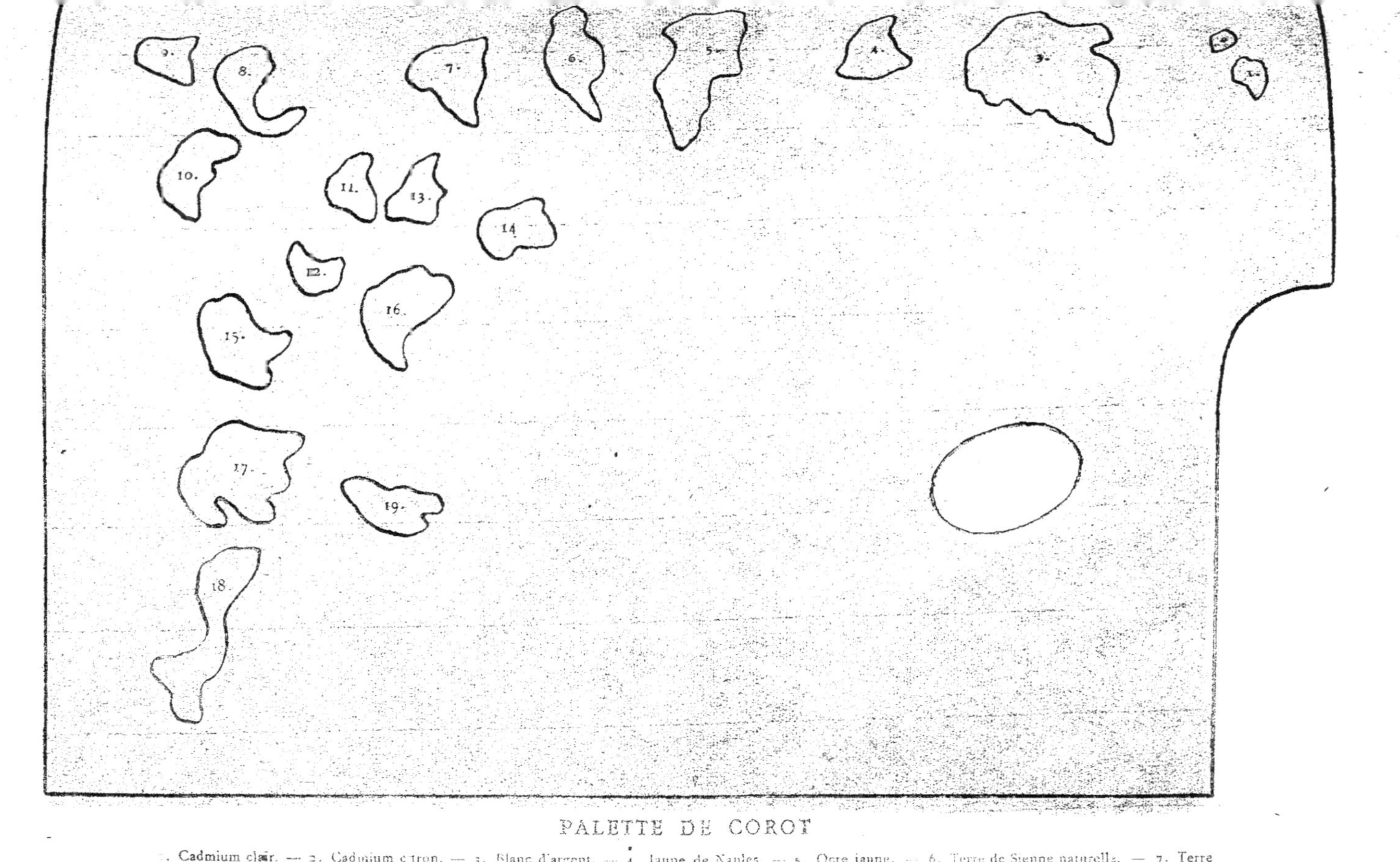

PALETTE DE COROT

1. Cadmium clair. — 2. Cadmium citron. — 3. Blanc d'argent. — 4. Jaune de Naples. — 5. Ocre jaune. — 6. Terre de Sienne naturelle. — 7. Terre de Sienne brûlée — 8. Vermillon. — 9. Vert Véronèse. — 10. Laque de garance foncée. — 11 et 12. Laque Robert. — 13. Bleu de cobalt. — 14 et 15. Bleu de Prusse. — 16. Vert émeraude. — 17. Terre d'Ombre. — 18. Terre de Cassel. — 19. Laque jaune.

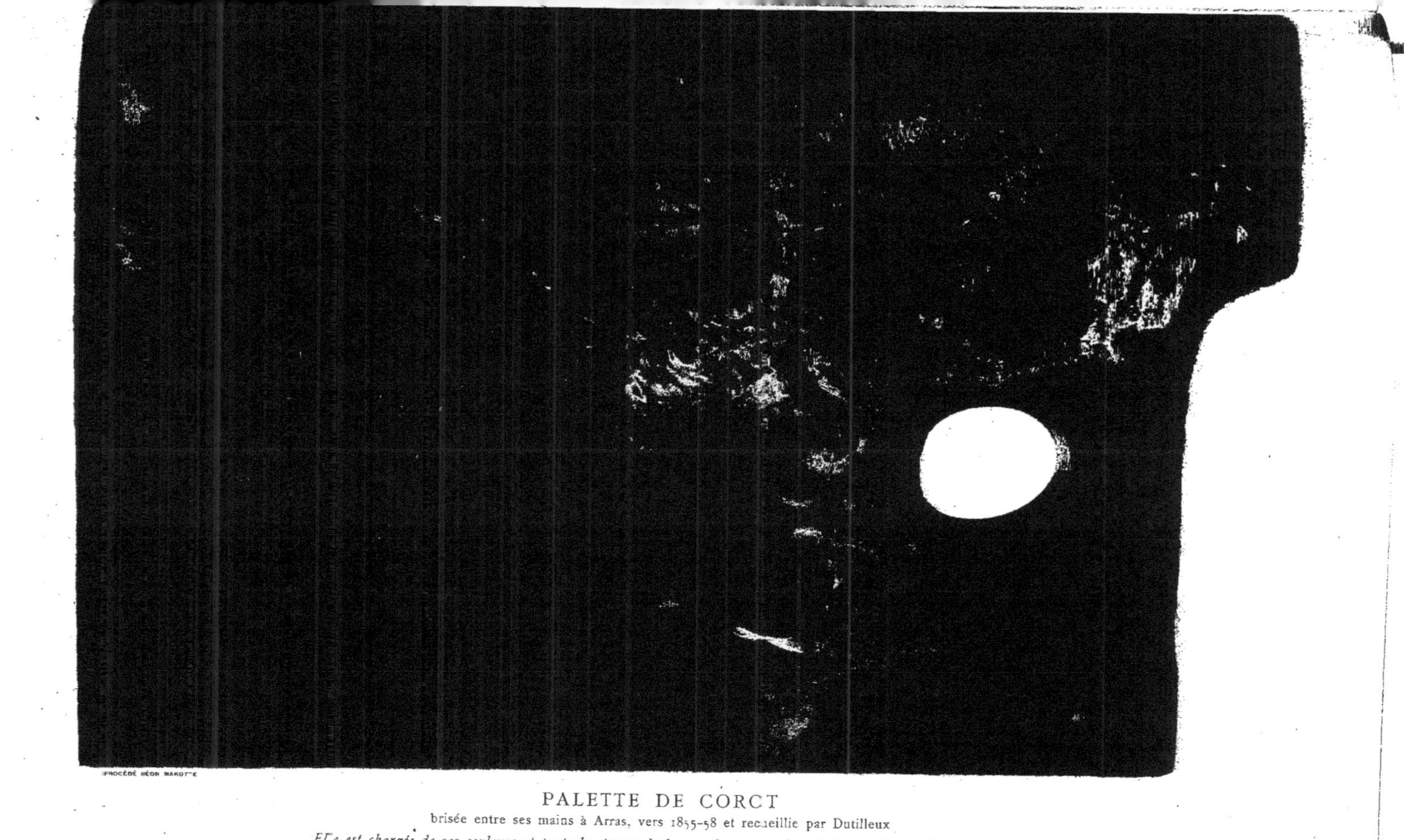

PALETTE DE COROT

brisée entre ses mains à Arras, vers 1855-58 et recueillie par Dutilleux

*Elle est chargée de ses couleurs et porte les traces de leur mélange avec la mixtion (huile, copal et essence)
dans laquelle le pinceau se trempait au cours du travail.*

(Dimension de l'original : 0,27 × 0,39 1/2)

entrant à l'atelier le 2 janvier 1874, M. Robaut le trouve en train de poser, les deux mains à plat sur les genoux. Sa physionomie trahit l'impatience d'en avoir fini et de se remettre au travail. La séance terminée, il se lève avec joie et, après un coup d'œil accordé à l'œuvre de son tortionnaire, vite, il enlève sa redingote, passe sa blouse et coiffe l'habituel bonnet de coton. Il y a là, attendant le bon plaisir du maître, son modèle Narcisse, venu pour poser un « moine » (1) promis à Tédesco. Tédesco lui-même est présent, ainsi que Bardon. M. Demeur occupe son chevalet coutumier et sa femme vient d'entrer. Cette galerie n'empêche pas Corot de se mettre bravement à l'œuvre. La pipe à la bouche, il se campe en face du modèle et, sur la toile encore vierge, esquisse à la craie la silhouette du bonhomme. Il s'applique et peine en silence : tout le monde autour de lui garde un silence respectueux. Tout d'un coup, il s'arrête, se retourne et, avec une feinte colère : « Comment, vous êtes là 1, 2, 3, 4, 5, 6, 7, 8, oui... huit, et il n'y en a pas un qui me dirait de rallumer ma pipe? » La pipe rallumée, il prend un crayon de mine de plomb et, un quart d'heure durant, il précise les contours de sa figure. Puis, il saisit la palette et fiévreusement la couleur s'abat sur la toile. Tandis qu'il ébauche la robe brune, sans cesse son pinceau va chercher un peu de blanc pour le mêler aux tons les plus foncés. M. Robaut en fait la remarque et dit : « Voilà une pratique qui n'était pas celle de Delacroix ». Alors Corot : « Ah ! c'est que, malgré sa grande indépendance, Delacroix vivait de formules apprises chez Géricault ou ailleurs. Pour moi, personne ne m'a rien enseigné. Quand on est livré à soi-même en face de la nature, on se tire d'affaire comme on peut et, naturellement on se compose une manière à soi. Oui, je mets du blanc dans tous mes tons, mais je vous jure que je ne le fais pas par principe. C'est mon instinct qui m'y pousse et j'obéis à mon instinct » (2).

Corot est fier d'avoir conservé sa personnalité malgré la longue indifférence dont il a été abreuvé. « Car, dit-il, s'il est, jusqu'à un cer-

(1) N° 0109.

(2) La palette de Corot était loin de présenter les mêmes complications de colorations composites que celle de Delacroix. Elle n'était chargée que de tons entiers. M. Robaut possède une palette recueillie par Dutilleux à Arras, vers 1855-58. Corot l'avait jetée parce qu'elle était cassée. Les couleurs sont demeurées dans leur disposition habituelle. Le blanc est à droite et voisine avec les jaunes. A gauche, le vermillon est entre les bleus et les verts.

tain point, facile de trouver une note originale quand on débute, ce qui l'est moins, c'est de persévérer et de demeurer fidèle à son propre sentiment lorsque personne ne vous soutient et que tout le monde, au contraire, vous tourne le dos. On ne surmonte cette épreuve qu'à force d'amour désintéressé pour la nature » (1). Comme on lui objecte que cet amour-là est capable de vous faire mourir à la peine : « Eh bien, mieux vaut mourir que de faire fausse route... ». Selon lui, le désir de gagner de l'argent est, avec la vanité, le pire ennemi de l'artiste. L'art doit être un sacerdoce désintéressé et non pas un métier de lucre. Aussi, quand un jeune homme qui désire faire de la peinture vient lui demander conseil, il commence par lui poser cette question : «Avez-vous de quoi vivre ?» Si on lui répond affirmativement, alors il dit : «C'est bien ; vous pouvez faire comme moi et *vous amuser*». Autrement, la partie lui semble trop grosse et le risque l'effraie.

Cet hiver 1873-74 est encore plus laborieux que les précédents. Outre trois grands sujets en train pour le Salon, une quantité d'autres passent sur le chevalet. Corot ne se repose même pas le jour de l'an et reçoit les hommages de ses amis tout en caressant un paysage. Il en a tant promis à des clients, qui les attendent, qu'il n'a pas le loisir de se délasser en prenant, pour son plaisir, une semaine de modèle. M. Robaut l'entend un matin (2) répondre à une Italienne qui demande des séances : « Repassez dans quelque temps, mon enfant ; je ne peux pas me donner de vacances en ce moment ».

Il trouve, malgré tout, le moyen de se rendre libre pour assister, dans le courant de janvier, à Corberon, près de Beaune, à la noce d'un employé de son neveu Chamouillet. Au cours de ce voyage, il a été assez souffrant. Il en revient très fatigué. Cependant, sa santé ne marque pas encore de sérieuse défaillance. Elle résiste aux réunions d'amis et aux sorties du soir, toujours aussi fréquentes. D'ailleurs, son œuvre puise sans cesse son aliment au théâtre. Un grand tableau, qu'il prépare pour le marchand Détrimont et qu'il intitule *Biblis* (3), lui a été inspiré, au mois

(1) Conversation avec M. Alfred Robaut, novembre 1873.
(2) Le 26 novembre 1873.
(3) *N° 2197.*

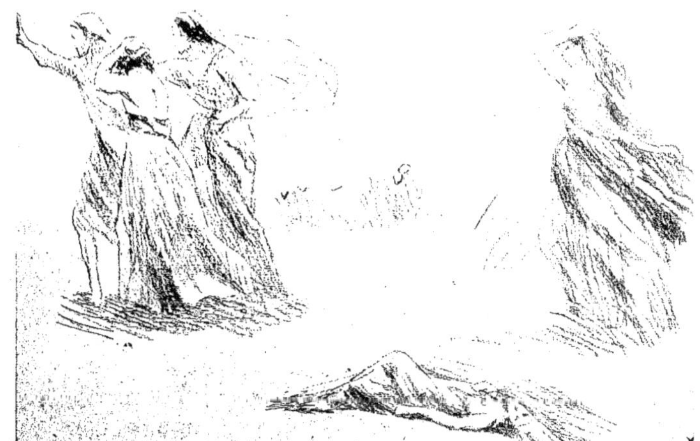

Biblis.
Calque partiel par M. Alfred Robaut, retouché par Corot (1874).

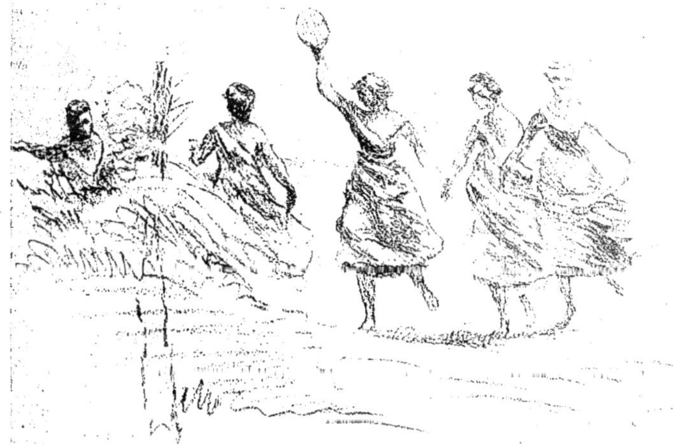

Nymphes des bois.
Calque partiel par M. Alfred Robaut, retouché par Corot (1874).

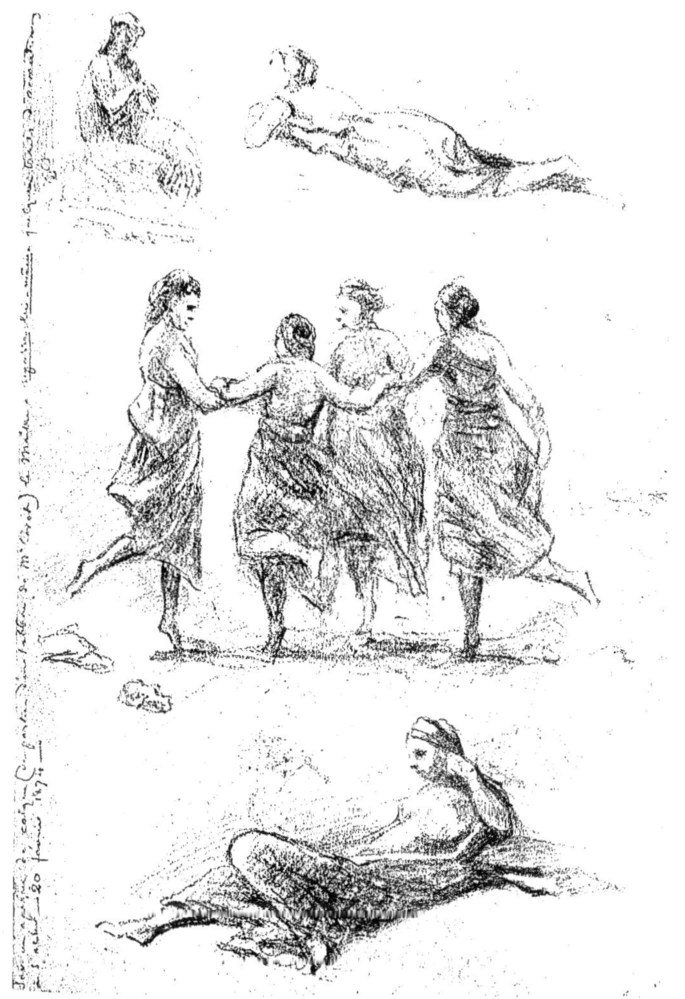

Le soir à Mortefontaine.
Calques partiels par M. Alfred Robaut, retouchés par Corot (1874).

Artistes, son nom occupera la tête de la liste et obtiendra 313 voix tandis que le second élu, Fromentin, n'en réunira que 260. A l'ouverture du Salon de 1874, l'espoir d'une démonstration encore plus significative avait animé tous ses amis. Ils comptaient que la médaille d'honneur serait pour lui. Bien que flatté par la promesse de cette distinction, Corot s'était refusé, cependant, à tout compromis pour l'obtenir. Il n'avait pas voulu écouter le conseil qu'on lui donnait d'exposer une de ses belles *figures*, objectant qu'il aurait l'air de solliciter une récompense qu'on s'obstinait à refuser à ses paysages (1). Il revendiquait avec une coquette modestie sa spécialité et son envoi se composa de trois poèmes champêtres sur les heures du jour : *Un effet du matin* (souvenir d'Arleux) (2), *Un soir* (souvenir de Mortefontaine) (3), et *Un clair de lune* (4). Mais, en face de lui, se dressa l'Institut, en la personne de Gérôme, avec l'*Eminence grise* et le *Rex Tibicen*. C'est à lui qu'allèrent les suffrages ; trois seulement se rallièrent sur le nom de Corot : ceux du peintre Busson, du graveur Boetzel et du critique Mantz. Ce déni de justice révolta les amoureux d'art qui tenaient Corot pour le chef vénérable de la peinture moderne et, sur le champ, ils préparèrent une protestation. Un comité se forma, dont la présidence fut confiée à un camarade d'enfance du maître, M. Marcotte, et qui s'occupa « d'offrir à Corot un témoignage d'affectueuse sympathie ». Des listes de souscription circulèrent en vue d'une médaille, dont l'éxécution fut confiée à Geoffroy-Dechaume et dont la remise à son destinataire devait être l'occasion d'une manifestation artistique et amicale à la fois.

Ce Salon de 1874 avait vu le vieillard encore alerte et vigoureux d'apparence. M. Ernest Chesneau, l'écrivain d'art, parle (5) de sa bonne mine et de sa solide carrure. « Large, trapu, robuste dans une ample redingote en drap bleu de roi, le teint vif, rasé de frais, dans un col de chemise en toile solide émergeant d'une ample cravate en satin noir, l'œil clair et fin, bon et souriant sous le sourcil épais, la lèvre voluptueuse, bonhomme,

(1) Conversation avec M. A. Robaut, janvier 1874.
(2) N° 2189.
(3) N° 2191.
(4) N° 2190.
(5) *Peintres et statuaires romantiques*, Charavay, éditeur, p. 281.

moqueuse, le chapeau planté un peu en arrière sur la tête et découvrant un beau front encadré de cheveux blancs, il nous apparaissait, le vieux maître, rempli de jours et d'années encore : il nous semblait appelé à la glorieuse longévité du Titien ». Corot passe le mois de mai à Ville-d'Avray, travaillant tous les jours, matin et soir, d'après nature (1). M. Robaut, qui lui rend de fréquentes visites, le trouve toujours à l'œuvre. Bien que l'été

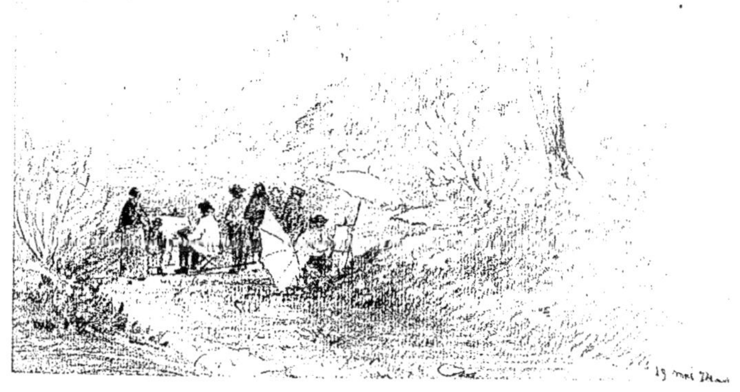

Corot travaillant à Ville-d'Avray.
Croquis par P. Faugier (1874).

approche, la température est encore parfois assez âpre et, un jour, les mains du vieillard sont crispées par le froid. On s'étonne autour de lui qu'il soit capable de résister quand même. Mais il répond en souriant : « Du moment qu'on peut tenir ses pinceaux, cela suffit. Il ne faut pas se lasser de retourner à cette bonne nature. Si on la délaisse, on risque de n'être plus de ses amis. C'est une amante jalouse. Il est dangereux de s'éloigner d'elle ; car, après cela, on ne la retrouve plus le jour où on la désire ».

L'assurance de l'artiste s'accommode maintenant d'une compagnie nombreuse autour de son chevalet. Il cause tout en travaillant et, quand le hasard lui fournit l'occasion d'une plaisanterie, il ne la manque pas. Ainsi, un jour que Cléophas, debout derrière lui, a déposé à ses pieds son

(1) Voir le N° 2175.

chapeau, il laisse échapper un pinceau, qui va tomber dedans et en macule le fond. Aussitôt, se sentant en humeur de rire, il esquisse dans le «tuyau de poêle» une manière de paysage et la tache accidentelle devient un nuage sur un ciel bleu figuré par la soie même de la coiffe (1). Tous les jours, il reçoit ses visiteurs à table ouverte et rien n'est plus charmant que ces réunions improvisées, où le travailleur se délasse par la conversation de son application à l'étude. A propos du Salon, il passe en revue les tableaux des confrères (2). Français ne le contente pas; il le trouve sec. Daubigny lui-même encourt sa critique.

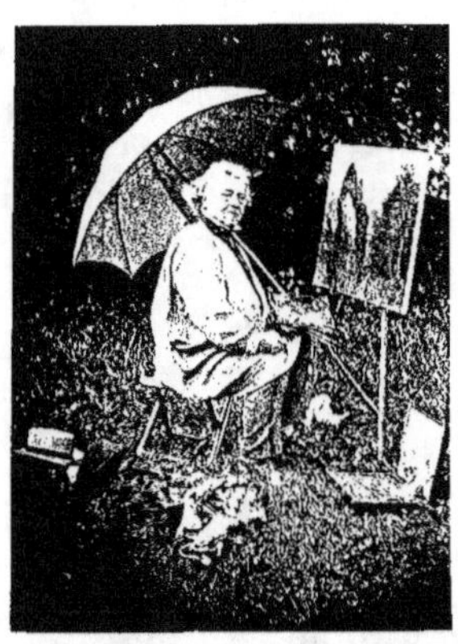

Corot à Saint-Nicolas-lez-Arras
Photographie par Ch. Desavary.

« Son champ de coquelicots est aveuglant. Il y en a trop! » Par contre, il aime assez le grand tableau de Matéjko; il y trouve de grandes qualités de conscience, des physionomies bien observées et très vivantes. Les portraits de Carolus Duran lui plaisent aussi par l'audace de leur coloris et, comme on lui fait observer que la vision de cet artiste est l'antipode de la sienne : «C'est peut-être bien pour cela, dit-il, que ça ne me déplaît pas. Vous vous rappelez M. Hersent, ce peintre timide et mièvre ? Il ne jurait que par Lepoitevin. Dieu sait cependant si la manière du fougueux paysagiste se rapprochait de la sienne ».

Vers la fin de mai, il quitte Ville-d'Avray pour Coubron, où il a déjà fait plusieurs apparitions en mars et avril (3). Il y passe tout le mois de juin. C'est là qu'il est le plus tranquille pour travailler et il en profite. Du 1ᵉʳ au 15 juin, il termine huit toiles de 25 ou de 30, qu'il livre, séance tenante, à Cléophas ou à Tédesco. Le soir, il fait de nombreux fusains pour

(1) N° 2456 ~~9191~~.
(2) Conversation avec M. A. Robaut, 12 mai 1874.
(3) Lettres à Mme Gratiot du 26 février et du 8 avril 1874.

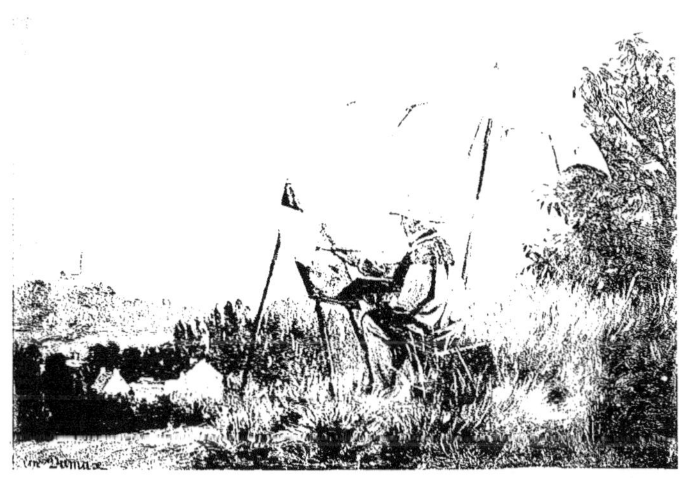

Corot à Marcoussis
Peinture par E. Dumax (1874).

les mêmes clients. Malheureusement, il ne prend jamais la précaution de
les fixer lui-même et certaines de ces belles improvisations perdent leur
fleur dans le transport. Une regrettable négligence compromet de même la
conservation de ses plus beaux dessins de jeunesse, qui traînent à Paris
dans tous les coins de l'atelier, s'effaçant et se maculant de taches. Ce
n'est pas qu'il en fasse fi. Bien au contraire, il les considère avec un juste
orgueil. Lorsqu'on lui fait remarquer cette fâcheuse incurie : « Vous avez
raison, dit-il : mais, que voulez-vous? J'ai pris l'habitude, au temps jadis,
de me dire : Il restera toujours assez de ces misérables feuilles-là, puisque
personne ne daigne jeter les yeux sur elles ». Le 24 juin, M. Robaut va à
Coubron, un bouquet à la main, à l'occasion de la Saint-Jean-Baptiste.
C'est ce jour-là qu'on souhaite à Corot sa fête. Les habitués du lieu
sont tous venus offrir leurs vœux. Il y a là M. et Mme Détrimont, Bardon,
Tédesco, et aussi Oudinot, le maître d'œuvre de l'atelier champêtre où l'on
est réuni. On festoie gaiment et on boit à la chère santé qui rallie tous
les vœux.

Le 1ᵉʳ juillet, Corot suit M. Robaut, comme l'année précédente, dans le Nord. Il séjourne d'abord une semaine à Arras, où il retrouve, toujours avec le même plaisir, le parc de M. Bellon, si fécond en beaux motifs (1). Desavary le conduit un jour à Béthune et il ébauche une petite étude dans les environs de cette ville (2). Puis, de Douai il rayonne dans les parages familiers d'Arleux et de Sin-le-Noble et y glane son bien (3). Rentré à Paris le 20, il repart le lendemain pour les environs de Rambouillet, à Galluis-La-Queue, chez M. Devé, un ami de M. Dubuisson, dont il a fait connaissance naguère à Brunoy. La fête de Mme Sennegon le ramène le 28 à Ville-d'Avray. Mais ce n'est pas fini. Du 5 au 10 août, il est à Luzancy (4); du 13 au 20, à Marcoussis (5); du 23 au 30, à Crécy-en-Brie chez le peintre Eugène Decan (6). Enfin, le 1ᵉʳ septembre, il part pour Sens. Il y demeure une quinzaine et y fait plusieurs études, dont une à

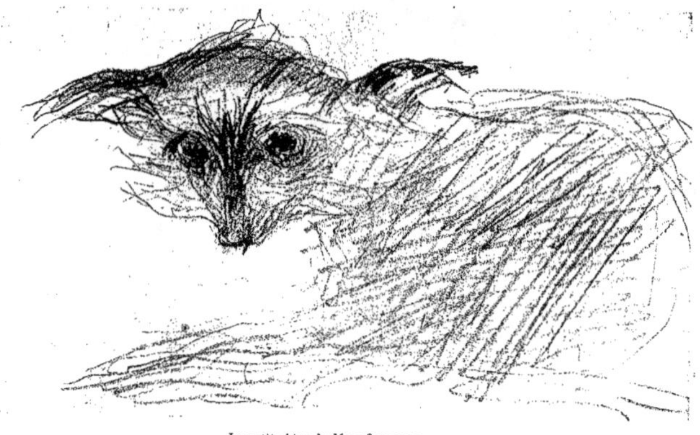

Le petit chien de Mme Sennegon.
(1874).

(1) Nᵒˢ *2184* et *2185*.
(2) Nᵒ *2187*.
(3) Nᵒˢ *2183* et *2186*.
(4) Voir le Nᵒ *2088*.
(5) Voir l'étude de Dumax d'après Corot en train de peindre.
(6) Voir le Nᵒ *2193*.

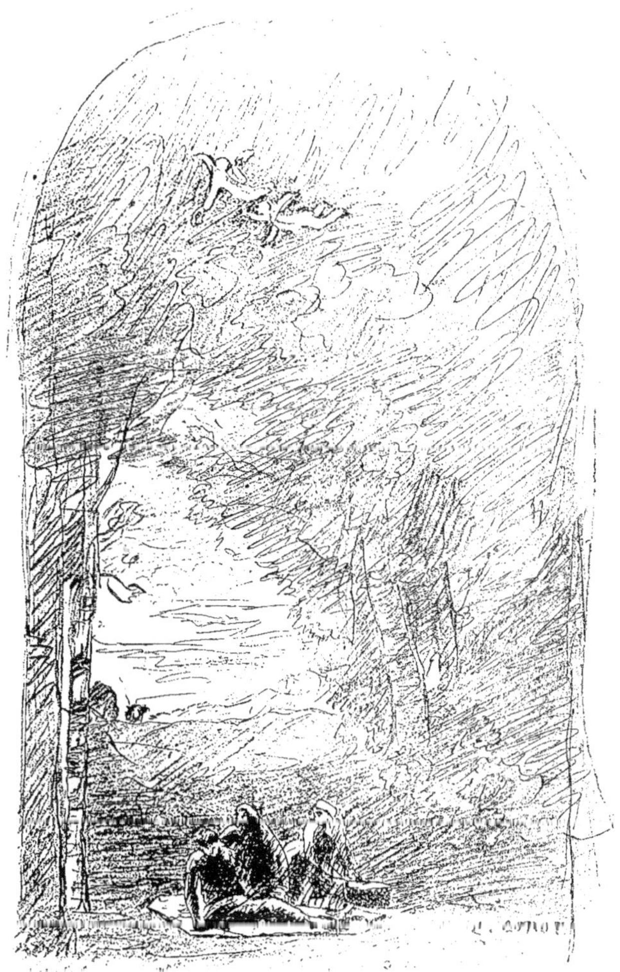

Saint Sébastien
(Croquis d'après le tableau).

l'intérieur de la cathédrale (1). Pendant qu'il y travaille, le Suisse rôde autour de lui, en le regardant du coin de l'œil. Le dernier jour, comme il s'apprête à plier bagage, le bonhomme l'apostrophe : « Mais, Monsieur, il manque quelque chose à votre tableau ! — Quoi donc ? — Voyez plutôt...» et il va se planter à quinze pas devant lui. « Oui, oui, vous avez raison, s'écrie alors Corot ; avancez encore un peu : voyons... là » et, en quelques coups de pinceau, le personnage est en place. La glace rompue, l'artiste cause familièrement avec sa nouvelle connaissance : il lui parle de sa carrière et de sa manière de faire, qui n'a pas toujours été appréciée, parce qu'il n'a jamais voulu faire de concessions au goût du public. Il explique : « Tenez, supposez ici un peuplier... D'autres le peignent tout droit. Moi, non. Il faut que je le fasse trembler dans le vent » (2).

Au retour de ce voyage à Sens, la santé de Corot laisse beaucoup à désirer. Son estomac digère mal et le fait souffrir. Les nuits sont mauvaises. Il appelle le médecin, qui l'engage à fumer moins. Se sentant trop peu valide pour entreprendre de nouveaux déplacements, il renonce aux projets formés pour le reste de la saison et qui devaient le conduire successivement (d'après l'itinéraire inscrit sur son carnet) à Mantes, à Saintry, à

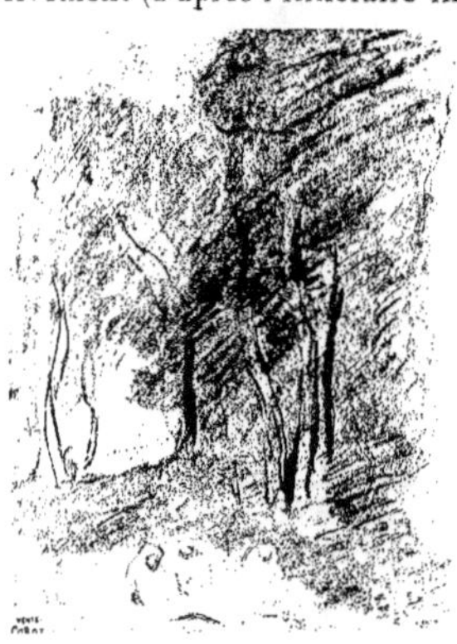

Saint Sébastien.
(Fusain).

Méry-sur-Seine, puis à Fontainebleau. Il va se reposer d'abord à Ville-d'Avray, puis à Coubron, où il travaille tout doucement, en s'arrêtant souvent. M. Robaut, venu pour le voir le 2 octobre, est frappé du changement qu'il constate dans sa physionomie : pour la première fois, il a devant lui un vieillard. Le pauvre homme se plaint du régime qu'on lui fait suivre et surtout du rationnement auquel on l'oblige pour le tabac : quatre pipes seulement par jour, au lieu des vingt-cinq ou

(1) N° 2194.
(2) Raconté par M. Marquet, Suisse de la cathédrale de Sens, à M. Germain Hédiard, le 24 août 1889.

trente auxquelles il était habitué ! Malgré tout, il se cramponne à sa chère peinture. Il est en train d'exécuter une réduction de son *Saint-Sébastien* (1). Ce tableau, qu'il a offert en 1871 pour la loterie au profit des Orphelins des victimes de la guerre, a été racheté au gagnant par M. Robaut solidairement avec! M. Durand-Ruel. On a pu espérer un instant que l'État en deviendrait acquéreur à son tour. Car, le 15 février 1874, Corot, à l'instigation des propriétaires de son œuvre, avait adressé à l'administration des Beaux-Arts une lettre par laquelle il proposait le tableau pour 15.000 francs. Il offrait en même temps son *Dante et Virgile* pour le même prix. Mais, l'Etat ne sait pas profiter des occasions. Nul écho

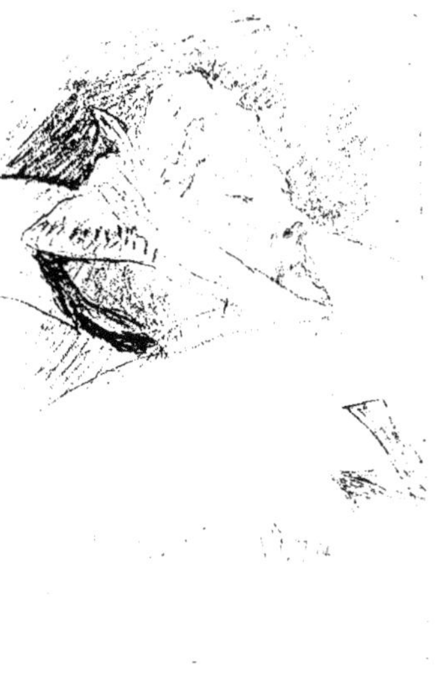

Mme Sennegon sur son lit de mort.
(14 octobre 1874).

sympathique ne répondit à cette avantageuse proposition d'un artiste aussi désintéressé que génial.

Le 12 octobre, une triste nouvelle arrive de Ville-d'Avray. Mme Sennegon se meurt. Corot court en toute hâte auprès de sa sœur et, le 14 au matin, il reçoit son dernier soupir. Surmontant son émotion, il a le courage de prendre un crayon et de dessiner les traits de la défunte, comme il a fait jadis pour son père. Mais ce coup achève d'abattre le pauvre homme, déjà atteint par la maladie. Désormais, il ne fait plus que végéter Il a beau se soigner dans sa retraite de Coubron ; il lutte sans succès. Le mal fait des progrès effrayants. L'appétit a disparu. L'alimentation ne se fait plus qu'au prix de grandes douleurs. Les forces déclinent à vue d'œil. Le 25 novembre, il est à Paris. M. Robaut vient le voir après son dîner. Il le trouve morose et las. Adèle lui dit : « Monsieur devrait faire un tour ».

(1) N° *2316*.

Le visiteur l'emmène. Ils entrent une demi-heure aux Folies-Bergère ; mais la fatigue dompte l'énergie du malade : il faut rentrer. Le lendemain (jeudi 26), son ami, passé pour prendre de ses nouvelles, le trouve assoupi sur un livre. Il s'est senti trop faible pour monter à l'atelier. Il s'ébroue pour serrer la main qui lui est tendue et sourit en montrant le volume qu'il tient entre les mains. C'est une étude d'Arsène Houssaye sur Léonard de Vinci, offerte par l'auteur avec cette dédicace : « Au Ruysdaël moderne ». Après quelques instants d'entretien, M. Robaut prend congé.

Le samedi, Corot retourne à l'atelier. Il y reçoit la sœur Maria, à laquelle il donne 300 francs en lui disant : « Vous vous faites trop rare ; il faut revenir plus souvent ». M. Robaut se trouvant là, il le prie de l'accompagner le lendemain à Ville-d'Avray, où des affaires l'appellent. C'est un triste pèlerinage ; il n'a pas revu ces lieux depuis que sa sœur les a quittés. L'émotion fait couler ses larmes à la vue de la chambre déserte et il rentre à Paris avec la mort dans l'âme. Désormais, il se rend fort irrégulièrement à l'atelier. Le mercredi suivant, il n'est pas là pour recevoir, comme d'habitude, les visites. Ses amis Daubigny, Oudinot, Badin, Diéterle et Marcotte se présentent tour à tour. M. Robaut et M. Demeur leur communiquent leurs inquiétudes. Cependant, vers le milieu de décembre, une légère amélioration se produit. On revoit Corot à son chevalet, achevant une *Danse de nymphes* qu'il a promise à Tédesco. Le 11, les docteurs Cambay et Gratiot, qui le soignent, provoquent une consultation du professeur Sée. L'excellent vieillard s'adressant au médecin, lui dit : « Il faut tâcher de me conserver encore quelques années, docteur. J'ai une double tâche à remplir. D'abord, j'ai encore quelques tableaux à peindre ; et puis, surtout, il faut que je fasse beaucoup d'heureux autour de moi ». Le mieux se prolonge quelques jours encore après cette consultation. Le 29, Corot est à même de se rendre le soir au Grand-Hôtel, où les amis qui ont préparé en son honneur une manifestation réparatrice de son échec pour la médaille d'honneur l'ont invité à venir recevoir, des mains de son vieux camarade Marcotte, celle que Geoffroy-Dechaume a gravée à son intention. Cela se passe fort simplement et sans vains discours. D'ailleurs, la maladie, qui a fait craindre jusqu'au dernier moment

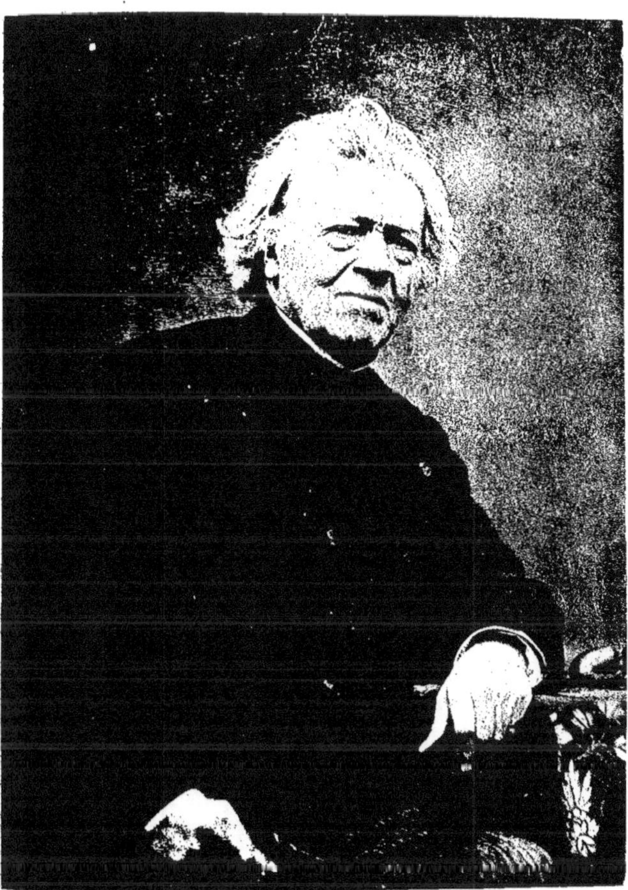

Corot.
Photographie par Ch. Desavary
(Arras, 1874).

l'absence au rendez-vous du héros de cette fête intime, jette une ombre sur la réunion et l'attriste. Corot s'échappe très vite des poignées de main amicales et rentre au logis plus souffrant que jamais. Il n'y a plus de doute : il est perdu.

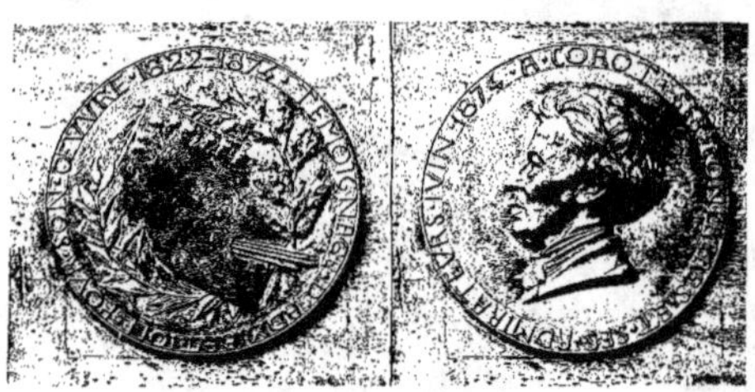

Médaille par Geoffroy-Dechaume
offerte à Corot par ses amis et ses admirateurs (1874).

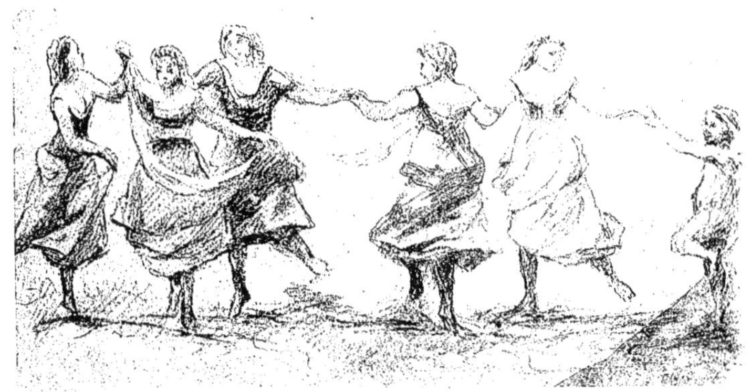

Ronde de Nymphes.
Calque par M. Alfred Robaut, retouché par Corot en janvier 1875.

XIII

LES DERNIERS JOURS ET LA MORT

(31 décembre 1874. — 22 février 1875)

Le 31 décembre, M. et Mme Robaut ayant été lui présenter leurs vœux avant de partir pour le Nord, où ils vont passer le 1er janvier en famille, sont frappés du changement de sa physionomie. « Hélas ! leur dit-il avec un soupir, ce n'est plus le temps où je vous accompagnais là-bas ! » A son retour, le 5 janvier, son ami le trouve un peu mieux. Il s'est remis au travail et achève les tableaux qu'il destine au Salon. M. Robaut lui ayant soumis des calques faits par lui sur plusieurs de ses tableaux, il s'y intéresse et prend un crayon pour en retoucher quelques-uns.

Le 6, il écrit à son élève Anguin une charmante lettre, encore pleine de vie et de bonne humeur :

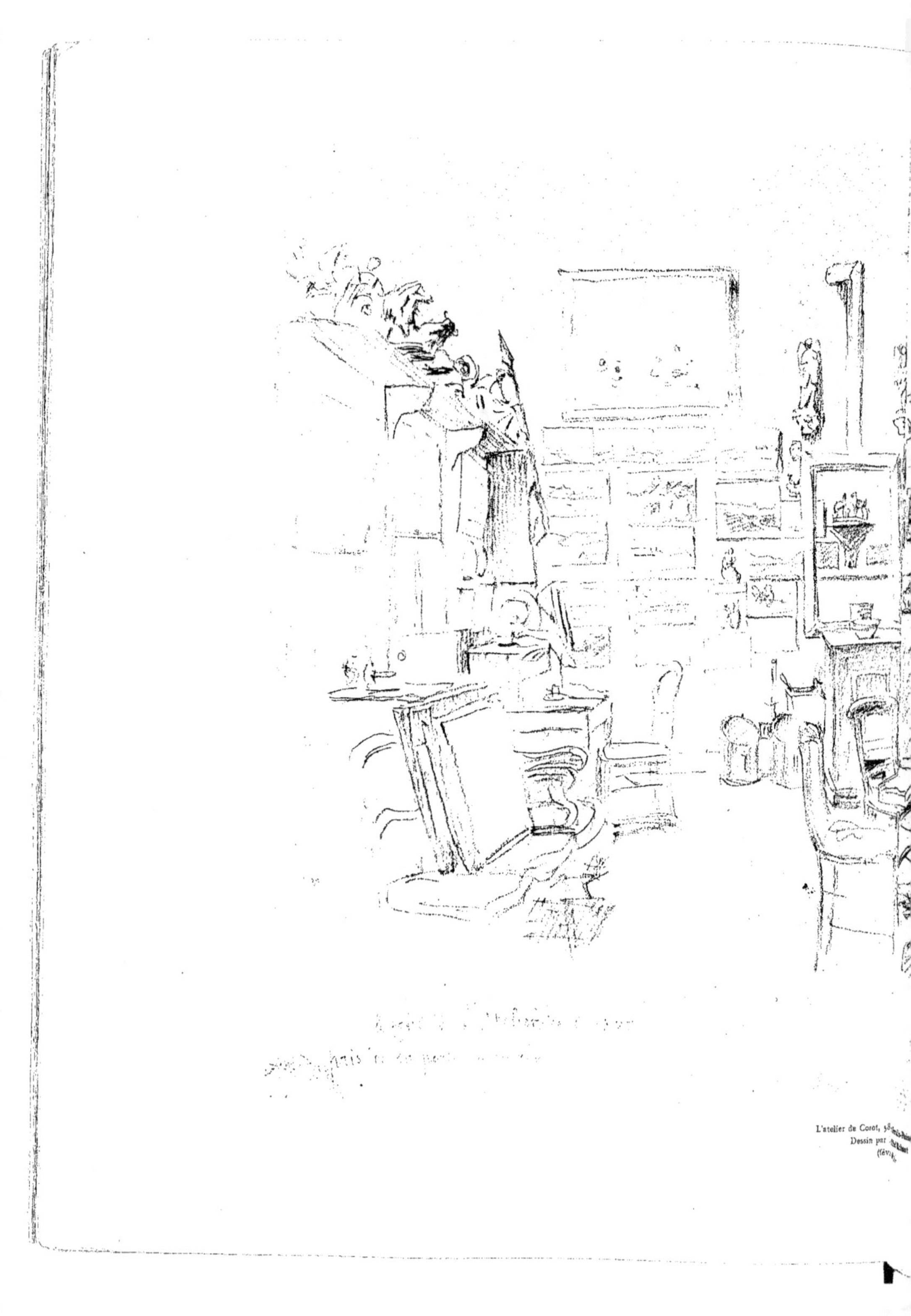

L'atelier de Corot, 58 [...]
Dessin par [...]
(Févr[...])

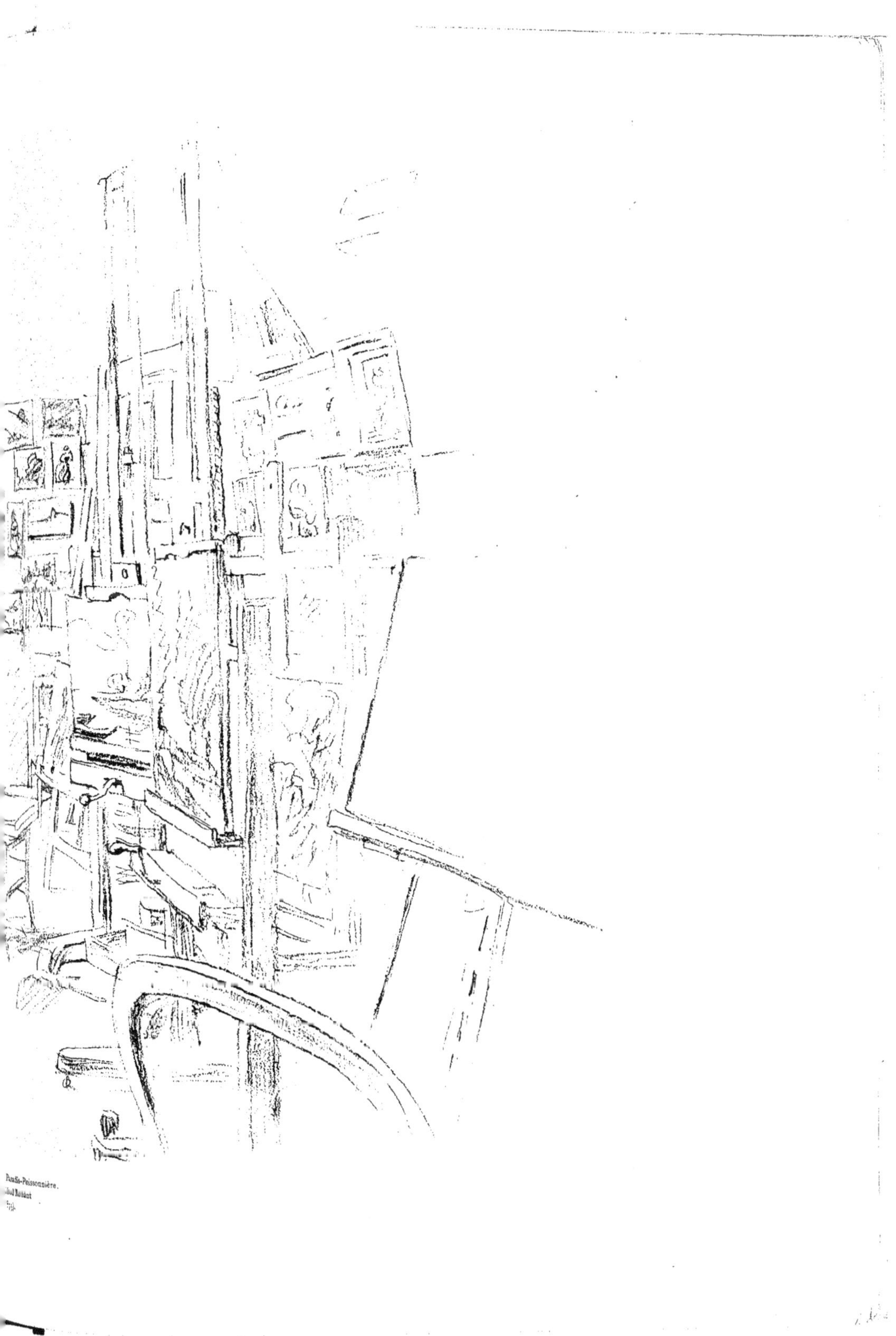

Paradis-Poissonnière.
Paul Ruisdaut

Paris, ce 6 janvier 1875.

Mon cher ami,

Je vous remercie de votre bonne lettre. J'y ai été bien sensible et je vous dis, pour vous, pour Madame et pour les élèves de l'atelier, tous mes compliments et souhaits pour la nouvelle année. Les *souvenirs* sont en train ; seulement, je suis souffrant depuis deux mois ; ça retarde beaucoup mes opérations. Espérons que les princes de la science, aidés par Notre Seigneur, vont débarrasser le pauvre nègre de son affaiblissement.

Oui, nous avons été bien éprouvés tous deux en même temps. Courage, et mettons de tout ça dans nos peintures !

Je vous embrasse bien tous.

C. Corot.

Ce « Mettons de tout ça dans nos peintures » est divin. Et l'on songe avec mélancolie, en le lisant, au grand et bon vieillard arrosant de ses larmes l'œuvre immortel fait pour notre joie.

Trois jours plus tard, il se sent assez valide pour projeter encore un voyage à Coubron et il s'annonce comme ceci à Mme Gratiot :

Paris, ce 9 janvier 1875.

Madame et amie,

C'est donc lundi que je me précipite dans vos bras. Nous chercherons du bois et de l'appétit dans les forêts.

Tout à vous.

C. Corot.

C'est toujours le même humour. « Le bûcheron va bientôt vous rejoindre et retourner au bois », disait-il, en parlant de lui-même, dans une autre lettre (1). Mais, hélas, son énergie a beau lutter ; le mal est impitoyable et l'espoir, à certaines heures, l'abandonne. Il a des mots comme celui-ci : « On m'assure qu'il faudra deux mois pour que l'appétit revienne. J'aimerais mieux qu'on me parlât d'un délai plus long. J'aurais plus de confiance ». Mais il s'oublie volontiers lui-même pour s'occuper des épreuves d'autrui. Il apprend la mort de Millet et le dénûment de sa veuve. Il veut avoir le privilège de mettre un peu de bien-être dans cet intérieur désolé et donne dix billets de mille francs à un ami pour les porter à Barbizon.

(1) Lettre à Mme Gratiot, 1ᵉʳ décembre 1874.

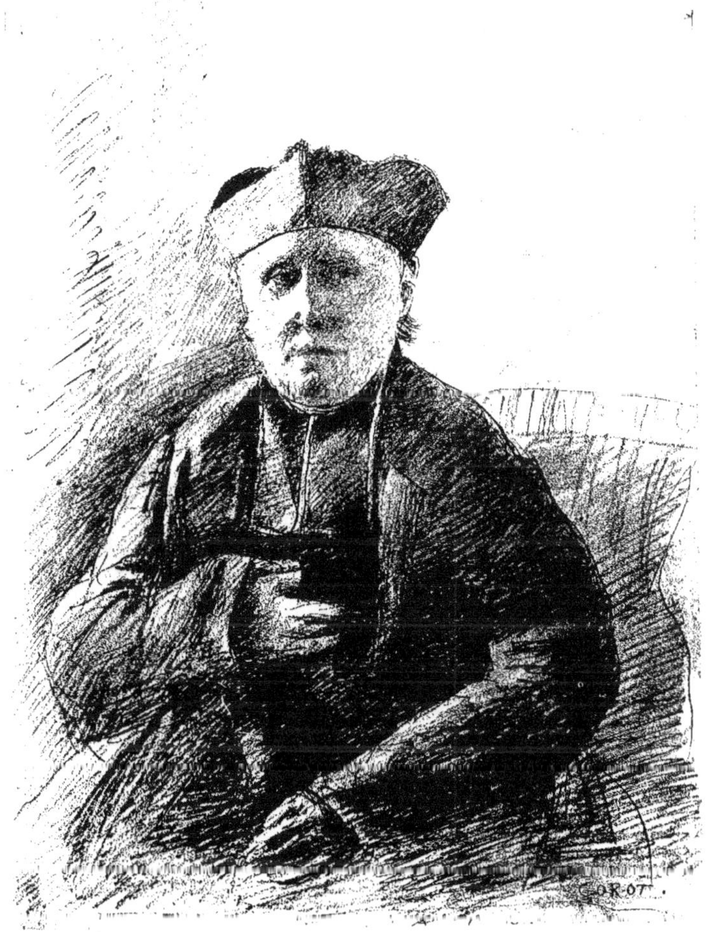

M. l'abbé Jouveau, curé de Coubron
(25 janvier 1875).

Le 25 janvier, il rentre de Coubron pour une nouvelle consultation, qui doit avoir lieu le jour même. Quand il descend de voiture, le concierge est effrayé de sa mine. Les médecins sont très inquiets de son état. Cependant, il fait toujours bonne contenance et voici en quels termes il donne de ses nouvelles à Mme Gratiot :

Paris, ce 26 janvier 1875.

Madame et amie,

La consultation a eu lieu. Il a été décidé par l'aréopage que la cure serait au lait de vache seul. Deux litres par jour. Ainsi, voilà mes affaires de février arrêtées. Espérons que l'on me débarrassera et que je pourrai rechanter des romances.

Souvenirs à M. le Curé, et recevez, Madame, mes meilleurs compliments.

C. Corot.

A partir de ce moment, M. Robaut, dont la pieuse sollicitude veille auprès du maître, enregistre jour par jour les progrès de la maladie. Je transcris ses notes :

Mercredi 27 janvier. — Je vais à l'atelier. J'y trouve Demeur seul. Il me raconte que, la veille, M. Corot s'est jeté dans ses bras en pleurant. Le docteur Cambay entre tandis que je suis là et ne nous cache pas la gravité de la situation. — Je me rends faubourg Poissonnière. Je trouve le maître encore couché à 10 heures. Il m'accueille et cause ; mais, plusieurs fois, ses yeux se mouillent de larmes. — L'après-midi, il sort en voiture pendant une heure ou deux, accompagné par Bardon.

Jeudi 28. — Le docteur Cambay opère une ponction, d'après l'avis de ses confrères. Le malade souffre beaucoup. Il reste couché, quoique habillé. Cependant, la nuit a été bonne. — M. Corot me montre une lettre qu'il a reçue de Florence et dans laquelle on lui demande son portrait pour le Musée des Offices. Je lui conseille d'offrir celui qu'il a peint lui-même vers 1835. Il se rallie à mon avis, après avoir hésité à lui préférer un portrait peint d'après sa personne par Alexandre Bouché.

Vendredi 29. — M. Corot, étendu sur son lit, cause avec moi. « Vous n'avez pas idée de ce que je vois à faire de nouveau ! J'aperçois des choses que je n'ai jamais vues. Il me semble que je n'ai jamais su faire un ciel ! Ce que j'ai devant moi est bien plus rose, plus profond, plus transparent ! Ah ! que je voudrais vous montrer ces immenses horizons ! » Et, les yeux en l'air, il se passe l'index sur le front. Il insiste sur la nécessité de la *personnalité* pour un artiste. « Que, dans la rue, on confonde notre personne avec celle du marchand de vin du coin ou du charbonnier d'à côté, rien de mieux.

Mais il faut que, dans nos ouvrages, on nous reconnaisse et qu'on nous distingue du voisin au premier coup d'œil ». La causerie prend un tour philosophique et M. Corot dit encore : « J'ai lu quelque part que la terre est le produit du choc d'une comète avec le soleil ; la comète en aurait détaché des parcelles et les planètes seraient des morceaux du soleil. Eh bien, je me figure que les hommes, à leur tour, ne sont autre chose que des parties détachées d'une intelligence supérieure et infinie ».

Samedi 30. — J'entre, à 1 h. 1/2, dans la chambre du malade. Il se levait et cherchait ses pantoufles restées dans son lit. Lorsqu'il s'est retourné pour voir qui entrait, sa maigreur et son teint livide m'ont bouleversé. La bonne Adèle a retrouvé les chaussons et j'ai offert au cher maître le petit bouquet que je lui apportais. « Est-ce beau, ce vert! » a-t-il dit en regardant le réséda qui accompagnait les roses. Il m'a prié d'ouvrir une petite boîte sur la table et d'y prendre des billets pour Pasdeloup et pour le Conservatoire, qu'il m'a offerts. J'étais là depuis quelques instants lorsqu'on a annoncé M. le curé de Saint-Eugène. Le prêtre s'informant de sa santé, M. Corot lui a répondu : « Voyez-vous, M. le curé, je suis très ennuyé d'être obligé de m'occuper comme cela de mon pauvre corps. L'homme ne devrait être qu'un pur esprit ». J'ai pris congé en promettant de revenir le soir. — A 8 heures, nous sommes réunis, Demeur et moi, auprès de sa chaise-longue et il nous regarde faire une partie d'écarté. Puis, nous assistons à son coucher. Les jambes sont un peu désenflées ; mais il est très faible.

Dimanche 31. — Je vais chez M. Corot à 4 h. 1/2, en sortant du Conservatoire. La nuit a été encore assez bonne. Il est étendu sur son lit : sa nièce, M⁰ᵉ Chamouillet, est à côté de lui. Il se lève pour me recevoir et se jette sur sa chaise-longue. Il est un peu plus gai et s'efforce même de chantonner. Il s'informe du concert. Je lui dis le programme : il trouve qu'à présent, on abuse des concertos. Tandis que je suis là, Lavieille vient un instant et, au moment où je m'en vais, à 5 heures, le docteur Cambay arrive.

Lundi 1ᵉʳ février. — M. Corot n'a pas passé une mauvaise nuit : il va plutôt un peu mieux.

Mardi 2. — Il est plus souffrant. Grand échauffement, qui oblige à des remèdes pénibles. Adèle est admirable de dévouement. On cause de Millet et du don que M. Corot vient de faire à sa veuve. « On est si heureux, dit-il, de pouvoir faire un peu de bien autour de soi! »

Mercredi 3. — J'ai vu M. Corot un instant. Son teint m'a semblé moins mauvais. Il a dormi cinq heures la nuit dernière.

Jeudi 4. — Je passe une demi-heure auprès de lui. Il est sur sa chaise-longue et fume sa pipette. Il en fume une et demie par jour en trois fois. M. Marion, son neveu,

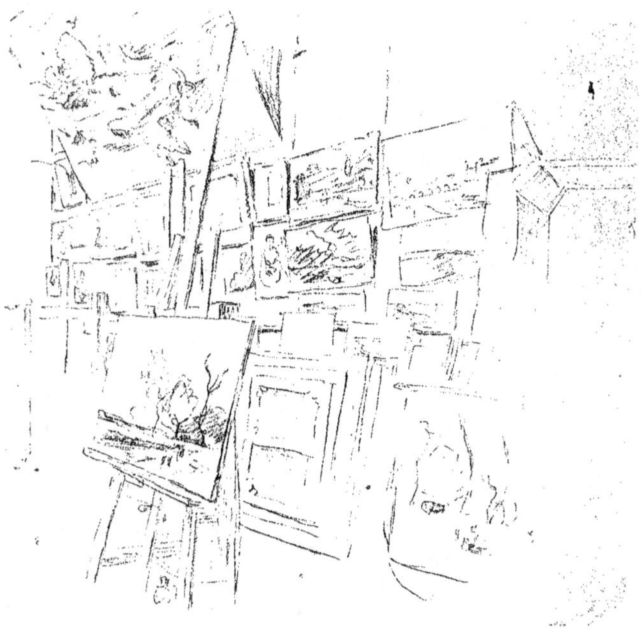

L'atelier de Corot.
(Complément du dessin précédent)
(février 1875).

est là et Bardon est à côté, dans le salon. Nous causons de choses et autres, et l'on parle du tunnel sous-marin, dont il est question dans les journaux. M. Corot s'extasie sur l'activité humaine, qui ajoute encore aux merveilles de la création. Comme on vient à prononcer le nom de Calais, qu'il ne connaît pas, il exprime son désir de voir cette ville, ainsi que le port de Wissant, dont je lui ai souvent parlé.

Samedi 6. — Je ne fais qu'entrevoir M. Corot. Il a été très fatigué la veille. « On est ici venu, hier soir, comme en soirée, dit-il. Je n'osais pas me coucher ; et pourtant, j'étais brisé. Dans la journée, j'ai vu aussi beaucoup de monde. Ah ! il faudra qu'Adèle

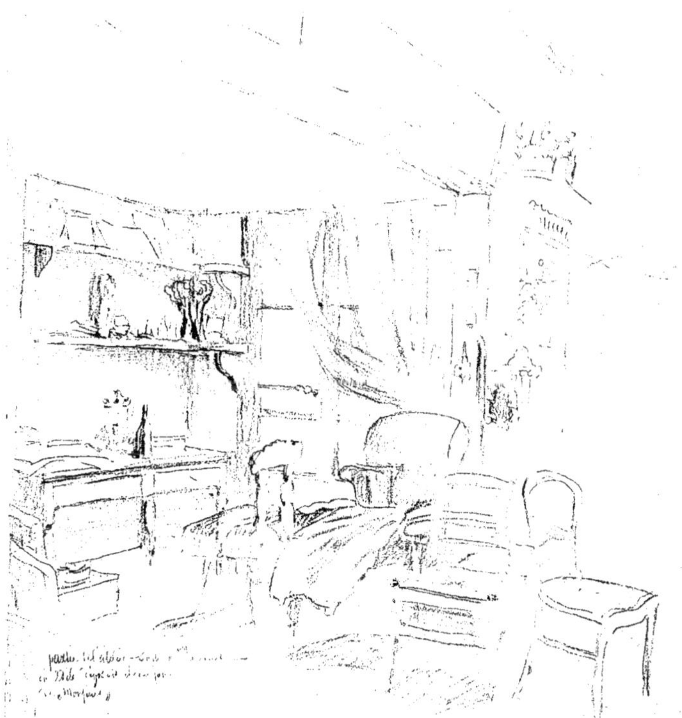

Cabinet attenant à l'atelier de Corot.
Dessin par M. Alfred Robaut
(février 1875).

finisse par dire que je suis couché et que je dors; car je n'en puis plus. J'ai besoin d'un repos absolu pour sauver ma pauvre carcasse! » En parlant ainsi, il me fait peur, avec ses grands yeux qui envahissent ses joues, sa barbe qui commence à pousser, et aussi sa voix qui s'éraille. Je le quitte bien vite. Il a devant lui des papiers d'affaires, des factures qu'il ordonne de payer.

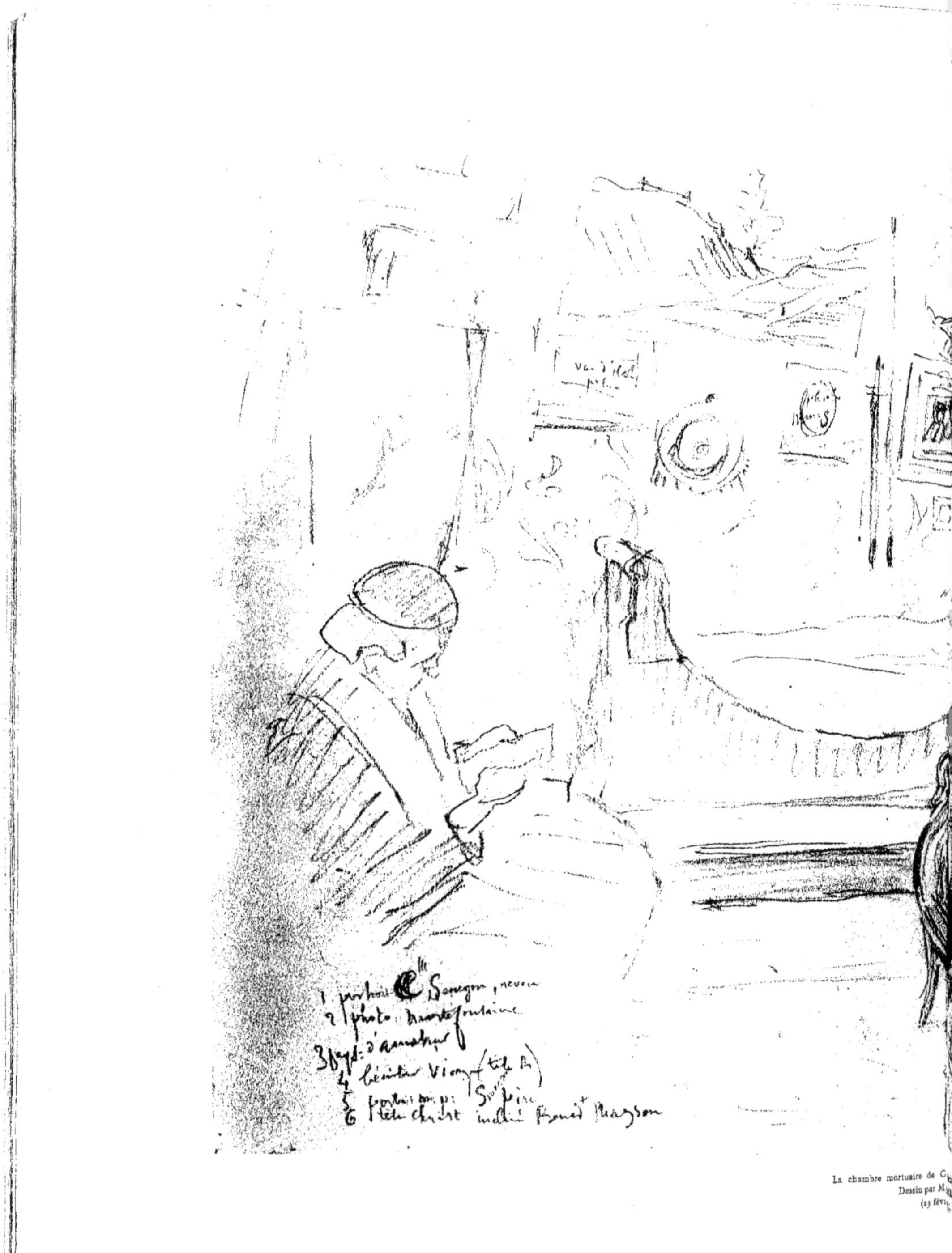

La chambre mortuaire de C[...]
Dessin par M[...]
(23 févr[...]

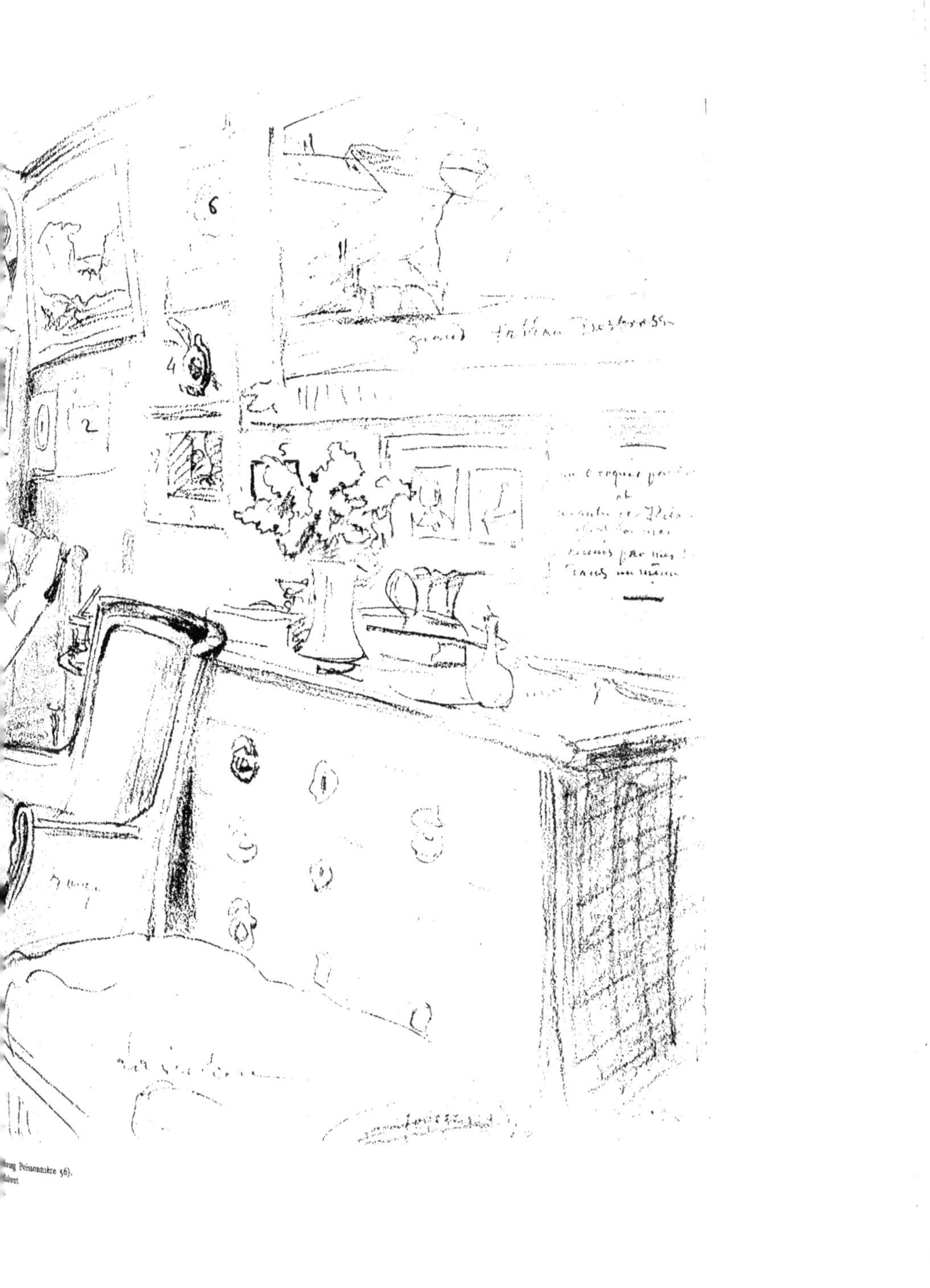

...vard Poissonnière 56).
...bout

Dimanche 7. — Je me borne à prendre des nouvelles auprès du concierge. Il me dit : « M. Corot va un peu mieux ». Mais c'est une consigne.

Lundi 8. — Le cher maître ne s'est levé qu'un instant le soir, le temps qu'on fasse son lit. On n'a reçu personne que la famille, les docteurs Gratiot et Cambay, Daubigny, le curé de Saint-Eugène et une religieuse. M. Corot a prié M. Gratiot de dire au curé de Coubron de venir le voir. Il ne se dissimule pas la gravité de son état.

Mardi 9. — Je vais faubourg Poissonnière à 9 h. 1/2. Je trouve le malade bien abattu, bien affaissé. Il attribue l'aggravation de son mal au mauvais temps qu'il fait. Puis, il parle du carnaval : car c'est le mardi gras. « On ne voit plus de masques dans les rues à présent; c'est fini depuis qu'on a supprimé le bœuf-gras ». Il regrette les naïfs amusements du temps passé et se met en colère contre ceux qui n'en veulent plus. « Les gens d'aujourd'hui préfèrent aller flâner à la terrasse des cafés ». La maladie le pousse au paradoxe et il s'écrie : « C'est tout cela qui me tue ! » Il consent à prendre connaissance du prospectus de l'ouvrage que je veux consacrer à son œuvre et il me remercie de mon entreprise. Je prends sa main et je l'embrasse.

Mercredi 10. — J'entre dans la chambre et trouve Corot les yeux fermés. Quand il les ouvre, il me tend la main. Je lui parle de sa *Biblis*. Il me dit : « Il paraît qu'on en est assez content ». Puis il referme les yeux, et je sors. A 6 heures, il a pris une petite tasse de lait. A 9 heures, on lui en donne une autre, qu'il ne peut conserver. Aussi, à 11 heures, quand on lui parle d'en reprendre, il refuse. Le docteur Cambay doit faire une nouvelle ponction ce soir.

Jeudi 11. — Adèle me dit : « Monsieur va assez bien ce matin; il est gai. Il a reçu le bon Dieu des mains de M. le curé de Saint-Eugène. Hier, M. le curé de Coubron était venu le confesser et il avait écrit à son confrère pour lui dire de venir aujourd'hui. En sortant d'ici, M. le curé de Coubron disait : Quel homme ! Je n'en ai jamais vu de pareil! » — A 10 heures, les trois médecins sont venus et ont tiré de son pauvre corps onze litres d'un liquide sanguinolent qui ballonnait le ventre. Pendant l'opération, le cher malade avait la force de plaisanter et disait aux médecins : « Vous voulez donc m'accoucher? » Toutefois, il a failli se trouver mal et on lui a fait prendre quelques gouttes de vin. — La porte est absolument consignée.

Vendredi 12. — Adèle dit que cela ne va pas plus mal. M. Corot a pris un peu de bouillon sans dégoût.

Samedi 13. — Etat stationnaire. Daubigny l'a vu et lui trouve bien triste mine.

Dimanche 14. — M. Stanislas Baron s'étant présenté à la porte de sa chambre, le malade a échangé avec lui quelques paroles, puis s'est retourné vers le mur. A la vue de Mme Gratiot, il s'est mis à pleurer. Malgré son extrême faiblesse, M. le docteur Cambay lui présente une toile à signer.

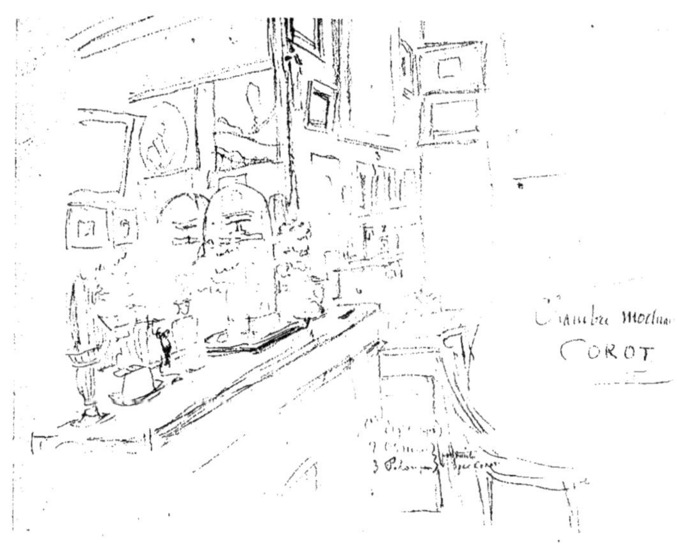

La chambre de Corot (côté de la cheminée).
Dessin par M. Alfred Robaut
(23 février 1875).

Lundi 15. — Je vois Adèle. Elle me dit que « ça va fort doucement ». Il est toujours assoupi.

Mardi 16. — J'ai été reçu un instant. M. Corot m'a accueilli par ces mots : « Il paraît qu'il faut que je patiente jusqu'au 20 mars. C'est bien long ! J'ai besoin d'air : grand besoin d'air ! J'étouffe ! » Adèle a apporté une tasse de bouillon. Le malade en a bu quelques gorgées. Mais cela paraissait lui causer de la douleur. Cela faisait mal à voir. On entendait le liquide tomber comme dans le fond d'un puits. Il avait auprès de lui un petit panier garni de mousse et de lierre, qu'un ami lui avait offert. Il a jeté les yeux dessus et, retrouvant un peu de forces pour admirer la nature : « Heureusement, a-t-il fait, qu'il nous reste ça pour nous soutenir jusqu'au bout ! »

Mercredi 17 — Je me rencontre à 3 heures, dans la salle à manger, avec Daubigny, Demeur et Oscar Simon, qui causent avec Adèle. On dit que le malade a mangé avec peine une côtelette hachée très menu, arrosée de bière anglaise ; le petit repas a duré une bonne demi-heure ; puis, il s'est assoupi. Tandis que nous sommes-là, on entend le pauvre homme qui appelle Adèle et lui demande à boire. Daubigny entre derrière elle et revient aussitôt.

Jeudi 18. — Cela ne va pas du tout. Le malade refuse toute nourriture et sommeille tout le temps.

Vendredi 19. — Je vais, le matin, savoir des nouvelles. Adèle me répond : « C'est toujours la même chose ». Elle entrebaille la porte de la chambre. « Il a les yeux ouverts, dit-elle ; entrez ». Je ne fais qu'entrer et sortir. La figure est méconnaissable ; l'œil est triste et exprime la souffrance.

Samedi 20. — De plus en plus mal. Hier soir, il a eu des vomissements terribles, qui ont recommencé ce matin. Il refuse toujours de s'alimenter. Quand Adèle lui a dit : « Il faut pourtant bien vous soutenir », il a répondu : « Me soutenir ? Et pour quoi faire ? Je n'ai plus qu'à m'en aller, à présent ». Il ne veut plus voir personne du tout.

Dimanche 21. — C'est l'agonie : une agonie lente, avec un petit mouvement de temps à autre, mais pas une parole.

Lundi 22. — Je fais prendre des nouvelles vers 9 heures du soir. On répond : « Encore là ». A 11 heures, il pousse un grand soupir. Ses neveux, MM. Chamouillet et Lemarinier, qui sont dans le salon, se précipitent dans sa chambre. Quelques minutes après, tout est fini !

Le service funèbre fut célébré le 25 février en l'église St-Eugène, rue Ste-Cécile. Le deuil fut conduit par les neveux du défunt (1).

Voici en quels termes le *Journal des Débats*, par la plume de Viollet-le-Duc, rendait compte, le lendemain, de la cérémonie :

« Nous venons d'assister aux obsèques du regretté peintre Corot. On lui a fait les funérailles des plus hauts personnages, moins l'appareil officiel et la pompe militaire. La popularité que lui avaient attirée son grand talent et son beau caractère avait rassemblé autour de la maison mortuaire et de l'église Saint-Eugène une foule immense. La circulation des voitures avait été interdite dans les rues avoisinantes et pendant le parcours du cortège ; depuis le n° 56 de la rue du Faubourg Poissonnière jusqu'au porche du temple, se pressait le long des trottoirs un public plein d'émotion et de respect.

(1) Le billet de faire part portait : De la part de M⁰ᵉ Vve Joseph Chamouillet ; de M. Henry Sennegon ; de M. et Mᵐᵉ Georges Lemaistre ; de M. et Mᵐᵉ Marion et leur fille ; de Mᵐᵉ Charmois ; de M. et Mᵐᵉ Lemarinier et leurs enfants ; de M. et Mᵐᵉ Léon Chamouillet et leurs enfants ; de M. et Mᵐᵉ Jules Chamouillet et leurs enfants ; de M. Émile Corot et son fils, ses neveux, nièces, petits-neveux, petites-nièces, arrière petits-neveux et petites-nièces.

Le cercueil était couvert de fleurs et la médaille d'or qui avait été frappée en l'honneur de Corot par une souscription de ses amis et de ses élèves reposait sur un coussin de velours, à côté de la croix d'officier de la Légion d'honneur. En peu d'instants, les trois nefs de l'église ont été remplies. Les tribunes latérales étaient à l'avance occupées, surtout par des dames vêtues de deuil.

Nous avons rarement vu de cérémonie plus imposante et plus touchante que le début de ce service, où chacun venait porter les témoignages d'estime, d'affection, de regrets que le grand artiste avait si bien mérités. Malheureusement, un incident fâcheux, douloureux, est venu le troubler. Après le *Credo*, et au milieu du recueillement général, M. le curé de Saint-Eugène est monté en chaire. Bien qu'un peu surprise, (on n'a pas coutume d'entendre prononcer de discours dans l'église, même aux cérémonies funèbres), l'assistance s'attendait à l'annonce d'une nouvelle œuvre de bienfaisance faite par Corot en faveur des pauvres de la paroisse. Il n'en fut rien. Ce n'était ni une oraison funèbre, ni un sermon que venait prononcer M. le curé, ni même un simple hommage rendu aux douces vertus du défunt ; c'était un réquisitoire. Après avoir annoncé que Corot s'était confessé le 6 février et avait reçu la communion quelques jours après, il ajouta : « J'ai parcouru hier tous les journaux imprimés à Paris et, dans le concert d'éloges qu'ils donnaient à l'artiste et à l'homme, un seul a déclaré que le défunt était spiritualiste ; pas un seul n'a osé avouer qu'il a fini en chrétien. Voilà le signe du temps, la marque de la dégradation des âmes... » Ici, il y eut quelques légers murmures dans l'auditoire et beaucoup de marques d'impatience... L'admonestation de M. le curé de Saint-Eugène était au moins inutile. Tous ceux qui étaient là connaissaient bien Corot. Ils n'ont pas eu besoin de consulter les journaux pour savoir 'qu'il est mort en bon catholique. Ils savent qu'il a vécu en chrétien, dans la plus belle acception du mot, charitable et bienveillant comme l'Evangile.

Un autre incident est venu mettre fin au désordre causé par cette malencontreuse harangue. Une pauvre folle, excitée sans doute par le tumulte, s'est levée sur sa chaise et a poussé des cris perçants, qui ont détourné l'attention de l'assemblée. M. le curé de Saint-Eugène s'est alors décidé à quitter la chaire, puis le service a continué. Cependant, le *Requiem*, chanté par Faure (c'était une adaptation par Elwart de l'*andante* de la symphonie en *la* de Beethoven, pour lequel Corot avait une prédilection marquée) n'a pas réussi à calmer l'excitation des assistants.

Après la messe, le char funèbre a pris le chemin du cimetière de l'Est, suivi par la même foule. Quatre paysagistes tenaient les cordons du poêle : MM. Jules Dupré, Oudinot, Lavieille et Karl Daubigny ; ce dernier remplaçait son père, malade.

M. de Chennevières, directeur des Beaux-Arts, a prononcé sur la tombe d'éloquentes et nobles paroles ».

Ce discours du marquis de Chennevières fut un touchant hommage à l'homme « dont la longue vie avait été heureuse dans sa sérénité, dont le cœur avait été un cœur d'or, dont la bonne âme, toujours gaie et toujours souriante, n'avait jamais été effleurée par l'envie, et dont la charité, de tous les instants, s'était montrée intarissable ». Il salua l'artiste « qui avait su peindre l'âme de la nature,.... le bonhomme qui avait loué, dans des œuvres immortelles, les cieux, les oiseaux et les arbres du bon Dieu ».

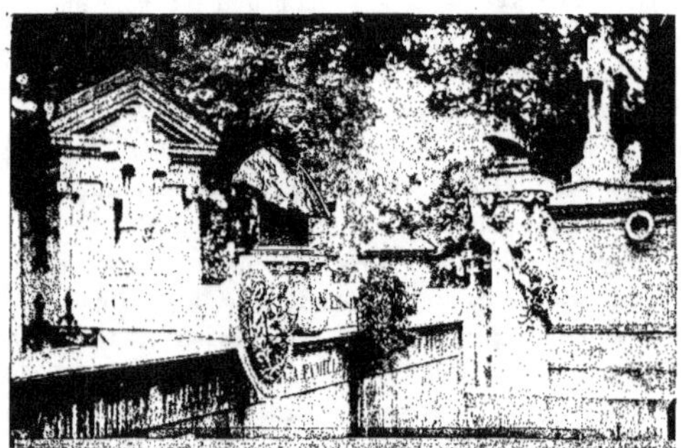

Sépulture de Corot
au cimetière du Père-Lachaise (1).

(1) La tombe de Corot a pour voisine celle de Daubigny qui, décédé deux ans environ après son ami, désira reposer auprès de lui.

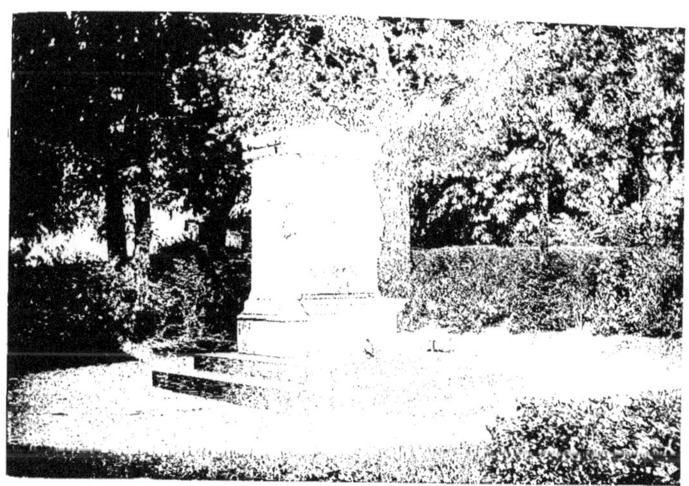

Monument de Corot à Ville-d'Avray.

XIV

TRENTE ANS D'APOTHÉOSE

(1875-1905)

Des regrets unanimes éclatèrent de toutes parts dans la presse. La page la plus éloquente fut écrite par un peintre, Gustave Colin, qui analysa, en connaisseur et en praticien, la personnalité de son maître (1). Il parla de « la mélodie des lignes, sûrement soutenue par la justesse harmonique des valeurs », du « rythme de la forme » opposé par Corot aux vaines conventions du « style » académique, de son culte pour la nature et, à ce propos, il eut ce mot heureux : « Ce qu'il cherchait à peindre, ce n'est pas tant la nature que l'amour qu'il avait pour elle ». Il le représenta

(1) *L'Événement*, 23 mars 1875.

« aimant l'arbre et la plante en amant », disant du nuage : « On doit le caresser comme une épaule de femme ». Il écrivit encore : « Ce fut un artiste entier et net dans sa volonté, un grand maître dans l'art d'ordonnancer et de construire un tableau et un peintre simple, parce qu'il n'y a pas de bel art sans simplicité ». Vantant ses formules claires et synthétiques, il se plut à reconnaître en lui un type bien marqué du génie de notre race et rapprocha son esthétique de celle de notre grand Racine. Après avoir constaté que son lot fut « de charmer et de dire beaucoup en peu de mots », il le montra enfin « semant à pleines mains les trésors d'une imagination rafraîchie chaque été aux sources vives de la nature » et « créant cette œuvre saisissante, originale, amoureuse, dont une science profonde n'altéra jamais la radieuse simplicité ».

Les héritiers de Corot trouvèrent intact le patrimoine qu'il tenait de son père et qu'il avait à cœur de transmettre aux siens tel qu'il l'avait reçu. Malgré ses innombrables libéralités, il gagnait tant d'argent sur la fin de sa carrière que son bien, loin d'avoir diminué, s'était sensiblement accru. La vente de son atelier ajouta encore un peu plus de 400.000 francs à son héritage. Elle commença le 26 mai 1875, sous la direction de MM. Boussaton et Baubigny, commissaires-priseurs, et de MM. Durand-Ruel et Mannheim, experts. Elle dura jusqu'au 9 juin. Outre les œuvres de Corot lui-même, dont les tableaux, études, esquisses, dessins, albums et croquis comprenaient 602 numéros, on vendit sous la rubrique « Collection particulière de M. Corot » une quantité de tableaux, dessins, gravures et objets divers (plus de 300 numéros). La camaraderie et la munificence avaient formé cette « collection » de Corot, où l'on trouve simultanément Daumier et Aligny, Jongkind et Lapito, Jules Dupré et Léon Fleury. La composition de cette « galerie » ne saurait fournir d'indications sur les goûts de son propriétaire qui, dans ses acquisitions ou ses échanges, obéissait bien plutôt à des raisons de sentiment qu'à des considérations purement artistiques.

En même temps que l'atelier de Corot se dispersait sous le marteau des commissaires-priseurs, ses amis réunissaient un certain nombre de ses œuvres éparses chez les amateurs ou dans les musées et les exposaient dans les salles de l'École des Beaux-Arts. La présidence du comité d'organisation fut confiée, à la fois, à Français, en sa qualité d'élève et de camarade de Corot, et au baron Taylor, comme représentant de la Société fondée par lui, laquelle devait bénéficier d'une part de la recette, le reste étant affecté à un monument commémoratif. Elle fut inaugurée le 29 mai. Le catalogue, qui donnait la nomenclature des 225 toiles exposées, était accompagné d'une préface écrite par Philippe Burty, un fervent du maître, dont l'admiration prit une forme éloquente et poétique.

Cette manifestation offrait du talent de Corot les exemples les plus variés. L'origine en était marquée par deux de ses plus fameuses études d'Italie : *le Colisée* et *le Forum*, destinées par leur auteur à prendre place un jour au Louvre et qui portaient de sa main, au verso, cette dédicace de forme archaïque : « au Museum ». Le terme opposé se rencontrait dans les trois tableaux qui figuraient, cette année-là même, au Salon du Palais de l'Industrie : *Biblis* (1), *Les Plaisirs du soir* (2) et *Les Bûcheronnes* (3). Ces compositions, dont la troisième avait été signée par Corot sur son lit de mort, étaient son chant du cygne. On peut dire qu'il y avait épuisé son dernier souffle. Elles ne furent pas, à l'exposition, l'objet d'un placement spécial et distinctif en rapport avec la haute personnalité de l'illustre défunt. Ses confrères laissèrent échapper l'occasion d'honorer sa mémoire comme elle le méritait. La faveur croissante du public la dédommagea.

Corot mort, le prix de ses tableaux doubla. On rechercha surtout ceux où la nature était parée du prestige de l'imagination. Leur imprécision vaporeuse fut considérée désormais comme la caractéristique du maître ; personne ne songea plus à la critiquer comme une faiblesse et une imperfection. La spéculation se mit de la partie et l'œuvre gigantesque de Corot devint insuffisant pour satisfaire le nombre énorme des amateurs. Les copistes et les pasticheurs entrèrent en scène. De son vivant déjà, et avec son propre aveu, des peintres tels que Devillers et Morel-Lamy entre autres faisaient métier de copier ses tableaux ; le

(1) Nᵒ 2197.
(2) Nᵒ 2195.
(3) Nᵒ 2196.

pinceau complaisant du créateur authentiquait ces répliques par quelques touches personnelles et décisives. Lorsqu'il ne fut plus là pour achever ses Sosies, on continua d'en produire quand même. La hausse de la marchandise suscita des faussaires, pour lesquels une fausse signature devint monnaie courante. Ils en décorèrent, au fur et à mesure qu'elles paraissaient sur le marché, les innombrables copies faites d'après Corot par ses élèves ou ses camarades. Dieu sait si le nombre en était grand. Le maître ne refusait à personne l'aumône de cet enseignement et on peut lire sur un de ses carnets plus de soixante noms d'artistes en regard desquels est notée l'indication d'une ou plusieurs études prêtées par lui. Parmi les bénéficiaires de cette manne fortifiante, citons particulièrement Français, Lavieille, Dutilleux et son gendre Desavary, Oudinot, Badin, Fleury, Leleux, Etex. Confiées à ces hommes-là, les précieuses toiles ne risquaient rien : elles rentraient régulièrement au logis. Malheureusement, d'aucunes tombèrent entre des mains moins scrupuleuses et paraissent s'y être égarées. Ce qui est plus grave encore, c'est qu'il se trouva des dépositaires de ces peintures assez peu respectueux pour se permettre de promener un pinceau sacrilège sur le travail du maître et pour abâtardir de la sorte plus d'une de ses œuvres. Ainsi fit un certain Prevost. Ce personnage s'était fait bienvenir de Corot en mettant à son service une certaine habileté pour rentoiler les études et réparer, au besoin, leurs avaries. Il profita de cette bienveillance pour accumuler chez lui une très grande quantité de ses toiles qu'il copiait et, que trop souvent aussi, il avait la coupable audace de retoucher, voire même de signer du nom de Corot quand elles ne l'étaient pas.

Combien d'autres ont abusé, dans un esprit de supercherie, de ces cinq majuscules, du jour où elles ont valu de l'or ! Corot avait provoqué des imitateurs plus ou moins ingénieux de ses atmosphères brumeuses et de ses frondaisons floues. On démarqua impudemment ces pastiches pour en faire des Corots. Le peintre Trouillebert dut une célébrité momentanée à la frauduleuse transformation d'une de ses œuvres par un faussaire. Vendu pour un Corot à Alexandre Dumas, qui l'accrocha dans sa galerie, et reconnu par son auteur qui en revendiqua la paternité devant les tribunaux, le tableau en question fut l'objet d'une cause célèbre, qui éclaira le public sur la honteuse industrie née de la vogue du grand paysagiste, mais ne l'arrêta point. Les collectionneurs de signatures illustres ne sont-ils pas les complices des duperies infligées à leur ignorance et à leur vanité ?

Les détracteurs de Corot tirèrent argument du triomphe des faussaires contre l'art du peintre. C'est ainsi que, sous la plume d'About l'on trouve, à propos de l'affaire Trouillebert, les lignes suivantes : « Si Corot, Daubigny et les autres paysagistes à la mode avaient été de vrais dessinateurs, si le plus clair de leur talent n'était pas en surface, s'ils ne séduisaient pas le public par des qualités de pur *chic*, assez faciles à contrefaire, les fraudeurs du marché spécial de la peinture ne prendraient pas la peine de fabriquer de faux Corot et de faux Daubigny » (1).

La consécration que la gloire posthume de Corot était en droit d'attendre de l'Exposition Universelle de 1878 fut contrariée par le défaut d'abnégation des vivants à l'égard des morts. L'égoïsme du jury ne sut pas sacrifier son intérêt personnel à l'hommage que réclamait un des plus grands artistes de la France. « Les Corot sont accrochés par charité dans les angles », écrivait Burty et il flétrissait, dans la *République Française* (2), l'administration et les artistes de n'avoir pas su honorer le maître regretté en groupant ses œuvres et en leur donnant une place de choix. Toute la presse indépendante protesta avec ensemble contre l'indélicatesse de ce traitement, renouvelé du Salon de 1875, et que Daubigny, cet autre illustre défunt, avait partagé avec Corot. Elle regretta en même temps, pour la réputation de l'école française, l'absence, dans les galeries du Champ-de-Mars, de Millet, de Rousseau, de Diaz et la représentation insuffisante du grand talent de Courbet.

Une éloquente manifestation appuya ces protestations de l'autorité de l'exemple. Le 8 juillet 1878 s'ouvrit chez M. Durand-Ruel, dans les salles de la rue Lepeletier, une « exposition rétrospective de tableaux et dessins des maîtres modernes » empruntés à des collections privées.

(1) *Le XIXe Siècle*, 30 décembre 1883.
(2) *République Française*, 13 mai 1878.

Elle comprenait environ 90 tableaux de Corot, 60 de Millet, 20 de Delacroix, et, à côté de ces trois grands noms, figuraient Daubigny, Rousseau, Diaz, Decamps, Barye, Fromentin, Ricard, Courbet, Troyon et Chintreuil. Pour Corot, ce fut un triomphe. Un choix judicieux de ses œuvres montra la variété et la souplesse de son talent, si injustement accusé de monotonie par des observateurs frivoles et superficiels. En regard de ses paysages, quelques-unes de ses figures témoignèrent de son aptitude à sortir du domaine exclusif où d'aucuns prétendaient encore le confiner. Cette exposition enthousiasma la jeune génération des peintres qui marchaient à la conquête de l'atmosphère et qui, dans leurs libres recherches, se réclamaient de ce grand impressionniste d'avant-garde. Ils puisaient dans son exemple la force de caractère nécessaire pour persévérer sans concessions dans l'étude sincère de la nature. N'était-on pas encore obligé de rompre des lances pour faire entendre que le mérite de l'art de Corot résidait, avant tout, dans le dessin ? L'enveloppe aérienne dont il savait parer les heures indécises du jour donnait le change aux gens à courte vue. L'un des fervents du maître, dessinateur de race lui-même, dont le crayon acéré excelle à suivre une forme et à la préciser volontairement, Degas, raconte qu'un jour où il se trouvait avec Gérôme dans l'atelier de Frémiet, il avait exprimé, dans la conversation, son admiration pour le dessin de Corot : « Vraiment, lui demanda-t-on, vous trouvez que cet homme-là sait dessiner un arbre ? — Certes, répondit-il... et même je l'estime encore supérieur dans ses figures ». A ces mots, Gérôme prit le parti de rire comme d'une mystification. — Cette anecdote se passe de commentaires.

Cependant, cinq ans après la mort de Corot, sa mémoire recevait la consécration officielle d'un monument. Le comité qui avait organisé son exposition posthume ouvrit une souscription à cet effet. La direction des Beaux-Arts s'intéressa au projet et fournit le marbre au sculpteur Geoffroy-Dechaume, choisi pour l'exécution de la stèle commémorative qui s'éleva sur les bords de l'étang de Ville-d'Avray, à quelques pas de la demeure même du maître. L'inauguration en eut lieu le 27 mai 1880. La cérémonie fut présidée par le sous-secrétaire d'État des Beaux-Arts,

M. Turquet. Gambetta, alors président de la Chambre, vint, en voisin, des Jardies, s'asseoir à côté du représentant du Gouvernement. L'éditeur Lemerre, devenu le propriétaire de la maison de Corot, les réunit à sa table, au milieu d'un cercle d'artistes et de poètes. Plusieurs discours furent prononcés. Après le ministre, Français prit la parole. Ce doyen des élèves de Corot, qui l'avait connu luttant contre l'indifférence générale et dont les succès personnels avaient devancé ceux de son maître, salua l'ami dont il avait pu se croire jadis le rival, mais dont la gloire solidement établie faisait pâlir dorénavant sa réputation éphémère. Il trouva dans son cœur de vieil artiste des expressions éloquentes par leur justesse. Il dit que la peinture de Corot, « légère et aérienne, » était encore « sonore et musicale». Il le loua d'avoir « fait oublier le côté matériel de son art, le métier ». Il le nomma « le Rembrandt du plein air ». En terminant, il donna rendez-vous à tous les «amoureux du beau et du vrai » et les invita à venir, à chaque printemps, « se retremper dans le cordial et vivifiant souvenir du maître », parmi le chant des oiseaux, en face du réveil de la nature. Les discours achevés, la jeunesse gracieuse de Mlle Baretta, de la Comédie-Française, parut au pied du monument, portant une gerbe de fleurs, qu'elle y déposa après avoir prêté le charme de sa voix à une pièce de vers, écrite pour la circonstance par François Coppée. La fête se termina, le soir, par un banquet. Ce fut l'occasion pour Gambetta d'improviser, selon l'expression de Paul Bourget (1) qui était parmi les convives, «un toast philosophique», d'où la politique fut bannie et dans lequel il parla en termes vibrants « de ces temples supérieurs de l'art où se réconcilient les mesquines rivalités humaines ».

L'année suivante, une partie de l'assistance, docile au conseil de Français, revint en pèlerinage devant l'image de marbre. Mlle Baretta, en robe printanière, répéta encore une fois les stances du poète. C'était le soir. Le soleil disparaissait derrière les collines boisées. L'heure ramenait les harmonies chères à Corot. Son souvenir planait sur la foule émue. Quand, après cet hommage, on se mit à table, « Mes amis, dit Français, à qui la présidence était dévolue de nouveau, le père Corot

(1) *Le Parlement*, 30 mai 1880.

aimait qu'on s'amusât. Il prétendait que lui-même n'avait fait que cela toute sa vie. Faisons comme lui ; c'est la meilleure manière de fêter sa mémoire ». Au dessert, il donna l'exemple des chansons. M. Dumesnil chanta à son tour « *Je sais attacher les rubans* », le triomphe de Corot. Une douce gaîté régna dans l'assemblée qui, en se séparant, emporta avec elle un peu de l'âme du grand homme.

L'exposition dite des *Cent Chefs-d'œuvre*, qui mit l'art au service de la bienfaisance et qui eut lieu, en juin 1883, à la Galerie Georges Petit, marque une étape, dans la renommée du maître. Treize toiles de choix suffirent à la porter très haut. Elle avait encore grandi en 1889 et s'affirma avec un éclat incomparable à la *Centennale* de l'Exposition Universelle. Les organisateurs de cette édifiante revue de la peinture du siècle s'honorèrent en formant une réunion aussi belle que variée des œuvres de Corot. On put y suivre le développement de son talent et en étudier la prodigieuse diversité dans 45 toiles empruntées aux collections parisiennes les plus riches. A côté de ses plus célèbres compositions telles que le *Bain de Diane* (du musée de Bordeaux), *le Concert, le Souvenir de Marcoussis, Biblis, la Toilette*, etc., on vit d'admirables spécimens de ses études italiennes, trop peu goûtées jusqu'alors, qui, rapprochées d'œuvres plus récentes et déjà classiques comme les vues de *La Rochelle* et de *Mantes* entre autres, ne furent pas jugées inférieures. Ajoutez à cet ensemble une dizaine des plus beaux dessins de Corot, sortis de ses cartons après sa mort et dispersés à sa vente, dont aucun, depuis lors, n'avait paru dans une exposition, si l'on excepte celle des *Dessins Modernes* à l'Ecole des Beaux-Arts en 1884. Cette exhibition eut pour résultat de placer définitivement Corot en tête de l'école française moderne.

Sa vogue n'avait pas attendu jusque-là pour franchir nos frontières et traverser l'Océan. L'Amérique, avide de conquérir par ses dollars la parure de l'art français, attirait chez elle depuis quelques années les chefs-d'œuvre de notre XIXe siècle. Les Corots étaient partis en masse et partaient tous les jours. Ils portaient là-bas le sourire de nos cieux et la grâce de l'âme française ; car nul ne posséda plus les qualités de sa race que le bon Corot. L'illustre émigré et les plus notables de ses compagnons

d'exode, Millet, Delacroix, Decamps, Troyon, Diaz, Rousseau, Daubigny,
Dupré et Géricault eurent l'honneur de concourir, sur la terre étrangère, à
la glorification d'un de leurs compatriotes, le sculpteur Barye. Une exposition de *Cent Chefs-d'œuvre* d'outre-mer eut lieu à New-York du mois de
novembre 1889 au 15 janvier 1890, au bénéfice du monument érigé à Paris
à la mémoire de notre grand animalier. Onze pièces capitales de l'œuvre
de Corot y figurèrent. Les collections américaines, déjà pourvues alors de
merveilleux trésors, n'ont pas cessé depuis de s'enrichir et de drainer en
particulier les toiles du roi des paysagistes. Toutefois, la France ne les a
pas toutes perdues. Sans compter celles que détiennent nos musées, les
amateurs français en possèdent de superbes exemplaires. Mais, de jour en
jour, nos galeries se dégarnissent. Des dix-neuf numéros qui représentaient
Corot, en 1892, à la seconde exposition parisienne des *Cent Chefs-d'œuvre*,
organisée, comme la première, au profit de la charité à la Galerie Georges
Petit, combien demeurent encore chez nous ? La réunion d'œuvres faite,
en 1895, au Musée Galliéra, à propos du *Centenaire* du maître, fut une occasion de compter nos pertes. La *Centennale* de 1900 en souligna l'importance.
Si le Corot d'Italie et le Corot des figures y brillaient dans tout leur éclat,
il y avait pénurie de nymphes et de mythologie crépusculaire. Une exposition d'ensemble de l'œuvre intégral de l'artiste est désormais impossible sans un concours international. Je crains qu'il faille en faire son
deuil et j'ai de la peine à partager l'espoir de M. Gustave Geffroy (1) quand
il escompte la bonne volonté de l'Amérique et de l'Angleterre et qu'il se
les figure nous prêtant pour un mois ou deux les chefs-d'œuvre conquis
sur nous. « L'obtention d'un tel résultat vaudrait bien les frais d'une ambas-
sade », dit-il. Certes, je suis de cet avis. Mais je me garde de caresser un
espoir qui confine à l'utopie.

Aussi bien, je ne suis pas bien sûr que la réalisation de ce vœu ne
comporterait pas d'amères surprises. Il est des amis qu'il ne fait pas bon
retrouver après une assez longue séparation : le monde nous les a changés.
De même, les tableaux n'ont rien à gagner d'une course à travers l'univers. J'en sais qui, pour avoir trop roulé, ont perdu la noble patine des ans

(1) *Corot et Millet. Le Studio*, numéro d'hiver 1902-1903.

et revêtu l'éclat trompeur d'une jeunesse artificielle. Le goût ne vient pas aux gens sans un certain apprentissage ; ce n'est point une denrée qui s'achète argent comptant. L'homme aime naturellement le clinquant. S'improvise-t-il amateur de peinture, ne comptez pas l'attacher par une beauté sans fard. Il est plus aisé pour un trafiquant de rabaisser les tableaux de maîtres par le maquillage jusqu'à l'étiage de sa clientèle que d'élever celle-ci jusqu'au charme de leur pureté. Aussi bien, cette pratique n'est pas nouvelle. Les grands Flamands et les grands Italiens en ont subi l'outrage au cours des siècles et beaucoup ne sont parvenus jusqu'à nous qu'après des rajeunissements plus ou moins funestes.

L'œuvre de Corot présente un autre point de similitude avec celle de ses fameux devanciers. Autour de lui comme autour des Léonard et des Rubens, une poussée parasitaire s'est développée, qui a pu être confondue avec le rameau lui-même. J'ai déjà signalé le travail des faussaires s'appliquant, à la fois, à la fabrication de pastiches et à la transformation de copies en originaux par l'addition de signatures apocryphes. Du jour où les anciens Corots, longtemps délaissés pour leurs cadets, et notamment les études d'Italie, eurent conquis leur place au soleil de la renommée, le marché s'encombra d'une variété nouvelle et très abondante de faux. On fit des Corots de peintures similaires aux siennes du début, dues souvent à des artistes obscurs, ayant travaillé à ses côtés et subi plus ou moins consciemment son influence. Aligny, Fleury, Poirot, Lapito, Jules Cogniet, Delaberge et tant d'autres furent dépossédés de leur personnalité mal cotée, à laquelle on substitua celle de leur contemporain si célèbre et si bien achalandé. Un œil imparfaitement instruit s'y laisse tromper d'autant plus aisément que certains de ces oubliés étaient doués de qualités solides, dignes de les défendre contre l'indifférence de la postérité.

Le catalogue entrepris par M. Robaut du vivant du maître, avant l'heure des falsifications et des additions, dégage son œuvre de tous les éléments adventices (1). Grâce à une documentation graphique très com-

(1) M. Robaut a noté au moins cinq musées de France (Lille, Orléans, Brest, Besançon, Laon) où figurent, sous le nom de Corot, des tableaux qui ne sont point son œuvre.

plète, il réalise d'une certaine manière et de façon durable la réunion de ses innombrables productions dispersées d'un bout à l'autre de l'univers. Quel que soit le nombre des omissions, malheureusement probables malgré le souci qu'a eu l'auteur de n'en point commettre, il n'est pas téméraire d'avancer qu'on y retrouve tout Corot. Une présentation chronologique aussi exacte que possible montre son évolution progressive.

Il faut renoncer à la distinction factice entre deux formes de son talent correspondant à deux époques de son existence et qu'on oppose parfois sans fondement l'une à l'autre. Cette classification erronée donne à une *première manière* toutes les études d'après nature et n'attribue à sa maturité que des compositions idylliques et vaporeuses. Son principal titre de gloire est, au contraire, d'avoir persévéré jusqu'au bout dans l'amour de la vérité et dans une application consciencieuse à en poursuivre l'expression. La seule différence c'est que, au rebours de ce qui se passe pour le commun des mortels, les années avaient assoupli sa main et aiguisé sa vision. Parallèlement, les nymphées et les églogues, qui ont fait sur le tard la réputation de leur auteur, sont en germe dans les paysages plus ou moins historiques où le débutant de 1830 à 1850 mitigeait les formules classiques d'une certaine sentimentalité vaguement romantique. Car, la chose est à remarquer, Corot n'a jamais rompu avec la tradition. Tandis que Rousseau et Dupré s'affranchissaient délibérément de l'esthétique courante et renonçaient à toute attache avec le passé plus ou moins poussinesque du paysage français, Corot ne brûlait pas ses vaisseaux et, tout en allant chercher dans la nature la source de ses inspirations, demeurait fidèle, jusqu'à un certain point, dans ses interprétations, à la formule donnée de l'art par les ancêtres. Il a accompli ce tour de force d'être en même temps le dernier des paysagistes classiques et le premier des impressionnistes.

L'étude de sa vie nous a enseigné que, si le peintre est digne d'occuper une place d'honneur parmi ses confrères de tous les temps, l'homme, en lui, n'est pas inférieur à l'artiste. Une fois, chez des amis, un célèbre graphologue, ayant examiné son écriture, diagnostiqua son caractère en disant : « C'est rond, rond, tout rond ». Le bonhomme avait, en effet, une

342

rondeur qui l'a fait bienvenir de tous ceux qui l'ont approché. On ne lui connaît pas d'ennemis et, s'il en a eu, on peut affirmer qu'il ne les a pas mérités. A quatre-vingts ans, son âme avait une candeur enfantine. S'étonnait-on de le voir s'amuser d'une partie de loto : « Cela ne vaut-il pas mieux, répondait-il, que de passer sa soirée à dire du mal du prochain ? » Quelle profondeur philosophique sous l'apparence d'une plaisanterie ! Il n'était pas grand liseur ; Théophile Silvestre raconte que, tous les ans, il répétait invariablement : « Il faut pourtant que, cette année, j'achève Polyeucte », mais que jamais il n'était parvenu au bout de la tragédie. Le même Silvestre dit : « Corot achète ses livres sur les quais, rien que pour leur forme et leur couleur, pour les mettre entre les mains de ses modèles. La Madeleine lisait chez lui, l'autre jour, un gros tome latin de Cujas pour expier ses fautes ». Nous avons vu cependant que, quand il lisait par hasard, il savait choisir ses lectures et que l'*Imitation de Jésus-Christ* était son livre de chevet. Sa belle âme se mirait dans cette belle prose. Il était la bonté faite homme. Il ne savait pas se mettre en colère. Adèle, sa gouvernante n'avait jamais entendu un mot de réprimande sortir de sa bouche. Il lui arriva un jour, je ne sais pourquoi, de se laisser aller contre elle à un mouvement de vivacité. Il n'en dormit pas de la nuit. Voici comment il contait la chose (1). « Le lendemain, disait-il, lorsqu'elle entra dans ma chambre, je n'osais pas la regarder. Je me rappelle encore mon soulagement quand j'ai entendu sa voix m'interroger sur son ton habituel : Monsieur a-t-il bien dormi ? Quelle soupe Monsieur mangera-t-il ce matin ? — Ce fut une véritable délivrance. Il me sembla qu'on me débarrassait d'un poids de cent kilos ».

Cette ingénuité presque enfantine se traduisait d'une façon tout à fait touchante dans sa docilité filiale prolongée jusqu'au seuil de la vieillesse. On en cite bien des traits remarquables. Celui-ci nous a été rapporté par M. Farochon, le fils de son ami. C'était pendant un séjour à Dardagny, vers 1850. Armand Leleux entre dans sa chambre au matin et le trouve tout morose. Il le presse de questions, mais sa figure ne se déride pas. « Ah ! nous ferons de la mauvaise peinture aujourd'hui ! dit-il enfin : je n'ai pas

(1) Conversation avec M. Alfred Robaut, 19 mars 1874.

obéi à la maman ; j'ai négligé de mettre mes chaussettes sous mon traversin et je ne puis mettre la main dessus ». — La brave dame Corot était assez « collet monté » et il ne fallait pas que son Camille eût, en sa présence, la langue trop gauloise. Un soir qu'à la fin d'un dîner en ville, il s'était permis un toast un peu trop libre, elle le bouda au point de le faire pleurer. De grosses larmes coulèrent sur les joues du grand enfant ; puis, tout d'un coup, n'y tenant plus, dans le fiacre qui les ramenait au logis, il s'élança au cou de la bonne femme en lui demandant pardon. Les leçons de l'austère bourgeoise lui avaient profité et ses propos étaient toujours tels que des oreilles de jeunes filles les pussent entendre sans réserve. Aussi s'amusa-t-on beaucoup, dans une maison où il fréquentait, d'un quiproquo qui avait effarouché la pudeur d'une dame un peu prompte à se scandaliser. Comme on venait de passer au salon après le dîner, ne voulant pas incommoder son hôtesse et ses invitées en sortant sa pipe : « Je descends sur le boulevard, dit-il ; ma petite Pipette me réclame ». L'imagination de la trop chatouilleuse matrone avait donné à « pipette » une crinoline et des anglaises. Corot rougit comme un écolier quand on lui rapporta la méprise (1).

Je ne saurais donner place à toutes les anecdotes propres à caractériser cette nature où la franchise et la gaîté, l'abnégation et la tendresse s'étaient donné rendez-vous. Mais il en est une qui fournit la mesure de son bon cœur. La scène se passait aux environs d'Alençon, dans la famille de son ami Clérambault. Un jour, on se mit à causer de la vie future et de la façon dont la religion entend la sanction des mérites des hommes dans un autre monde. Quelqu'un parla des châtiments éternels qu'elle prête à Dieu pour punir les fautes des coupables. Cette conception de la divinité vengeresse révoltait Corot. « Si Dieu est infiniment bon, s'écria-t-il, il est impossible qu'il se montre tellement impitoyable et qu'il ne finisse par pardonner un jour ou l'autre ». On ne put l'en faire démordre (2).

La bonté qui emplissait cette âme douce et aimante avait fini par l'incliner à subordonner, dans ses préoccupations, l'art lui-même à la

(1) Raconté par M. Farochon, le 11 janvier 1904.
(2) Raconté à M. Alfred Robaut par M. T.-V. Charpentier.

charité. Un de ses amis vantait devant lui la beauté de la destinée d'un artiste parvenu, comme lui, à faire vibrer l'humanité à l'unisson de ses sensations et de ses sentiments. « Oui, fit-il, c'est beau ; mais la vie d'un Saint-Vincent de Paul, c'est encore plus beau ! » A cet instant-là, Corot connut l'envie.

Que n'était-il à mes côtés l'autre jour ? Devant un de ses tableaux, une Fille de la Charité s'était arrêtée. Vous eussiez dit que sa contemplation, comme celle de la foule, s'imprégnait de la poésie ravie par l'art du pinceau à l'impalpabilité de la lumière et de l'atmosphère. J'attendais un éclat d'enthousiasme pour le génie du peintre. Cette humble créature avait d'autres pensées. « Ah ! Monsieur, s'écria-t-elle, quel brave homme ! J'ignore si, comme on le prétend, tous ses tableaux sont autant de chefs-d'œuvre; mais ce que je sais bien, c'est que lui-même était un chef-d'œuvre du bon Dieu ». Cette sœur-là ne connaissait pas le peintre de génie; mais elle avait, dans le fond de sa mémoire, l'image inaltérable de l'homme de bien. Soyez heureux, divin artiste, vous n'étiez pas pour elle l'émule de Claude Lorrain ou de Rembrandt; vous étiez un nouveau Saint-Vincent de Paul.

Et nous, Français du XIX⁰ siècle, soyons fiers d'avoir vu rayonner parmi nous cette noble figure, qui symbolise si bien toutes les plus hautes vertus de notre pays et qui resplendit aujourd'hui, à travers le monde entier, de l'éclat impérissable du vrai, du beau et du bien.

Signature épistolaire de Corot

TABLES

TABLE DES ILLUSTRATIONS

(1) Ce dessin appartient à l'auteur de l'*Histoire de Corot et de ses œuvres* ainsi que tous ceux pour lesquels il n'est pas fait mention d'une autre provenance.

TABLE DES MATIÈRES

354

ADDITIONS ET CORRECTIONS

Page 20, ligne 14. — Au lieu de : *l'Album du journal*, lire : *l'Album ou journal.*

Page 20, ligne 20. — Au lieu de : *le 17 juillet 1796 (29 messidor an IV)*, lire : *le 16 juillet 1796 (28 messidor an IV).* Voir ci-après le texte de l'acte de naissance conservé aux archives de la Préfecture de la Seine.

Page 24, ligne 23. — Au lieu de : *à la Saint-Pierre*, lire : *à la Saint-Jacques.*

Page 26, note 3. — Au lieu de : *N°s 2, 12, 19*, lire : *N°s 2, 12, 13.*

Page 30, note 3. — Au lieu de : *N° 86*, lire : *N° 89.*

Page 86, notes. — Intervertir la note 1 et la note 2.

Page 92, ligne 1 (titre de l'illustration). — Au lieu de : *1842*, lire : *1841.*

Page 93, ligne 1 (titre de l'illustration). — Même changement.

Page 98, note 2. — Au lieu de : *N° 321*, lire *N° 322.*

Page 146, note 2. — Au lieu de : *N° 1032*, lire : *N° 1036.*

Page 148, ligne 11. — Au lieu de : *Baccüe*, lire : *Baccuet.*

Page 148, ligne 14. — Au lieu de : *Grizard*, lire : *Grisart.*

Page 167, lignes 20 et suivantes. — *Il est à Rosny au mois d'avril 1856...; il peint un Chemin de Croix pour l'église...* — Une lettre de Corot, publiée par M. P. Bonnefon (« Bulletin de l'Art ancien et moderne », 7 décembre 1901), nous apprend que ce Chemin de Croix fut commencé en 1853.

Page 174, ligne 20. — Au lieu de : *Henry Baron*, lire : *Henri Baron.*

Page 187, ligne 4. — Au lieu de : *Aizerey*, lire : *Aiserey.*

Page 245, ligne 8. — Au lieu de : *péronelle*, lire : *péronnelle.*

Page 283, ligne 16. — Au lieu de : *Je sais attacher des rubans*, lire : *Je sais attacher les rubans.*

356

Page 290, note 3. — Au lieu de : *N° 2746*, lire : *N° 2116*.

Page 306, note 1. — Au lieu de : *N° 3191*, lire : *N° 2456*.

Page 330, note. — *La tombe de Corot a pour voisine celle de Daubigny.* Il convient
d'ajouter que Daumier aussi repose, d'après son désir formel, tout à côté
de Corot. Malheureusement, à défaut d'un monument en rapport avec
la personnalité du grand artiste, sa tombe passe trop facilement inaperçue.

Page 340, ligne 23. — Au lieu de : *Jules Cogniet*, lire : *Jules Coignet*.

Page 347, colonne 1, ligne 7. — Au lieu de : *Carnet 57*, lire : *Carnet 70*.

Page 349, colonne 1, ligne 28. — Même changement.

Page 349, colonne 1, ligne 51. — Même changement.

Page 349, colonne 2, ligne 2. — Même changement.

Page 349, colonne 2, lignes 13 et 14. — Au lieu de : *Carnet appartenant à M. F.
Corot*, lire : *Carnet appartenant à M. Chamouillet*.

Page 350, colonne 1, ligne 37. — Au lieu de : *Carnet 57*, lire : *Carnet 70*.

ACTE DE NAISSANCE DE COROT

28 messidor an 4. — 16 juillet 1796

PRÉFECTURE DU DÉPARTEMENT DE LA SEINE

VILLE DE PARIS

MAIRIE DU DIXIÈME ARRONDISSEMENT

Extrait du Registre des Actes de naissance de l'An quatre

Du vingt-neuf messidor, an quatre de la République. Acte de naissance de JEAN-BAPTISTE-CAMILLE, né le jour d'hier à une heure et demie du matin, rue du Bac, n° 125, fils de LOUIS-JACQUES COROT et de MARIE-FRANÇOISE OBERSON, mariés à la commune de Paris, le six mai mil-sept-cent-quatre-vingt-treize. Premier témoin : SIMON-PIERRE GOBERDELET, boulanger, demeurant à Paris, rue de Grenelle, n° 1102. Second témoin : JEAN-BAPTISTE PALANSON, homme de confiance, demeurant à Paris, rue du Bac, n° 629. Sur la réquisition faite par ledit LOUIS-JACQUES COROT, père de l'enfant, constaté suivant la Loi par nous, officier de l'état-civil soussigné. Et ont signé : COROT, GOBERDELET, PALANSON et LEFUEL.

Collationné et délivré par moi, secrétaire de la mairie, le présent acte, pour lequel il a été payé un franc cinquante-huit centimes.

A Paris, le huit avril mil-huit-cent-sept.

FONTANIER.

Vu par nous, maire du dixième arrondissement, pour légalisation de la signature FONTANIER, de l'autre part apposée.

A Paris, le neuf avril mil-huit-cent-sept.

A. DUQUESNOY.

TYPOGRAPHIE DE FRAZIER-SOYE
(ALEXANDRE BRANDE PROTE DE LA COMPOSITION,
L. LOCHE PROTE DES MACHINES ET G. ROUILLARD METTEUR EN PAGES)

HÉLIOTYPIES DE FORTIER ET MAROTTE
(LÉON LECLER PROTE)
D'APRÈS
PHOTOGRAPHIES D'ALBERT YVON

PAPIERS DE PERRIGOT-MASURE

IMPRIMÉ AVEC LA COLLABORATION
D'ANDRÉ MARTY

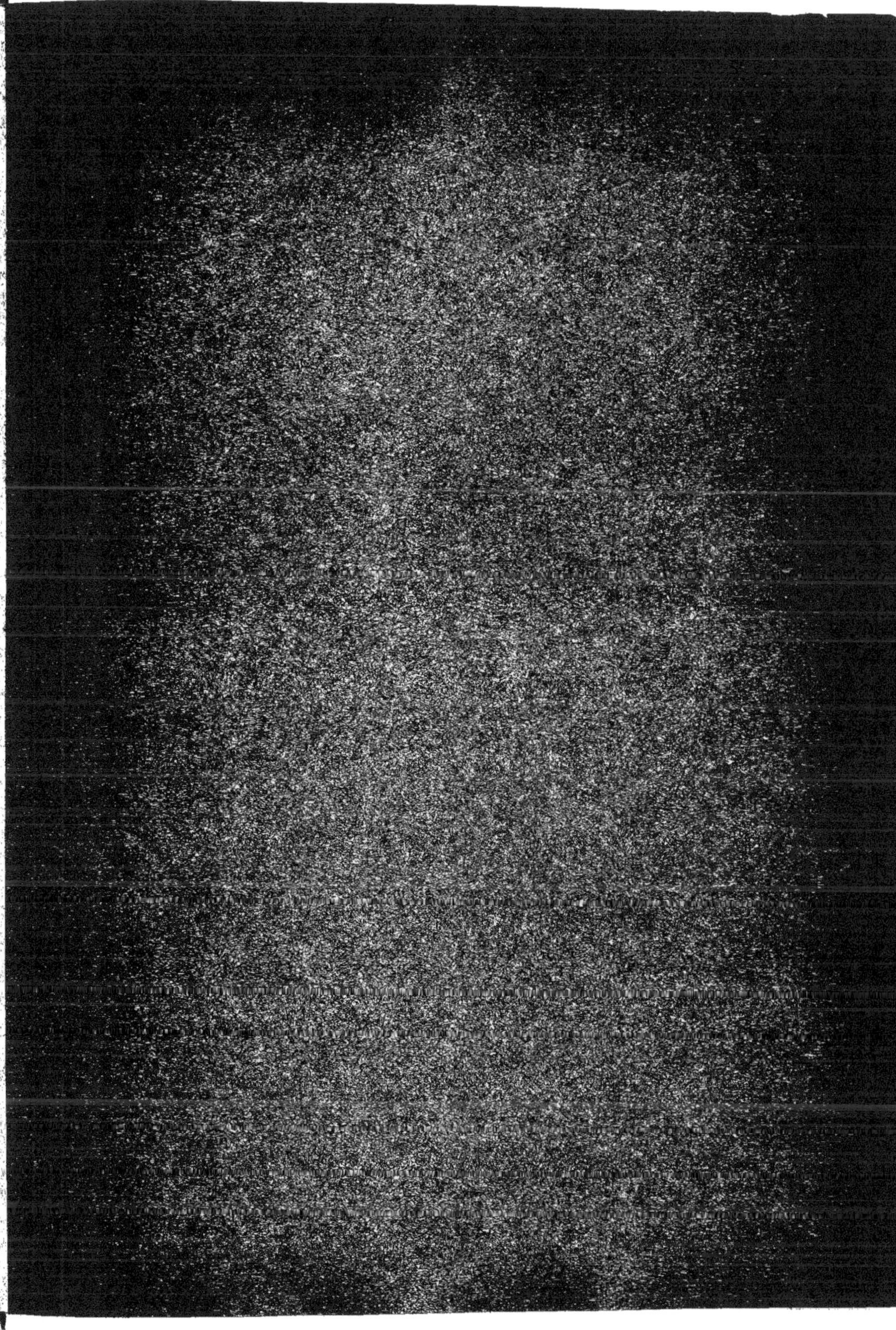